U0112500

海外中国研究丛书

———

到中国之外发现中国

［美］柏文莉 著 刘云军 译

Beverly Bossler

权力关系

宋代中国的家族、地位与国家

Powerful Relations

Kinship, Status and
the State in Sung China
(960-1279)

江苏人民出版社

图书在版编目(CIP)数据

权力关系：宋代中国的家族、地位与国家 /（美）柏文莉著；刘云军译. -- 南京：江苏人民出版社，2023.4

（海外中国研究丛书 / 刘东主编）

书名原文：Powerful Relations：Kinship, Status and the State in Sung China（960－1279）

ISBN 978 - 7 - 214 - 26999 - 7

Ⅰ. ①权… Ⅱ. ①柏… ②刘… Ⅲ. ①中国历史－研究－宋代 Ⅳ. ①K244.07

中国国家版本馆 CIP 数据核字(2023)第 042785 号

江苏省版权局著作权合同登记号：图字 10 - 2015 - 165 号

书 名	权力关系：宋代中国的家族、地位与国家	
著 者	[美]柏文莉	
译 者	刘云军	
责 任 编 辑	孟 璐	
助 理 编 辑	解冰清	
装 帧 设 计	周伟伟	
责 任 监 制	王 娟	
出 版 发 行	江苏人民出版社	
地 址	南京市湖南路 1 号 A 楼,邮编:210009	
照 排	江苏凤凰制版有限公司	
印 刷	苏州市越洋印刷有限公司	
开 本	652 毫米×960 毫米 1/16	
印 张	20.5 插页 4	
字 数	256 千字	
版 次	2023 年 4 月第 2 版	
印 次	2023 年 4 月第 1 次印刷	
标 准 书 号	ISBN 978 - 7 - 214 - 26999 - 7	
定 价	88.00 元	

（江苏人民出版社图书凡印装错误可向承印厂调换）

序"海外中国研究丛书"

中国曾经遗忘过世界,但世界却并未因此而遗忘中国。令人嗟讶的是,20世纪60年代以后,就在中国越来越闭锁的同时,世界各国的中国研究却得到了越来越富于成果的发展。而到了中国门户重开的今天,这种发展就把国内学界逼到了如此的窘境:我们不仅必须放眼海外去认识世界,还必须放眼海外来重新认识中国;不仅必须向国内读者迻译海外的西学,还必须向他们系统地介绍海外的中学。

这个系列不可避免地会加深我们150年以来一直怀有的危机感和失落感,因为单是它的学术水准也足以提醒我们,中国文明在现时代所面对的绝不再是某个粗蛮不文的、很快就将被自己同化的、马背上的战胜者,而是一个高度发展了的、必将对自己的根本价值取向大大触动的文明。可正因为这样,借别人的眼光去获得自知之明,又正是摆在我们面前的紧迫历史使命,因为只要不跳出自家的文化圈子去透过强烈的反差反观自身,中华文明就找不到进入其现代形态的入口。

当然，既是本着这样的目的，我们就不能只从各家学说中筛选那些我们可以或者乐于接受的东西，否则我们的"筛子"本身就可能使读者失去选择、挑剔和批判的广阔天地。我们的译介毕竟还只是初步的尝试，而我们所努力去做的，毕竟也只是和读者一起去反复思索这些奉献给大家的东西。

刘　东

谨以本书献给我的父母富兰克林·伯特·博斯勒(Franklin Bert Bossler)、布兰奇·赫德森·博斯勒(Blanche Hudson Bossler)和我子女的祖先罗伯特·伯恩斯·博斯勒(Robert Burns Bossler, 1894—1991)、玛丽·菲舍尔·博斯勒(Mary Fisher Bossler, 1893—1977)以及徐增姆(1916—1986)、胡碎菊(1918—),他们最早"起家"。

目 录

中文版前言

　　本书的英文版问世距今已逾十五载，此间大量关于宋代家庭、社会、政府的研究陆续出版。因此当刘云军教授表示学界对本书的中文版仍有兴趣时，我既讶异又欣喜。与刘教授合作完成中文版的《权力关系》，我深感荣幸与愉快。

　　翻译是一门艺术而非科学，其间涉及的远不止于字面上的转换。翻译英文写作的中国研究著作尤其如此，因为欧美该类作品的目标读者与中国的不同。譬如，在面向美国读者的中国史著作中，作者通常必须详细解释一些对成长于中国的人来说不言自明的术语和文化行为；若对它们作字面上翻译，则会略显笨拙。更有甚者，一些表面上看来相互对应的术语，实际上在两种文化中的指代迥然不同（比如说"家"和"family"）。若非译者对文字敏感，误读是很容易发生的。就本书而言，刘教授还必须面对我颇为另类的语言风格，其中的旧式措辞和用语即便是以英语为母语者也不非常熟悉。因此我十分感激刘教授对本书准确且流畅的中文呈现。此外，我也感谢他对本书史料的精心复核。正如他对注解的修改所示，他的努力有力地提高了本书的准确性。最后，我还要感谢刘教授在漫长的数月中耐心等待我校对译文草稿。我的博士生林珊在校对期间大力协助，在此亦予以感谢。我们多次交换意见，讨论如何将特别复杂的长句拆解为语意清楚明了的译文，这是个令人愉快且获益良多的过程。我要再次感谢刘教授亲切地采用我们的意见。

在我甫就本书主题展开研究的 20 世纪 80 年代中期，美国学者恰刚刚可以访华。自彼时以来的数年间，中美宋史同仁有幸能频繁会面、交流。这些互动大大提升了美国宋史领域水平，也从各方面丰富了我本人的生活。为此，我要将这本书献给中国的同仁，也希望此类的翻译能够进一步加强中美间的学术交流。

柏文莉
2014 年 8 月于加州戴维斯

鸣　谢

　　如果说著书立说任重而道远，那么，对于许许多多帮助和支持作者完成这项工作之人表达由衷谢意也绝非易事。我背负了太多沉甸甸的人情债，不奢望在此能够回报一二。当然，我还是很高兴能在这里公开感谢那些以各种不同方式帮助我完成本书之人。

　　多年来，宋史研究领域的同仁们给予我莫大的支持和帮助。柯胡（Hugh Clark）鼓励我就本书中的一些问题在美国亚洲研究协会（Association for Asian Studies，AAS）年会上召集一个研讨小组，他和贾志扬（John Chaffee）欣然加入其中。伊沛霞（Pat Ebrey）和其他几位同仁利用这个场合对我的论文加以点评，并且她同内德·戴维斯（Ned Davis）给我提供了在他们各自院校展示我研究成果的机会。韩明士（Bob Hymes）不仅对本书原稿毛举缕析，而且自此以后，对我的其他课题也给予了大力支持。史乐民（Paul Smith）和周绍明（Joe McDermott）亦对本书手稿发表了意见，对于我在宋代经济细节方面一些大大小小的疑窦，史乐民还慨然答疑解惑。

　　多年来，我有幸得到包弼德（Peter Bol）的支持和鼓励，在此诚挚地感谢他屡次给予我的帮助。与宁爱莲（Ellen Neskar）和阿丽·博雷尔（Ari Borrell）共事，我也感到非常幸运：她们既是绝佳的同事，又是我的益友。最后，我觉得应该感谢已故的郝若贝（Robert Hartwell）。虽然我从未直接与他共事过，并且事实上仅和他有过一面之缘，但他的著作对我的工作颇有启发。

在成书的多个阶段，非宋史研究领域的同仁们亦助我一臂之力。在本书写作过程中，我学位论文的指导教师姜士彬（David Johnson）一如既往地给予我支持和指导。自从在康涅狄格学院成为同事以来，汤姆·黑文斯（Tom Havens）的真知灼见时常让我茅塞顿开，而我们之间的友谊则让我受益匪浅。姜士彬和黑文斯二人还深入剖析了本书完成前的各种手稿。从研究生时代起，韩书瑞（Sue Naquin）就经常启发我的灵感，并不时对我加以点拨。非常感谢高彦颐（Dorothy Ko），她对本书的初稿作了高屋建瓴的评论，并鼓励我的下一项研究。最后我要说，美国加州大学戴维斯分校历史系同事们为我提供了绝佳的学术氛围和工作环境。在此我还要特别感谢我的榜样、导师和朋友——曼素恩（Susan Mann）。

学识渊博而又乐于助人的加州大学伯克利东亚图书馆的工作人员，为本书及其前身博士论文的写作提供了极大的便利。十五余年来，卡尔·斯林卡尔德（Karl Slinkard）和布鲁斯·威廉姆斯（Bruce Williams）一直帮助我查询、获取研究资料。在我所在的学校，菲莉丝·王（Phyllis Wang）可以称得上是神通广大的图书管理员：她帮我从日本的一个小图书馆查找到一份罕见的宋史资料，而这份资料对于我的研究而言不啻无价之宝。加州大学戴维斯分校提供的教授纯学术研究基金，使我能够购买拍摄资料所需的缩微胶卷，还为这几年来成书过程中产生的辅助研究和差旅费用提供了资金。本书最终完稿也得益于两位而非一位专业编辑的厚待：凯瑟琳·基纳姆（Katherine Keenum）的编辑周到细致；约翰·齐默（John Ziemer）优雅地把本书（以及作者本人）带到出版的最后环节。虽然包含着以上所有人的辛劳，本书仍不免存在不足，但这些错误都是我一人之责。

　　在研究和写作过程中,家庭是我取之不尽的精神寄托,并且让我得到最大的放松。爱女徐景珊(Mia)和徐景玮(Alyson)虽然耽误了我一些时间,却为写作过程增添了不少乐趣。至于我的先生徐永兴(James Tsui),我对他的感激之情更是难以言表:在此请允许我谨对他始终如一的信任表示感谢——他坚信本书毋庸置疑会完成。毕竟,本书现在确实完成了。

柏文莉

前　言

公元 1002 年（即宋真宗咸平五年），当年的科举考试刚刚结束不久，参知政事王旦突然宣布，他有意将长女许配给一位名叫韩亿的新科进士，此举在王家引起了一片哗然。

王氏族人都颇为震惊，固然此女婚事长期悬而未决，但正是王旦本人拒绝了众多名门盛族的求婚。如今他竟提议要把她嫁给一个家世不甚显大，而且还带着孩子的鳏夫。即便韩亿能在竞争激烈的科举考试中脱颖而出，但王氏族人一向视此女为掌上明珠，他们还是希望看到她能嫁入"大家著姓"。然而，王旦主意已定，他坚决打断了族人们的吵嚷异议："此非渠辈所晓知也。"①于是，王小姐便成为韩亿的新娘。

大约一个半世纪后，中国南方义乌一位家业兴旺的田主遇到了自己的家庭烦恼。何恢为家庭福祉操劳一生，通过他的苦心经营，何家富甲一方。如其所愿，长女嫁给了一位进士，何恢想给次女也安排一桩同样的婚事。然而问题在于，他刚刚科举入仕的弟弟何恪，颇有

---

①《苏舜钦集》卷 15《太原郡太君王氏墓志》，第 190—191 页。苏舜钦撰写这篇墓志时，此事诚然已经时过境迁，无法判断墓志中所描述的有关王氏族人的场景是否曾发生。但重要的一点——韩亿出身不及王家尊贵，其他史料显然可以加以佐证。

1

些书生气,力主一位叫陈亮的本地寒士做何恢的女婿。

何家其他亲属均与何恢意见一致,认为陈亮前途渺茫:陈家家境贫寒,陈亮本人虽不乏学术声望,也仅通过漕试而已。何恢一度举棋不定,但在何恪的一再坚持下,何恢最终无奈道:"宁使吾女不自振,无宁异日不可以见吾弟。"①1165 年初,何小姐嫁给了陈亮。

这两桩宋代婚姻间隔了一百五十余年,所涉及家庭的社会政治地位截然不同,但(至少记录者是如此描述的)二者之间在某些方面几乎毫无二致。在两个例子中,我们发现都有一位长辈被准女婿学问上的潜质所吸引,均有持不同价值标准的其他族人感觉两人并不般配。

本书大部分中心主题均围绕这些婚姻现象展开,主要讨论宋代家庭,研究关于宋代家庭之间的亲属关系——包括父系亲缘,特别是婚姻和姻亲之间的关系。本书还讨论了社会身份地位:包括社会地位如何被衡量和发挥作用,以及社会地位塑造人际关系的方式和与之相对应的人际关系塑造社会地位的方式。最后,本书还涉及社会与中国官场的关系:科举中第和仕途成功如何影响亲属关系和社会身份地位,以及社会关系如何制约仕途成功。

鉴于书中对于亲属关系、社会地位和官僚身份之间互动的关注,本书便参与了宋史研究领域以及明清史研究领域正在进行的讨论。更宽泛地说,本书关注经由宋代建立、进而成为明清多半时间内中国社会社会秩序的性质。

宋代社会秩序是其自身几百年来变化发展,即现在经常提及的"唐宋变革"的结果。② 就本书而言,变革最重要的方面是社会精英阶

---

① 据《陈亮集》(卷 22《祭妻叔文》,第 349－350 页;同书卷 23《祭何茂恭文》,第 354－355 页;同书卷 30《刘夫人何氏墓志铭》,第 437 页)重构。

② 这一变革的基本情况现在已经是广为人知,此处无需赘述。变革最重要的方面包括几个世纪的人口南迁导致的人口迅速增长和经济发展。宋代政府依靠科举制选拔官吏,印刷术的推广,以及随之而来的受教育机会的扩大,也是变革的重要因素。关于唐宋变革中各方面变化的具体内容,参见韩明士《官僚与士绅》(剑桥:剑桥大学出版社,1986)第 1－3 页,此书还对描述这些变化的相关学术成果作了有价值的概述。

层的转型,这一转型通常被描述为由"世家大族"精英到"士绅"精英的转变。

多年来,许多学者投身到"士绅"或"地方精英"性质的研究中①,讨论这个阶层在宋代如何形成,以及在明清如何起作用。20 世纪六七十年代,青山定雄以他对宋初"新兴"官僚的研究,开创了"唐宋变革"一个实际上的子领域,而众多其他中日学者则大大深化了他的研究。②在美国学界,包弼德、贾志扬、戴仁柱(Richard Davis)、伊沛霞、郝若贝、韩明士和万安玲(Linda Walton)等人的研究也推进了我们对于宋代社会变革的理解。③ 不过,仍然有若干问题尚待解决。

其中争论的焦点之一是宋代社会地位与政府之间关系的性质,以及这一关系在宋代发生了何种变化。郝若贝在 1982 年发表的一篇颇具影响力的文章中指出,这种关系的重大转变发生于两宋之际。具体而言,郝若贝认为由一小群"职业精英"家族构成的"半世

---

① 虽然在明清研究中,学者惯常使用"士绅"一词,但我更倾向于使用较少偏颇色彩的"地方精英",后者使用贯穿本书始末。

② 见引用书目中青山定雄的论著及其《宋代四川的官僚体制》,《和田博士古稀纪念东洋史论丛》(东京:讲谈社,1960)第 37－48 页;《宋代华北的官僚体制》,《圣心女子大学论丛》第 21 卷,第 19－49 页(1963);《宋代华北的官僚体制二》,《圣心女子大学论丛》第 25 卷,第 19－49 页(1965);《宋代华南的官僚体制——以扬子江为中心》,《中央大学学部纪要》第 72 卷(史学科 19),第 51－76 页(1974);《宋代华北的官僚体制三》,《中央大学学部纪要》第 45 卷(史学科 12),第 67－110 页(1967)。其他重要文章,见引用书目中爱宕元、竺沙雅章、伊原弘、衣川强、周藤吉之和王章伟等人的论著。

③ 包弼德:《斯文:唐宋思想的转型》(斯坦福:斯坦福大学出版社,1992),第 32－75 页;贾志扬:《棘闱》(剑桥:剑桥大学出版社,1985),第 157－181 页;戴仁柱:《丞相世家》(达勒姆:杜克大学出版社,1986;戴仁柱:《政治成功与家族发展:宋代明州史氏》,收入伊沛霞、华琛主编《明清中国的宗族组织》(伯克利:加利福尼亚大学出版社,1986),第 62－94 页;伊沛霞:《宋代"家"的概念》,《亚洲研究》第 43 卷第 2 期,第 219－245 页;伊沛霞:《家族组织的早期阶段》,收入《明清中国的宗族组织》,第 16－61 页;伊沛霞:《宋代中国的家庭与财产:袁采的〈袁氏世范〉》(普林斯顿:普林斯顿大学出版社,1986);郝若贝:《750－1550 年间中国的人口、政治及社会转型》,《哈佛亚洲研究》第 42 卷第 2 期,第 365－442 页(1982);韩明士:《官僚与士绅》;《宋元抚州婚姻、宗族组织与地方主义策略》,收入《明清中国的宗族组织》,第 95－136 页;万安玲:《宋代中国的亲属、婚姻和地位:宁波楼氏个案研究(1050－1250)》,《亚洲历史杂志》第 18 卷第 1 期,第 35－77 页(1984);万安玲:《义庄:南宋的一个治国之道》,收入韩明士、谢康伦主编《经世:宋代的政府与社会》(伯克利:加利福尼亚大学出版社,1993),第 255－279 页。

袭"的社会阶层把持了北宋政府。在郝若贝的提法中，这一"职业精英"因其仕宦身份从而有权有势，但是北宋后期的党争使功名不再是维持这些权力和声望的有效工具，"职业精英"便逐渐把占有土地和获取地方权势放在优先位置。南宋时，"职业精英"已经和占有土地的"地方精英"融为一体，难以区分了。[①] 韩明士出版于 1986 年的关于江西抚州的著作同样颇具影响力。韩明士指出，"职业精英"与"地方精英"在抚州一直并非泾渭分明的社会群体，从而改进了郝若贝的理论；但他赞同郝若贝的观点，即在宋代享有权力和声望之人在南宋时的关注重点明显更趋于地方化。韩明士发现这一新的地方化取向诉诸各种方式，特别是移民和婚姻模式。与郝若贝的结论相似，韩明士推断，因对党争恐惧失望，南宋人对仕宦心灰意冷，转而致力于构建并维持在地方层面的身份地位和影响力。[②] 与韩明士和郝若贝的研究结果不同，戴仁柱详细描述了明州史氏家族从默默无闻到在南宋时产生三位宰相的历程。正如戴仁柱所示，无论是郝若贝的"职业精英"类别还是韩明士的"地方精英"类别，均无法精确地涵盖史氏家族，[③]而其他南宋高官亦是如此情形。本书目的之一是考察整个宋代高级政治精英与那些权势和声望更趋于地方化的群体之间的关系。北宋位高权重之人与南宋同样之人在哪些方面有所不同？相应的，权势和声望隆于地方的北宋人如何区别于南宋"地方精英"？

　　同精英与政府的关系相关的问题是，如何在地方获取身份地位，以及通过何种手段使身份地位得以延续不绝，这是宋史和明清史学者提出的问题。一般而言，除了受学和应举，抑或通过纳粟入官（至少间接地与政府建立起关系），在地方获取身份地位最重要的因素是占有

①郝若贝：《750—1550 年间中国的人口、政治及社会转型》，第 405—420 页。
②韩明士：《官僚与士绅》，第 115—123 页。
③戴仁柱：《丞相世家》，第 186 页。

土地。^① 当然,若干明清史研究成果表明,这种模式可能存在颇多变数,并且现在看来,中国"地方精英"随着他们所占主导地区的不同而各异。因此,约翰娜·梅斯基尔(Johanna Meskill)描述台湾林氏在成为标准"士绅"之前,早已作为地方豪强雄踞一方。^② 同样,罗威廉(William Rowe)在对湖北地方精英家族的研究中注意到,单凭土地收入可能不足以建立或长时间保有地方精英的地位,他因而断定戎马生涯和商业财富可能才是他们获得成功的普遍策略。^③ 出于同样的原因,尽管在明清史研究中,父系亲缘群体对于"士绅家族"长久不衰至关重要的说法被广泛接受^④,但仍有数位明清史研究学者开始重新审视宗族组织与维持精英地位能力之间的关系^⑤。而关于宋代的研究成果表明,此类宗族组织在宋代无论如何并不多见。^⑥ 相应的,本书对于这些问题也有所涉及。

本书特别着眼于两组构成不同但又互有重叠的宋人,其生活中政治势力、社会地位以及亲属关系的互动。正如前言的开篇故事所示,

①由于文献浩繁,此处无法逐一征引。关于"士绅研究"颇具价值的史学成果(从不同角度),参见贾志扬《棘闱》,第9—17页;周锡瑞、冉玫烁主编《中国地方精英与统治模式》(伯克利:加利福尼亚大学出版社,1990)"前言",第1—9页;卜正民《为权力祈祷:佛教与晚明中国士绅社会的形成》(剑桥:哈佛大学东亚研究中心,1993),第5—13页。

②约翰娜·门泽尔·梅斯基尔:《雾峰林家:台湾拓荒之家,1729—1895》,普林斯顿:普林斯顿大学出版社,1979。

③罗威廉:《成功故事:湖北汉阳市的宗族与精英地位》,收入《中国地方精英与统治模式》,第51—81页。正如周锡瑞、罗友枝所言,与之前的"士绅社会"概念相比,实际上中国的地方精英概念显然理解上更具发散性、更富弹性并且灵活多变(第9页)。

④其他人强调了宗族组织对于维持精英地位稳固的重要性,如希拉里·J.贝蒂(Hilary J. Beattie):《中国的土地与宗族:明清两代安徽省桐城县的研究》(剑桥:剑桥大学出版社,1979);卜正民:《家庭传承与文化霸权:宁波士绅(1368—1911)》,收入《中国地方精英与统治模式》,第27—50页。

⑤因此,当华如璧强调宗族组织在维持精英地位上的重要性,她同时强调了在宗族内存在着经济与政治上的不平等。华如璧:《珠江三角洲的共财与地方领导,1898—1941》,收入《中国地方精英与统治模式》,第239—260页,以及《兄弟并不平等》(剑桥:剑桥大学出版社,1985)。罗威廉指出"士绅宗族"概念的一些内在矛盾之处在于其中大多数成员并非"士绅",虽然他最终重新肯定了这一概念的可取之处(第52—53页)。

⑥特别参见伊沛霞《早期阶段》、韩明士《婚姻》和万安玲《亲属、婚姻和地位》。

第一群人由宋代朝廷高官显宦（诸如王旦）组成；第二群人由显赫一方却官职卑微，甚至并无功名之人（诸如何恢）构成。

具体而言，本书前半部分着重于两宋 133 位宰相（还包括他们的祖先、后人和姻亲），他们的名字均出现在《宋史·宰辅表》。[①] 作为宋代朝廷位极人臣的官员，宰相高居宋代政治精英的金字塔顶端，他们通常与其辅佐的皇帝关系密切，享有一人之下万人之上的特权和权力。通过仔细研究整个宋代宰相与其家族的经历（以及因此对政治地位的控制），本书能够考察社会行为如何随着时间推移而改变，同时避免引入政治地位不同而导致的歪曲事实。

选取高级官员中这一特殊子群作为研究对象，主要基于研究便利的考虑：并非暗示那些身为宰相之人与其他朝廷高官（通常三品以上）有何不同。[②] 恰恰相反，相门应该被理解为范围更广的、活跃在宋代朝廷金字塔顶端圈子的一个样本。需要向读者说明的是，虽然政治无疑是本书所研究的许多人生活中的一个重要方面，但他们的政治活动并非我讨论的重点。我对这些人的政治生涯感兴趣，主要限于其政治生涯与社会互动相互影响这个范围之内，因此，我更留意功名和特权，而非辞令与大政方针。

下文第二组人是依据籍贯而非政治地位作出限定。具体而言，本书第二部分主要研究居住在浙江省中部婺州的宋人。婺州资料所展

---

① 这 133 位宰相，包括所有出现在"宰相进拜加官"表（《宋史》卷 210《宰辅表一》—卷 214《宰辅表五》，第 5415—5660 页）上半部分的宰相（表格下半部分记载的是执政，显然应该把他们也纳入研究范围，但限于时间和精力，未能如愿）。这 133 人中，有 71 位北宋宰相和 62 位南宋宰相（需要注意的是，这个总人数与《宰辅表》序言的记载并不一致，《宰辅表》序言称有 72 位北宋宰相和 61 位南宋宰相。我无法解释其中矛盾之处）。完整的宰相姓名和辅政时间见附录Ⅱ。

② 事实上，正如贺凯（Charles Hucher）所指，英文术语"Grand Council"可用来指代 6 种中国官名，其中一些对应似乎颇为笼统。见贺凯《中国古代官名辞典》（斯坦福：斯坦福大学出版社，1985）第 618 页。此外，很多人虽然并非宰相，却依然能在朝廷呼风唤雨。一般而言，宋代官品根据制度分为九品，每品又分为正、从两阶（如正一品，从一品，正二品，从二品，以此类推），总共十八阶。宰相属于正一品，最低阶的官员是从九品。这是对宋代纷繁复杂的官品制度所作的一个高度概括；更详细的研究，参见罗文（Winston W. Lo）《宋代文官制度介绍》（火奴鲁鲁：夏威夷大学出版社，1987），第 70—73、115—165 页。

现的宋代社会生活的视角,与宰相素材所提供的情况截然不同。比起政治地位显赫的宰相群体,依据地理因素界定的婺州居民群体的财富和政治权力水平参差不齐。毫不奇怪,频繁见诸婺州记载中的部分宋人——颇具地方影响力,却未能闻名全国——几乎不会出现在对宰相的论述中。因此,婺州资料使我们能够更详细地探究地方社会不同阶层之间的互动,同时了解不同层次的社会实践是如何变化的。这些资料也让我们进一步观察到婺州当地与外地社会地位等级之间的关系。最后,宋人的这些行为使得地理视角既合乎逻辑又富有成效,正如婺州章节所示,宋人邻里之间往往过从甚密,他们彼此通婚,鸿雁传书,互作传记。因此,以地理因素界定对象的研究,使我们对于多数人的生活有了一个大致印象,而密集交织的社会关系网是其生活的特点。

　　选择婺州而非宋代其他州作为研究对象,并非率意为之。如同中国南方其他地区,唐末五代时大量人口涌入婺州,北宋时婺州人口迅速增加。与浙江沿海其他州相仿,婺州在北宋时产生的进士人数屈指可数,但随着南宋时都城迁至距离婺州不远的杭州,婺州进士人数激增。[①] 从后一点看,婺州与已经研究过的宋代其他地方截然不同。对于本书研究更直接、更重要的是,婺州是 4 位南宋宰相的家乡[②],也是曾在北宋朝廷叱咤风云的几个家族在南宋时的家[③]。因此,婺州资料与宰相章节内容通常有所重叠,并让我们能够比较北方移民和那些婺州当地人在南宋时的不同经历。最后,婺州治所金华在南宋时成为一个重要的道学中心。[④] 我们将看到,这一点对于婺州社会的传世记载颇具意义。

　　最后,使用上述两组互补的资料,也能让我们规避宋代家庭和家

①贾志扬:《棘闱》,第 149—156、196—202 页。
②这些人是叶衡、王淮、乔行简和范钟。
③尤其是婺州成为吕氏家族和苏轼之弟苏辙后人组成的苏氏家族的故乡。吕氏家族在北宋时曾经出现过吕蒙正、吕夷简和吕公著三位宰相。
④宋代有影响的婺州学者包括范浚、吕祖谦、陈亮、何基、王柏和金履祥。黄溍、柳贯和宋濂等人传承了道学传统,并在元、明两朝加以传播。下文探究了这一事实对于历史记载的影响。

族传世记载中的一些史学特例（第一章后半部分概述了这些特例）。第一章前半部分介绍了本书使用的主要史料——墓志的类型，还描述了唐宋间墓志撰写的辞令变化。在余下章节中，对于宰相和宋代婺州人的讨论大致遵循着平行的编排格式，尽管这两组群体的可用资料不同，他们的经历各异，明显决定着对于他们叙述的内容互有区别。第二章和第六章分别回顾了相门和婺州人家庭的出身背景。第三章和第七章则探究了他们后人的经历。第四章和第八章审视了他们各自的婚姻模式和姻亲关系。第五章和第九章中，我会从宏大的社交画面讨论，转向聚焦具体的个人及其族人。其中第五章考察了北宋和南宋的两个高官家族；第九章介绍了北宋和南宋两个无甚政治地位的家族。虽然这些个案研究的相关人物均来自婺州，但有助于为更宏大社会的讨论提供人物语境。

　　本书目的是丰富我们对于宋代和宋代以降中国社会的了解，但我坦承自己另有想法。那些真实人物的传记是本书的灵感源泉：归根结底，我最希望传达的，其实就是他们非常人性化的故事。[1]

---

① 术语说明：我们在尝试讨论中国社会时遇到的一些问题，在于部分描述中国社会的基本术语模棱两可，这种模棱两可有时源于史料本身，有时源于我们所使用的词语。"精英"一词即是一例，我在本书中使用它最普通的含义，用来描述那些在社会上有权势和声望之人。并且从这个含义出发，本书致力于找出何种因素让人们成为精英：宋人持何种价值观？人们被赋予的权力从何而来？并且哪些特征赢得同时代人们的赞美和尊重？为了避免对于宋代亲属性质的模棱两可和武断，在下文讨论中，我将"家"一词尽量限定在共居的直系亲属范围之内。宋代开始，只要家中长辈健在，兄弟们似乎便会共居，因此我描述的家庭通常包括几个成年儿子和他们的妻子（有时候甚至包括孙辈和他们的妻子）。对于尚不能确认是否共居的更广泛的族群，或者明显没有共居，但似乎有明显"族群意识"的群体，我使用华琛和伊沛霞的"家族"一词（《明清中国的宗族组织》前言，第5页）。对于那些属于同宗但"族群意识"水平尚不确定的群体，我使用诸如"族""族人""族群"等词。

第一章　历史变迁与史学转型

社会差异跨越时间、空间与文化，随之留存下来的社会轨迹亦是如此。而根据这些社会轨迹重构的历史相应地丰富多彩。从明显的世俗意义上来看，不仅每个社会都有其独特的历史，而且每个社会能够书写的历史类型也互不相同。

我们关于近代以前欧洲家庭和社会生活大量知识的来源是记载详尽的教区登记册，而中国古代史家没能幸运地拥有类似史料。但另一方面，中国人关注祖先和父系血脉，至少在某些时期，编纂了大量谱牒，而近期许多关于明清亲属关系与社会的研究成果便是基于这些谱牒。[①] 中国很早亦有作传的优良传统，尤其是撰写行状或墓志。撰文的目的是确保逝者的一些记录被留存给子孙后代，于是一定类型的悼词被刻在石头上，然后与逝者葬于一处（即墓志），抑或树立于墓道两

[①] 引用书目中贝蒂、卜正民《家庭传承》、戴仁柱、梅斯基尔《雾峰林家》、罗威廉等人作了细致的研究。亦见邓尔麟《从宋至清无锡宗族发展中的婚姻、收养与慈善》，第 170－209 页；贺杰（Keith Hazleton）《父系与地方化宗族的发展：徽州休宁吴氏》，第 137－169 页；韩书瑞《中国北方两个家族：永平府王氏，1500－1800》，第 210－244 页；罗友枝《晚清和中国的杨家沟马地主》，第 245－273 页。以上均收入《明清中国的宗族组织》一书。中国谱牒作为史料的可行性与局限性的讨论，见约翰娜·梅斯基尔《作为研究史料的中国谱牒》，收入弗里德曼主编《中国社会中的家庭与家族》（斯坦福：斯坦福大学出版社，1970），第 139—161 页。

旁(即神道碑)。大多数情况下,此类墓志的文本是基于更为正式地描述逝者生平的行状。[1] 而这些体裁各异的墓志为本书提供了大部分基础史料。[2]

当然,将墓志作为史料,可能存在问题。如同其他国家,中国的墓志撰写高度程式化;事实上,宋代墓志中常见的一些比喻可以追溯到春秋战国。墓志撰者需要使墓志包括墓主的某些信息,但他们可以——甚或不得不——忽略墓主生平的许多方面。不可避免地,墓志提供的信息通常难以满足史学家的需求。例如,宋代墓志甚少提及墓主的物质生活环境,即便偶尔提及,也常常闪烁其词。相反,墓志不仅描述墓主,还被用来美化他们。因此,不可尽信墓志撰者惯用的颂扬墓主的许多华而不实之词。

尽管有这些局限,墓志仍然是内容详实的史料,因为虽然墓志不能作为研究墓主的精确史料,但它们恰恰对于研究墓志撰者大有裨益。宋代女子是否恰如其墓志撰者所言勤俭持家、贤良淑德不可考,但墓志撰者肯定认为理想的女子应该勤俭持家、贤良淑德。同样,唐代墓志撰者声称其墓主出身“大姓,载于诸史”的说法难以核实,但我们可以合理地推断,墓志撰者相信宣称墓主是大姓的后人会为墓主增光添彩。

墓志在一定程度上揭示了社会价值观,因此作为社会史史料是有

---

① 这三种形式的墓志碑铭所包含的信息通常几乎并无二致,我一般称其为“墓志”。在分析宰相与婺州人的墓志时,我主要依靠《宋人传记资料索引》的相关条目。在多数情况下,我也核查最近出版的《宋人传记资料索引补编》,但限于时间,并未逐页翻阅。我也未能系统地核查各种未出版的石刻汇编,这其中很可能包含与本书有关的信息;关于这些石刻汇编,参见韩森《石刻:关于宋代的史料》,《宋元研究通报》第 19 卷,第 17—25 页(1987)。但我相信,本书提供了现存记载中这两组人的大致情形。

② 在可能情况下,我补充了地方志、耆旧传等书所收录的墓志中发现的传记信息。需要指出的是,宋元婺州方志并未传世,但明清地方志经常包含宋元资料。而这些资料通常是基于其他传世史料,因此,它们自身价值往往并不大。不过,其中偶尔保存着别处无法提供的信息(一部非常有用的婺州地方志介绍,包括对散佚文献以及那些传世文献的内容和保存单位的描述,见洪焕椿《浙江方志考》[杭州:浙江人民出版社,1984],第 316—351 页)。

价值的。墓志告诉我们何为善行或哪种行为值得称道，何为举足轻重，何为声名籍甚。传世数量相对庞大的宋代墓志，再结合决定这些墓志传世的某些因素，意味着宋代墓志也可以用作其他类型的史学分析。

大约1万方宋人男女墓志保存至今。既然南宋人口估计已经超过1亿[①]，这些墓志中所描述之人自然仅占当时总人口的极小比例。由于丧葬仪式（墓志在丧葬仪式中占有一席之地）繁琐且所费不赀，故而传世墓志并非代表了随机挑选的民众。[②] 我们可以合理地推断，那些有墓志传世之人实际上均属于社会上层。然而，讽刺的是，在大多数情况下，能够让子孙后代铭记的逝者名字，并非那些精心所立的墓碑上之人。通过考古发掘问世的宋代墓志文本数量不多。相反，多数墓志得以传世是因为它们被收录于宋人文集之中。[③]

在宋代，某人去世后，他平生所作的大量篇什——诗、文、尺牍、奏疏以及曾为亲朋好友和其他人撰写的墓志会被收集在一起传承给其子嗣，这种情况十分常见。如果此人为知名之士，文集则可能会以手稿形式流传并最终刊刻出版。大约有300部包含墓志的宋人文集传世。[④]

宋人为何撰写墓志，又为何人撰写墓志？部分资料显示，墓志可

---

① 何炳棣：《宋金总人口估算》，收入弗朗索瓦·奥宾（Francoise Aubin）主编《宋研究》系列1（巴黎：莫顿公司，1970），第33—53页。亦参见郝若贝文，第368页。

② 史料中屡屡提及葬礼费用。一些例子中，葬仪被迁延多年，直到后人能凑齐所需的资金。相关例子，见《陈亮集》卷26《孙夫人周氏墓志铭》，第426—427页。需要强调的是，只有很小比例的宋代精英墓志传世。

③ 例如，传世的164方宋代婺州人墓志，只有5方出自"文集"以外，而这5方墓志中的两方保存在明代类书《永乐大典》之中（《永乐大典》本身根据传世的"文集"片断编辑而成）。只有两方出自考古发掘精选的碑铭汇编，一方新近出土（见附录Ⅲ）。正如我们以下所见，这一事实对于宋代史学有重要影响。

④ 《宋人传记资料索引》编者提醒读者早期的索引包括290种宋人文集，但这意味着"至少有十余种"文集没有被包括在内（《宋人传记资料索引》第1册，第14—15页）。韩明士指出，除了这些文集，还有约300部宋代诗集存世（私下交流）。

以委托他人撰写。① 例如，欧阳修为形形色色之人撰写过墓志，其中许多人明显与他没有任何关系。某些墓志，是欧阳修奉皇帝旨意所撰写，而这无疑与他散文大家的声望有关。② 因为迄今为止宋人文集中收录的大多数墓志原是撰者为亲朋好友所写，所以欧阳修在撰写墓志方面便显得与众不同。人们为其族人和妻族撰写墓志，为师长、门人弟子和总角之交撰写墓志，为他们的堂表兄弟姐妹和叔伯姑姨们撰写墓志。③

墓志的出处非常重要，有几方面原因。墓志是关于宋代个人传记资料规模最大的史料。由于这些墓志多数保存于文集之中，而文集作者往往为他们的亲朋好友撰写墓志，这使得传世的宋人信息大量集中在相对狭窄的，通常由亲属关系定义的社会群体之中。

首先，这意味着通过墓志，往往可能至少重构父系亲缘（经由男性确立关系）和姻亲（经由婚姻确立关系）亲属关系网的轮廓。宋代墓志书写通常包括墓主祖上三代的名衔，这一书写惯例对于本书的研究颇有裨益。墓志中还会经常出现那些祖先妻子的姓氏，甚至偶尔也会出现墓主外祖父的名衔。墓主为男性的墓志几乎总会包括他们妻子的姓氏，间或出现墓主岳父的名衔。最后，至少在宋代，不论墓主是男是女，墓志一般都会提供诸子的姓名，如有可能，也会提供诸子的官品，以及女婿们的名衔。由于这些书写习惯——特别是亲戚关系网中不止一人有墓志——则往往可能重构多代家族和姻亲关系。当然，传世史料的性质千差万别：有时，可对某个家庭或某一家族几位同时代成员的经历加以比较，而跨越几代追踪某一家族或多个家族也是可能

---

① 委托他人撰写墓志通常会给予撰者一定酬劳。以财物酬人书法或文字之劳被称为"润笔"，通常采用精美礼物的形式。见《中文大辞典》卷 5，第 8535－8536 页，条目 18726.52。感谢周绍明提供此条参考文献。

② 相关例子，见欧阳修为晏殊所撰神道碑（《欧阳修全集》卷 22《观文殿大学士行兵部尚书西京留守赠司空兼侍中晏公神道碑铭》，第 159－162 页）。

③ 当然，即便为亲朋好友撰写墓志，撰者亦能得到一定物质酬劳。

的。在极少数情况下，两者均可兼顾。本书主要基于此类亲属关系重构，并且资料足够丰富。

墓志既揭示了一定社会价值观，又反映了社会网络，因而是有价值的社会史史料。此外，由于墓志呈现给我们史学转型与历史变迁之间关系的情况，所以从这个层面上看，墓志同样颇具价值。通过探究唐宋间墓志内容与书写辞令如何转变，史学转型与历史变迁之间的关系可以逐步显现。

唐宋时期的墓志辞令

唐宋时期墓志书写最明显的差异可能莫过于文学风格。[①] 唐代墓志撰者偏好引经据典，如果可以找到阐微发幽的典故，他们很少直接表述。因此，撰者并不直言女性墓主纯洁、勤恪，反而称其采"蘋蘩"（"蘋蘩"一词出自《左传》[②]，原意为适合祭祀之物［见附录Ⅰ墓志 682b和 723a]）。夫妻不仅生活在一起，而且"琴瑟克谐"（682b，703，818，833，845）或比喻作"凤凰于飞"（805b）。子女和儿媳孝顺，是因为她们"昏定"（651；换言之，傍晚时问候她们的父母或公婆安适与否）。[③]

从宋代开始，墓志中就很少重复这种古语了。宋代墓志往往比唐代墓志更注重细节，并且放弃了引经据典，转而侧重于个人轶事。这种转变在 9 世纪中叶的一方墓志中初露端倪，传统唐代描述女儿和儿

---

①本节观点是基于对初唐（650 年）、五代至宋 148 方墓志的考察。墓志选自大型的唐代文学丛书和唐人文集（多数文集为宋代刊刻）。虽然笔者努力从范围尽可能广的墓志撰者群中进行选择，但主要的选择标准是试图达到按照时间顺序相均衡地分布于 600 年间。某些时期的史料无疑更充分，850－950 年间（大致相当于五代时期）的史料严重不足，只是因为这一时期的传世墓志寥寥无几。墓志史料达到地理上的均衡分布难以企及；绝大多数传世唐代墓志的墓主是都城人，但宋代墓志所描述之人的地理分布则更加广泛。最后，本书的选择偏重女性墓主，部分原因在于为女性撰写的墓志往往比为男性撰写的墓志更令人感兴趣（后者往往一边倒地集中在墓主的仕宦经历上）。
②见《左传》隐公三年。
③见《礼记·曲礼上》。

媳的女性行为的隐喻，在这方墓志中均有所体现，但接下来墓志也描述了当她丈夫病重时，这位女子如何亲自"侍执汤药，馈奉饮膳"，不分寒暑陪伴在丈夫左右(856)。附录Ⅰ中日期最早的宋代墓志也采用典型的唐代风格，描述墓主"淑性川淳""孝德内融""柔仪外映"等等。但在周氏成为孀妇后，墓志撰者用宋代风格特点加以补充，称她"提携教诲[年幼四子]，亲授经书。及其出就外傅，已通《孝经》《论语》矣"(976)。

除了更细致入微地描述墓主，宋代墓志撰者提供他们本人以及他们与墓主关系的信息通常也多于唐代墓志撰者。虽然唐人经常为与其关系密切之人撰写墓志(这点并不比宋人逊色)①，不过唐代墓志撰者很少详细阐述他们撰写墓志的原由。相比之下，宋代墓志撰者不仅直截了当地解释他们与墓主有何关系，而且还说明何人请他们撰写墓志，墓志是基于何人所撰的行状，以及为何(虽然通常还伴随着"不敢当"的自谦之语)不得不写(例如，1179)。

唐宋墓志的区别不仅是单纯的文学风格问题。即便是浮光掠影的观察，也可看出唐宋间墓志内容——写作态度、价值观和写作重点均存在相当大的差异。

唐宋墓志撰者通常均会叙述墓主的祖先，但他们强调的重点明显不同——尤其见于他们提供的此类信息。许多唐代墓志，尤其是那些9世纪中叶之前的墓志，开篇便是对墓主祖先的长篇大论，偶尔也提及墓主配偶的祖先。这些评论间或强调墓主家族历史悠久且门庭显赫(674b，691c，703，775)，甚至将这段历史上溯几个世纪(682b)。其他部分，则专门用大段篇幅来叙述正史中记载的、被标榜为墓主祖先的某位名人的功业。偶尔，墓志干脆声称墓主家因为连续数代官高爵

---

①例如，王安仁为母亲撰写墓志(674b)，李翱为其伯母撰写墓志(682b)，裴公与独孤及为他们的妻子撰写墓志(716，775)，孟友直为女儿撰写墓志(715)，以及宣猷为堂姐撰写墓志(832)。本书中包括其他几方唐代墓志，虽然并未明确说明亲属关系(例如688，750?)，但似乎是撰者为其亲属所写。由于许多唐代墓志撰者不详，情况变得更为复杂。

显而知名,甚至会提供一份冗长而详尽的谱牒来佐证这一说法(775)。

其他唐代墓志注重描述墓主家族较晚近的官场关系。它们通常详细具备地提供墓主祖上三代的官衔,并且时常也标榜墓主与那些关系并不密切但身份更为显赫的官员有亲戚关系。多数情况下,这些墓志对于名望的标榜,均立足于将墓主与把持汉唐间政治生活的某一准贵族"大姓"的郡望攀上关系。[①] 例如,651 至 968 年间 83 方墓志中,至少 50 方墓志明确提到大姓郡望。[②]

但至 9 世纪末,随着众所周知的世家大族在唐末的衰落[③],对于祖先的关注似乎已经日趋淡漠。对家族辉煌历史的描述愈加敷衍了事,相关的谱牒也日益真伪难辨。虽然大姓郡望仍被一些墓志撰者所使用,却是用来替代其他关于墓主祖先的信息,而并非与它们结合使用。875 至 900 年间的 6 方墓志中,仅有两方墓志尚提到大姓郡望。更重要的是,这些郡望仅出现在墓志的标题——文本本身则只字不提墓主祖先。

10 世纪的资料虽然数量有限,但显示这一趋势仍在继续。[④] 11 世

①姜士彬指出,六朝时期一小撮"大姓"把持政治,他们通过籍贯或郡望,来增重他们的姓氏,使自己与庶族区别开。最显赫士族成员凭借其郡望与姓氏确立身份:王姓并不等同于太原王氏;与非赵郡李姓相比,赵郡李氏享有得天独厚的更高声望。正如姜士彬所言,许多家庭经历岁月洗礼,其居住地已经改变,但他们仍保持原来的郡望。如此一来,郡望最终不能反映实际居住地,但它仍然被用来确认某些大族的后人,因此,它也可作为声望的重要标识。姜士彬:《世家大族的没落:唐末宋初的赵郡李氏》,《哈佛亚洲研究》第 37 卷,第 1 期,第 70—102 页(1977)。"大姓"的确切性质仍然存在争议。见丁爱博(Albert Dien)主编《中国中古时期的国家与社会》(斯坦福:斯坦福大学出版社,1990)"前言",第 1—29 页。

②在《中世纪中国的寡头政治》(博尔德:西部视点出版社,1977,第 217—231 页[附录 4])中,姜士彬抄录了传世的唐代大姓名单,从中可考大姓郡望。然而,残存的唐代大姓名单并非详尽无遗。许多墓志中提及的郡望,并未出现在姜士彬的名单中。遗憾的是,其他郡望是否声名显赫已不可考。同样应注意的是,为一位年轻女性撰写的墓志中并未提到郡望(724),并且完全没有任何家庭资料。

③参见姜士彬《世家大族的没落》。

④参见附录Ⅰ条目 943? —996。其中 4 方墓志出自同一人手笔。8 方墓志中的 3 方墓志标榜大姓郡望,但两方墓志(943?,968)强调墓主家已经迁居别处。第 3 方墓志(958?)仅在标题中提及大姓郡望,并未进一步讨论祖先。第 4 方墓志(976,没有提及大姓郡望)指出,三国时此家衰落,并补充说,虽然他们已经沦落为庶民,但偶尔出现优秀之人(例如,墓主的叔父在 (转下页)

纪初,墓志中仅偶尔提到墓主郡望,一般情况下不会对古老祖先进行深入讨论。这一时期的传世史料主要集中于朝廷高官家族成员,他们中的大多数人似乎不太在意他们本人与唐代望族之间的关系(1002,1004,1018,1020?)。虽然一些墓志撰者继续沉湎于对墓主古老祖先的含糊其辞(1002),大多数墓志则只是简单地复述墓主祖上三代的名字,以及他们可能拥有的官衔。

11世纪中后期,墓志中对于墓主古老祖先、间或对于郡望的标榜似乎再度流行起来,[①]但这些标榜与唐代墓志撰者所使用的情况几乎毫无相似之处。实际上,提到大姓郡望的宋代墓志并未再进一步讨论墓主的家族传承。唐代墓志中对于家庭声望或辉煌历史细致描述的特点在宋代墓志中并未出现,郡望仅被提及(她"嫁与陇西李氏")。即便以类似唐代风格的面貌提到古老祖先时(例如,1046a),讨论也是模棱两可并且毫无根据的,表明宋代社会风气与唐代迥然不同。1078年的一方墓志颇具代表性:"华氏出齐平原,唐季之乱,一枝徙吴,居常州之晋陵者讳熏,为郡著姓,不干仕进,槃乐于家。"平原是大姓华氏郡望,华熏的孙子在10世纪初中进士,后官居下位,但华熏父子均未曾仕宦。[②]值得注意的是,墓志撰者并未试图将此华氏家族与任何特定的大家著姓联系在一起。显然,即便华熏确为唐代某望族的真正后人,他对自己的谱牒却浑然不觉。其他3方华氏家族成员的传世墓志同样完全没有提到唐代华姓郡望,强化了这一印象。[③]尽管墓志撰者出于礼貌尽力周旋,但这个家庭与唐代大姓的关系看起来至多疑似

(接上页)南唐为官)。其他两方墓志(992?,993a)则模糊郡望,但前一方墓志所提郡望是撰者郡望(他自称太原王氏)而非墓主郡望。这些墓志以及这一时期残存的两方墓志(956,996),均毫未提及事实上的祖先。

①值得注意的是,这与姜士彬的研究结果一致,即11世纪,出现郡望复兴浪潮(姜士彬:《世家大族的没落》,第81、97页)。

②这方墓志的墓主是这位进士的侄子。下文第五章对华氏有更详细的讨论。

③《道乡集》卷34《华元吉墓志铭》(8b—10),同书卷36《华世衡墓志铭》(3b—4b),同书卷40《故登州防御推官华君行状》(7b—10)。亦见第五章讨论。

有关。

同时期许多墓志甚至没有试图标榜祖籍。与唐代风格迥然不同，11世纪中叶的一方墓志(1047，墓主为撰者妻子)直言不讳地说："不知其先所自来。"为了维护颜面，墓志撰者用不太有说服力的方式补充说，墓主的曾祖和祖父(并未提供他们的名衔)是"世大姓"。如果说与唐代墓志书写传统同样大相径庭，那么，宋代墓志更典型的书写方式是标榜墓主家是"乡大姓"(1051)。

11世纪末，人们对大姓门第的兴趣似乎已经成为明日黄花，对古老祖先漫不经心也成为12、13世纪墓志的特点。如前所述，这几个世纪的大多数墓志确曾提到墓主最近的父系祖先的名衔，但讨论仅止于此。许多墓志(例如，1134?，1221a)言及"最近的"(五代)家族迁移，墓主家在其乡有钱有势也成为被时常提及的事实(例如，1134?)。若墓主是北宋某一政治显赫之家的后人(例如，1137)，那么墓志可能会提到他最显赫的宋初祖先。一方宋末墓志(1244)提出一个有趣而似乎谨慎的论断："人谓孺人门户贵盛，在前代为翁主，在先朝为族姬。"但本书显示，从12世纪初开始，仅有一方墓志还尝试标榜其墓主的大姓祖先。[①] 显而易见，宋代之前的祖先根本不再是社会声望的要素。

这些变化表明唐宋间社会发生何种转型？ 显然，在最基本层面上，7至13世纪墓志不再关注墓主的祖先，反映了这一时期祖先在决定人们社会身份地位上重要性的下降。这一结果符合众所周知的唐末大姓烟消云散的事实。[②] 这也与新改造的文官官僚政治——尤其是伴随着支持此官僚政治的选官方法和教育制度在宋代政治社会生活中的日益重要相吻合。[③] 宋初科举制的巨大发展，意味着官员铨选对

---

① 1153年的一方墓志是个例外，此墓志的作者是苏轼弟弟苏辙的后人。墓志中标榜的郡望模棱两可，提及公认的来自太原的墓主八世祖曾在后唐仕宦，随后又从对此人的讨论直接跳跃到墓主的曾祖父。
② 参见姜士彬《世家大族的没落》。
③ 关于这些变化的进一步研究，分别见罗文《宋代文官制度介绍》，第79－86页；贾志扬《棘闱》。本书第二章探讨了新选官方法的社会影响。

于那些满腹经纶之人相较以前更为开放，家族关系的价值至少在某种程度上有所降低。更重要的是，在宋代，当前的家族关系，而并非与知名但古老祖先的关系至关重要（第二章将详细描述）。

与前代相比，如果家世出身在宋代社会身份地位中不再重要，是什么取代了它的位置？如果墓志书写可靠，那么人们在逐渐无视祖先功业的同时，愈加重视后人的成就。

耐人寻味的是，唐初墓志撰者甚至对墓主后人的存在与否均漠不关心。本书显示，725 年之前的 28 方墓志中，仅有 11 方墓志中出现子女（674b，681a，684b，684c，688，691a，691b，691c，703，716，717）。而墓主子女的一些具体情况，则仅见于寥寥几方墓志中。大多数墓志（674b，681a，684c，691c，703，716）只提到举丧和守孝的子女；3 方墓志（691a，691b，717，全部关于女性）仅在赞扬墓主作为母亲的语境中提到子女。仅 8 方墓志（674b，681a，684b，688，691c，703，716，717）提供了墓主一个或多个子女的名字[1]；只有一方墓志中出现了诸子的官衔（717）——或许并非偶然，这也是这组文本中时代最晚的一方墓志。

725 年后的墓志中更加频繁地提到子女——事实上，几乎俯拾皆是。725 至 960 年间的 54 方墓志中，仅 4 方墓志（765，787，838，843）未曾提及子女的存在。[2] 当然，直至 9 世纪，墓志中几乎没有任何关于子女的详细描述。725 至 799 年间的 23 方墓志中，仅 9 方墓志中出现了墓主后人的名字（733a，743b，744a，744b，746，769，792a，792b，796），5 方墓志提供了墓主诸子的官衔（733a，743b，744a，746?，792a）。8 世纪中叶之前的墓志中，从未出现已婚女儿夫家的姓氏，以及女婿们的名衔。9 世纪前的墓志中，仅有两方墓志（744a，792a）中出现过这

---

[1] 几方墓志中包括"嗣子某和参加葬礼的其他人"等内容。虽然 681a 的传世墓志文本中墓主一子的名字出现空白，但我使用的版本中并无空白，我猜测此姓名起初包含在墓志中。

[2] 换言之，650 至 725 年间的墓志，其中 39.3% 的墓志中提及子女；相比之下，725 至 960 年间的墓志，其中 92.6% 的墓志中提及子女。虽然不想过度引申，但耐人寻味的是，在武则天治下（690—705，当时科举首次在官员选拔上扮演更重要的角色）的一代人中，墓志已经越来越关注墓主的后人。

些内容。

从 9 世纪开始,父母墓志中对于子女的描述日渐具体。虽然提到诸子官衔的墓志比例仍然保持不变[1],但提供子女姓名的墓志比例则显著增高[2]。随着对子女言谈举止的描述(832,881,889)日益生动形象,墓志中首次出现了关于孙辈的记载(889)。此外,这一时期墓志中提及女婿的次数明显增多,表明对姻亲的兴趣随着对后人兴趣的提高而提高。[3] 以下章节中我们会看到,这种解释有充分的理由。

宋初,墓志通常提供诸子与女婿们的名字,也经常提供他们的官衔。11 世纪中叶,实际上所有墓志均提供儿孙、女婿,甚至间或孙女婿的名字,在可能的情况下也会提供他们的官衔,这是整个宋代墓志书写的规则。值得注意的是,宋代墓志撰者讨论墓主后代时,尤其关注科名与仕宦成就。9 世纪的墓志中开始提及科名:832 年的一方墓志提到墓主的儿子通过明经试。这种提法成为宋代墓志的标准特征,即便那些尚未中举的诸子,墓志中仍然经常会强调他们正在努力应举。[4]

墓志中对于墓主祖先的兴趣逐渐降低,愈加关注墓主后人,并且越来越重视后人的科名,所有这些似乎是唐宋间系列社会价值观重构

---

[1]800 至 968 年间的 32 方墓志中,其中 8 方墓志(813a,824?,832,840,850b,856,889?,943?;换言之,占 25%)提到官衔。725 至 799 年间的墓志中提及官衔的墓志比例是 22%(23 方墓志中有 5 方)。当然,这可能恰好反映了实际上拥有官衔的儿子数量减少,抑或只不过是墓志撰者谈论官衔的兴趣在减弱。

[2]800 至 968 年间的 32 方墓志中,22 方墓志提供了子女的名字(800b,805a,813a,818,824?,832,833,840,844,845,850a,850b,855,856,858,881,883,886,889,892?;943?,968;换言之,约占 69%)。相对而言,725 至 799 年间的墓志中,仅 39%(23 方墓志中有 9 方)的墓志提供了子女的名字。

[3]提及子女的 32 方墓志中的 7 方墓志(813a,832,840,844,850a,858,881;占 22%)提供了女婿的信息。而在 725 至 799 年的墓志中,这一比例是 9%(23 方墓志中有两方)。

[4]当然,多数被提及举子身份之人并未入仕。相关的一个极好的例子可以参看 1102 年的一方墓志。需要注意的是,"进士"一词在宋代墓志中的使用通常相对宽泛,并非仅指那些真正取得进士身份之人,而似乎更常指代任何通过发解试的年轻人。见罗文《宋代文官制度介绍》,第 258 页,注释 21。关于这一点,罗文指出,"举进士"的表述可能更贴近真实的进士身份,但我认为并非如此。注意,在此处事例中,墓志撰者起初说墓主所有的儿子均"举进士",但事实上只有一个儿子"登第历官"。因此,此处"举进士"似乎指仅诸子通过发解试。类似的用法见《渭南文集》卷 36(第 223-224 页)《石继曾墓志铭》等。

的一部分,而这些社会价值观建构了个人、家庭和社会关系。随着家世出身的贬值、对于后人和姻亲的再认识,唐宋时期的墓志揭示了人们对于财富以及女性在社会和家庭中角色的态度转变。如本书所示,这些转变中存在着对于行为与名望之间关系在认知上的重要倒置。正如我们在本书开篇所引故事中所见,在宋代男性墓志中,这些变化通常体现在极具潜质的寒士形象身上。贫窭的孀妇与其勤奋好学儿子的形象是这些变化更好的象征符号,虽然这并未见诸唐代墓志,但得到宋代墓志撰者的珍视。

贫窭的孀妇给人第一感觉是令人怜悯的。赞扬贫困,甚或不讳言贫困,在宋代墓志中令人耳目一新。诚然,财富本身从未得到中国卫道士的垂青:虽然实际上社会中财富大多与名望密切相关,但挥金如土在理论上仍然遭到鄙夷。唐代墓志即反映了这一矛盾看法,仍然强调墓主显赫的祖先和优雅的举止,却并未提到必然与之相关的财富。虽然有少数几方唐代墓志(例如,768?,703,813b)以肯定态度提及财富,但强调节俭则更为常见(例如,682b,715,775,856)。

即便如此,唐代墓志对待财富的方式和宋代墓志讨论财富的方式有着重大差异。唐代墓志往往抽象地提到节俭,并经常使用上溯到《礼记》或《仪礼》的语言来措辞。唐代墓志撰者从未意图表明墓主家入不敷出。反之,在宋代,当贫困越来越意味着道德清白与品行端正,财富,尤其是继承的财富,则越来越多地与颓废堕落联系在一起。① 附录Ⅰ中的几方宋代墓志(1047,1051,1076)赞扬墓主面对捉襟见肘的窘境无动于衷;一方墓志(1076)甚至声称墓主家"初无一亩之宅,一廛之田"。出身卑微甚或家境贫寒成为宋代一种逆向势利的资源。因此,家庭从蓬门荜户变成财富盈门,这种崛起自然赢得人们的溢美之

---

① 参见 1027 年墓志中对盛族衰败的谴责,下文将进一步讨论。一般而言,宋代墓志撰者对于财富道德容忍度似乎仅限于它是勤奋努力的回报,并且最好不用于享受。关于后者的一个例子,参见 1078 年的墓志,墓志撰者承认墓主有能力买官,目的是他可以更好地强调墓主决定不这么做的品德。

辞。当寡母独力支撑家庭,财富来自她悉心培育儿子(诸子)的宦业成功,对其的赞美更是大书特书。[①]

作为女人,宋代墓志中贫窭的孀妇因其践行母亲之责,特别是教育子女而受到墓志撰写者的高度赞扬。在强调女性生活的这些方面上,宋代墓志撰者再次显示了与唐代墓志撰者截然不同的写作风格。例如,唐代墓志撰者时常赞美其笔下女性墓主的仪容。女性被比作"琼"(703,716),或"琬琰""虹""蕣英"(688,674b,813b),其仪容有"研姿"和"令范"(843,832)。[②] 宋代墓志对女性仪容则漠不关心。64 方宋代墓志中,976 年的一方墓志似乎是过渡,因为它提到女子"天姿玉莹"。其余的墓志中,仅有一方墓志(1088)对女子的仪容发表评论[③]。

同样的,宋代墓志撰者似乎对夫妻关系不感兴趣。唐代墓志撰者谈到夫妻"琴瑟克谐",他们特别注重夫妻关系,并将这种关系同女子和其夫家其他家庭成员之间的关系区别对待。[④] 相反,宋代墓志可能谈及女子在德行方面"相"其夫(1076,1113),或是合乎妇道;但除此之外,墓志撰者对于夫妻关系则毫无兴趣。在宋代,衡量夫妻关系成功与否的标准是女子如何与夫家人和睦相处。[⑤] 贫窭的孀妇再次成为这一趋势的缩影。既然丈夫已经离世,孀妇与亡夫之间的夫妻关系实质上便没有任何意义;重要的是她与婆家成员的持续关系和对他们的关心,最常见的表现是她倾心抚育亡夫的子嗣。[⑥]

---

①相关例子参见 1201 年墓志。黄仁宇指出,贯穿明代墓志始终,"寡母的自我牺牲,贤妻的茹苦含辛,经常是这些成功的背景"(《万历十五年》,纽黑文:耶鲁大学出版社,1981,第 55 页)。

②虽然少数唐代墓志撰者提及美是由内而外散发的德行(例如,691a,723a),但多数情况下,仪容之美似乎因其本义而得到欣赏。

③1088 年的墓志特意描述墓主"秀美惠和"。即便此处"美"一词似乎是为了尽可能地平衡四字短语的节奏,来声称所提及女子的可爱。

④如上所述,唐代墓志撰者将夫妇比作"凤凰于飞"(805b)或"琴瑟克谐"(例如,818,845)。

⑤因此,一位宋代墓志撰者对于严厉的父母物色适合其的儿媳加以品评(1176)。关于此点的进一步探讨,参见柏清韵(Bettine Birge)《朱熹与女性教育》,收入狄百瑞、贾志扬主编《新儒家教育:筚路蓝缕》(伯克利:加利福尼亚大学出版社,1989),第 334—348 页。

⑥值得注意的是,因为贫窭的孀妇在面对经济压力再婚时,始终忠于其亡夫,她同样体现了贞节价值观。

宋代墓志中贫窭的孀妇敏而有识,这一点可能是她与唐代墓志中女性最相似之处。唐代墓志撰者谈及女性"明敏""文敏好礼"和"婉娩"(分别见 651,775,832),他们赞扬女性"广阅"或富有才华(682b,750?,856,881)。同样的,宋初墓志撰者赞扬年轻女子"闻人诵诗书,一过耳尽记不忘"(1046b)。在墓志撰者笔下,宋代女子"好读书,善为诗"(1060a),"少喜诵诗书、黄老之言"(1097)。11 世纪中叶的一位女子能读《易》《论语》《孝经》及"诸子之书"(1052)。唐宋墓志撰者赞扬女性聪慧与有学识时,他们的关注点却大相径庭。唐代墓志撰者似乎欣赏她们自身的文学才能;而宋代墓志撰者,特别是随着时间推移,对于女性文学才能逐渐持一种更为模棱两可的态度。例如,1193 年的一方墓志暗示文采有悖于女性淑德之行。著名词人李清照赏识年轻墓主的才华,愿意授学于她,但这个少年老成的 9 岁(虚岁 10 岁)女童予以拒绝,她回答说:"才藻非女子事也。"这一淑德的答复让她的父亲颇感意外,于是他亲手抄录了数十个《列女传》故事给女儿,她便日夜诵读不辍。[①] 在南宋中叶,至少在一些圈子内,人们对女性文学创作方面才华的认可已经开始动摇。[②] 正如下文所示,宋人继续将女性博学多才和熟读经书视作值得称道之事,但对宋代墓志撰者而言,一旦再次将贫窭的孀妇形象作为典型标榜,女性秀外慧中的首要价值便落脚在诸子的教育上。

唐代墓志中偶尔简单提到女性教育子女的情况,这一点尤其体现在 9 世纪墓志中(691b,691c,717,769,807,813a,824?,843,850a,

---

[①]亦见伊沛霞《内闱》(伯克利:加利福尼亚大学出版社,1993),第 123 页。

[②]本书中仅有一方墓志对文学才能持消极态度,但对于文学才能肯定赞扬的墓志例子的缺乏强化了这一印象。事实上,11 世纪后,墓志中完全不再讨论诗作,这一点上似乎也很突出。方秀洁(Grace Fong)已经注意到诗歌情爱和"婉约"特点在宋代非常流行,但这不适用于男性词人;同样的道理,对诗歌经典"婉约"形式的道德上的怀疑,导致了人们对于女性参与诗歌创作的矛盾心理(方秀洁:《性别抒情:宋代女性的想象与声音》,收入余宝琳主编《宋词之声》[伯克利:加利福尼亚大学出版社,1994],第 109 页)。另一方面,应该注意到其他形式的史料显示,即便在南宋,女性诗作仍然为人所欣赏。

858);而在宋代,这样的描述事实上成为所有女性墓志的一个重要组成部分。一方宋代墓志强调女性墓主亲授儿子经书(976);一位母亲"日自课以书,使(其子)自调四声作诗赋"(1046b);另一位女子据说"亲以教子。子男女婚嫁,必问贤否"(1052)。一位女子与其丈夫共同训导子女,"使学不得怠弛"(1097)。另一位母亲以丈夫为例提醒儿子:"乃父方正有法则,为世所知。汝曹若不效之,外人将以为类我,是彰我不德也。"(1027)12 世纪初,女性训子以学、事舅姑以孝、相夫以义、抚媵妾以慈等诸善行值得称道的观念在墓志书写中十分常见(1107)。[1] 12 世纪末,诸子按部就班地求学入仕,被视作寡母教导有方的直接证据(1187,亦见 1191,1234)。[2]

　　除了对诸子进行启蒙教育,贫窭孀妇任重而道远:她们还必须勤俭持家,这样才能省下钱来购书和延聘老师。更重要的是,即便诸子已经成人,她们仍然需要持家,由此,诸子才可以专心求学(1047)。这也是宋代墓志与唐代墓志不同之处。本书使用的墓志中,最早提及女性持家的墓志可追溯至 9 世纪:一方 832 年的墓志称,因为墓主人的丈夫以儒书自适,"门内之治,实夫人主之"。其他唐代墓志并未提到女子参与持家,这一主题在宋代却稀松平常。[3] 一方 1046 年墓志的撰者指出,墓主郑氏"以礼防持,动适中节",以此方式治理其家(1046a)。在稍晚的一篇墓志中,悲伤的儿子追述母亲为了让他安心读书,不辞辛苦操劳家务,"昼阅农事,夜治女工"(1051)。从其他墓志中我们还看到,多亏了女子的精打细算,其家的祭祀仪式费用才得以

---

[1]作为教育者角色的宋代女性,亦见柏清韵《朱熹与女性教育》,第 348—352 页。

[2]12 世纪,对女性而言,不仅要教授其子女,还要教授从子女(1152)、孙辈(1179)、她们的弟弟妹妹或者是小叔子、小姑子们(1221a),甚至闺帏内的其他女性(1152),这似乎也很常见。虽然此类教育的内容并非总有具体说明,但我们得知女儿们训习女红(1179),其他史料中记载,女子熟于诗礼(1152)。儿女们学习礼法(1201)、《孝经》(976,1191)、《论语》(976,1221a)和《孟子》(1221a)似乎很平常。一位特别严厉的母亲教授其子《礼记》诸篇章(1221a)。

[3]女子持家有道,丈夫或儿子便可全心全意投身仕途或求学,女子因而受到人们的赞扬(1060a,1113,1152,1172a)。女子在家庭财务中的角色,亦见周绍明《南宋家庭理财方案》,《亚洲专刊》系列 3,第 4 卷,第 2 部分,第 41、47—52 页。

满足（1113）。此外，女子帮助她们的儿子从一无所有到获得财富（1201）。一位幸运的丈夫埋头书中，"不问钱物为何事"（1183）。

或许唐宋墓志最明显的差异在于墓志撰者如何刻画行为与声望之间的关系。宋代孀妇因其身份地位源于个人行为而非出身背景再次成为某种象征。

德行与声望之间的复杂关系在唐宋墓志中显而易见。首先，在唐代，美德往往等同于动遵礼法。[1] 虽然那些不需要教导便能够动遵礼法的女性更值得赞扬（750？，775，856），但女子仍然可以通过对女仪的勤学苦练来学会礼节和仪轨（845）。无论如何获得礼仪知识，它与个人以及家族声望均息息相关："天下士大夫，知与不知，莫不想望其风采。"（682b）[2]

重要的是，对唐代墓志撰者而言，道德优先似乎是社会地位崇高的标志，却并非这种地位的先决条件——而在宋代，道德已然决定着身份地位。因而，唐代社会地位崇高之人（尤其是凭借祖先）便被赋予优异的道德品质。故举止"得体"，最显著的是动遵礼法，便是有良好教养的高尚家庭背景的结果与证明。唐代墓志撰者将美德视为传家宝，世代传承下去。这一理念可能部分源于佛教因果报应观念：几方墓志提到墓主的德行是先祖有德的结果（750？，775，824）。但"德"的内容被理解为动遵礼法，也反映了一个简单的现实，即礼法训练是在家庭环境中进行的。[3] 只要训练有素的大族之女一直与情况相似的大族之子通婚，那么纯洁的礼法便可以从父母传承给子女，"德"便仍为大族所垄断。

---

[1] 例如："敬慎礼仪"（703）；"文敏好礼"（775）；"其仪可范"（805a）。

[2] 同一史料亦言，墓主的美德使得闺门和睦，"宗党推其令问，乡间以为美谈"。同样的，一方墓志提及某个大族"夫以四言之遗，直一经之遗烈，十征之高风，焯于古今"（775）。另一方墓志称墓主家"克勤王家，有安定而宅京兆，其如万世昆季，列于三方，有类林家昭穆，光忽十德。至若衣冠礼乐之盛烈，廉孝贤良之仪表，固以舄奕当代，昭彰季叶者乎？"（688）

[3] 罗文指出，显赫的家庭背景在唐代文官选拔中是一巨大优势，部分原因在于"通过繁衍子嗣，得体的言谈举止自然传承（给精英家族的后人）"（第82页）。

　　然而,伴随着唐末五代的社会动荡,大族之间无法继续通婚。毫不奇怪,社会声望与德行之间的认知关系也自然而然地开始改变,到了宋代,这种关系几乎完全倒置了。虽然属于大族女子典型德行的孝、纯和贞在宋代墓志中仍然被作者极力渲染,但这些德行显然不再与显赫的祖先有任何关系。相反,宋代墓志显示,是德行赋予个人以声望。在唐代,贵族出身给人提供了道德上的优越感;而在宋代(至少在墓志理想化的世界中),德行赋予普通人以地位或声望。

　　从社会地位决定道德到道德决定社会地位理念的转变,在一则1027年墓志记载的轶事(即本书开篇直入眼帘的故事)中体现得非常清楚。在故事中我们看到参知政事王旦决定将女儿嫁给新科进士韩亿,此事引起王旦族人一片哗然,他们认为韩亿出身不够显赫,与这桩婚事并不匹配。他们期盼她嫁给那些"大家著姓"。王旦首先批驳了社会地位是德行保障的观念:"族盛者骄惰恣放,多以侈事相夸逐。"相反,正如他选择女婿的标准所反映出的,王旦(或许是其女儿的墓志撰者)认为判断一个家庭应根据其当前家庭成员的状态。韩家是匹配的姻亲,因为他们培育出像韩亿般这样优秀的儿子,使他在竞争异常激烈的科举考试中得中进士高第。韩亿的进士身份,其自身的成就比其祖先的成就(可能并无成就)更加重要。[1] 同样的态度透过王旦的语言表达出来,王旦试图安抚其族人,这桩婚姻不会对王家的名声造成不良影响:"以吾女性孝而淑贤,必能尽力于夫族,且其节行易以显,亦足见吾家之法度焉。"(1027)

　　当然,王旦女儿的德是传统美德,但值得注意的是,这些美德在社会意义上的细微变化。早年间,孝、贞等美德一直被视作世家大族女性与生俱来的权利,正如入仕是她们兄弟与生俱来的权利。因为一旦提到世家大族,便是动遵礼法之家,此家女儿便是天生淑德。然而,此

---

[1]正如第二章所示,因个人素养而成功的观念(或许自相矛盾)时常与荐举联系在一起(事实上确实如此)。

处我们看到,这种等式被倒置了:因为王旦女儿淑德,人们便会知道她出身动遵礼法之家(换言之,贵家)——无论其丈夫祖先的身份地位如何。对王旦而言,单纯的出身背景,不再是道德价值的晴雨表;相反,名家子女可能会"骄惰恣放"。王氏家族的高贵之处在于其女的德行,而并非与那些"大家"联姻。德行带来了名誉与声望①,而这三者一度是世家大族血统的特权。

唐宋墓志辞令的转变无可争议地同经济和社会现实变化有着非常直接的关系。姓氏曾经一度为年轻人的仕途和年轻女子的美满婚姻保驾护航,但在宋代,随着人们对于祖先兴趣的日趋淡漠,这些都已经不复存在了。当然,家族关系在宋代仍然是一项重要的社会和政治资产,但历史悠久的家世出身不再左右政治影响力,并且逐渐丧失了社会威望。取而代之的,是一种对于个人能够影响家族命运潜力的全新认知,用宋代的说法,个人可以"以进士起家"②。这种认识转而促使人们日益重视后人还有姻亲的命运。③

社会变化首先明显体现在唐宋墓志风格的迥异。唐代墓志的高度程式化描述只是为了证实墓主是名门望族中知书达理之人。身为此家族中之人意义如此深远,以至于在某种程度上,个人几乎完全被忽略。而在宋代,正如我们所见,情况截然不同。个人可能仅凭德行便可获得声誉,对于这一点,需要深入探讨。

①这一点很好地体现在另一位墓志撰者的评论中,他称,因为一位孀妇之家"咸有节法",过往之人并不知晓其寡居(1179)。
②除这个例子以外,在任何唐代墓志中再未出现"以进士起家"一语,但它在宋代墓志中反复出现。宋代史料中"起家"一词的重要意义,在第六章中有大篇幅讨论。
③同样值得注意的是,可能正是对个人潜力的全新认识,却矛盾地使得宋代书写中更强调家族。正如世代关系变得不那么重要,横向关系(家族的和姻亲关系)可能越来越重要,这似乎完全合乎逻辑。就父系亲属而言,当身份地位纯粹来自荣耀的家庭姓氏,所有的后人实际上可以平等地分享这一荣耀。另一方面,当身份地位来自个人当下的或眼前的成功,对于所有的家庭成员而言,要保持可资利用的成功带来的利益,则需要更多的社会努力。同样的,一旦个人身份地位比家庭地位更重要,便可以用更灵活的方式开拓姻亲关系。以下各章进一步分析了这两个议题。

墓志中对于个人描写的新变化，同样体现在对待财富的态度改变上。家族借助科名而崛起，前提是需要一定程度的经济和社会流动，但这种观念丝毫不见于唐代墓志撰者的遣词用语中。虽然唐代无疑有新贵侧身其中，但对于世家大族门第的崇拜依然盛行，意味着人们不愿意招摇他们的新贵身份。正如我们所见，在宋代，那些世家大族价值观已经消失：门第出身不再是问题，讨论贫困不再令人难堪或有阴险的弦外之意。相反，那些出身卑微却能置身通显之人可能会受到人们的赞扬。

对女性描述的新模式同样提供了全新的社会和家庭环境的资料。显而易见，女子能持家并兼顾子女的启蒙教育是世上一笔重要财富，因为当儿子或丈夫完成学业时，家庭存续可能依赖于精打细算的能力。出于同样的原因，显然，为了家庭生存，妇女与大家庭成员的关系必须优先于与丈夫的关系。毋庸赘言，她在这些方面的能力远比其仪容更重要。

最后，个人的新的重要性清楚地见于行为与声望之间辞令关系的互换中。在宋代，个人的努力与成就，而并非祖先的成就或声望，提高了他或她的声誉。个人的道德优越性，而并非她的出身背景，确保了贫窭孀妇（至少在她墓志中）的名声。①

总之，唐宋墓志辞令的改变是发生在这一时期重要社会转型的清晰例证，这一转型对于婚姻和家庭体系，也对个人行为有着深刻意义。有资料显示，多数转变是渐进的：宋型比喻早在 9 世纪便开始出现，唐型比喻残余则一直延续到 11 世纪。值得注意的是，宋初完成了大部分转型。相对于唐宋间明显的社会价值观的重大转变，整个宋代的墓志似乎秉承了单一的社会范式。

然而，相当多证据表明，宋代史料中存在着另外一种截然不同的史学转型。当我们考察宋代墓志史料中的特定群体时，这一史学转型

①当然，几乎并非偶然，她的美德被普遍认为是其诸子成功的一个重要因素！

的范畴及其对宋代历史的意义便会清晰地彰显出来。

史学特例：宰相史料

宋代传世史料中存在特例的观念属于老生常谈。首先，史学家们长期以来一直认为宋代政治史最基本的史料《宋史》中，关于北宋的记载比关于南宋的记载更完整、更详细。清代《四库全书》编纂者们将其归咎为宋人的偏见（或许是对故国的眷恋？），他们认为《宋史》以宋人"国史"为稿本："宋人好述东都之事，故史文较详。建炎以后稍略。理、度两朝，宋人罕所记载，故史传亦不具首尾。"①

其实，就整体而言，北宋史料优于南宋史料的说法并非事实。实际上，最完整的宋代史料传记索引开列出更多的南宋史料②，但四库总目的编纂者们对政治史感兴趣，而南宋史料似乎偏离了这个主题。

当我们审视有关两宋宰相家庭的现存墓志史料，这一点格外醒目。附录Ⅱ详细列举了全部宰相以及他们本支和旁系家族成员的现存墓志数。③ 附录列举了71位北宋宰相中32位宰相的墓志史料，这些墓志在整个北宋的分布极不均衡：宋初前十年和北宋最后十年间的史料严重不足④，在11世纪辅政的42位宰相中，28位宰相有墓志

---

① 《四库全书总目提要》，转引自关履权《两宋史论》（开封：中州书画社，1983），第20页。关履权认为这段话符合实际，并进一步评论说《宋史》南宋部分比较简略，错误较多，尤以理宗、度宗两朝为甚。

② 参见《宋人传记资料索引》第1卷"引用书目"，第1—21页（中文页码）。

③ 附录Ⅱ基于各种详细的墓志铭、神道碑、行状，但不包括有时为已故官员撰写的各种简略的政治传记（有时亦称行状）。二者的区别在于信息，特别是个人信息的完整性。如上所述，墓志通常包括某人的祖先及其后人，他的一位或多位妻子的姓氏，并且经常提供他女婿们的名字，他的墓址，等等。而政治传记，如《宋史》列传以及其他史料提供的信息则非常有限，主要强调个人的政治生涯，并且通常并不言及其家庭。显然，在本书的讨论中，后一种类型的史料并未特别揭示社会问题。

④ 从北宋开国960年至11世纪，其间辅政的12位宰相中，仅有3位宰相的墓志传世（同样需要注意的是，在11世纪初辅政的诸多宰相，如王旦、向敏中，他们的墓志撰写于11世纪中叶以后）。1100年至1126年北宋末辅政的17位宰相中，仅有一位宰相的墓志传世。

传世。

62 位南宋宰相中,21 位宰相有墓志传世。墓志分布再次失衡,其中 1150 年之前和 1250 年之后的墓志存世数量极少。[①] 这些年间(即 1150 至 1250 年间)辅政的 37 位南宋宰相中,17 位宰相有墓志传世。

由此得出的第一点结论是,有多重原因影响到关于这些人的史料的传世。显而易见,北宋首末与南宋首末的史料均极度匮乏,这无疑反映了随着政治秩序的建立与滑坡,政治和社会发生剧变。但在这些更广泛的模式下,南北宋宰相传世史料数量仍然存在重大差异。45% 的北宋宰相有墓志传世,而南宋宰相墓志传世比例却不足 34%。如果我们仅考虑南北宋社会河清海晏的一个世纪(北宋 1000—1100 年,南宋 1150—1250 年),差距不啻天渊。在北宋鼎盛时期辅政之人的墓志,其中近 67% 存世,而在南宋鼎盛时期辅政之人的传世墓志则略低于 46%。

此外,如果我们不仅仅计算宰相,同时将他们的家庭成员包括在内,反差则越发明显。附录 II 列举了北宋宰相及其本支家族成员的 126 方传世墓志,而南宋宰相及其本支家族成员的墓志仅有 68 方传世。当旁系族人(诸兄弟及其后人)被包括在内,人数则分别变成 191 和 90。换言之,北宋宰相家族的传世墓志数量(每位宰相家 2.7 方)几乎是南宋宰相家族传世墓志数量(每位宰相家 1.4 方)的两倍。反之,仅有 23 位北宋宰相(32%)的家族完全没有墓志传世,其中 10 位是在文献极度匮乏的北宋最后十年内辅政。南宋宰相总人数较少,家族并无墓志传世的宰相数却增加至 26 位(42%),其中仅有 5 位于南宋最后十年内辅政。

简言之,北宋宰相家族的传世墓志记载远比南宋宰相家族的传世墓志记载完整,墓志史料所提供信息的差异也反映在其他类型的传记

---

① 1150 年前辅政的 10 位宰相中,仅有两位有墓志,同样的情况出现在 1250 年之后辅政的 15 位宰相中。

资料中。例如《宋史》北宋名宦的列传中时常提供子孙后代的名衔，此类信息却甚少出现在南宋人的传记中。同样的，《宋史》中出现的 29 个外戚家族，仅有 4 个是南宋外戚。①

南宋上层官僚的不完整记录，几乎可以肯定是由于史料的残缺或遗失：有充分理由相信位极人臣的官员们死后被隆重安葬，因此，他们的墓志曾一度尚存。② 当然，散佚的文集和不复存在的墓志被屡屡提及，让我们了解到传世史料仅代表那些曾经存在的文献的一小部分。问题并不在于为南宋宰相撰写的墓志数量较少，而在于他们的墓志相比北宋宰相墓志而言不太可能被保存下来。当我们回忆起在宋代日益普及的教育和印刷术——这些被认为本该有助于文本传世的要素时，这一事实变得越发值得玩味。

现在，我们已经看到史料的损耗模式并非完全随机，最显著的是在政治转型时期资料的匮乏。被后代视作奸邪的宰相，不论是北宋还是南宋，他们的传世资料寥寥无几，进一步证明了这种非随机性。例如，《宋史》"佞幸传""奸臣传""叛臣传"中的 14 位宰相，仅有一位有墓志传世。③ 换言之，这些被后世史学家所否定之人，关于他们的史料似乎不太可能传世，个中原因不详。④

相应的，两宋宰相家族的现存记载的差别并不仅限于史料数量，

---

① 《宋史》卷 463《外戚传上》—卷 465《外戚传下》，第 13535—13598 页。

② 实际而言，这并不适用于那些死于宋元易代兵戈攘扰之际的人。虽然一位宰相的墓志就撰写于这一时期：据说王应麟曾撰写南宋宰相叶梦鼎的墓志（《宋元学案补》卷 79,57b）。但此墓志不存，并且王应麟大量著述中仅有一小部分传世（参见吴德明［Yves Hervouet］主编《宋代书录》［香港：中文大学出版社，1978］，第 432 页）。

③ 《宋史》卷 470《佞幸传》—卷 477《叛臣传下》，第 13677—13851 页。传主为宰辅的有王黼、蔡确、章惇、曾布、蔡京、黄潜善、汪伯彦、秦桧、韩侂胄、丁大全、贾似道、张邦昌和杜充。万俟卨是个例外。值得注意的是，这些人中的多人（即便不是大多数）在去世时，朝廷对他们的评价仍然很高，无疑为他们撰写了墓志。在少数情况下，这些人的家族其他成员有墓志传世。

④ 此处我仅能推测，为后来遭到贬斥之人撰写墓志的作者们（或作者的后人们）可能已经将此类文本销毁或藏匿。周藤吉之指出，秦桧 1138 至 1155 年间独揽朝政，即便《宋史》，也很少记载臭名昭著的秦桧专权时代的下仕宦之人。《宋代官僚制与大土地所有》（东京：日本评论社，1950），第 21 页。

在何人被撰写墓志与为何撰写墓志上，也存在明显不同。文献记载最为翔实的北宋家族在政治上同样非常成功：那些家族培育出众多高官，间或甚至不止一位宰相。但这一情形并不适用于南宋。相反，4个最具代表性的南宋宰相家族，其中两个家族声名远播主要是因为与新兴的道学运动有密切关系，而并非因为家庭成员的仕途成功。例如，陈俊卿因延请朱熹教授其子而为人所知：实际上，陈俊卿后人的两方传世墓志均出自朱熹手笔。著名道学家、张浚之子张栻的情况与之类似。换言之，虽然这些家族政治上非常显赫，但这并非他们被人们牢记不忘的原因。事实上，在南宋，仕途显赫似乎与个人墓志传世并无太大关系。虽然宰相史浩与几位政治上不甚显赫的后人以及族人均有墓志传世，但继史浩成为宰相的史弥远和史嵩之的墓志并未传世。同样的，虽然何执中正二品的曾孙（何澹——译者注）并无墓志传世，但这位曾孙的堂兄弟（何瀹——译者注）、一位低级官员同时亦是道学家叶适好友的墓志保存至今。[①] 宰相曾怀并无墓志传世，但他几位声名不太显赫（而更富学术声誉）的叔伯父和堂兄弟的墓志保存至今。[②] 同样值得注意的是，虽然何执中、李邦彦二人的曾孙在《宋史》中有传，且两人既负政治声望又同样地位显赫，但《宋史》中并未提到他们与其宰相曾祖父的关系。[③] 这些传记的撰者可能不清楚，抑或并未留意到这层关系。

　　简言之，南宋高官传世史料匮乏似乎并不仅是偶然现象，而是反

[①]《叶适集》卷21《故通直郎清流知县何君墓志铭》（第411—412页），墓主为叶适的朋友。这位仕途上成功的曾孙见于《宋人传记资料索引》（第2册，1265页）；在其父（何执中之孙）的神道碑（《续括苍金石志》卷1《郑国公何德扬神道残碑》，11b）中，他被确定为何执中的后人。特别有意思的是，鉴于南宋宰相家族传世史料不足，这方神道碑并非幸存于宋人文集中，而是来自后代石刻汇编中的墓碑拓片。

[②]《南涧甲乙稿》卷20《右朝奉大夫致仕曾公墓志铭》（第409—412页），同书卷21《高邮军曾使君墓志铭》（第436—438页）；《后乐集》卷18《故朝散大夫主管华州云台观曾公墓志铭》，13—18。

[③]《宋史》卷394《何澹传》（第12024—12026页），同书卷420《李曾伯传》（第12574—12575页）。

映了部分后世史学家的惯常偏见。当然并非全部高级官员的传世记
载都有明显偏颇。

史学特例：婺州史料

如同宋代宰相资料，宋代婺州人的现存记载在时间、空间的分布
上畸轻畸重；而关于婺州家族的北宋资料保存较少，这与宰相记载形
成直接对比。

北宋前 70 年的传世资料中，关于婺州人的记载几乎一片空白（参
见附录Ⅲ），这毫不奇怪：因为宋朝建立 20 年后，婺州才被纳入治下。
另外，从大约 1230 年至南宋灭亡，婺州史料同样寥若晨星。如同宰相
资料，宋初和宋末的婺州史料记载往往七零八落，反映了那些年的政
治动荡。11 世纪初，关于宋代宰相家族的史料日益丰富，然而关于婺
州个人的史料直至 12 世纪仍然寥寥无几。164 方宋代婺州人的传世
墓志中，仅有 6 方撰写于 1100 年之前，撰写于 1126 年北宋灭亡前夕
的墓志不过 10 方。[①] 虽然现存最早的婺州人墓志的墓主分别卒于
1038 年和 1039 年[②]，其墓志的撰写却在墓主去世 70 余年之后。此外，
即便是传记资料变得相当丰富，墓志分布仍然畸轻畸重。绝大多数传
世墓志撰写于 1160 至 1200 年间，其中 12 方墓志出自 12 世纪 60 年
代，44 方墓志出自 70 年代，21 方墓志出自 80 年代，23 方墓志出自 90
年代（相对而言，撰写于 1200 至 1274 年间的墓志，仅有 29 方传世）。

我们没有理由认为 12 世纪 70、80、90 年代这几十年墓志数量的
与众不同，是由于这个时期去世的人较多或更多人被安葬。而此时墓

---

①见附录Ⅲ。亦需注意的是，1100 年之前的 6 方墓志，其中一方是几年前在考古发掘中出土（换
言之，它并非存于文学文本中）。作为中国考古发现，这很可能是新发现的婺州人墓志，并且宰
相或其家人的墓志也有可能出土。

②《范文正公集》卷 12《兵部侍郎致仕胡公墓志铭》（8b－12b），同书卷 12《胡公夫人陈氏墓志铭》
（11b－12）。第五章详细讨论了这些墓志的墓主。

志撰写突然风靡一时似乎也不可能。毋宁说,这一时期丰富的墓志仅反映了一事实,即传世婺州记载体现了为数不多的几个人的劳动成果,这些人中大多数是婺州居民。具体而言,164 方宋代婺州人墓志中的 105 方(换言之,近三分之二)出自婺州人手笔。[①] 更令人吃惊的是,仅 15 人便包办了这 105 方墓志[②],而剩余的 59 方墓志则出自 28 位外人手笔[③]。叶适可能是个例外(他为婺州人撰写了 13 方墓志),除叶适之外,墓志撰者中婺州以外之人并不占多数:大多数外地人仅为一位婺州居民撰写过墓志。相比之下,大多数婺州本地撰者都有若干篇墓志传世[④],而且全部 164 方墓志中近半数仅出自郑刚中、陈亮和吕祖谦三人手笔。陈亮一人便包办了近四分之一的墓志。[⑤]

　　婺州大部分传世墓志出自几位撰者手笔造成几个重要后果。首先,这是墓志史料在时间上分布不均衡的主要原因。因此 12 世纪 70 年代墓志数量剧增源于婺州作者的活跃:44 方墓志出于这十年,而陈亮和吕祖谦撰写了其中 40 方墓志。同样的,12 世纪 80 年代到 90 年代间的许多墓志(90 年代相对较少一些),则反映了陈亮的笔耕不

①为保持一致性,我统计的墓志数仅是那些撰写于宋代,即 960 年至 1279 年之间的墓志。这意味着那些主要生活在宋代或完全生活在宋代,但卒于宋亡之后,或其墓志撰写于宋亡以后之人的墓志并不在统计范围之内。极少数情况下,数人为某个人撰写多篇墓志。为方便起见,本书讨论中将这些墓志均算作一方。范惇的墓志撰者不详(撰写于 1098 年)。因为墓主为布衣,我认为墓志撰者极有可能是一个当地人。
②这些墓志撰者按时间顺序依次是:撰者不详(见前一注释)、宗泽、梅执礼、郑刚中、苏籀、潘良贵、范浚、唐仲友、吕祖谦、吕祖俭、陈亮、唐士耻、王柏、叶由庚、金履祥。
③28 位来自婺州以外的墓志撰者,按时间顺序依次是:范仲淹(989—1052)、沈遘(1028—1067)、韦骧(1033—1105)、慕容彦逢(1067—1117)、葛胜仲(1072—1144)、汪藻(1079—1154)、刘一止(1078—1160)、张九成(1092—1159)、王十朋(1112—1171)、汪应辰(1118—1176)、朱熹(1120—1200)、陆游(1125—1209)、周必大(1126—1204)、何耕(1127—1183)、陆九龄(1132—1180)、陈造(1133—1203)、陈傅良(1137—1203)、戴溪(? —1215)、楼钥(1137—1231)、袁燮(1144—1224)、叶适(1150—1223)、刘宰(1166—1236)、陈宓(1171—1230)、洪咨夔(1176—1236)、真德秀(1178—1235)、魏了翁(1178—1237)、刘克庄(1187—1264)、袁甫(约 1214)。此外,杨万里(1127—1206)为一男子撰写了墓志,以上诸人中也有人为此人撰写过墓志。
④仅有 7 位婺州人(梅执礼、苏籀、潘良贵、唐仲友、吕祖俭、金履祥、叶由庚)每人只撰写过一方墓志。撰者不详的墓志可能体现了另一种情况。
⑤164 方墓志中,郑刚中撰写了 11 方,陈亮撰写了 41 方,吕祖谦撰写了 29 方。

辍。① 以同样的方式,郑刚中和宗泽二人包办了 12 世纪 20 年代众多墓志的撰写。如果我们仅考虑非婺州作者所撰墓志,那么至少从 12 世纪 60 年代至 13 世纪 30 年代,墓志史料在时间上的分布更为均衡。②

大多数婺州传世墓志史料出自少数几位撰者手笔的另一重影响是婺州 7 个县墓志地理分布的不均衡。如果我们根据墓主的籍贯对传世墓志进行分类,就会发现来自金华的墓主人数最多(33.5%),然后依次是永康(19.5%)、义乌(15.9%)、东阳(15.2%)、兰溪(6.2%)、武义(4.9%)、浦江(4.3%)。

表面上,这一分布似乎与我们所了解的婺州情况相吻合。金华毕竟是婺州治所,因此,生活在这样一个政治和社会中心的居民,为他们撰写的墓志以及存世的墓志理应占更大比例,这符合逻辑。另外,金华是婺州人口最多的县之一,因为宋代官方发现需要将其划分为 13 个乡。③ 从另一个角度来说,武义和浦江在宋代属于人口最少的县,浦江被划为 8 个乡,武义仅被划为 4 个乡。有资料表明,浦江被视作穷乡僻壤。④ 但当我们转向婺州中部诸县,便发现了一些重要的特例。宋政府将兰溪和永康均划为 10 个乡,表明这两县人口大致相当,但永康的宋代史料存世更多。同样的,东阳所辖乡的数量几乎两倍于义乌(东阳有 14 个乡,义乌仅 8 个乡),表明东阳人口更多,但这两个县传世墓志的比重几乎不分伯仲。

大部分婺州人传世墓志出自本州人手笔,如同大多数宋代墓志撰

---

① 这可能反映了陈亮经济状况起伏不定:见第九章。

② 因此,传世墓志中,12 世纪 60 年代、70 年代、80 年代、90 年代,婺州以外之人分别撰写了其中 4 方、3 方、5 方、15 方墓志(朱熹或叶适撰写了其中 8 方墓志),13 世纪前十年、10 年代、20 年代、30 年代,婺州以外之人分别撰写了其中 6 方、7 方、6 方、3 方墓志。

③《元丰九域志》卷 5《两浙路·婺州》,第 212—213 页。本书其他宋代行政区划均据此书划分。明清婺州方志显示,这些行政区划至清朝大部分仍未发生改变。但在明代,婺州西南角兰溪县南设立了第 8 个县。我认为,正如它们的设立初衷,在宋代,行政区划的数目大致依据人口不断调整。

④ 在一方为浦江钱姓之人撰写的墓碣铭中,陈亮指出浦江在婺州属于山区,并非游客、商贾聚集之地(《陈亮集》卷 27《钱元卿墓碣铭》,第 402 页)。

者,这些婺州人往往更多地为其家乡之人撰写墓志,而正是这一事实,导致了这些特例的出现。① 例如,永康人陈亮仅为 4 位婺州治所金华人撰写过墓志,但为他的永康乡党撰写了 22 方墓志。② 反之,吕祖谦为金华人撰写了 16 方墓志(他本人居于此),但仅为永康人撰写过两方墓志。③ 郑刚中所撰 12 方墓志中,8 方墓志的墓主是其家乡金华人。④ 范浚仅为一位并非来自其家乡兰溪县的婺州人撰写过墓志,而宗泽笔下的墓主均为其家乡义乌人。

当我们比较婺州人与非婺州人所撰墓志的地理分布时,畸形分布的幅度显而易见。相对于婺州人所撰墓志,外地人撰写的墓志与政府的乡布局极为吻合。换言之,外地人所撰墓志的地理分布似乎反映了婺州内人口分布。⑤

---

① 来自婺州的墓志撰者籍贯如下:
　　金华:郑刚中、苏籀、潘良贵、吕祖谦、吕祖俭、王柏、唐仲友、唐士耻
　　兰溪:范浚、金履祥
　　义乌:宗泽、叶由庚
　　永康:陈亮
　　浦江:梅执礼
传世墓志撰者中没有来自东阳或武义之人。在下面的讨论中,我大胆推测,假如墓志完全存在于撰者文集中,那么,文集中应该包含作者撰写的大多数墓志,或者至少是有代表性的墓志。
② 陈亮为其他地方之人撰写的 41 方墓志中,8 方为义乌人撰写,4 方为浦江人撰写,3 方为东阳人撰写。陈亮文集中还有为婺州以外之人撰写的 3 方墓志(《陈亮集》卷 28《谢教授墓志铭》[第 412—413 页],同书卷 28《陈元嘉墓志铭》[413—414 页],同书卷 28《陈春坊墓碑铭》[415—417 页])。
③ 吕祖谦为家乡以婺州其他地方之人撰写的 29 方墓志中,5 方为义乌人撰写,3 方为武义人撰写,2 方为东阳人撰写,一方为兰溪人撰写。吕祖谦文集中也收录了为婺州以外之人撰写的 8 方墓志(《东莱集》[四库全书珍本]卷 10《松阳叶君墓志铭》,3b—4b,同书同卷《薛常州墓志铭》,15b—26,同书卷 11《淳安卢君墓志铭》,7b—9,同书同卷《分水王君墓志铭》,10—11,同书卷 12《分水徐君墓志铭》,2b—4,同书同卷《邢邦用墓志铭》,13b—15,同书同卷《潘朝散墓志铭》,15—18,同书卷 13《张监镇墓志铭》,1—2b)。
④ 其余 4 方墓志,墓主分别为义乌人、浦江人,各为两方。郑刚中文集中也有一方为婺州以外之人撰写的墓志铭(《北山集》[文渊阁四库全书本]卷 15《左中奉大夫致仕符公墓志铭》,5—8b)。
⑤ 例如,来自婺州以外之人为 18 位来自婺州治所金华之人撰写过墓志,他们同样为来自人口密集的东阳人撰写更多墓志(19 人),而这一情况在婺州墓志撰者中的体现并不明显。同样,婺州墓志撰者仅为武义人撰写了 3 方墓志,但来自婺州以外之人撰写了 5 方武义人墓志。针对以上论点,同样值得注意的是,即便如叶适的文集(他为东阳人撰写了 6 方墓志)不被计算在内,来自婺州以外之人为东阳人撰写的墓志数仍然是婺州人所撰东阳人墓志的两倍。

就大体而言，婺州当地人所撰墓志数量更多，但外地作者提供的记载在时间和空间上似乎更客观。但二者之间的差异并不止于此。深入研究表明，这些墓志史料所关注的墓主类型也并不一致。简言之，非婺州人撰写的墓志，其墓主通常也是高官，墓主的姻亲往往并非婺州人，而是准备迁入抑或已经迁出婺州之人。总之，他们涉及了不同类型的广泛的社会政治网络。

例如，与外地人通婚的婺州人的墓志中，出自外地人笔下的墓志数，几乎三倍于由婺州当地人撰写的墓志数。[1] 同样的，位居高官（三品及以上）的婺州人的墓志撰写几乎清一色由外地人执笔：传世墓志中的 14 位婺州高级官员，除 1 位外，其余诸人的墓志撰者均非婺州人。[2] 最后，毫不意外，已知迁入婺州，尤其是迁出婺州之人，其墓志很可能出自外地作者手笔。[3]

这些相关性表明，由外地人撰写墓志是社会行为模式的一部分，

[1] 来自婺州以外之人为婺州人撰写的 59 方墓志中，至少 22 方墓志的主人（或其家庭成员）（37%）与外地人通婚。相比之下，婺州人撰写的 105 方墓志中，仅有 15 方墓志的主人（14%）与外地人通婚。依据时间和墓主，这 22 方墓志是 1038 年陈氏，1039 年胡则，1063 年陈觊，1105 年单照，1138 年江惇提，1143 年王永年，1175 年厉，1178 年陈氏，1189 年潘時，1190 年潘景宪，1190 年王氏，1190 年郭良显，1191 年郭良臣，1195 年郭氏，1196 年宋茂叔，1203 年宋佖，1212 年厉仲方，1213 年石范，1214 年王介，1217 年巩丰，1225 年陈氏，1238 年郭氏。另外，我们有理由怀疑，1179 年徐端卿与 1227 年胡潜的婚姻也是异地婚姻，虽然并无文献佐证。15 方墓志是 1122 年陈允昌，1130 年陈楫，1135 年范溶，1145 年章氏，1153 年王浚明，1155 年章著，1170 年潘好古，1175 年方氏，1179 年朱氏，1179 年郭澄，1181 年孙寊，1181 年吕祖谦，1190 年何氏（凌），1241 年楼奎旧，1268 年何基。此外，1120 年楼宇和 1175 年赵氏的婚姻对象可能也并非婺州人。见附录Ⅲ史料出处。同样值得注意的是，与宗室联姻的婺州人似乎更偏向由婺州以外之人撰写墓志。7 方宗室（居于婺州）墓志中，婺州以外之人撰写了 4 方墓志。这 7 方墓志是 1170 年潘好古，1173 年刘邦光，1175 年赵氏，1196 年宋茂叔，1201 年曹氏，1227 年胡潜，1235 年郑良朋。

[2] 章服是个例外，他的墓志铭由陈亮撰写。

[3] 来自婺州以外之人为移民撰写了 8 方墓志（14%），而婺州人仅为移民撰写了 3 方墓志（3%）。此外，所有有文献记载的迁出婺州的例子均出现在来自婺州以外之人撰写的墓志中。其中一例是墓志撰者吕祖谦的墓志铭，他本人即是移民。来自婺州以外之人为许多武人撰写墓志，个中原因，本书已经作了解释。或许是因为相对居无定所，安家更为容易，北宋灭亡后巩氏来到婺州，武义成为其家。来自婺州以外之人为武义人撰写的 5 方墓志中，3 方墓志的主人来自巩家。对巩氏家族的更多讨论见本书第八章。

而这种行为模式通常与广泛分布的社会网络、显赫的政治地位以及多半崇高的社会地位联系在一起。[1] 这一解释也得到众多轶事史料的支持。大量墓志表明,物色到一位外地人撰写墓志,需要一定程度的社会或政治影响力。[2] 例如,当金华人胡潜的父亲去世,胡潜利用岳父通判靖州的机会接近暂时寓居此地的知名士大夫魏了翁,通过岳父介绍,胡潜写信给魏了翁,称:"潜不天,以祸吾父,宝庆三年九月己亥弃诸孤。绍定二年三月乙酉,既即金华县之从善乡上高原葬焉。墓道之铭莫夫子若,而潜也无以自进于门墙,倘因其舅以及其甥,诸孤之幸亦云从也。"[3]

婺州作者陈亮撰写的墓志同样表明身份地位更高之人可能希望委托身份地位不相上下之人撰写墓志。在描述他婉拒一方墓志撰写请求时,陈亮说:"又念君之力足以取一时有名位者之辞以自厌满;假如足以及君所言,犹且不敢,况又非所及乎!"[4]

所有这一切都稀松平常。墓志自身揭示出人们在恳求别人撰写墓志时,为了达到目的,通常做法是尽可能地利用个人熟识之人,诸如乡党、亲戚、师长抑或同僚等。[5] 缺乏个人关系,则似乎至少需要得到某人的介绍(正如胡潜例子所示),而此人恰为墓志撰者所熟悉并且敬

---

[1] 本书余下章节显示,在中国(如同在其他地区),仕宦成功的额外好处是社会地位的提高。与外地人通婚所能涉足的社会地位可能高于与当地人通婚所能涉足的社会地位:韩明士《官僚与士绅》(第 117 页)指出,对于一个家庭而言,若要在其家乡以外物色姻亲,一定层次的仕宦是必不可少的,婺州资料十分契合这一观点。

[2] 资料显示,即便要扬名地方,同样需要一定层次的社会或经济地位。因此,远在中举之前,困窘的郑刚中沦落到自己为父亲撰写墓表,他不禁感叹:"某复窘穷,势力未足以得乡大夫之文以名诸幽。"《北山集》(文渊阁四库全书本)卷 27《拟墓表系省记》,3b。

[3]《鹤山集》卷 80《从义郎胡君墓志铭》,21。

[4]《陈亮集》卷 30《汪夫人曹氏墓志铭》,第 433 页。

[5] 为何他们同意撰写墓志,墓志撰者们给出的最常见的解释是个人关系。相关例子,见《叶适集》卷 13《厉君墓志铭》,第 242－243 页;《梅溪后集》卷 29《周承奉墓志铭》,1;《止斋集》卷 47《承务郎陈公墓志铭》,4;《渭南文集》卷 36《夫人陈氏墓志铭》,第 222 页;《絜斋集》卷 18《通判泉州石君墓志铭》,第 309 页;《鹤山集》卷 75《太常博士李君墓志铭》,7b;《后村集》卷 161《夫人宗氏》,9。

重。① 很明显，那些社会地位或政治地位更高之人更容易结识或者有机会接触来自他们家乡以外的名宦。并且实际上，来自远方的痛失亲人的后人们竞相追逐的墓志撰者主要是名人：为婺州人撰写墓志的外地作者明显比婺州作者官位更高。②

总之，绝大多数传世婺州墓志出自寥寥数位婺州撰者手笔，造成了现存婺州墓志记载在时间和空间上的畸形分布。传世墓志涉及的时空并非以随机方式分布（这样的分布方式提供的图象虽然不完整，却通常具有代表性）；相反，它们提供的画面既支零破碎，又具有高度选择性。婺州撰者提供的墓志史料往往着重于社会圈限于婺州之人，而墓志由外地人撰写的婺州人的政治社会地位往往相对较高，这种现象尤为显著。因为婺州人所撰的墓志数几乎是外地人所撰墓志数的两倍，对于那些政治上很活跃，或是在婺州以外有重要关系之人，史料显然差强人意。

正如先前所见，北宋宰相及其家族的相关资料比南宋宰相及其家族的资料更完整。假如审视婺州墓志史料的时空分布，就会发现我们对于 12 世纪之前所公认的婺州高级官员的情况所知甚少。12 世纪后，传世记载主要是地方文献，我们由此了解到许多婺州人——但他们中仕途更成功之人，情况仍然相对不详。简言之，虽然所侧重的是

---

① 相关例子，见《蒙斋集》卷 18《抚机关君安人郭氏墓志铭》，第 262 页；《絜斋集》卷 20《居士阮君墓志铭》，第 332 页；《渭南文集》卷 39《孺人王氏墓表》，第 246 页；《文忠集》卷 75《朝奉大夫致仕李君墓表》，20。

② 所有墓志撰者中，仅 3 位婺州以外之人官居四品或四品以上，其余 3 位墓志撰者为中级官员。相对而言，仅有 4 位婺州墓志撰者为高官，其他人或为低级官员，或完全是布衣。来自婺州以外的墓志撰者官阶具体如下：范仲淹（正二品）、沈遘（正三品）、韦骧（正六品）、慕容彦逢（从二品）、葛胜仲（从四品）、汪藻（正三品）、刘一止（从三品）、张九成（从三品）、王十朋（从三品）、汪应辰（从二品）、朱熹（从四品）、陆游（从四品）、周必大（正一品）、何耕（从六品）、陆九龄（正八品）、杨万里（从四品）、陈造（六品?）、陈傅良（四品）、戴溪（正三品）、楼钥（正二品）、袁燮（从三品）、叶适（从四品）、刘宰（从七品）、陈宓（正八品）、洪咨夔（从二品）、真德秀（正二品）、魏了翁（从二品）、刘克庄（正三品）、袁甫（从四品）。来自婺州的墓志撰者官阶如下：宗泽（正三品）、梅执礼（从二品）、郑刚中（从三品）、苏籀（从八品）、潘良贵（正四品）、范浚（无官）、唐仲友（六品?）、吕祖谦（从七品）、吕祖俭（正八品）、陈亮（八品[?]，但从未履任）、唐士耻（从九品）、王柏（无官）、叶由庚（无官）、金履祥（正八品，但从未履任）。

截然不同的一群人，但关于婺州和宰相的史料似乎反映了同样的史学转型。北宋史料，强调的是都城以及那些活跃于此地之人；南宋史料，强调的是地方社会以及当地居民。[1] 同样值得注意的是，婺州史料显然被与新兴的道学书院关系密切之人所左右，并且在南宋宰相家族的记载中，对道学的偏见同样若隐若现。

那么，所有这些对本书的主题有何意义？

本章第一部分阐释了唐宋间发生的墓志辞令的重大转变。我们看到这一史学转型反映了唐宋时期不断变化的社会价值观，而这个变化是由经济扩张和相应的日益流动开放的社会所引起的。值得重申的是，全新的"宋型"价值观在宋初便基本成型。虽然如同唐代史料，北宋史料侧重于都城官员，但那些都城官员并未如同之前的唐代人一般以世家大族自诩。[2] 相反，尽管墓主的地位和前途迥异，北宋中央官员的墓志所展现的价值体系，与南宋地方士绅墓志中呈现的价值体系极为相似。换言之，尽管唐宋史料的差异表明唐宋间精英生活的一些最基本的前提已经发生了改变，但宋代史料中并不存在这样明显的改变。与唐宋变革不同，宋代史学的转型，不在于如何描述墓主，或者说墓主有何品质值得赞扬的转变，而在于选择何人来描述的转变。

史料中描述的重点由中央官员变为乡村士绅的转型令人倍感兴趣，尤其是鉴于关于南宋社会"地方化"已经取得的成果。[3] 当然，这种地方士绅从 12 世纪开始成为宋代史料的主要内容，但唐以及唐之前的传世史料中，他们根本难觅踪影，并且在宋初的传世史料中也甚少记载。这一史学现象发展到何种程度？作为历史现象又达到什么程度？

在很大程度上，宋代史学转型可能反映了重要的历史现象：宋代

---

①伊沛霞：《宋代精英统治动态》，《哈佛亚洲研究》48 卷第 2 期，第 516—517 页(1988)，注意到汉唐史料在汉唐初期同样重视中央政府，后期则更重视地方活动。她提出史学差异同样可能制约我们对宋代社会变化的想象，但并未详细论述。

②因此，本书结论为姜士彬的论题提供了进一步的佐证，即唐代"大姓"与其相关的社会环境在宋初烟消云散。

③郝若贝，第 405—425 页；韩明士：《官僚与士绅》，第 115—123 页。

社会中富有且识字的人口急剧膨胀。贾志扬已经用令人信服的文献资料证实了这种人口膨胀，他用统计数据和丰富的笔记小说史料说明了教育和应举在整个宋代日益大众化。最重要的是，贾志扬指出宋代社会识字人口不仅随着总人口增加而增加，而且识字人口的增加优于总人口增加。换言之，不仅宋末人口数多于之前中国历史上任何时期，而且其中识字并且应举之人的比例也高于先前。[1]

根据贾志扬的研究，随着整个宋代社会中识字人口比例增高，越来越多识字之人见诸文献，并且越来越多识字人的乡党将他们载入文献。而印刷术的逐步推广无疑也有助于提高他们书写文本传世的机会。另外，官僚人数的膨胀滞后于识字精英的膨胀，因此到南宋时，社会上识字之人中只有较小比例能够成为官员。[2] 这意味着，首先，关于朝廷和官员生活的史料在南宋整体史料中所占比例低于北宋史料中相关内容所占比例。这也意味着人数不断增长的新的识字之人的书写，往往会集中于他们作为地方士人而非作为官员的关切。

但如果用识字人口膨胀来解释宋代史学转型的某些方面，仍有一些问题无法解答。地方士绅为何从 12 世纪开始骤见于史料中，而上个世纪地方士绅生活的趋向又如何？南宋史料为何很少提及这一时期在朝廷地位显赫之人（例如宰相）？最重要的，乡村地方士绅与生活在都城的高级官员之间是何种性质的关系，并且他们通过什么方式分享同样的世界观？

要回答这些问题，我们需要更深入地理解宋代社会与官僚身份地位的性质，尤其是两者之间如何互相纠葛。

---

[1] 贾志扬：《棘闱》，第 35—41 页。贾志扬一书的图表显示，随着宋帝国版图扩大，仅从 12 世纪初至 60 年代中叶，成年男子参加科举的比例大约增加了 400 倍；其他表显示，这种趋势一直持续至宋亡前一个世纪（第 38 页，表 3）。相对而言，整个宋代，人口大约增加了 170%。

[2] 有意思的是，如果贾志扬精心整理的图表是可靠的，那么，作为整体的官员人数的增加与宋代总人口的增长或多或少保持步调一致（虽然，与人口中识字比例的增加并不一致）。然而，在官员内，武官人数增长远超过文官。而且，1046 至 1213 年间（与人口大约保持一致），待阙官（即低级官员）大致增加了 170%，差遣增加则相对偏少（贾志扬：《棘闱》，第 27 页）。

第二章 权力先兆:宰相的出身

如果我们希望探讨宋代社会政治地位的性质,显然可以从那些身份地位一目了然之人入手。那些身为宰相、雄踞官场权力金字塔顶端、实权有时不亚于帝王之人,无疑符合这一标准。那么,哪类人能够成为这一高级政治精英的一部分? 他们有何出身背景? 并且在他们飞黄腾达过程中,什么因素最为重要?[①]

宰相的祖先背景

要分析宋代宰相的出身背景,或许最简单——当然也是最容易量化的方法,是审视宰相祖上三代的仕宦经历。该方法并非没有严重缺陷[②],但关于仕宦的图解至少提供了宰相们出身于何种家庭的大致

[①] 当然,在一定程度上,人们攫取权力的状况总是各有千秋。我既不想探求个人仕宦的轨迹,也不想展示为何有人官运亨通,有人却仕途蹇涩。相反,本章着力于宰相的仕宦模式,并考察社会、地理和政治结构,这些通常决定着宋人谋取高官的因素。

[②] 韩明士已经详细论述了该方法的缺陷,他特别指出,这一方法不能用来确定官场中"新人"(这些人祖上未曾仕宦)的比例(《官僚与士绅》,第34—41页)。在现存史料中,一个引人注目的例子是南宋宰相史浩,史浩祖上三代均无人仕宦,自然归于"无出身人"背景统计数据 (转下页)

情况①。

结果显示，大多数宰相祖上曾仕宦，并且常为高官。133 位宋代宰相中，86 位宰相祖上的仕宦信息可考（见表 1）。② 这些宰相中，近三分之一是高级官员（三品及以上）的后人③；至少有一位祖先为中级官员的比例略低（29％）；约四分之一是低级官员的后人。④ 换言之，已知出身背景的宋代宰相中，近 85％ 的宰相父系三代祖先中曾有人为官，我们有理由相信那些出身背景目前尚不清楚的宰相，关于他们的统计结

（接上页）中。但实际上，史浩是参知政事史才的侄子。类似的情况，北宋末宰相唐恪的直系祖先出身背景不详，但保存在《宋会要辑稿》中的一篇奏议显示他是监察御史唐恕的宗兄，而唐恕是参知政事唐介的孙子（《宋会要辑稿》职官 36 之 11，第 3804 页）。其他事例，见柏文莉《权势和权力关系》（加利福尼亚大学博士学位论文，伯克利，1991），第 81—82 页。

① 正如韩明士所示，在宋代社会中，并不能用仕宦与否来区分"精英"和"非精英"：不过，在宋代，仕宦无疑是精英地位的一项标志（《官僚与士绅》，第 41—53 页）。换言之，虽然仕宦并非精英地位的必需条件，但我们可以大胆假设，所有仕宦之人均属于精英。

② 超过三分之一的宋代宰相由于现存史料太少而无法判断其祖上仕宦情况，19 位北宋宰相存在这种情况（占 71 位北宋宰相的 26.7％）：魏仁浦、赵普、沈伦、宋琪、张齐贤、丁谓、张知白、王随、陈升之、赵挺之、郑居中、刘正夫、余深、王黼、白时中、张邦昌、吴敏、徐处仁和唐恪。南宋宰相中，出身背景不详的人数升至 28 人（占 62 位宰相的 45.5％），分别是：汪伯彦、朱胜非、吕颐浩、杜充、范宗尹、秦桧、赵鼎、魏杞（虽然他通过恩荫入仕）、梁克家、叶衡、赵雄、留正（他的六世祖是高官，但他直系祖先情况不详）、谢深甫、陈自强、郑清之、崔与之、李宗勉、范钟、谢方叔、董槐、丁大全、叶梦鼎、马廷鸾、王爚、章鉴、陈宜中、留梦炎和吴潜。

③ 祖上曾任高官的北宋宰相有 20 位，分别是王溥、薛居正、李昉、吕蒙正、吕端、王旦、冯拯、吕夷简、杜衍、陈执中、梁适、韩绛、吴充、王珪、韩缜、吕公著、范纯仁、韩忠彦、苏颂和蔡京。祖上曾官居三品及三品以上高官的南宋宰相有 8 位，分别是洪适、蒋芾、曾怀、葛邲、韩侂胄、钱象祖、史弥远和赵葵。高级官员仅占作为整体的官僚系统中非常小的比例，从这个角度来看，祖上曾任高官的宋代宰相占如此可观的比例便特别值得注意。显而易见，高级官员在使其后人谋求高官方面异常成功。同样值得注意的是，虽然统计数据表明，北宋宰相中祖上任高级官员的情况（33％）比南宋宰相（23％）同样情况更常见，但我怀疑这个比例有偏差，因为数量相当多的南宋宰相祖上情况完全不详。实际上，考虑到贾志扬关于南宋滥用恩荫和其他特权的图表（《棘闱》，第 95—115 页），我们应相信南宋宰相祖上拥有高官的人数只会更多，而不会更少。贾志扬的研究表明，高官子女可享受的特权并不均衡（《棘闱》，第 105 页）。

④ 祖上曾任中级官员的北宋宰相有 15 位，分别是范质、卢多逊、李沆、李迪、陈尧叟、贾昌朝、文彦博、富弼、韩琦、曾公亮、王安石、司马光、吕大防、章惇和曾布。祖上曾任中级官员的南宋宰相有 10 位，分别是李纲、黄潜善、万俟卨、陈康伯、虞允文、周必大、史嵩之、游似、吴潜和贾似道。祖上曾为低级官员的北宋宰相有 12 位，分别是向敏中、毕士安、寇准、王钦若、王曾、张士逊、章得象、宋庠、庞籍、刘沆、蔡确和刘挚。祖上曾为低级官员的南宋宰相有 8 位，分别是张浚、沈该、汤思退、朱倬、叶颙、王淮、赵汝愚和杜范。

表 1 宰相祖先仕宦情况

官品最高的父系祖先的等级	宰相人数		
	北宋	南宋	两宋
1—3 品(高)	20	8	28
4—6 品(中)	15	10	25
7—9 品(低)	12	8	20
无品	5	8	13
小计	52	34	86
情况不详	19	28	47
总数	71	62	133

果应该一般无二。此外,这些统计数字很有可能不是夸大而是低估了家庭关系对于仕宦的影响。我们无法假定 15%(13 人)的宋代宰相——祖上三代无人仕宦——完全没有可资利用的家庭关系[1]:下文中我们会看到舅叔辈(母系和父系的),尤其是岳父在年轻人仕途成功中扮演着非常重要的角色。

显然,出身官宦之家在两宋仕途竞争中是一项显著优势,但这并不能告诉我们,二府人员的构成是否随着时间推移而改变或如何改变。

在开始讨论之前,区分那些在宋朝之前已经入仕(这些人是宋代之前政治和社会环境的产物)与那些完全在宋朝体制下入仕之人颇为重要。宋初最早的几位宰相,包括范质、魏仁浦、王溥和薛居正等人在宋朝之前的五代诸帝时已经是举足轻重的人物。宋初二十年间,他们与诸如赵普、沈伦等从龙功臣共政。而赵普诸人中的大多数人(甚至绝大部分人)飞黄腾达是基于其军事韬略方面的能力。10 世纪八九十年代间,随着北宋政权日益稳固,他们与其他一些亦曾仕宦于五代诸

---

[1] 祖上三代无人仕宦的北宋宰相有晏殊、何执中、张商英、李邦彦和何栗。南宋宰相有史浩、陈俊卿、余端礼、京镗、乔行简、程元凤、江万里和文天祥。

君，但政治生涯真正开始于宋初的诸如卢多逊、李昉、宋琪和吕端等人共政。[1] 实际上，所有这些人的祖上（虽然这一时期 12 位辅政宰相中的 5 位宰相祖上的仕宦情况不详）均曾在朝廷官居中上层。随着吕蒙正在公元 988 年拜史馆相，北宋官僚终于由一位完全在文官制下成长起来的宰相所统领，不过他是来自一个在朝廷有着多年仕宦经历的家族。[2] 只有在宋真宗朝（998－1022）的 11 世纪之交，宋朝政权情况才发生改变，宰相一职开始持续地由那些科举中第之人担任。[3] 正如其他学者所指出的那样，这些人进入官场，标志着拥有文化和学术（并非军事）背景之人日益融入宋政府。[4] 对于本书讨论更重要的是，这些人的祖上三代似乎均未曾在北宋或隋唐五代朝廷仕宦，却往往在他们家乡以及周边地区担任县级官吏。[5] 换言之，宋初四十余年间，二府人员

---

①郝若贝对宋初朝廷官员作了类似考察（参见其对"开国精英"的讨论），第 405－406 页。

②无独有偶，吕蒙正亦是被任命为宰相的第一位宋代进士（他在公元 977 年科举考试中高中状元）。衣川强：《宋代名族——河南吕氏》，《神户商科大学人文论集》第 9 卷，第 1－2 期，第 138 页（1973）。衣川强指出，宋太宗的非正常即位，以及太宗需要高官直接效忠于他，使吕蒙正官运亨通。宋太宗即位第二年，吕蒙正考取进士。吕蒙正的祖父是一位正三品官。

③从这一点来看，宋代宰相通常是那些科举中第或通过类似响当当考试之人，虽然其中偶有例外，最著名的是陈执中（《宋史》卷 285《陈执中传》，第 9601 页；《宋人轶事汇编》卷 7，第 275 页）和韩侂胄（《宋史》卷 474《韩侂胄传》，第 13771－13778 页）。而且，许多宰相是先凭借恩荫入仕，然后才取得进士（见下文）。《棘闱》（第 29 页）征引了周藤吉之，大意是南宋宰相进士出身比例显著变小，但不能过分相信周藤吉之的数据，因为他没有将那些通过专门考试或三舍及第之人计算在内。虽然不能严格地将通过专门考试或三舍及第之人称作进士，这些人毕竟在竞争环境下展现了个人能力。而且周藤吉之承认，在许多南宋事例中，我们确实不清楚该官员是否为进士（周藤吉之，第 20－25 页）。

④见周藤吉之之文，第 9－10、19－20 页。郝若贝文，第 405－406 页。同样值得注意的是《棘闱》第 48－51 页。贾志扬描述宋初帝王努力扩大科举制，作为"赢得帝国士人家族效忠"的方式。亦参见包弼德《宋代科举制和士》，《亚洲专刊》系列 3，第 3 卷，第 2 部分，第 149－171 页（1990），特别是第 165－167 页。

⑤实际上，已知出身背景的在 1000－1030 年间辅政的 10 位宰相中，6 位宰相的祖上曾担任低级地方官。例如，向敏中的父亲是县令，他更早的祖先则根本未曾仕宦（《宋史》卷 282《向敏中传》，第 9553 页。《龙学文集》卷 15《大宋故推忠协谋守正佐理功臣开府仪同三司行尚书左仆射兼门下侍郎同中书门下平章事充玉清昭应宫使昭文馆大学士监修国史上柱国河内郡开国公食邑一万二千七百户食实封五千一百户赠太师谥曰文简向公神道碑铭》，3）。毕士安的曾祖在其家乡云中任县令，祖父也在本州任别驾，父亲任澶州观城令（《忠肃集》卷 11《毕文简神道碑》，第 145 页）。寇准的曾祖、祖父均不仕，父亲是从八品官。王钦若、王曾和张士逊的祖上也曾是类似的低级官吏，并且多数情况下只是地方官。

的构成逐步扩大到既包括早期的朝廷高官的后人，也包括那些权势和声望主要隆于家乡的家族的后人。

我们对这些宋初地方精英家庭的情况所知甚少，因而倍感困惑，但他们在宋朝之前显然已有学术传统，并且似乎有充足的财力来支撑学术。向敏中的墓志告诉我们他的父亲喜欢藏书，从其他人的墓志中，我们也了解到毕士安的寡母鼓励她的儿子追随名师学习。[1] 部分此类家庭声称出身六朝和唐代的名门望族，尽管不可能完全否定这种说法，但在唐末兵戈扰攘的局势下，大部分家庭很可能出身卑微。[2] 虽然一些研究表明此类家庭通过地租和经商积累财富，间或辅以在地方政府为官的权力形式，能够在五代宋初名闻乡里，但他们如何在当地崛起，甚少明确记载。[3] 当然，这一时期的经济发展促进了此类家庭的崛起。

凭借各种资源起家的地方势要，对于宋初政府相对开放的选官政策积极作出回应。这些经过唐末五代初步在地方建立权势与声望的家庭的后人，在 11 世纪持续不断地进入二府，并且几乎占据了全部职

---

[1]《龙学文集》卷 15《大宋故推忠协谋守正佐理功臣开府仪同三司行尚书左仆射兼门下侍郎同中书门下平章事充玉清昭应宫使昭文馆大学士监修国史上柱国河内郡开国公食邑一万二千七百户食实封五千一百户赠太师谥曰文简向公神道碑铭》，3；《忠肃集》卷 11《毕文简神道碑》，145 页。

[2] 这一论断得自毕士安（《忠肃集》卷 11《毕文简神道碑》，第 145 页）和向敏中（《龙学文集》卷 15《大宋故推忠协谋守正佐理功臣开府仪同三司行尚书左仆射兼门下侍郎同中书门下平章事充玉清昭应宫使昭文馆大学士监修国史上柱国河内郡开国公食邑一万二千七百户食实封五千一百户赠太师谥曰文简向公神道碑铭》，3）的神道碑，许多其他人的墓志碑铭亦支持这一论断。我更赞同姜士彬的观点，即这些标榜大多数是假托的，但其中可能有一些是真实的（《世家大族的没落》，第 70—102 页）。正如包弼德所指，无论如何，这种标榜在宋初语境中没有丝毫的社会意义（《斯文》，第 65—67 页）。关于隋唐大姓的性质以及唐末五代新精英的崛起，见杜希德《唐代统治阶级的构成：来自敦煌新史料》，收入芮沃寿和杜希德主编《唐代研究面面观》（纽黑文：耶鲁大学出版社，1973），特别是第 78—79 页。

[3] 相关例子，见爱宕元《五代宋初新兴官僚》，《史林》第 57 卷第 4 期，第 57—96 页（1974 年 7 月）；青山定雄《士大夫起家与生活伦理：以北宋为中心》，《东洋学报》第 57 卷，第 35—63 页（1976）。正如下文所见，许多宰相事例表明，成为此类地方势要，仕宦背景并非必不可少。

位。[①] 然而，并不是说这一时期所有宰相的出身背景均十分相似，因为宋初这些地方势要的命运已经发生改变。一些地方势要已经有人在朝廷任高官并移居到都城居住，而其他家庭则在家乡相对默默无闻地生活着。换言之，11世纪后半叶，家庭声望与仕宦背景仍然隆于地方之人不得不与那些声名远播，并在宋代朝廷中已经立足的家族子孙竞争朝廷高官的职位。

几位地方精英之子在竞争中脱颖而出。来自湖北东南部东光的刘挚，1091年拜右仆射。他的父祖在宋代均只担任过低级官吏，刘挚的父亲将家迁移至其妻家所在地须城（位于山东西北部，刘家所在地以南约200公里处）。因为儿时父母双亡，刘挚便由其母系亲属陈氏家族抚养教育。虽然几位陈氏亲戚均为官，刘挚却强调他们主要生活来源是舅父打理当地田产所得收入。[②] 如果因此将刘挚视作具有地方精英背景之人，那么在其前后进入二府的那些人：宰相吕夷简之子吕公著、参知政事范仲淹之子范纯仁、一位三品朝官之子苏颂，同样的结论则未为妥当。实际上，1071—1104年间辅政的18位宰相中，半数之人的父亲在其子辅政之前已经是朝廷高官。

随着1101年宋徽宗即位，蔡京从1102年至北宋末年把持朝政，情况发生了剧变。关于这一时期的资料严重不足：辅政的14位宰相中，仅5位宰相的出身背景可考。即便如此，史料显示，二府人员的构成发生了显著变化。5位宰相中，蔡京属于官宦之后，但其他4位（整个北宋仅有5位宰相情况如此）均是其族人中首位仕宦之人。

如果说这些人是官场新人，那么相比之下，他们的家族在家乡却

---

①无论如何，所有宋代宰相几乎均可将他们实际的祖先追溯到生活在唐末五代的一位先人，但仅此而已。聊举数例：司马光可考的最早祖先是其高祖（《司马文正公传家集》卷79《故处士赠都官郎中司马君行状》，第980页），司马光家族中所有可考的成员均为此祖先儿子（司马光的曾祖父）的后人，此人大概生于10世纪初（此人之孙，即司马光的父亲，生于980年）。史料中，曾布家族有名姓可考的祖先是其五世祖（可能生于9世纪中晚期），此人担任南丰令时将其家迁移至此（《曲阜集》卷4《行状》，21b）。

②《忠肃集》卷14《陈行先墓志铭》，第200—201页。

是根深蒂固。① 何执中祖上"世居"处州;虽然家族中未有一人入仕,但何执中的父亲在放弃举业前曾多次应举,后转而致力于抄书和与士大夫交游。② 据记载,张商英祖上 8 代居于四川,却从未有人为官;张商英的父亲为人酒脱(嗜好饮酒和结交方士),卖田买书,物色老师教授其子。③ 何栗的祖上居于四川,6 代祖先俱为士大夫(而非官员)。何栗与其 5 位兄弟均入州学,他本人最终殿试拔得头筹。④ 虽然宰相李邦彦更早祖先的情况不详,但李邦彦的父亲是一位富有的银匠,乐于其子与进士交游,并为那些道访的应举士子提供路费,由此李邦彦声名远播,最终入补太学生。1108 年,李邦彦上舍及第入仕。⑤

12 世纪初,明显新开放的通向权力之路无疑受到这一时期残酷党争的牵连,党争使许多已经崛起的朝廷高官家族——确切的说是那些在 11 世纪末把持朝政的家族暂时被排挤出官场。⑥ 但何栗和李邦彦的传记显示,北宋这一时期短暂实行三舍法选拔官员制度,也有利于让新兴家族进入官场,而二人便是此制度下的产物。⑦ 北宋末年,二府中"新人"辈出,似乎与日益危急的朝廷愿意依靠相对没有经过历练的才学之士有关。⑧ 先不论这些并非出身官宦之家的人在北宋末是否更容易飞黄腾达,李邦彦的例子表明,乡村地方势要对于参与仕宦兴致盎然。李邦彦的出身背景显示,与其他人不同,李邦彦家不仅在官

---

① 将地方精英身份作为谋求仕进的先决条件颇具说服力,见韩明士《官僚与士绅》,第 41—53 页。

② 《彭城集》卷 38《处士龙泉何君墓志铭》,第 507 页。史料称,有人劝说何执中的父亲"益殖生业",他说:"幸吾儿宦学有立,吾业广矣。"

③ 《宋代蜀文辑存》卷 10《张寺丞文蔚墓志铭》,21b—22b。

④ 同上书,卷 14《何庐江隐侯泽墓志铭》,13b—14b。

⑤ 《宋史》卷 352《李邦彦传》,第 11120 页;《宋人轶事汇编》卷 14,第 762 页。

⑥ 这一见解,受惠于史乐民(Paul Smith)(私下交流)。

⑦ 三舍法在 1102—1121 年间取代了传统的科举制(见贾志扬《棘闱》[第 77—80 页]更详细的描述),其本质上是一进阶式的官办学校。这一时期,入仕途径包括通过求学序序、上舍肄业、待阙的正常途径。除了李邦彦和何栗,几位南宋宰相的祖先也是三舍出身(见下文)。我赞同贾志扬的论断,即三舍法为更大范围的精英开启了入仕之门。

⑧ 后一点体现在北宋末年辅政的几位宰相平步青云。李邦彦和吴敏均在三舍出身后 15 年内成为宰相。在 1115 年殿试拔得头筹后不到十年时间,何栗也被任命为宰相。

场属于新兴之家，其自身儒学修养亦尚显青涩。

南宋时，大部分宰相仍然是那些北宋官员的后人。如同北宋末年，多位南宋宰相是北宋官宦之后：例如曾怀和韩侂胄的曾祖均是北宋宰相①；洪适、蒋芾、葛邲、钱象祖的祖上均在朝廷官高爵显②。其他宰相家庭，虽然在此之前从未有子弟任高官，但从宋初便一直不断有人混迹官僚下层。1005 年，叶颙的高祖成为家乡仙游（位于福建福州西南约一百公里处，邻近今仙游县）当地首位宋代进士。叶颙的高祖、曾祖和祖父在北宋时均曾为低级官吏，这个家族后来又产生了 3 位进士。③ 简言之，根深蒂固的朝廷高官家族和在官场立足已久的地方精英家族均有子弟连续不断地进入二府。

其他一些宰相的家庭出身与北宋末张商英、何栗等人的情况更为相似：这些家庭从宋初（或许更早）便开始致力儒学，但历经漫长岁月后才有人入仕。如同张商英和何栗，虽然王淮家族 8 代业儒，但直到 1112 年王淮祖父三舍及第，才成为其家族首个仕宦之人。④ 当然，其他一些家族的儒学传统较浅。史浩家族中首位在宋代仕宦之人史才亦是北宋末三舍出身（这强化了我们的感觉，三舍法有助于新兴家族入仕）——但史才的祖父似乎最多只是一名郡吏。⑤ 有时，家族是长期致力儒业还是近来方以儒学为业的情况似是而非：陈俊卿的祖上以乐

①曾怀是曾公亮的曾孙（《琴川志》卷 8《人物》，18b），韩侂胄是韩琦的曾孙（《宋史》卷 474《韩侂胄传》，第 13771 页）。正如前文注释提及，关于南宋宰相的史料不足，使得宰相后人的情况比较模糊。

②洪适的父亲曾任从三品官（《宋史》卷 373《洪皓传》，第 11557—11562 页）。蒋芾的祖父曾为从四品官（《浮溪集》卷 27《徽猷阁待制致仕蒋公墓志铭》，341—344 页）。葛邲的父亲曾任从三品官（《宋人传记资料索引》第 4 册，第 3265—3266 页。其祖父为从四品官[《丹阳集》卷 24《宋左宣奉大夫显谟阁待制致仕赠特进谥文康葛公行状》，第 1—19 页]）。钱象祖的祖父是参知政事钱端礼（《攻媿集》卷 92《观文殿学士钱公行状》，第 1257—1273 页）。

③对叶颙家族的描述见其行状（《诚斋集》卷 119《宋故尚书左仆射赠少保叶公行状》，1—2）。《仙溪志》卷 3 中对叶颙家族中进士情况有详细记载。

④《诚斋集》卷 120《宋故少师大观左丞相鲁国王公神道碑》。第五章详细描述了王氏家族。

⑤史浩的叔父史才是家族中首位进士，他曾任签书枢密院事兼权参知政事。虽然史才父亲以学行扬名乡里，史氏家族更早的历史确实相当模糊，部分史料显示，史才的祖父曾为郡吏。参见戴仁柱《丞相世家》，第 33—46 页。

善好施、周济困急闻名于乡里；乔行简的父亲熟读医书，以治病救人称誉地方。[1] 但在南宋末，有一个毋庸置疑的例子，这个家族儒学尚浅却产生了一位宰相：《宋史》明确记载自江万里的父亲开始，江氏家族才"业儒"。[2]

总而言之，从北宋中叶开始，宰相既有那些在宋初便已经侧身宋代官场（声望既闻于朝廷，又隆于地方）家庭的后人，也有那些入仕相对较晚家庭的子弟。有时，宰相出身新兴之家，并非仅指这一家庭刚刚有人入仕，甚至在作为入仕敲门砖的儒学修养方面亦属后进。换言之，宋代二府人员构成的变动让我们看到整个宋代受教育精英阶层的扩大[3]，以及政治体系对于这一群体内新加入者相对公平地保持开放。虽然高官常常设法使他们的后人得到类似的荣光，但他们的家族从未垄断官僚系统。在整个宋代，那些祖上有显赫政治背景之人，须要与那些新近跃居高位、甚或儒学尚浅之人共政。

地理归属与仕途通达

早期学者已经研究了整个宋代受教育精英范围的扩大，并指出这一现象有着十分重要的地理成分。他们尤其认为，北宋时以都城开封为中心的官僚精英把持着政治生活，南宋时分布更广泛的地方精英则取代了他们的位置，这些精英的政治兴趣和社会圈（特别体现在他们的移居与婚姻模式中）主要局限于其家乡地区。[4] 既然宰相代表了活跃于南北宋的政治精英，那么，对其居住地和移居模式的考察便能进

---

[1]《朱文公文集》卷 96《丞相魏国陈正献公行状》，1b；《攻媿集》卷 103《孺人俞氏墓志铭》，第 1450 页。

[2]《宋史》卷 418《江万里传》，第 12523 页。本书第六章将用更多细节来讨论宋代这种初次业儒家族的现象。

[3] 贾志扬的观点值得重申，他认为宋代社会受教育阶层的扩大，不仅体现在人口迅速增长，也体现在随着人口增长，受教育阶层比例增加（《棘闱》，第 35—41 页）。

[4] 见郝若贝文，第 405—416 页；《官僚与士绅》，第 82—135 页。

一步阐明宋代社会变动的情况。[①]

宋代官员和那些立志求取功名之人是一个高度流动的群体，这使得任何企图回溯宋代宰相居住模式的努力将遭遇十分棘手的难题。年轻士人长途跋涉访寻名师，还要耗费数月甚至更长时间风尘仆仆前往应举。官员们则常常携妻带子来回奔波于赴任途中，而他们的大半成年时光不经意间便留在异乡，致仕还乡也并非必然之选：官员致仕后定居在仕宦时发现的某处宜人之所并不罕见，并且在这种情况下，后人们往往就在新住址安家。[②] 宋代史料中常用"本贯"一词，这使得在确定某人或某家与何地关系最密切的难题变得更为棘手。[③] 即便祖先与其后人久已放弃原籍，宋代墓志撰者仍然往往以祖籍来确认某名门之后。因此，宰相王珪与其后人通常被视作华阴（位于四川成都）人[④]，尽管事实上从王珪的曾祖开始，其家族可考之人均在河南生活并且去世后葬于斯地。[⑤] 同样的，北宋宰相向敏中的南宋后人习惯上被视作开封人[⑥]，但即使是墓志撰者也坦承他们现在居于别处[⑦]。

最后，家族内不同支或者同一支中之人可能分散居住，进一步加剧了困难。譬如说，吕氏家族吕蒙正一支比吕夷简一支更早移居到

---

①第四章分析了宰相婚姻的地理格局。

②竺沙雅章：《北宋士大夫的徙居与起居——以苏东坡尺牍资料为中心》，《史林》第 54 卷，第 2 期，第 28－52 页(1971)。同时参见下文第五章胡则的例子，理由如下，虽然这种情况亦见于南宋，但北宋时这种迁徙可能更常见。

③关于宋代乡绅的角色，以及他们给负责科举制的人带来的问题，见《棘闱》，第 57 页。值得注意的是，这些人并非在唐代已经出现的大姓。

④相关例子，见《宋人传记资料索引》第 1 册，195 页，第 287－288 页。

⑤《名臣碑传琬琰集》上集卷 8《王文恭公珪神道碑》。

⑥例如，《龟山集》卷 35《忠毅向公墓志铭》，7；《文定集》卷 21《徽猷阁直学右大中大夫向公墓志铭》，第 257 页（墓志铭中称"河南"，而非开封），亦见《宋人传记资料索引》第 1 册，第 627－629 页。所有这些仅是典型事例，例子不胜枚举。

⑦因此，当向沈墓表撰者称沈家为"开封向氏"，他解释说，向沈并不住在北方《张南轩先生文集》卷 39《通直郎致仕向君墓表》，10－10b）。

都城周边，但吕夷简仍被称作安徽人①，而吕夷简一支的一个侄女②，据说一直由吕蒙正家抚养③。

显然，当我们称某人居于何地，需要很清楚地说明我们到底想要了解（又能了解）哪一方面。我们是否关心人们在哪里度过他们的大部分时光？这一点往往比较难以判定。我们希望知道他们在何处拥有土地抑或有其他经济关系，但这些在史料中同样几乎无法体现。那么，我们是否应该满足于知道他们将何地视作祖籍？或许如此。但在多数情况下，这只不过具有情感或象征意义。最后，笔者认为，应该将家族名义上的籍贯（祖籍，在多数情况下甚至在宋之前已经被放弃）同与该家族宋代成员联系最紧密的地方区别开。换言之，我们需要确定我们所研究的宋人认可的"家"。

鉴于上述复杂情况，我们如何更好地确定这一点？在本书中，我将家庭或家族的墓地所在地作为他们首要地理归属的最可靠线索。④从实际情况来看，确定某人葬于何地和此地是否便是其家或家族墓地所在，相对比较容易。⑤更重要的是，与祖先崇拜有关的宗教和文化意义意味着人们习惯于在当前家庭所在地附近安葬其族人——他们自己也乐意如此安排，如此便可以维持四时祭祀而不必有巨大压力。大多数情况下，个人家园在其墓地合理范围之内。同样的道理，迁移家庭或家族的墓地，也意味着放弃远祖的坟茔。宋人男女对此均未敢掉以轻心。⑥

---

① 吕夷简祖父吕龟祥（吕蒙正父）知寿州（安徽），"子孙遂为寿州人"（《宋史》卷311《吕夷简传》，第10206页）。而吕蒙正被描述在洛阳长大（《名臣碑传琬琰集》上集卷15《吕文穆公蒙正神道碑》）。

② 此女是吕夷简叔父的女儿，亦是吕蒙正叔父（居住在安徽）的孙女。

③《华阳集》卷40《寿安县太君吕氏墓志铭》，第556页。

④ 这并不排除个人或家族不止居于一地的可能性。我认为家族成员中首位在新住址安家之人十分重要。

⑤ 大部分墓志提供了精确的葬址信息，通常墓志撰者称墓主被葬在祖茔，或是解释为何他们没有如此。

⑥ 值得注意的是，墓志撰者在描写迁移墓地时谨慎地提出理由：旧坟茔局促并且过于简陋（《景文集》卷59《贾令公墓志》，第791页），或是旧墓地风水已经遭到破坏（《苏魏公文集》卷54《秘书丞赠太师刘君神道碑》，14b—15）。

因此,在新居住地附近建立一处新的墓址,可视作某人的后人考虑定居新家的一个绝佳标志。①

那么,宋代宰相出身何地和他们的移居模式可以说明什么?如果我们审视宰相名义上的籍贯,最显著的印象是绝大部分北宋朝廷位极人臣之人出自北方地区;相应的,大多数南宋宰相来自南方。② 北宋初年的 18 位宰相均为北方人(他们曾在 1017 年前后辅政)。甚至第 18 位宰相王钦若在其中最前,实际上已经从其出生地江西移居安徽。③ 虽然随王钦若之后拜相的丁谓来自苏州南部长洲县,但直到 11 世纪40 年代,南方人才开始在二府中占有一定人数。此后,与北方人在朝堂共政的南方人的人数颇为稳定。1100 年之后,南方人拜相的人数有所增加。④ 但 1020 年以后的北宋朝堂从未被南北任何一方的人所垄断。

从完全由北方人占据朝堂,到南北方人共处朝堂的转变是宋初政治现实的直接反映。宋朝源自北方,担任早期高官的急需之才均来自其治下。随着整个南方地区被纳入北宋统治之下,南方人在朝廷中开始扮演着日益重要的角色。但除此之外,北宋宰相出身何地,无论对于宋政府还是官员个人的政治或社会生活都出人意料地无甚意义。

---

① 墓地与住址并不完全吻合,一个家族可能居住在某乡,其墓地却在临乡。但家族确实往往在居处周边营造墓地。祖茔作为永久居住的一个凭证,也被宋代文官所认可(《棘闱》,第 57—58 页)。

② 71 位北宋宰相中,46 位来自长江以北州县(虽然 1126 年任少宰兼中书侍郎的吴敏住在长江以北 50 公里以内),21 位宰相名义上来自南方(大部分来自江西和福建),其余 4 位来自四川。62 位南宋宰相中,9 位出身祖居北方的家族。

③ 《文庄集》卷 28《赠太师中书令冀国王公行状》,10。

④ 北宋 21 位南方人宰相中,6 位于 1100 后(即北宋末 20 余年间)辅政。按其拜相先后顺序,这些南方人宰相是:王钦若、丁谓、章得象、晏殊、杜衍(虽然他在入仕前居于北方)、陈执中、刘沆、曾公亮、王安石、吴充、蔡确、范纯仁、苏颂、章惇、曾布、蔡京、何执中、刘正夫、余深、吴敏、唐恪。11 世纪 50 年代和 80 年代辅政的宰相中,北方人在人数上稍多一些。周藤吉之细致地分析了宋代二府人员的地理构成,他发现,北宋时期,二府人员经历了从北方人占多数到南方人占多数的逐渐转变,而南方的崛起又与神宗、哲宗特别是徽宗的"新法"有密切关系(《宋代官僚制与大土地所有》,第 9—33 页)。我并不怀疑周藤吉之对南北人数的推算,但正如下文所见,除了作为南方发展和日益一体化的标志,我不确定南北人的区别有何政治意义。

因为在任何大政方针的激辩中,每一方中均能发现南北方人的身影,并且关于宰相婚姻的资料显示,南北方人自由通婚。在绝大多数北宋宰相的生活中,最重要的地理细节并非他们的祖先来自何方,而是他们与后人在都城以及周边地区——换言之,即开封和洛阳之间的狭长地带——安家和安葬逝者。

几位北宋宰相家庭,在宋朝建立前已经在都城立足。^① 对他们而言,都城便是其家乡。其他的宰相,在籍贯上并未占得先机,于是他们选择放弃祖籍(虽然他们在"祖籍"生活往往不过一两代)。有意思的是,许多宰相之家在其最显赫的后人出生之前,已经移居都城开封并在当地建立新的墓地。至少 10 位宰相的父亲将其家迁至开封及其周边地区^②;其他几位宰相的祖上甚至更早便定居此地^③。总之,超过 24 位北宋宰相在他们掌权之前,其家已经在都城立足。这些人占全部北

①这些人包括薛居正、沈伦、向敏中、宋庠、郑居中、王黼,根据传世史料,他们均来自开封。同样,吕蒙正、富弼的祖上据说至少在宋初便居于洛阳(《名臣碑传琬琰集》上集卷 15《吕文穆公蒙正神道碑》,第 249 页;《南阳集》卷 29《富文忠公墓志铭》,11)。

②赵普的父亲举家徙居洛阳(《宋史》卷 256《赵普传》,第 8931 页)。张齐贤三岁时,其家搬至洛阳(《宋史》卷 265《张齐贤传》,第 9150 页)。冯拯的父亲迁其家至洛阳东北之河阳(《宋史》卷 285《冯拯传》,第 9608 页)。蔡确的父亲举家徙居陈州(开封东南淮阳县)(《名臣碑传琬琰集》下集卷 18《蔡忠怀公确传》,1523 页)。吕氏家族吕夷简一支据说自吕蒙正任宰相时移居开封(《名臣碑传琬琰集》下集卷 10《吕正献公公著传》,第 1399 页)。王旦家从其父开始便居于开封(《苏舜钦集》卷 15《两浙路转运使司封郎中王公墓表》,第 193 页)。陈尧叟、贾昌朝之父均在其子掌权前葬于开封(《鸡肋集》卷 64《朝请大夫致仕陈君墓志铭》,7b;《华阳集》卷 37《贾文元公昌朝墓志铭》,第 477 页)。《范纯仁传》称其父(参知政事范仲淹)葬于河南,范氏家族遂为河南人(《范忠宣集》补编,43)。

③李沆父母葬其父母于洛阳(《小畜集》卷 28《故侍御史累赠太子少师李公墓志铭》,400),韩绛、韩缜祖父移居开封后通过明经试,二人之父韩亿成为参知政事(《乐全集》卷 37《推诚保德功臣正奉大夫守太子少傅致仕上柱国昌黎郡开国公食邑三千三百户食实封八百户赐紫金鱼袋累赠太师中书令尚书令许国公谥忠宪韩公神道碑铭》,9—17)。吴充父亲葬于郑州(吴充之兄吴育墓志:《欧阳修全集》卷 32《资政殿大学士尚书左丞赠吏部尚书正肃吴公墓志铭》,第 227 页)。王珪祖上自其曾祖开始便葬于河南,后其族被记载徙籍于舒(靠近今安徽中部庐江)(《名臣碑传琬琰集》上集卷 8《王文恭公珪神道碑》,第 132 页),虽然王珪本人葬于开封(《名臣碑传琬琰集》上集卷 8《王文恭公珪神道碑》,第 130 页)。吕大防祖父葬于京兆蓝田(西安东)(《宋史》卷 340《吕大防传》,第 10839 页)。

宋宰相总人数 1/3 多，他们中几乎半数之人的籍贯信息可考。① 而那些并未享受到开封特权和益处而最终掌权的宰相，他们中的大多数人，到最后发现开封的诱惑力同样不可抗拒。超过 12 位北方人宰相在其仕宦期间将家搬迁至都城周边，墓志资料显示，他们的子女继续葬于此地。② 南方人宰相在放弃祖籍上并无过多的犹豫。章得象、晏殊、杜衍、陈执中、曾公亮均将家搬迁至开封周边并且去世后葬于当地。③

实际上，现存居住地信息可考的 54 位北宋宰相中，仅有 14 位自始至终并未移居到开封及其周边地区，这些人中的 5 位来自开封周边的北方州县。④ 另外 6 位宰相来自南方，大多数情况下，他们从其原籍

---

① 71 位北宋宰相中，17 位宰相辅政时的居住地或此后墓地的信息不详。这 17 位宰相是宋琪、丁谓、张知白、王随、文彦博、刘沆、刘挚、蔡京、赵挺之、刘正夫、余深、白时中、李邦彦、张邦昌、吴敏、徐处仁、唐恪。其中两位宰相的后人有些许资料，南宋时，蔡京的一个孙子在江西过世，表明他的祖上在北宋时已经离开了原籍福建（《文忠集》卷 31《蔡子亨墓志铭》，2b—5）。同样的，一则南宋史料描述遭贬谪的丁谓的诸孙居住在福建北部，资产豪横（《夷坚志》支丁卷 7《丁湜科名》，第 1026 页）。

② 参见宰相或其后人的墓志、行状中所提及的埋葬地：范质（《武夷新集》卷 9《宋故主客员外郎直集贤院高平范公墓志铭》，5b）、魏仁浦（《文庄集》卷 29《故保平军节度使同中书门下平章事驸马都尉赠中书令魏公墓志铭》，8b）、卢多逊（《河南集》卷 16《故朝奉郎尚书司门员外郎通判河南府西京留守司兼畿内劝农事上轻车都尉赠绯鱼袋卢公墓志铭》，12b）、吕端（《司马文正公传家集》卷 76《右谏议大夫吕府君墓志铭》，12b）、寇准（《宋代蜀文辑存》卷 5《莱国寇忠愍公旌忠之碑》，14）、王曾（《景文集》卷 58《文正王公墓志铭》，第 779 页）、张士逊（《文恭集》卷 40《太傅致仕邓国公张公行状》，第 469—475 页）、庞籍（《华阳集》卷 35《庞庄敏公籍神道碑》，第 457 页）。

③ 章得象（《景文集》卷 59《文宪章公墓志铭》，第 787 页）、杜衍（《欧阳修全集》卷 31《太子太师致仕杜祁公墓志铭》，第 219 页）、陈执中（《乐全集》卷 37《推诚保德崇仁守正忠亮翊戴功臣开府仪同三司守司徒致仕上柱国岐国公食邑一万九百户食实封三千九百户赠太师兼侍中谥曰恭颍川陈公神道碑》，6b）、曾公亮（《名臣碑传琬琰集》中集卷 52《曾太师公亮行状》，第 1188 页）。晏殊的情况稍微有些含糊，晏殊与两个儿媳均葬于开封附近（《欧阳修全集》卷 22《观文殿大学士行兵部尚书西京留守赠司空兼侍中晏公神道碑铭》，第 159—160 页；《彭城集》卷 39《永安县君张氏墓志铭》，第 517 页；《张右史集》卷 60《王夫人墓志》，5），但他的一些后人仍然与家乡临川保持着联系：南宋时，一些晏氏族人仍然葬于临川（《官僚与士绅》，第 312 页，注释 61）。

④ 这 5 位宰相分别是李迪（濮州人，靠近今天山东西南的甄城）、梁适（东平人，今河南、山东交界）、韩琦与其子韩忠彦（河南北部安阳相州人）、司马光（河南夏县人，今洛阳西北，山西以南）。传世史料表明，这些人的后人一直葬于祖茔，至少到北宋灭亡时一直如此。

移居到靠近大运河南端的州县，而并非迁至都城开封。① 在所能见到的资料中，仅有 3 位北宋宰相的家距离开封相当远，却并未选择移居到距离都城更近的地方居住。3 人中的两位来自四川，一位来自浙江处州：值得注意的是，所有这 3 位宰相均在北宋最后 10 年内辅政。②

南宋的情况截然不同，已知只有极少数北宋宰相一直居住在家乡，而居住地和埋葬地可考的南宋宰相中，接近半数之人情况亦是如此。③ 此外，改变其居住地的 18 位南宋宰相中，9 位是北方流民之后，由于北宋灭亡，他们被迫移居南方。这些人大部分徙居浙江、湖南、江西的不同城市，但均定居在杭州周边地区。④ 其他 9 位移民，3 位是土

---

① 这些人中包含王钦若，如上所述，在王钦若掌权之前，其家已经移居到安徽，临终前王钦若遗命归葬祖茔（《文庄集》卷 28《赠太师中书令冀国王公行状》，13）。原籍福建的陈升之，死后葬于丹徒县（《京口耆旧传》卷 1《陈升之》，9b）。原籍江西临川的王安石，其父亲、弟弟均葬于江宁府（《曾巩集》卷 44《尚书都官员外郎王公墓志铭》，第 599 页，《王文公文集》卷 88《平甫墓志》，第 937—938 页），但王安石本人墓址不详。原籍福建的苏颂，葬于丹徒县（《道乡集》卷 39《故观文殿大学士苏公行状》，4）。原籍福建的章惇，其父举家迁至苏州（《宋史》卷 471《章惇传》，第 13709 页）。原籍江西的曾布，据称死于润州"私第"（《名臣碑传琬琰集》下集卷 20《曾文肃公布传》，第 1549 页），看起来他起初葬于江西，后来改葬于信州。亦见《官僚与士绅》，第 113 页，韩明士指出，原籍南方的北宋宰相家族往往迁至南方主要的政治或经济中心。

② 这 3 位宰相是来自四川的张商英、何栗和来自浙江南部龙泉县的何执中。这些例子无一例确凿无疑，关于张商英，我们仅知道他的一个侄子 1096 年迁其父（张商英之兄）灵柩至广安（大约距其老家新津东 280 公里，邻近四川成都）（《宋代蜀文辑存》卷 14《张御史唐英墓志铭》，13b）。张商英的一位姻亲（李昉的第 4 代后人）北宋灭亡时死于四川（《方舟集》卷 17《右宣教郎李公墓志铭》，7b—10）。何栗 1117 年克葬其祖父于四川（两年前，何栗登进士第）（《宋代蜀文辑存》卷 14《何庐山隐侯泽墓志铭》，13b—14b），何栗后人情况不详。何执中据说因丁母忧，寓居苏州（《宋史》卷 351《何执中传》，第 11101 页），但何执中一些南宋后人葬于祖茔（《括苍金石志》续集卷 1《郑国公何德杨神道残碑》，11b；《叶适集》卷 21《故通直郎清流知县何君墓志铭》，第 411—412 页）。

③ 62 位南宋宰相中的 17 位宰相的籍贯依据并不充分的传世史料得出，他们是范宗尹、沈该、蒋芾、赵雄、葛邲、陈自强、崔与之、李宗勉、杜范、吴潜、董槐、丁大全、叶梦鼎、王爚、章鉴、陈谊中、留梦炎。其余 45 位宰相中，有确凿证据显示，19 位宰相即便在入仕后，他们埋葬地点仍接近其祖茔。这些人分别是汤思退、陈康伯、朱倬、史浩、叶颙、陈俊卿、叶衡、王淮、赵汝愚、余端礼、京镗、史弥远、郑清之、乔行简、史嵩之、范钟、程元凤、马廷鸾、文天祥。此外，尚有 8 位南宋宰相的信息模棱两可，但资料显示，他们与其出生地有千丝万缕的联系，这些人分别是：秦桧、梁克家、留正、谢深甫、游似、赵葵、贾似道、江万里。

④ 朱胜非诸孙居于湖州（《宋人传记资料索引》第 1 册，第 623 页），朱胜非本人葬于此地（《夷坚志》支景卷 1《朱忠靖公墓》，第 882 页）。吕颐浩在天台去世（《宋人轶事汇编》卷 14，（转下页）

生土长的南方人，但在北宋灭亡前已经在开封为官。他们以南宋开国宰相身份返回南方，有意思的是，他们的后人既没有居住在临安，也并未在他们的原籍州县生活。[①] 其他 6 个例子中，新居住地使家族似乎更接近政治中心。[②]

简言之，北宋时的达官贵人发现生活在开封令人向往，而那些位极人臣之人则能够久居此地，并形成都城精英群体。[③] 在南宋，移居之

（接上页）第 771 页）。赵鼎曾孙赵纶葬于绍兴府（《鹤山集》卷 73《直焕章阁淮西安抚赵君纶墓志铭》，14b）。曾怀祖上放弃福建老家定居长洲，曾怀的堂亲居住在吴县（《南涧甲乙稿》卷 21《高邮军曾使君墓志铭》，第 436—438 页）；曾怀本人葬址不详。魏杞祖上居于鄞县（《夷坚志》丁志卷 14《明州老翁》，第 655 页）（《明州老翁》仅记魏杞居于明州，未提及其祖上所居何地——译者按）。钱象祖上经过几次搬迁后定居浙江北部的台州（《宋史》卷 248《秦鲁国贤穆明懿大长公主传》，第 8777 页）。所有这些人均生活在距离临安 175 公里范围内（即相当于开封和洛阳之间的距离）。有两个宰相家庭定居稍远一些：万俟卨葬于衡州（《鸿庆居士集》卷 36《宋故特进观文殿大学士河南郡开国公致仕赠少师万俟公墓志铭》，2b），周必大家迁至江西中部的吉州（《攻媿集》卷 93《忠文耆德之碑》，第 1289 页），后面两位可以被视作移居到南方州郡的北宋宰相。最后一位移民宰相杜充，背叛了南宋朝廷，投降了北方的金朝（《宋史》卷 475《杜充传》，第 13810—13811 页）。

① 原籍福建西北邵武的黄潜善，死于流放地广东东部梅州（《宋史》卷 473《黄潜善传》，第 13744 页）；但他与儿子均葬于江西中部的吉州（《卢溪文集》卷 42《故右朝奉郎通判筠州黄公墓志铭》，4b）。同样原籍邵武的李纲（虽然其父葬于江苏南部的无锡，见《龟山集》卷 32《李修撰墓志铭》，1），死后葬于怀安（今福州）（《梁溪集》行状下，28）。来自安徽最南端祁门的汪伯彦，与其子似乎一直居于距江西北部不到 150 公里远的鄱阳（《夷坚志》支丁卷 5《醉石舞袖》，第 1010 页；同书支癸卷 1《董士笼鞋》，第 1229 页）。

② 祖籍江西北部鄱阳的洪适，与其妻子和至少一个儿子均葬于此地（《文忠集》卷 68《丞相洪文惠适公神道碑》，8b；《盘洲文集》卷 77《莱国墓铭》，10b；《鹤山集》卷 71《知南剑州洪公秘墓志铭》，9b），但他的一个曾孙洪芹罢官后寓居永嘉（《宋人传记资料索引》第 2 册，第 1502 页；《宋史》卷 425《洪芹传》，第 12672 页）。洪芹是否官拜三品存疑。值得注意的是，洪适的几个女儿均嫁给永嘉人，因此在其曾孙洪芹罢官后寓居此地之前，洪氏家族在当地有亲戚（《文忠集》卷 68《丞相洪文惠适公神道碑》，9；《宋人传记资料索引》第 3 册，第 2173 页）。虞允文的孙子中，至少一人葬于四川原籍附近（《鹤山集》卷 76《朝请大夫利州路提点刑狱主管冲佑观虞公墓志铭》，12），但一方虞允文 6 世孙的明代墓志指出，从虞允文起，其他后人便一直居于吴县（《吴下冢墓遗文》卷 2《虞处士墓碣》，15b）。吴潜的父亲葬于家乡宣城（《昌谷集》卷 20《秘阁修撰吴胜之墓志铭》，9b），但吴潜兄弟均葬于靠近临安的湖州德清（《吴兴掌故集》卷 3《游寓类》，5—5b）。原籍四川的张浚，死后葬于湖南中部的衡山，其后人便择居此地（《朱文公文集》卷 95 下《少师保信军节度使魏国公致仕赠太保张公行状》，40；《鹤山集》卷 77《直宝章阁提举冲佑观张公墓志铭》，7—7b）。同样是四川人的谢方叔，据称罢相后居于江西（《宋人轶事汇编》卷 18《谢方叔》，第 1003 页）。

③ "都城精英"指代的正是被郝若贝称作"职业精英"的人群（第 406—416 页）。相比于 （转下页）

人似乎往往居住在相对靠近都城的区域内，而更多人则选择仍然在原籍居住，什么原因造成这一现象？

北宋官员移居到都城是因为此地提供的政治优势独一无二，这一假设应该没有问题。实际上，宰相来自都城及其周边地区的高比例彰显了生活在政治中心益处颇多：在朝廷的庇佑下，出现如此多仕途通达的官员绝非偶然。我们会看到，个人关系对于仕途成功十分重要，而居住在一处能够很轻易地得到有用关系的所在，便提供了重要的政治优势，当时人们对这些优势心知肚明。因此，毕士安的后母急切地为她有天分的儿子寻找良师益友，为此，她力主带着儿子奔赴郑州，因为在那里可以结识更多的士人和官僚。①

居住在都城还有一个同样重要的优势，那就是可以参加开封的科举考试。正如贾志扬所示，北宋时开封人在进士榜上占据优势。是因为开封进士解额不如别处严苛，抑或是因为当地可资利用的教育水准更高，还是因为过多的官员后人应举，个中原因不详；但无论如何，都城开封独揽北宋近一半的进士额。②

最后，除了政治上和受教育机会外，都城地区明显提供了其他地方无法企及的社会生活水平。因为年迈的母亲（吕夷简的堂姊妹）喜欢都城的生活环境，孝顺的儿子便设法在开封附近谋求差遣。③ 对都城的痴迷据说也导致了宰相陈执中的不孝之子陈世儒谋杀生母，痴心妄想借此他便可以被允许回到开封丁母忧！④

（接上页）"职业精英"，我更青睐前者，因为我相信，是他们的居住模式，而非他们与官位的关系，使其与南宋同仁区别开。正如我们在以下几章所见，在北宋，移居到京城仅是位居权力金字塔顶端官员的权限。

①《西台集》卷16《丞相文简公行状》，第241页。

②《棘闱》，第61—65页。

③《华阳集》卷40《寿安县太君吕氏墓志铭》，第557页。值得注意的是，墓志撰者描述吕氏"喜京、洛之风"，但明确地推测她应该满足于其子在开封东南约50公里的太康任职。对我而言，这似乎提供了进一步的证据，即都城地区，而并非开封这个城市，被视作文明世界的中心。

④包括陈世儒夫妻和十个参与其事的婢女均被公开处死（《宋人轶事汇编》卷7，第276页；《宋史》卷285《陈执中传》，第9605页）。

　　无疑,开封在北宋社会和政治生活中的中心地位至少部分源于这一地区的历史意义。几个世纪以来,北方平原一直是中国王朝的发祥地,通过在此地重新立国,宋朝再次强化了当地的政治首要地位。都城地区虽然在经济上越来越依赖东南,但文化上它无可匹敌。有鉴于此,那些胸有才华和怀揣抱负的有志之士自然而然地被吸引至此,尤其是那些来自之前鲜被中央官僚系统整合地区之人。[1] 当然,一旦地位确立,都城无可比拟的政治、文化地位在某种程度上便会自我延续。半开玩笑地说,如果每个在都城之人均是人物的话,那么任何想成为人物之人没有其他的选择,只有奔赴都城。

　　无论如何,移居模式表明,大约从 11 世纪中叶开始,开封作为文化中心的地位已经开始动摇。成长于开封以外,并且在 1050 年之前辅政的 15 位宰相中,除 1 位外,其余全部移居到都城。相反,生于其他地方,并在 1050 年之后辅政的 13 位宰相中,只有 1 位定居都城(1070 年之后再未出现这种情况),并非说 1070 年之后辅政的宰相都是外地人:相反,这一时期许多高官就出生在都城地区。改变的并非二府成员的籍贯构成情况,而是来自边远地区的宰相的移居模式。

　　非常有意思的是:北宋灭亡前半个多世纪,移居到都城开封对于位极人臣之人而言,吸引力已经逐渐减弱。[2] 什么原因造成了这种变化?

　　北宋后期宰相不再移居到都城开封的趋势,可能反映了当地可资占有的土地日益减少。[3] 鉴于这一时期南北方人居住模式不同,这一

---

[1]《鸡肋》,第 149 页。贾志扬指出,长江下游和东南沿海地区在北宋时产生了大量成功的官员,而在宋朝之前,这些地区"在国家官僚系统中几乎没有任何代表"。

[2] 同样耐人寻味的是,大约此时,一早期宰相家族中至少一支已经迁离都城(柏文莉,第 207 页,注释 62)。

[3] 值得注意的是,模式变化不能简单地归于党争或"地方化"趋向。在北宋最后五十年间,那些选择不在都城开封重新安家的宰相,他们中许多人不可避免地卷入党争,但在那些党争之前,移居模式已经发生改变。此外,虽然像陈升之、苏颂、曾布并未迁居开封,但不表明他们特别眷恋原籍:三人均选择定居润州。宰相群体中的抚州人属于那些人,韩明士征引他们作为北宋的典型,换言之,他们有非地方主义和官僚化倾向。《官僚与士绅》,第 82—91 页。

点似乎颇有意义。面对土地紧张,那些家乡并不太远和已经在都城有一些关系的北方人[1],他们很可能选择维持祖业的完整。对南方人而言,这种选择的可行性小得多。北宋帝国的版图使得江西或福建居民维持与都城的联系有点力不从心。通过在大运河最南端安家,诸如陈升之、曾布、苏颂等人能够既相对容易地接近都城,又不必拼抢那里的土地。[2]

相信在造成都城开封重要性相对衰落的因素中,同样重要的是整个北宋时期东南地区的稳步发展,尤其是来自都城以外之人被日益纳入高层政治和社会网络。北宋初,人们游学都城开封是为了求学、攀援关系和文化熏陶。但随着北宋灭亡,都城开封逐渐丧失了它在这些优势上的垄断地位。

贾志扬关于宋代教育和科举制的著作相当清晰地呈现了在都城开封以外地方受教育机会日益增多。贾志扬指出,1022—1063 年间,州县学数量激增;并且这种增长一直持续到 1085 年。[3] 同样的,私学随处可见。北宋最知名的教师之一胡瑗,11 世纪 30 年代活跃在湖州(今浙江北部吴兴)东南。[4] 无疑,南方人利用了这些机会:11 世纪 60年代——大约与此同时,移居到都城开封对于宰相不再具有吸引力——南方正产生着整个帝国近一半的进士[5]。显然,都城开封压倒性的教育优势已经风光不再。

---

① 在 1050 年以后辅政的三位北方人宰相梁适、司马光和韩琦,并未移居到都城开封,虽然他们的父亲均曾在都城仕宦。他们的父亲显然在北宋初已经入仕,但并未放弃原籍,这一事实支持了如下观点:移居到都城开封,可能是一种只有最高级别官员所能拥有的,或者仅对他们有吸引力的特权。

② 值得注意的是,这一思路是假设都城官僚一直以土地收入作为其家庭的基本经济来源。关于这一点的证据,见赵氏家族土地收入(《斯文》,第 60—61、73 页),苏轼获取土地(竺沙雅章文,第 28—52 页)。但关于毕士安孙子的一则史称:毕士安"未尝问家事","家事"明确等同于打理田产(《西台集》卷 16《丞相文简公行状》,第 248—253 页)。

③ 根据贾志扬所绘图表,北宋时所兴建的 153 所州学,1063 年已经兴建了其中 96 所(占62.7%);至 1085 年,州学数量增加到 128 所(占 83.7%)(《棘闱》,第 75 页,表 10)。

④《欧阳修全集》卷 25《胡先生墓表》,第 178 页。

⑤《棘闱》,第 134 页,图 7。贾志扬指出,北方情况在这些表格中可能未充分体现出来。

　　至 11 世纪中叶，部分由于南方的科举成功，对都城开封以外之人
而言，可利用的关系优势同样越来越多。整个宋代，那些在朝堂任官
的非京城人士均成为都城与其家乡的中间纽带。对每一个在都城占
有一席之地的人而言，他们在家乡的众多亲朋好友现在都与都城开封
建立了关系，这种关系有时甚至一直维持到仕途成功的官员已经永久
定居都城开封以后。[①] 这些纽带不仅将在都城仕宦获得的部分特权延
伸至都城以外，也有助于将偏远地区之人整合入令人艳羡的都城官场
与学术网中。因此，都城开封的知名度无可厚非。伴随着每个成功的
故事，联系外围与中心的网络变得越发繁密。反之，对那些怀揣政治
抱负之人而言，东南地区的发展使都城开封的重要性相应降低：但并
非说人们对仕宦不感兴趣，而是一度独属于都城开封的政治社会优势
现在已经散落四方。

　　但不能过分强调北宋时都城开封的衰落程度：毕竟司马光在 1064
年还抱怨人们正成群结队地涌入开封，因为在此地学习对于应举成功
颇有裨益。[②] 简单的社会惯性也证实了这一点，即便其他地区发展了，
都城开封仍然是一枝独秀。但是，当靖康之难发生，开封沦陷，却没有
明显的取代者。自相矛盾的是，并非没有城市可以取代开封的地位，
而是有太多的城市可以取而代之。

　　随着北宋灭亡，宋代政治面貌发生了不可逆转的改变。显而易
见，临安的地位从一开始便与开封完全不同。虽然临安所在地区颇具
历史意义，但临安在政治舞台上相对还是资历尚浅。一度被称作钱塘

---

① 为了更好地关照侄子，陈尧叟之弟陈尧咨使其堂兄之子回到都城开封（《宋史》卷 284《陈渐
　传》，第 9589—9590 页）。尽管事实上在这个家族的上一代，陈尧叟一支已经移居开封，但陈尧
　叟的堂兄陈尧封仍然在四川生儿育女（《鸡肋集》卷 64《朝请大夫致仕陈君墓志铭》，7b—8）。
　同样的，虽然范仲淹与其子范纯仁均葬于河南（《范忠宣集》补编，43；《范纯仁传》甚至称，由于
　其父范仲淹葬于此地，所以范纯仁成为河南人），但他们一直参与苏州范氏的事务。杜希德：
　《1050—1760 间的范氏义庄》，《儒家思想的实践》（斯坦福：斯坦福大学出版社，1959），第 105—
　109 页。
② 《司马文正公传家集》卷 32《贡院乞逐路取人状》，1b—2。见《棘闱》第 63 页对相关文字的英文
　翻译。

的临安曾经是五代吴越国的都城,但自宋初以来,这个城市仅作为州治。更重要的是,南宋建立数年以后,才完全确立临安的都城地位。宋高宗(自从流亡南方,他便一直在临安与建康之间巡幸①)在位十余年后,才于1138年下诏定临安为行在。② 即便进入12世纪70年代,官员们仍在激辩应该放弃临安,移都更好的形势之地。③

资历尚浅的临安仅具有行在的身份,意味着一开始它便缺乏建立关系网的基础条件,而这些在确定开封的权力中心地位上十分重要。宋初许多位极人臣之人在其掌权之前已经居住在开封。那些飞黄腾达之人特别通过婚姻和荐举关系,往往加入先前建立的关系网(具体叙述见下文)。朝廷播迁至南方时,大部分北宋都城关系网随之南下。相对于北宋时人们集中在都城开封,这些编织好关系网之人如今分散在南方各地。这个关系网继续存在并顺利进入南宋,至少来自都城开封的难民们仍然互相通婚,但这个关系网不再有地理中心。虽然南宋宰相仍然不时地维系这先前存在的关系网(通常通过姻亲关系建立),但他们不再需要移居到都城来进行这些工作。

如果居住在临安对于关系上的优势几乎毫无帮助,那么受教育机会提供的优势似乎更微乎其微了。④ 北宋灭亡时,地方官学已经遍布乡村各地。并且在一段时间内,官学是人们入仕的唯一途径,这使得学校更加引人瞩目。尽管在北宋灭亡的灾难中许多教育机构均遭到破坏,但州县学得以重建并在整个南宋时期持续繁荣,这使得出于教育目的而移居都城变得毫无必要。更重要的是,南宋私学和书院空前扩张。这些书院的繁荣至少部分原因在于它们为人数日益增加并且

①《宋史》卷24《高宗本纪一》—卷29《高宗本纪六》,第439—535页。

②《乾道临安志》卷1《行在所》,第3页。

③陈亮在其上孝宗第一书中要求迁都(《陈亮集》卷1《上孝宗皇帝第一书》,第1—9页,特别是第7—8页)。感谢周绍明提供了本条资料。关于定都杭州问题的讨论,见芮沃寿《中国城市的宇宙观》,载武雅士主编《中华帝国晚期的城市》(斯坦福:斯坦福大学出版社,1977),第63—66页。

④以下关于教育和科举政策变化的讨论基于《棘闱》(第77—98页;亦见第137页[表23])。

难以入仕的文士提供了一些就业机会，而这些私学、书院成为南宋知识分子生活真正的中心。在都城以外地区建立的数量庞大的私学、书院是临安未能垄断教育的原因和象征。

如果教育机构在南宋时甚少集中，那么科举制度亦呈多样化。南宋初年，这种情况是出于后勤保障的需要；但某些方面权力的下放，特别是为四川士子而设立的类省试一直存在，直至南宋灭亡。更重要的是，南宋时，都城举行的进士试不再为有志之士提供竞争优势，这体现了北宋情形的重大转变，而这似乎是经过深思熟虑的政策的结果。在开封，进士解额数相对较多，对于居住地的规定相对宽松。相比之下，临安进士解额数被压缩了，寓居临安应举之人被要求参加公平竞争的专试。[1] 随着这一考试政策的变化，移居都城的主要刺激也就消失殆尽了。

总之，南宋时，对于宰相或有志于相位的那些人而言，几乎毫无理由定居临安。北宋时居住在都城开封在仕宦竞争中是一个巨大优势，在临安情况却并非如此：62 位南宋宰相中，只有 1 位是临安本地人。[2]

同时，不移居到临安可能还有其他重要原因。起初，来自北方的难民无法确知朝廷定都何地，许多人在最终定居之前，不得不多次搬家。[3] 而一旦定居，他们很可能会选择避开临安，因为在那里难以解决居住问题，遑论生活舒适或方便。但至少对那些南方当地人而言，相信最重要的原因是需要在移居可能带来的好处与安居原籍之间进行权衡，而这往往颇费斟酌。在家乡生活超过一两代的北宋宰相屈指可数，而许多南宋宰相的祖先在宋朝立国前便已经安居一方，并且通常

---

①《棘闱》，第 97—98 页。

②此人是李宗勉。虽然戴仁柱指出钱象祖也挂籍临安（《丞相世家》，附录 2，第 196 页），宋代史料（包括钱象祖祖父和孙子的墓志）显示，钱氏家族葬于台州临海（《攻媿集》卷 92《观文殿学士钱公行状》，第 1274 页；《霁山集》卷 5《故太府少卿钱公墓志铭》，第 120 页）。

③见第三章所述钱象祖祖上和李氏家族（韩球的姻亲）的故事。同样的经历发生在吕公著后人身上（《东莱吕太史文集》卷 14《东莱公家传》，8b—9b）。

都历经四五代之久。[1] 后者的家族可能在其家乡经济、政治和情感上的投入远大于北宋宰相的所为。[2]

　　南宋都城地区仍然对那些怀揣政治抱负却尚未建立关系之人颇具诱惑：绝大部分难民家族居住在临安一百公里范围内。显然，即便在南宋，住在都城附近仍然具有一定吸引力。更为重要的是，除少数人外，即便是那些并非来自临安或并未选择定居临安近郊之人，他们也倾向于生活在南方最繁华的州县，而这些州县在北宋时的政治地位一般比较重要。[3] 实际上，许多南宋宰相就是来自那些在北宋时已经产生宰相的州县。可以肯定，而且显而易见的是，如同北宋，南宋时显赫之人往往来自最发达的地区。换言之，南宋宰相通常来自那些已经与都城的官僚网和学术网保持长期联系的地区。

　　当然，如果说南宋宰相——尤其是那些南方人——比北宋宰相具有更明显的"地方化"趋向，这一点听起来也毫不为过；最起码，他们的家族在家乡往往有更悠久的历史。但关键在于，南宋时，立足地方便可提供的这些功能，与北宋时需要通过不远万里才能实现的功能并无二致。很显然，成为宰相的南宋人并未对国家政治和高官显宦失掉兴趣，却不必长途奔波孜孜以求这些东西。权贵们的社会网络曾经牢牢地以都城为中心，现在却是投向四面八方。

---

① 朱倬七世祖据说唐末时已经在福建立家（《鹤山集》卷 74《观文殿学士左通奉大夫赠特进谥文靖朱公神道碑》，44b）；在史浩掌权之前，其祖上在明州至少已经生活了四代（《丞相世家》，第 37 页）；叶颙族人一直生活在福建，直至其五世祖（《诚斋集》卷 119《宋故尚书左仆射赠少保叶公行状》，1b）；王淮七世祖据说首先在金华安家（《丹阳集》卷 13《承议郎王公墓志铭》，15b）。例子不胜枚举。对于在宋代较晚掌权的宰相而言，居住在某地的时间自然更长一些。

② 未定居临安并不妨碍南宋宰相及其后人悠游临安。如同北宋宰相，南宋宰相辅政时居住在都城的官邸内。例如赵鼎，据说觉得临安相府不够气派（《宋人轶事汇编》卷 14，第 782 页）。此外，至少南宋宰相史弥远被赏赐临安一所宅宅和家庙（《丞相世家》，第 111—112 页）。同样的，史弥远的侄子宰相史嵩之被准许让其年迈的双亲与他一同居于临安相府（《丞相世家》，第 149—150 页）。

③ 最明显的例外是崔与之，他是宋代首位来自广州的宰相，这一地区特殊的政治重要性在北宋时尚不为人所知，可惜崔与之后人是否仍然居住在广州情况不详。

通向权力之路

当我们剖析宋朝宰相们是如何获得权力时，就会发现社会网络实际上是这一时期政治生活的一个重要方面。宋代官员选任迁转政策或多或少确保了社会关系成为仕途通达的核心要素；反之，作为宋代社会身份地位的标志，政治地位的重要性意味着政治成就往往对个人社会网有着举足轻重的影响。

科举制

对宋代官僚选任制度的任何讨论，必须首先始于科举制。宋代文官制名义上要求选拔官吏时择优录取。因此，它们通常被认为有功于推动宋代官场对于新兴力量的开放，甚至为宋代社会流动创造了前所未有的机会。[①] 然而，近来学界对于这一制度的公正性和能够参与其中的"新"家庭提出了严重质疑。[②] 在对宰相的讨论中，贾志扬的成果最为重要，他指出官宦之后（特别是高官的后人）尤其在南宋时，可以参加各种别头试，而这种考试比正常科举考试的竞争要小得多。[③] 贾志扬书中图表显示，在南宋一些州，近80％考中进士之人参加各类制举、词科，从而避开了竞争激烈的正常发解试。[④] 这意味着在一些地区，不到20％的进士名额被分配给那些出身并非官宦之家的人；剩余的名额则被官宦之家所独占。

宰相的传记几乎不提及传主参加过何种考试，但大量官宦子弟科举中第，似乎完全证实他们毫不犹豫地利用了自己的这些特权。笔记

---

① 特别参见柯睿格《帝制时代中国的家庭与功名》，《哈佛亚洲研究》第10卷第2期，第105—123页（1947）。

② 科举制"公平的失败"，特别是在南宋的情况，见《棘闱》，第95—115页。对于科举制带来"新鲜血液"观念摧毁性的批判，见《官僚与士绅》，第29—61页。

③《棘闱》，第98—105页。

④《棘闱》，第109—112页。

小说资料也可说明这一点，即便在北宋，势家也被怀疑为了他们本人的利益而操纵科举。[1] 因此，总的来说，关于宰相的数据证实了这样一种观点，即科举制往往是已立足之家在官场中保持其地位的一种机制。

即便如此，科举制显然改变了整个宋代精英生活的方向，即便面对日益苛刻的中第几率，越来越多的年轻人仍然选择参加科举竞争。[2] 虽然可能有诸多原因[3]，但关于宰相的资料表明，至少部分诱因是潜在回报很大。因为资料显示，金榜题名——尤其是高中巍科——可以显著改变个人的人生轨迹。许多最终成为宰相之人最初就是通过高中巍科使自己脱颖而出。北宋的吕蒙正、李沆、李迪、王曾和宋庠均为状元，吴敏、何栗是上舍第一，刘沆进士第 2 名，毕士安、韩绛进士第 3 名，杜衍、王安石进士第 4 名，曾公亮、何执中进士第 5 名。同样的，南宋的梁克家、留梦炎、吴潜、文天祥均为状元，蒋芾、陈俊卿、陈宜中均为进士第 2 名，乔行简进士第 5 名。[4] 虽然从作为整体的官僚系统角

---

[1] 例如关于韩亿 4 个儿子的轶事，他们均在 11 世纪 30 年代末通过省试，当时韩亿为参知政事。根据此则笔记小说记载，有人嘲笑他们在随后的殿试中一同黜落（《宋人轶事汇编》卷 7，第 298 页）。

[2] 宋代科举制对文化生活的影响，见《棘闱》，第 157－181 页。科举对于南宋抚州的重要性，见《官僚与士绅》，第 29－34 页。

[3] 韩明士指出，应举实际上为年轻人提供了众多的仕宦机会（《官僚与士绅》，第 32－34 页）；包弼德认为从南宋以来，参加科举已经成为一种个人权利的地位标识（《宋代科举制和士》，《亚洲专刊》系列 3，第 3 卷，第 2 部分，第 149－171 页，[1990]）。贾志扬指出，在南宋，通过发解试便可获得显著的法律特权（《棘闱》，第 31 页）。

[4] 此处并未彻查高第进士的宰相人数；因为数据既分散且不完整，我并未自称已经揭示了每一个例子。关于宰相进士榜史料如下：吕蒙正（《宋史》卷 265《吕蒙正传》，第 9145 页）、李迪（《宋史》卷 310《李迪传》，第 10171 页）、王曾（《宋史》卷 310《王曾传》，第 10182 页）、宋庠（《宋史》卷 284《宋庠传》，第 9590 页）、吴敏（《宋史》卷 352《吴敏传》，第 11123 页）、何栗（《宋史》卷 353《何栗传》，第 11135 页）、刘沆（《宋史》卷 285《刘沆传》，第 9605 页）、毕士安（《西台集》卷 16《丞相文简公行状》，第 242 页）、韩绛（《名臣碑传琬琰集》集上卷 10《韩献肃公绛忠弼之碑》，第 156 页）、杜衍（《涑水纪闻》卷 10，第 105 页）、王安石（《宋人轶事汇编》卷 10，第 477 页）、曾公亮（《名臣碑传琬琰集》集中卷 52《曾太师公亮行状》，第 2 页[1178]）、何执中（《彭城集》卷 38《处士龙泉何君墓志铭》，第 507 页）、梁克家（《宋史》卷 384《梁克家传》，第 11811 页）、留梦炎（《宋人传记资料索引》第 3 册，第 1973 页）、吴潜（《宋史》卷 418《吴潜传》，第 12515 页）、　（转下页）

度来看,各种制举、词科在数量上微不足道,但它们在几位宰相迅速崛起上发挥着重要作用。① 王曾连续通过几种制举、词科,风头更胜他高第进士的表现,而富弼初入仕途也是通过类似考试。② 南宋的汤思退和周必大均凭借得中异常难考的博学鸿词科来使他们的仕途更上一层楼。③

尤为显著的是,科举考试中令人印象深刻的表现自然提高了年轻人的政治资格,而对此人社会地位的影响可能更大。在科举考试中出类拔萃的举子可能会成为高官,这在宋代似乎已经被视作理所当然,并且出类拔萃意味着高第举子成为众多有利条件的受益者。未来的同僚们迫不及待地对新科进士提供钱财以及其他各种恩惠,甚至更明显的,中甲科举子突然发现自己成为高官们追逐的女婿人选也并不罕见。④ 当然,这种状况有可能为举子的未来仕途锦上添花:正如第四章所示,相当多诸如此类的女婿随之成为宰相。换言之,进士仕途通达影响了他的社会地位,反之,社会地位也牵动着他的政治前途。

科举对于仕途和社会生活的影响并不仅限于那些中第举子。更大数量的落第举子没能用同样的多年寒窗苦读换来金榜题名,但通过应举他们也形成了自己的社会网络。精英人士广泛参与科举制极其重要,这意味着并非官僚一分子之人(甚至那些永远也不可能成为其中一分子的人)因此被纳入国家以及官僚的轨迹。虽然几乎可以肯定,科举制并非社会流动的大引擎,但以上述这种方式,宋代科举制确

(接上页)文天祥(《宋史》卷 418《文天祥传》,第 12533 页)、蒋芾(《宋史》卷 384《蒋芾传》,第 11818 页)、陈俊卿(《朱文公文集》卷 96《丞相魏国陈正献公行状》,1b)、陈宜中(《宋史》卷 418《陈宜中传》,第 12529 页)、乔行简(《攻媿集》卷 103《孺人俞氏墓志铭》,第 1449-1450 页)。

① 《棘闱》,第 24 页。

② 《宋史》卷 310《王曾传》,第 10182 页;同书卷 313《富弼传》,第 10249 页。

③ 《宋史》卷 371《汤思退传》,第 11529 页;同书卷 391《周必大传》,第 11965 页。

④ 例子不胜枚举,此处仅举一例:洪皓(官至三品,宰相洪适之父)考中进士后,宰相王黼和节度使朱勔均有意招洪皓为婿(《宋史》卷 373《洪皓传》,第 11557 页)。《宋史·洪皓传》强调洪皓极力拒绝这些亲戚关系——一个明智之举,因为王黼和朱勔最后都作为奸臣遭人唾弃。本书第四章仔细研究了宰相家族和高第进士之间的联姻现象。

实有助于推动中国国家和社会的一体化,而这种一体化远远超过早期的水平。

特权

虽然科举制对于人们的仕途通达至关重要,但一些高第进士仕途蹇涩,而有些在科举考试中表现平平之人却能够飞黄腾达。显然,有另外的强大机制助推个人仕途发展。

在这些机制中最重要的无疑是各种形式的制度上的特权,这些特权可以被用来助推高级官员后人的仕途发展。理论上宋代政府反对世袭官僚的主张[1],实际上却有若干制度赋予官员子弟,尤其是官宦子弟以相当大的好处。除了前述提及的别头试,最显著的好处是恩荫,它允许某些官员直接(理论上再次)将官品授予一定数量的族人。[2] 族人亲疏远近是分享官品的一个因素,宰相墓志显示,宰相所有的儿子和大部分孙子往往通过这一方式被授官。实际上所有成为宰相的高官后人最初便是通过恩荫步入仕途,这一点毫不奇怪。[3] 一般情况下,通过恩荫入仕仅能担任低级官职,几乎所有后来成为宰相之人在其仕宦期间均中进士;但至少有两位恩荫子弟从未中进士,但最终也成为集贤相和平章军国事。[4]

除了这些制度上的优势,官宦子弟(及其族人)也能从其家族地位的许多非正式特权中受益。实际上,在接续仕宦时,后者可能比前者更重要。官宦子弟接受最好的教育,年纪尚轻便接触到官

---

[1] 在宋代,只有宗室的特定成员出生即被授官;宋朝大部分时间,宗室并无资格入仕。

[2] 对宋代恩荫在官僚选任中发挥作用的一般性讨论见罗文《宋代文官制度介绍》(火奴鲁鲁:夏威夷大学出版社,1987),第102—109页。恩荫对官僚构成影响的讨论见《棘闱》,第22—30页。恩荫对族人命运的影响见戴仁柱《政治成功》。恩荫应遵守的规则限制显然经常为人所无视,正如皇帝恩准其宠信的大臣赐官给其族人,其赐官人数多于官方规定(例子之一见《政治成功》,第70页)。

[3] 在蔡京专权时期(换言之,成为徽宗统治大部分时间标志的党争时期),宰相诸子似乎特别容易升至高位。对此的道德谴责见《宋会要辑稿》职官69之21—22,第3926页。

[4] 这两人是陈升之和韩侂胄。

僚和司法程序。当然，最重要的是，其家庭背景提供给他们的人际关系。

在这些人际关系中，对后人仕宦生涯影响最大的是宰相与皇帝的特殊关系。二府官员在向皇帝推荐后人以及族人方面处于得天独厚的有利位置——实际上，皇帝有时直接向宰相征求诸如此类的推荐意见。据记载，促成吕夷简迅速上台执政的因素是族人吕蒙正回答皇帝询问时，称自己诸子皆不足用，但侄子吕夷简"宰相才也"。[1] 同样的，南宋时宰相史弥远对族人史嵩之的早期仕途助有一臂之力，后者追随史弥远脚步成为高官。[2] 在某些情况下，官宦子弟看到通过皇帝的直接干预，他们便能飞黄腾达，而皇帝也乐意通过施恩来换取台阁的尽忠报国。宰相韩琦罢政后，长子韩忠彦被诏试馆职。韩琦去世后，当韩忠彦丁忧服除，他再次得到重要的升迁，升迁助推韩忠彦迅速攀升至宰相。[3] 在其他情况下，高官后人主动提醒皇帝他们凭关系而应得的特权。当梁适的状元父亲（梁颢——译者注）以正三品官去世时，梁适年纪尚少。他收集了父亲的一些遗稿，外加几篇自己的文章一并进呈给皇帝。宋真宗显然被打动了，于是便开启了梁适的高官之路。[4] 最后，因为不少高官成为外戚，这可能使诸如钱象祖、韩侂胄等人在政治上直接获益于他们与皇室的亲戚关系。[5] 简言之，在入仕之初，"特权"最大的影响是它能引起皇帝对某个年轻人的格外关注。

---

① 《宋史》卷 265《吕蒙正传》，第 9148 页。虽然根据中国传统，史料中一般称吕夷简是吕蒙正之"侄"，但吕夷简其实是吕蒙正堂弟之子。

② 《丞相世家》，第 143 页。

③ 《宋史》卷 312《韩忠彦传》，第 10230 页。

④ 《宋史》卷 285《梁适传》，第 9623 页。（梁适累官同中书门下平章事，集贤殿大学士，后以太子太保致仕，卒赠司空兼侍中。——译者注）

⑤ 钱象祖高祖母是宋仁宗之女。与其他几个宰相家族类似，钱氏家族成员多次与皇室联姻（《范太史集》卷 42《安康郡太夫人胡氏墓志铭》，1—1b;《攻媿集》卷 92《观文殿学士钱公行状》，第 1257 页，第 1273 页）。韩侂胄父亲娶宋高宗吴皇后的妹妹（《宋史》卷 474《韩侂胄传》，第 13771 页）。

荐举

皇帝虽然掌握着官品和重要官职的与夺,但其他人同样可以在年轻人追逐权力与荣誉的过程中发挥助推作用。正如柯睿格(E. A. Kracke)许久之前所言,宋代政府将个人荐举作为官僚迁转制度的一个主要特点并予以制度化。[①] 受官僚赏识之人比那些未受青睐之人往往升迁得更快。[②] 因此,几乎所有的宰相传记均显示传主不止一次得到上司的赏识便不足为奇。[③] 但正如科举和特权一样,制度化的荐举仅是官僚迁转实际操作的一小部分。

例如,细究富弼如何成为晏殊的女婿,关系如何启动有几个不同的版本。根据《宋史》记载,富弼最早引起朝廷名臣范仲淹的注意,范仲淹将富弼的著述展示给同僚王曾和晏殊看。对富弼印象深刻的晏殊,便选择他作为自己的女婿。[④] 而宋代笔记史料中,晏殊嘱托范仲淹代为择婿的故事稍显复杂。在这个版本中,范仲淹推荐了富高和张安道两个女婿备选人,并补充说富高为人修谨,且"器业尤远大"。晏殊最终选定富高为女婿,这则轶事的撰者然后以夸张的口吻称,富高(此时他尚未改名)成为名相富弼,而张安道后来则成为参知政事张方平。[⑤]

两种叙述的关键点是范仲淹对于被荐举者才华和前途的精准判

---

① 柯睿格出版于 1953 年的关于宋代文官制度的研究著作,其中一半篇幅是专门讨论荐举制度:《宋初文官制度》(剑桥:哈佛大学出版社,1953),第 102—198 页。亦见罗文《宋代文官制度介绍》,第 191—199 页。

② 柯睿格书,第 186 页。

③ 关于北宋宰相例子的一份简便名单见杨远《北宋宰辅人物的地理分布》,《香港中文大学中国文化研究所学报》第 13 卷,第 204 页,注释 81(1982)。

④ 《宋史》卷 313《富弼传》,第 10249 页。这个故事直接来自范纯仁撰写的富弼行状,该行状作于 1083 年富弼去世后(《范忠宣集》卷 17《故开府仪同三司守司徒检校太师武宁军节度徐州管内观察处置等使徐州大都督府长史致仕上柱国韩国公食邑一万二千七百户食实封四千九百户富公行状》,1—27b)。

⑤ 《宋人轶事汇编》卷 7,第 293 页。韩明士将这则轶事译成英文,见《官僚与士绅》,第 83 页。

断，也揭示了赏识——有时我更多将其非正式地对应荐举——不仅局限于举官：举主可以帮助有潜力的被荐举者为其他权贵所知，甚至协助安排一桩有利的婚姻。

恰恰由于非正式荐举不受举官条条框框的限制①，我们几乎不清楚它是如何服务于入仕或升迁的。高官子孙在与有用的靠山建立关系上显然具有相当大的优势。凭借父祖的背景，权门子弟可以轻而易举地被其他势要所熟知：因此欧阳修荐举之人中包括了吕公著（吕夷简之子）、韩维（参知政事韩亿之子）和毕士安的曾孙。② 此外，在本书第四章中我们会进一步看到，高官们往往彼此互相通婚，因此后人既能够从其姻亲关系中获益，也能从其父方获益。一则南宋轶事让人多少体会到这些关系有多么错综复杂：轶事内容是关于宰相陈执中和其弟媳王氏（王钦若孙女）之间的谈话，其中涉及陈执中对于王氏舅父、正崭露头角的曾公亮仕途上的影响。③

人们是否能够利用高官社会网络的特权，便将那些有着显赫政治出身背景之人与那些缺乏此类出身背景之人区分开来。与更富制度化的特权结合在一起，这一社会优势显然可以成功地转化为显著的政治优势：因为事实上，荐举既带有政治性，又有社会性。在宋代史料中，赏识和荐举的受益者显然并不仅局限于那些已经属于政治精英的后人。晏殊本人出身一毫无政治背景的家庭④，而他本人能够步入仕途，则归功于张知白的推荐，张知白时任安抚使，而晏氏家族的家乡恰

①见柯睿格《宋初文官制度》，第155—189页；对这些条条框框的描述，见罗文《宋代文官制度介绍》，第191—199页。

②杨远《北宋宰辅人物的地理分布》，《香港中文大学中国文化研究所学报》第13卷，第204页，注释81(1982)。

③换言之，曾公亮胞妹嫁给王钦若之子，他们所生之女嫁给陈执中之弟（《宋人轶事汇编》卷7，第275页）。王钦若行状证实了王一陈之间的联姻（《文庄集》卷28《赠太师中书令冀国王公行状》，13）。

④《欧阳修全集》卷22《观文殿大学士行兵部尚书西京留守赠司空兼侍中晏公神道碑铭》称晏殊的父祖三代均未曾仕宦。欧阳修声称晏殊一个更早的祖先是唐朝进士，并卒官江西，但并未提供官品或官衔(第160页)。

在张知白治下。[①] 虽然我们不清楚晏殊最初如何引起张知白的注意，但其他史料透露了几种显然公认的技巧，通过这些方式，有抱负的年轻人——无论先前有无政治关系——可以寻求官场中举主的奥援。

以期成"名"的一个方法是文章传播。[②] 我们了解到孙何与丁谓举进士第，却"未有名"。二人袖文谒见翰林学士王禹偁，王禹偁大力称赞他们的文章，并欣然赠诗，还将他们的文章比作六经。[③] 借助王禹偁的赠诗推崇，孙何、丁谓由是"名大振"。[④] 同样的，宋庠与其弟宋祁向本州知州夏竦献文，夏竦见文十分器重宋庠，不久，兄弟二人登同榜进士。[⑤] 时间更晚的王安石，他所作文章被好友曾布携带给名人欧阳修，欧阳修遂大力播扬王安石的声誉。[⑥] 年轻士人王曾虽然尚未参加进士试，但已经有了一定声望，结果同时被李沆和吕蒙正选中为女婿：王曾最终迎娶李沆之女。[⑦] 以上讨论的北宋后期政坛"新人"也显示了如何创造与官僚举主的关系。何栗兄弟就读州学，他们借此能够与当地官员攀援关系，而李邦彦的银匠父亲通过给进京赶考的举子资助路费为其有抱负的儿子有效地寻求关系。

总之，这些例子表明，与准举主建立关系如同经典背诵，均为应举

[①] 张知白将年幼的晏殊以神童身份推荐给朝廷，晏殊在成功通过皇帝考试后，被直接授官（《宋史》卷311《晏殊传》，第10195页）。

[②] 正如第一章所示，北宋史料中尤其关注名望，而这往往与朝廷有关。贾志扬指出，如同在唐代，北宋初，科举考试录取明确要考虑个人名望。但992年，朝廷修改了这一政策，开始对考生进行糊名。尽管存在朝这个方向的努力，但此处征引的例子显示，在朝廷已经长时间制度化这些措施后，建立声望在仕途前进中仍是一个重要因素。北宋其他一些史料显示，居于都城及其周边地区可能是建立联络和获得声望的一个重要方面（见下文的地理讨论）。另一方面，正如第九章所示，通过传播文章希望赢得官员靠山的一般做法在南宋时仍长兴不衰（《棘闱》，第51页）。

[③] 见包弼德《斯文》中对宋初文章的使用及其重要性的论述。

[④]《宋史》卷283《丁谓传》，第9566页；《涑水记闻》卷2，第22页。虽然并未成为宰相，但如同丁谓，孙何也成为名宦（《宋人传记资料索引》第3册，第1886页）。

[⑤]《华阳集》卷36《宋元宪公庠神道碑》，第464页。宋庠殿试第一名，其弟同榜进士并且也名列前茅。

[⑥]《宋史》卷327《王安石传》，第10541页。

[⑦]《宋人轶事汇编》卷6，第261页。

策略中很重要的一环。但应该指出的是，有用的关系也可能建立在比较偶然的交往中。年轻的冯拯有机会接近赵普，是因为冯拯的父亲是赵普家"内知"。① 北宋末，王黼最初通过与何执中儿子的朋友关系赢得何执中的荐举。② 正如我们在曾公亮和陈执中（曾公亮外甥女婿的兄长）例子中所见，亲戚关系——即便是远房的亲戚——也能成为荐举关系的基础。

同样，对怀揣抱负的官僚而言，虽然谋求名士举主十分常见，而在某些情况下，至关重要的关系在地方层次官僚互动中已经形成了，并且所涉及的举主或靠山本人的政治地位，至少刚开始并不显赫。因此，何执中最初赢得知州曾巩信任时为亳州判官。③ 虞允文的气度给知州沈该留下深刻印象，沈该后来成为参知政事，遂召用虞允文。④ 魏杞任知县时引起钱端礼关注，在钱端礼荐举下，魏杞任太府寺主簿。⑤

举主与被举荐人之间互惠互利，这一事实推动人们努力获得他人的赏识和举荐：正如前引范仲淹的例子，那些声望或权势已经达到一定程度之人似乎很乐意物色并赏识有才华的年轻人。我们看到宰相晏殊本人物色女婿和被荐举之人，此人便获得政治生涯同样出色的好机会。⑥ 因为双赢的关系，想必荐举对于举主的吸引力，与对被荐举之人的吸引力不相上下。成功的被荐举者可能某天身居某位，报答施加

---

① 《宋人轶事汇编》卷5，第223页。《宋史》对这层关系给了一个更传统的解释，只描述了年轻的冯拯正式拜访赵普（赵普由此断定冯拯将来必为高官）(《宋史》卷285《冯拯传》，第9608页)。

② 《宋史》卷470《王黼传》，第13681页。

③ 《宋史》卷351《何执中传》，第11101页。

④ 《宋人轶事汇编》卷17，第909页。

⑤ 《宋史》卷385《魏杞传》，第11831—11832页。

⑥ 通过同一则轶事在略有差异的版本中可以看得更清楚，《官僚与士绅》，第83页（对这则轶事进行了英译），引用了范仲淹预测富、张二人将来必定成为高官——实际上，韩明士也从故事中得出这一点。但这个故事的另一个版本则完全省略了范仲淹的角色，声称晏殊相中富弼为女婿是听信了一个相士的建议（《宋人轶事汇编》卷7，第293页）。但即便这个版本，也是基于宰相物色有才华女婿的观念。

其身的恩惠，反过来成为其举主后人或所托付之人的举主。[1] 并且恰如范仲淹例子所示，被荐举人的成功成全了举主的美名：在宋代，慧眼识英的技艺非常令人钦佩。[2]

当然，在此之前，即在本书开篇故事中我们已经看到蛛丝马迹。那些故事中的部分情形是上层人士——王旦与何恢的弟弟何恪——他们能够避开那些更容易受到物质条件干扰而动摇的其他人的眼睛，从而慧眼识英。但这种技艺的领悟与实践并非仅限于已经久经官场的官僚。关于几位宰相早年经历的轶事显示，普通人也对识别有潜力的被举者（在其他一些例子中他们往往成为女婿）抱有浓厚兴趣。

例如，在一则很简单的轶事中，我们了解到19岁的张商英已经通过发解试，赶奔京城（可能去参加下一级考试）。途中路过向氏，向氏前一天梦见一神祇告诉他："接相公。"向氏遂以女嫁张商英。[3]

出身寒微的谢深甫（其父母靠受雇为人舂米谋生）的故事更加详尽。有人雇佣谢深甫教授其子，一天晚上，宾主二人对饮。夜半，谢深甫口渴却找不到水，看到庭院中有棵梨树果实刚熟，谢深甫便登树吃梨解渴，不料被一群吠犬包围，谢深甫不敢下树。此时主人梦见一条黑龙蟠树上，被犬吠声吵醒，他开门看见一个黑影在树上。当发现梦中的"龙"是谢深甫时，主人十分惊奇，于是把女儿许配给谢深甫。[4]

第三则轶事是关于陈宜中的父亲曾经因为欠官府钱而身陷囹圄。无奈之下，年幼的陈宜中被派去找当地富有的葛宣义寻求借贷。[5] 葛宣义夜梦一条黑龙绕其家厅柱，醒来后他觉得很奇异。旋即陈宜中到

[1] 此类联姻必定更具吸引力，因为虽然高官的后人们享有巨大的优势，人们却不能由此指望他的子孙们仕途成功。
[2] 因此，《宋史》通常列举某人成功的荐举，作为他本人颖悟的证据。关于这一点，亦见柯睿格《宋初文官制度》，第138—139页。
[3]《宋人轶事汇编》卷14，第738页。
[4] 谢深甫墓志指出，在1166年中进士前，谢深甫以地方士人教授临海。墓志除了提及他分别娶了林姓两姐妹外，并未叙说他的婚姻情况或姻亲（《东山志》卷17，5b—13）。
[5] 此人不见于其他史料，《宋人传记资料索引》中也没有收录此人。

来，在确定陈宜中来此的目的后，葛宣义如数给了陈宜中所需的百千钱，①陈宜中的父亲因此得以获释。当陈宜中的父亲来表示感谢时，葛宣义问他是否愿意为其长子（陈宜中）聘娶自己的长女。震惊的陈父坚辞不可，但葛宣义最终达成所愿。于是葛宣义送陈宜中就学，并后来将女儿许配给他。②

比起主题本身受人青睐，这些轶事是否完全真实就不太重要了（而且十分蹊跷的是该主题一再重复）。"寒士—伯乐"的主题及其所反映的社会行为对人们如此具有吸引力，这很有可能源自宋代仕途通达的不确定性。

杜希德（Denis Twitchett）已经注意到不同类型的荐举关系，包括在唐末出现的"在官场中作为一种选官方法的个人推荐"，回应了这一时期常年的兵戈扰攘和权威坍塌。③虽然宋代政府重建秩序与权威，却无助于解决经济和人口快速增长以及随之而来的社会转型带来的不稳定影响。金榜题名总是难以预测，宋代大部分时间内财富持续积累和教育不断发展意味着越来越多的人争相入仕。而我们确实看到一些相对弱势之人成功。这样的例子虽然并非频繁出现，但足以维持神话的存在。同时，正如下文所见，即便是享有极大优势的已经立足的家庭，也不能保证他们的后人能够兴旺发达。在这变幻莫测的环境下，将荐举延伸到有才华的寒士似乎是合情合理之举。

当然，具有讽刺意味的是，如果荐举行为来自成功不确定性的刺激，同样的行为却加速了这种不确定性：因为虽然一方面，得到有力的举主有助于高官家庭维持他们的地位，但另一方面，荐举似乎更容易

---

①如同其他史料，这条史料有明确的钱数，却并未提及货币单位（如文、吊、两等）。此处及本书其他地方，我均使用原始史料并简单说明数额，而并未强加一任意货币单位。

②《宋人轶事汇编》卷19，第1037页。这则轶事接着叙述葛宣义的长女如何被匪寇掳走（因此作为替代，陈宜中娶了她的妹妹），然后通过一系列机缘巧合，姐姐最终获救。

③见杜希德主编《剑桥中国史》（剑桥：剑桥大学出版社，1979）第3卷《隋唐五代》第1部分"导言"，第27—28页。

使那些没有显赫出身背景之人至少有时也能取得成功。因为掌权之人急于识别新人才，并且因为通过正式或非正式的方法，无名之辈可以寻求认同，所以并非出身官宦之家的地方精英家庭的年轻人可能希望给地方官留下印象，抑或成为这些官员儿子们的朋友，又或是找到一个有钱有势的岳父。低级官员可能希望在他们上司中找到富有同情心的举主和靠山，并且其中一员未来的飞黄腾达对其同僚的一张大关系网而言意味着新的优势。尽管高官子弟凭借特权，在进入政治网络上总是拥有特殊的优势，但荐举形成的关系网也为那些努力加入政治精英的人开启了一个至关重要的入口。因此，虽然政治精英在某些方面高居于宋代社会其他人之上，但出于诸多原因（其中包括荐举行为），它并非一个剥离的社会阶级。政治等级在地位衡量中非常重要，但荐举意味着才华、学识和人格，甚至神龙的出现也被考虑在内。如同科举制，荐举有助于整合宋代官僚以及周围的社会。

第三章　权力维系：宰相的后人

迄今为止的研究表明，宋代政治地位与社会地位盘根错节，并且二者也极具流动性。那么，这种情形如何影响宰相们将权力和地位传递给他们子孙后代的能力？

诚然，本书第二章开篇提供的统计数据显示，许多宰相家庭非常成功地使子孙数代成为高官。正如我们所见，这一现象在 11 世纪后半叶尤其突出。当时，参知政事韩亿的两个儿子韩绛、韩缜成为宰相，吕夷简之子吕公著、参知政事范仲淹之子范纯仁、韩琦之子韩忠彦亦是宰相。但这一现象并不仅限于北宋：南宋时史弥远既是宰相史浩之子，同时又是宰相史嵩之的叔父；宰相钱象祖是参知政事钱端礼的孙子；宰相赵葵则是一位从二品高官之子。

或许，对于一些高官家庭长盛不衰最有力的证明，是他们能够平安度过宋朝痛入骨髓的政治创伤——残酷的党争和北宋灭亡的能力。在开始讨论宰相家庭如何延续他们的权力这个更普遍的问题之前，这两种现象的影响值得考虑。

党争与北宋灭亡

宋代由于朋党政治而臭名昭著：几位宰相声名狼藉地致仕，不止一位宰相死于令人羞辱的流放，并且至少一位宰相被保留颜面地下令自裁。在极少数情况下，这些灾难对宰相后人的影响至少在短期内是严重的。臭名昭著的蔡京（终年80岁）死于1126年的流放途中；在其当权时曾担任高官的两个儿子伏诛；三儿子死于流放；根据《宋史》记载，其余子孙"分徙远恶郡"。[1] 当蔡确失势时，至少一个同样担任高官的儿子被流放，[2]韩侂胄被诛后，他的养子亦被流放。[3]

这些例子自然引人注目，但进一步考察可以发现，党争对于宰相家庭的长期影响极为有限。[4] 为何会出现这种情况，有几方面原因。首先，朋党的构成具有高度流动性和易变性，随着党争议题改变，个人从党争一方转到另一方，这意味着党争的政治结果与预期并非完全契合。吕公著曾经是王安石的好友，后来却变成了王安石言辞最激烈的反对者。[5] 而另一位吕氏后人吕嘉问却一直对王安石忠心耿耿（吕嘉问的族人因此严辞批评他）；但讽刺的是，在绍圣绍述之际，吕嘉问因为曾经荐举过保守派邹浩而遭贬官。[6] 同样的，王安石变法同道吴充之子（吴安持——译者注）在元祐更化时官升至从三品，后来与那些被变法派贬斥之人一并被划入"元祐党人"。[7] 所有这些例子揭示，朋党既能超越家族脉络，也能沿着家族脉络发展，所以当家族中一些人失势时，其他人却可能春风得意。因此，韩绛之弟韩维与保守派有瓜葛，被划入"元祐党人"，但韩绛不受牵连。[8] 最重要的是，党争的影响通常是暂时的。被排挤出官场时，失势的官员一般能退居乡野，等待更有利的政治环境东山再起。当吕公著之子吕希哲和孙子吕好问作为元

---

① 《宋史》卷472《蔡京传》，第13728页。这条史料也解释了蔡京的一个儿子由于尚帝姬而免于窜逐。

② 《宋史》卷471《蔡确传》，第13701页。

③ 《宋史》卷474《韩侂胄传》，第13778页。

④ 党争对吕夷简后人影响的更详细研究，见柏文莉，第113—116页。

⑤ 《宋史》卷336《吕公著传》，第10777页。

⑥ 《宋史》卷355《吕嘉问传》，第11189页。

⑦ 《宋元学案》卷96《元祐党案·待制吴先生安持》，第3170页。

⑧ 《金石萃编》卷144《元祐党籍碑》，16。

祐党人被贬官，他们只不过离开都城开封，择居安徽北部宿州，并在那里生活了7年后才回到河南老家。[1] 即便作为政治惩罚的流放，通常被证明只是暂时性的，而非永久性的。

因此，党争对宰相后人命运的直接影响虽然严重，但通常只是暂时的。从作为整体的宋代社会角度来看，党争造成的间接影响可能更深远：正如前文所示，12世纪初，有权势的朝廷高官之家暂时丢官罢职，可能使"新兴"家庭更容易在官场获得立足点。反之，从北宋后期开始一直持续到南宋的党争可能导致人们对政治厌倦，使一些追求仕宦之人心灰意冷，[2]并且党争仍然继续成为南宋政治与士人生活的一个核心要素[3]。尽管如此，势不两立的北宋党争双方领袖的后人在南宋官场依然很活跃。12世纪中叶，吕公著政敌王安石的曾孙以正六品官致仕。[4] 1135年，王安石的好友兼姻亲吴充的侄孙（吴育孙吴俦——译者注）被赠官，并官其家一人。[5] 吕公著保守同僚司马光的后人也在12世纪被召回朝廷任职。[6] 同样，宰相曾布及其兄弟曾巩、曾肇（他们均活跃在党争最残酷时期）的后人在朝廷任职，13世纪时还有人偶尔官居高位。[7] 甚至蔡京的孙子，尽管其祖父下场可耻，12世纪中叶，他却在江西一直过着上流生活，他的女儿们嫁与官员——其中

---

① 《东莱吕太史文集》卷14《东莱公家传》，2。他们避居宿州，临近寿州，而至少从吕夷简祖父起，吕氏家族已经居于寿州（《宋史》卷311《吕夷简传》，第10206页）。这种行为模式也表明，即便是高级官员，也不完全依赖仕宦支撑。

② 郝若贝与韩明士发起了这个讨论（郝若贝文，第405—420页；《官僚与士绅》，第115—123页）。

③ 宁爱莲的研究成果清晰地展示了党争在南宋的持续重要性，叙述了南宋士人不断努力将王安石从太庙中清除出去。宁爱莲：《皇家献祭与党争：以王安石为例》，发表于亚洲研究学会年会，1994年3月25日。《进入太庙：宋代的正统塑造》，收入托马斯·A.威尔逊（Thomas A. Wilson）主编的即将出版的关于太庙文化的论文集中。

④ 《嵩山集》卷54《王少卿墓志铭》，1。关于王安石兄弟其他南宋后人（均为官员）的讨论见《夷坚志》支庚卷3《王衍之》，第1153页；同书支庚卷10《韩世旺弓矢》，第1215页。

⑤ 《宋人传记资料索引》第2册，第1127页；《宋元学案》卷96《元祐党案·承议吴先生俦》，第3184页。

⑥ 《宋人传记资料索引》第1册，第442、443、447页。

⑦ 《宋人传记资料索引》第4册，第2796、2800、2801、2806页。

甚至有一位宰相的族人![1]　总之,饱经朋党政治变幻无常人们的后人,与那些在风平浪静时代辅政之人的后人相比,情况似乎不好也不坏。

最终,宰相后人的长期命运在朝廷政治动荡中遭受的痛苦,似乎小于北宋灭亡引发的破坏与兵戈扰攘所造成的痛苦。北方女真人的入侵令人痛彻骨髓,许多宰相后人死于战争。即便是最幸运之人,费尽千辛万苦在南方重新过上安逸的生活,也要饱受颠沛流离之苦。

就宰相家族而言,女真人入侵给那些在北方州县任职的后人造成重大伤亡。金军入侵淮宁,向敏中的玄孙(向子韶——译者注)知州事。他率众城守,城陷,他和诸子被金军俘杀,他这一脉几乎被灭绝。[2]王安石的孙子(王棣——译者注)知开德府,城陷,死于乱军之中。[3] 韩忠彦的儿子[4]、曾布的孙子和侄孙均遭遇同样的下场[5]。金兵为迫使吕端曾孙知袭庆府吕由诚投降,便当面杀死他的一个儿子,但吕由诚拒绝投降,于是吕由诚和他另外一个儿子以及全家四十余口全部被金兵杀害。[6]

尽管惨遭屠戮——无疑有时家族整支被消灭,但许多宰相家族规模足够庞大,而且族人散居各地,使得一些后人能够避免不幸。[7] 向子

---

[1]《文忠集》卷31《蔡子亨墓志铭》,3—5。这位蔡京后人的墓志铭显示,他一度有官职,但不清楚是否在他去世的时候仍然为官。墓志铭标题没有官称,这表明他可能已经被剥夺了官职。尽管如此,他的一个女儿嫁给了宰相周必大的堂兄,其余的女儿也嫁给了官员。与周必大家族的婚姻缔结于周必大成为宰相之前(墓志撰写于1165年,而周必大1187年才任右丞相)。虽然蔡京失势,但其后人的婚姻仍然不受影响。墓志记载婚姻缔结于绍兴年间,即1131年之后。

[2]《龟山集》卷35《忠毅向公墓志铭》,6—16;《张南轩先生文集》卷39《通直郎致仕向君墓表》,10—10b。

[3]《宋人传记资料索引》第1册,第180页。

[4]《宋史》卷448《韩浩传》,第13208页。

[5]《宋史》卷448《曾志传》,第13199页。

[6]《宋史》卷448《吕由诚传》,第13205页。

[7]事实上,那些殉命者为后人所知,只是因为他们幸存的亲属后来上书朝廷旌表他们的壮行。奇怪的是,少数几个北宋宰相家族在北宋灭亡时恰好衰败。当然,在这之前,许多家族已经在史料中难觅踪迹。但那些在北宋末年依然见诸史料的家族,大多数再度出现在南宋史料中。例外的是北宋末年少数几位宰相的家族,他们的史料通常极度匮乏。虽然已知这些宰相中的许多人随着南北宋交替而殉命,但他们的后人是否随着他们一并消亡情况不详。

韶的儿子(向沈——译者注)能够幸免于难,是因为当金兵围攻淮宁时,他恰巧正与其岳父一家生活在南方。[①] 吕由诚的孙子(吕绍清——译者注)成功逃到四川,确保其祖父因誓不降敌而接受朝廷封赠。[②] 郑居中之子(郑亿年——译者注)则兵行险着(有潜在风险),屈膝降金并接受了金朝的官职而苟活,他后来又重新加入南宋政府。[③]

对那些逃往南方之人而言,他们的生活境遇各不相同。北宋灭亡后,几位劫后幸存的宰辅后人的传世墓志让我们能管窥他们所遭遇的磨难。

出生于 1100 年的吕公著的曾孙女 18 岁时嫁给了吴越国王的后人、大名鼎鼎的钱氏家族成员钱受之[④],当灾难降临时,吕氏还是一位年轻贵妇。自从 1126 年战争开始,随着形势日益严峻,吕氏与其全家逃往南方。他们渡汉沔时,那里经常有溃兵停下来袭击富有的难民,抢劫他们的财物。当她突然遭遇寡廉鲜耻的溃兵,吕氏担心自己贞节受损,于是她跳入河中试图自杀,以此表示捍卫自己贞节的决心。见吕氏誓死不从,溃兵们十分惊讶,便纷纷散去。吕氏的行为不仅救了他们自己,也让邻舟之人幸免于难。据说临船极力去搭救她。

遭此不幸,吕氏与丈夫继续艰难跋涉,最后到达袁州(今江西西部宜春)。但或许因为缺乏关系抑或胸无大志,她的丈夫不能自振。据吕氏墓志撰者记载,钱受之流落下位,在返回家乡前,他曾一度担任枢密院计议官(正八品),但不到一年便被罢免。此后钱受之闲居十年,"生理日落"。吕氏墓志撰者称赞她"躬服俭勤,经纪家事,无不自得之色"。墓志撰者亦指出,1148 年吕氏去世时,她 3 个儿子中的一个已经官从九品,但关于她后人的进一步情况则不详。

参知政事韩缜曾孙韩黩的墓志撰者并未直言韩黩在战争年代的

①《张南轩先生文集》卷 39《通直郎致仕向君墓表》,10b。

②《宋史》卷 448《吕由诚传》,第 13205 页。

③《宋人传记资料索引》第 5 册,第 3711 页。

④《文定集》卷 23《枢密院计议钱君嫔夫人吕氏墓志铭》,第 285—287 页。

经历:可能因为当开封陷落时韩黯正在南方待阙。① 虽然他担任了一系列县级差遣,去世时为七品官,但韩氏这一支显然在南方并不兴旺。韩黯去世时,多亏了一位朋友考虑到韩黯唯一在世的儿子年纪尚幼,无法返回北方的祖茔,便购置了墓地,将韩黯葬于番禺县(今广东广州)。② 虽然墓志铭提到韩黯的犹子被派去取灵柩,但其他族人似乎不愿意或者无力对韩黯父子的困境施以援手。

其他一些韩氏族人可能有能力施以援手。另一位韩氏后人妻子(李氏)的墓志显示,一些北宋官员的后人能够在新环境下兴旺发达。李氏本人便是开封一知名家族的后人③,她最初嫁给正七品官钱端义④。钱端义去世时,撇下一个年幼的女儿,李氏便返回娘家。材料显示,在12世纪20年代末逃难时,李氏家族骨肉分离。李氏辗转寄居于泗州(安徽东北)佛寺,上香祈祷死之前能与父母再次相见。不久,她得到了家中的消息。此后,李家明显进一步南迁。李氏父亲去世后葬于南安州(江西最南端),直到后来他的女儿成为韩球(参知政事韩亿后人)的继室⑤,他才被改葬于临川。同时,李氏的母亲也被接到韩球家中由女儿照料。

李家到达南方,财产损失不多,因为据说李氏使用"其积与已资送之具"(可能是她的嫁妆)在临川(今江西中东部抚州)购置良田,修建

①除了名字,韩黯父祖已知的全部情况是其祖父为从四品官,其父为正六品官。

②《盘洲文集》卷75《韩承议墓志铭》,第2页。

③《南涧甲乙稿》卷22《太恭人李氏墓志铭》,第460—462页。(据《太恭人李氏墓志铭》所记,李氏七世祖为北宋开国元勋李崇矩,高祖李遵勉尚公主,曾祖任节度使观察留后,祖父为节度使。——译者注)

④钱端义很可能是后来成为参知政事兼权知枢密院事的钱端礼的兄弟或族兄弟,见《挥麈前录》卷2,第21页。王明清指出,只有身为宋仁宗女儿的钱端礼祖母的后人,名连"端"字,其他的钱氏各支,同辈分的连"之"字。前述吕氏的丈夫钱受之,显然是钱氏其他支的一员。

⑤韩球后人的详情不得而知,但墓志撰者韩亿5代孙韩元吉称韩球是族人,并且他与宰相韩缜、韩绛(韩亿之子)的孙子采用同一字辈命名。韩球也出现在洪迈《夷坚志》一则轶事中(甲志卷16《蒲大韶墨》,第142页),轶事中韩球下令制造大量的好墨。洪迈称韩球为夔帅;李氏墓志铭指其丈夫"自夔易帅",所以这两条史料很可能所指是同一人。

房屋，作为寓居之所。① 在她的操持下，韩家显然再次兴旺。据记载，她的丈夫能够"一意官事"（官从六品或从五品）。婚后不久，韩球去世，李氏将其灵柩运到北面的信州（今江西东北上饶），韩球的母亲就葬在那里。李氏叹曰："吾家在远，不得朝夕此也！"于是"即墓所筑室庐，以为僧居，买田数十亩给之"。1177 年，李氏去世，她的两个儿子均为官（从八品、从九品），所有女儿（包括她与钱端义所生之女）均嫁与官员，其子女将她祔于韩球墓穴。②

宰相钱象祖的祖先作了同样成功的转型。钱氏家族是五代吴越皇室。随着宋朝的崛起，钱氏小心翼翼地臣服于北宋开国之君宋太祖，后来他们被集体从其老家钱塘（今杭州南）迁至北宋都城开封。许多钱氏后人在北宋朝廷很活跃，他们与高门望族通婚，同时也与皇族联姻。虽然钱氏家族中不止一支在南宋幸存下来，但我们了解最多的是钱景臻一支，他是吴越末代国王钱俶众多曾孙中的一个。③ 钱景臻娶宋仁宗第十个女儿，大约在 1064 年以后。当金兵 1127 年初大肆抓捕赵宋皇室宗亲时，他们并未意识到钱景臻的妻子是皇亲，因此她能够留在开封。宋高宗即位后，她举家南逃。关于其家逃亡的细节记载不多，《宋史》只透露途中她的中子为盗贼所杀。其家在行在扬州（今江苏扬州）短暂停留，又被迫继续逃亡至福建。在扬州时，她朝谒了宋高宗。1133 年，其家移居会稽，她和朝廷重新建立了联系，但全家最终徙居台州（今临海，靠近浙江沿海）。④

钱忱是钱景臻在世的 3 个儿子中的长子，也是公主唯一所生之子。公主动用了大部分皇室关系，就是为了确保了儿子钱忱的特权与升迁。虽然在此之前，宋高宗责备公主偏心，但通过她的经营，钱忱最

---

①根据墓志铭撰者记载，李氏把这笔资财带来的地租收入交给丈夫，令他大吃一惊。
②《南涧甲乙稿》卷 22《太恭人李氏墓志铭》，第 462 页。
③关于钱景臻，见《宋人传记资料索引》第 5 册，第 4084 页。
④《宋史》卷 248《秦鲁国贤穆明懿大长公主传》，第 8777 页。

终还是被授予从一品官(开府仪同三司——译者注)。① 钱忱之子钱端礼(1109—1177)同样受益于祖母的关系：两岁时，钱端礼便以祖母荫授官。逮其致仕，钱端礼屡任高官，包括参知政事兼权知枢密院事。② 而13世纪初入仕的宰相钱象祖则是钱端礼之孙。③ 北宋灭亡无疑给大多数宰相家庭造成创伤，并且对其中一些人而言可能是毁灭性打击，但更大数量的家庭，或者至少是一些后人——能够平安转型并在新家持续兴旺，他们在南宋不断入仕便是明证。

简言之，从他们饱经党争之痛和北宋灭亡的风雨仍然屹立不倒的能力来看，宰相家庭在历经岁月延续其自身方面相当成功。当然，韩�和吕氏丈夫钱受之的情况提醒我们，并非所有宰相后人的境遇都一般无二。要了解个中原因，我们需要更细致地审视决定权力和地位如何维持的因素。④

地位延续

正如第二章所示，高官家庭地位延续最重要的制度性因素之一是恩荫。恩荫保证了宰相的直系后人入官：事实上，宰相诸子常常还是孩提时便已被授官。⑤ 如果某位宰相去世时其子孙尚无官，这会被人们评头论足。⑥ 但恩荫带给官宦之后在官场竞争中巨大优势的同时，

---

① 《宋史》卷 248《秦鲁国贤穆明懿大长公主传》，第 8777 页。
② 《攻媿集》卷 92《观文殿学士钱公行状》，第 1257—1275 页。
③ 钱象祖父亲的名字出现在钱端礼行状中，这是他已知的全部情况。
④ 此处需要注意的是，我们对于宋代宰相后人情形的估计是基于那些后人一鳞半爪的样例之上：大多数宰相的多数后人的生活情况不详。详细描述见柏文莉《权势和权力关系》，第 102—103 页。
⑤ 有关宰相后人通过恩荫入仕的例子不胜枚举，其中一个例子可参看范纯仁诸子的传记(《范忠宣集》补编，36b—41b)。宰相后人幼年便已被授官的例子如南宋宰相赵葵之子赵淇，他 7 岁时便以郊恩初次补官(《道园学古录》卷 13《赵文惠公神道碑》，7)。戴仁柱指出，史弥远 10 岁时初次授官(《丞相世家》，第 82 页)。罗文注意到高官的孩子甚至在襁褓中便享受恩荫(第 114 页)。
⑥ 相关例子见万俟卨墓志(《鸿庆居士集》卷 36《宋故特进观文殿大学士河南郡开国公 (转下页)

那些优势也有若干局限,并且会随着时间推移严重缩水。宰相诸子以及孙辈们一般可以指望获得一定级别的官,并享受到随之而来的相当多的特权,但这并不总能庇护他们的仕途,更遑论显达。加诸宰相后人头上之官有时仅为选人,并且在注官前,他们需要通过铨试并且符合年龄规定。[①] 即便是被直接注官,也总是些低级官职,而且迁转还要遵从申请、磨勘、荐举的正常程序。[②] 可以肯定,宰相后人在这些过程中同样具有优势,并且无论在南北宋,宰相之子官居中层或高层并非罕见;当然他们中相当大一部分人终其一生则沉迹于官僚下层。[③]

若干宰相之子刻意选择了不求仕进。据记载,张齐贤的儿子"畏羁束,故多居田里"。[④] 张士逊的三儿子"杜门不治家事",学习书法,个中缘由不详。[⑤] 即便他们谋求仕进,宰相之子很少能有比肩其父的政治成就,大多数时候甚至判若云泥。故而,宰相诸子可以延伸至后代的恩荫权被极大压缩了。因此,即便有时非常缓慢,宰相后人通常遵循政治品级逐渐降低的一般过程。

例子之一是吕昌辰,他是吕蒙正 25 个孙子中唯一一个生平见于传世史料中的人。吕昌辰的墓志铭称,他能够入仕是靠了世父(很可能是吕夷简)的恩荫——并担任了一系列县职。[⑥] 虽然墓志铭撰者描述吕昌辰生长"贵家",却也指出昌辰家(换言之,吕昌辰作为成年人所

(接上页)致仕赠少师万俟公墓志铭》,1)。在这个例子中,墓主被赞扬"任子恩,先兄弟之子"。从长远看,墓主本人的诸子并未被置之不理:万俟卨死后,宋高宗一次官其子孙十二人。

①罗文,第 105 页,第 72 页,表 6。"选人"的英文"preservice"一词是罗文所造。

②宋代官僚升迁程序的充分讨论见罗文,第 115—140 页。

③宰相陈尧佐孙子的墓志铭证实其父(陈尧佐之子)官不过从八品(《范太史集》卷 38《朝奉郎陈君墓志铭》,7—9b)。同样,梁适的儿子大部分时间担任州县级职务,并在赴任知博州前去世(《苏魏公文集》卷 58《屯田郎中知博州梁君墓志铭》,19—24b)。富弼儿子的墓志铭显示他任从八品官(《范太史集》卷 38《供备库副使富君墓志铭》,10b)。范纯仁之子范正民去世时为从八品官(虽然他英年早逝)(《范忠宣集》补编《宋单州推官子政公传》,36—37b)。黄潜善之子主要担任州县官,死时为州通判(《卢溪文集》卷 42《故右朝奉郎通判筠州黄公墓志铭》,5b—6b)。例子不胜枚举。

④《宋史》卷 265《张齐贤传》,第 9158 页。(据《宋史·张齐贤传》,此子为张宗礼。——译者按)

⑤《宋史》卷 311《张士逊传》,第 10219 页。

⑥《忠肃集》卷 13《清海军推官吕君墓志铭》,第 188—189 页。

当之家)"极贫"，并且他去世后，诸子以至于无钱将其入殓。吕昌辰在世的 3 个儿子中，长子为知县，另外两个儿子是进士，因此吕氏家族这一支维持了宦业。但即便贫困的说法比较夸张——吕昌辰的地位也无法比肩其父亲(吕务简，曾任国子博士、水部员外郎——译者按)，更遑论与其族人吕夷简相提并论。

宋朝开国皇帝赵匡胤的开国宰相之一、960 至 964 年间辅政的范质的后人遭遇了同样的没落。这个家族尽管有着显赫的开始，但鲜有资料提及他们的生存状况。《宋史·范质传》提到范质的儿子范旻(936—981)一度官正四品，却因一桩案件而被贬官，以从九品官致仕。[①] 同一史料中提到范质孙子范贻孙官至正七品。有资料显示，范质另外一个后人范令孙官至正七品。[②] 据记载，虽然范令孙登进士第，年过三十便为朝官，但他倦怠了仕宦生活，求归田里。[③] 现存史料中只记载了一位更疏远的范质后人，范令孙的曾孙范世德。根据范世德墓志铭记载，范世德祖父范禧(范令孙之子)被赠予品位相对较高的环卫官，父范绥之为正七品官。[④] 据记载，范世德本人无出仕之志向，故"益自力学，于平居淡泊"，"室宇萧然，被服若儒者"。除了研习诗文，范世德活跃于宋代下层官僚[⑤]，在迎娶了宗室女后，凭借妻子的关系，范世德被授予低级官品(从九品)。1098 年，31 岁的范世德去世，其仕途戛然而止，种种迹象显示，即便他并未英年早逝，其未来在仕途上无论如何都不会飞黄腾达。

南宋史料中缺乏关于宰相家庭的记载，意味着这一时期可提供的细节更少，但政治没落的相同情形似乎很普遍。张浚的两个儿子均是

---

①《宋史》卷 249《范质传》，第 8796—8797 页。

②范令孙是否为范贻孙兄弟或堂兄弟待考，仅通过其女儿的墓志铭(墓志铭声称范质是其曾祖父)，范令孙被确认为范质的后人。《彭城集》卷 39《乐安郡君范氏墓志铭》，第 512—513 页。(墓主是范令孙之女，韩绛之妻。)

③《彭城集》卷 39《乐安郡君范氏墓志铭》，第 512 页。

④《竹隐畸士集》卷 18《范彦武墓志铭》，7—10b(范世德墓志铭)。

⑤他的墓志铭撰者提到范世德为吏的活动。

高官，但仅一个孙子（张忠恕——译者注）有墓志铭传世。[1] 根据此人的墓志铭记载[2]，他以祖父张浚荫入仕，官正八品，后不知何故被罢知赣州。数年后，此人官复原职，但很快便致仕。1230年去世时，他的独子（张浚曾孙）官从八品。情况类似，虽然我们对王淮8个儿子的情况所知甚少，但对他13个或更多个孙子的情况则几乎一无所知，[3]一方元代后人（1272—1336）的墓志铭显示，墓主的曾祖父（王淮之子）官从四品，祖父（王淮之孙）官正四品/从五品，父亲是正七品/从八品的地方官，墓主任地方官并以正八品官致仕。[4]

最后，宰相后人的史料中偶尔提及沦落至庶民身份甚或更糟糕的情形。南宋初年，在回应金国使臣疑问时，南宋朝廷才愤懑地发现司马光的后人无力在官场立足。[5] 同样的，王伦（宰相王旦之弟的玄孙）年轻时为一介草民——虽然此身份并不妨碍他向宋钦宗献策，并最终成为朝廷高官。[6] 一个半世纪后，宰相陈俊卿曾孙布衣陈瓒同样上书宋恭帝，献攻守之策。[7] 更不幸的命运似乎降临到寇准后人身上：南宋初，向敏中玄孙向子諲赏识年轻士子陈序，便将自己的爱妾寇氏——

---

① 张浚长子张栻去世时"无壮子"。据《宋史》记载，张栻弟张构有两个儿子张忠纯、张忠恕（《宋史》卷361《张浚传》，第11313页）。除了在宰相京镗墓志铭中作为女婿出现外，张忠纯的情况不详（《诚斋集》卷123《宋故太保太观文左丞相魏国公赠太师谥文忠京公墓志铭》，32）。

② 《鹤山集》卷77《直宝章阁提举冲佑观张公墓志铭》，1—10。

③ 王淮行状提供了这些人的名衔（《攻媿集》卷87《少师观文殿大学士鲁国公致仕赠太师王公行状》，第1177—1189页）。5个在世的儿子分别任从五品/从六品、正七品、从六品、从五品/六品和正九品官。6个孙子为低级官吏（八品或九品），其余7个孙子尚未为官。见第五章王氏家族的个案研究。

④ 《黄文献公集》卷9下《承务郎松江府判官致仕王公墓志铭》，第429—431页。

⑤ 《宋元学案补遗》卷8《涑水学案》，94。尴尬的南宋朝廷连忙着手纠正，寻找到司马光的后人（实际上是司马光兄弟的后人）并授官。亦见《宋会要辑稿》职官77之82，第4159页/2—3。

⑥ 据记载，王伦年轻时浪迹都城开封与洛阳之间，以侠自任，寻访贤师，甚至一度打算入山隐居学道。他向宋钦宗献策，为其赢得了官职，并且随着金兵开始进犯都城，王伦利用各个机会展现自己的才能，最终成为朝廷高官。见《攻媿集》卷95《签书枢密院事赠资政殿大学士谥节愍王公神道碑》，第1314—1319页。

⑦ 陈瓒起上攻守之策不报，他竭尽家财赡军，最终他也谋得一官（《宋人传记资料索引》第3册，第2534页）。

寇准唯一在世的后人嫁与他为妻。向子諲后来上书宋高宗，称陈序新娶妻子的祖先寇准有功于国家社稷，他年轻的朋友应该被授官。[①]

　　简言之，限于篇幅，此处无法巨细无遗地逐一列举史料，但可以肯定，实际上所有宰相家族中大部分支呈现了政治上日趋没落的趋势（有时候甚至沦为布衣）。事实上，仅是人口膨胀便会导致这种情况：即便（正如所强调的，事实上并非如此）所有的高级职位都为他们而准备，宰相家族后人数量也庞大到超出了可提供的少数高级职位的承受力。

　　如果要挑战大多数宰相后人政治地位日趋没落的稳固形象，我们可以找到几个政治成就杰出的例子。在某些情况下，某一支经过一两代，甚或是三四代，政治上日趋没落，然后突然出现另一个显赫的官员（这些人不一定是宰相的儿子）。虽然北宋宰相晏殊所有可考的后人均混迹于中下层官僚，但在南宋初，他的曾孙能够跻身从三品官。[②] 12 世纪 50 年代，刘沆的后人官升至从四品。[③] 13 世纪 60 年代，李邦彦的曾孙（李曾伯——译者注）官从三品。[④] 其他人更加出色：富弼的孙子（富直柔——译者注）在宋高宗朝曾任同知枢密院事，何执中的曾孙（何澹——译者注）在宋宁宗时官至二品。[⑤] 南宋初，韩琦曾孙（韩忠彦之孙）韩肖胄为签书枢密院事，另一位曾孙韩侂胄在 13 世纪初任平章军国事。如果旁系族亲——如宰相兄弟或堂兄弟的后人也

---

①《挥麈录·余话》卷 2，第 313—314 页。轶事中，用其字伯恭指代向子諲。王明清指出，这个故事他是听自向止叔，但我猜测可能是向士叔的误印，向士叔是向子諲的孙子（《文定集》卷 21《徽猷阁直学右大中大夫向公墓志铭》，第 257—262 页）。

②见《宋人传记资料索引》第 3 册，第 1961 页，"晏敦复"条。

③《宋人传记资料索引》第 5 册，第 3891 页。

④《宋人传记资料索引》第 2 册，第 1033 页。我怀疑他可能是一远房后人。

⑤关于富直柔，见《宋人传记资料索引》第 4 册，第 2791 页。关于何澹，见《宋史》卷 394《何澹传》，第 12024—12026 页——虽然这条史料并未明言何澹与其曾祖父何执中的亲属关系。这层关系只是通过现存的一方何执中孙子何德扬的神道碑（来自其家乡的金石汇编）才得以证实。《续括苍金石志》卷 1《郑国公何德扬神道残碑》，11b。

被考虑在内,这一现象无疑变得更为普遍。[①] 简言之,当宰相一脉的大部分支遵循了政治地位日趋没落的趋势,总会有一位特别有才华或幸运的后人可能阻止甚或暂时扭转家族中他这一支的没落。

要理解这些相互矛盾的趋势对于宰相家族整体寿命的影响,我们必须解决两个相关问题。首先,政治衰败对于那些没落之人的社会地位和生活方式有何影响?其次,一个数代以后后人的成功多大程度上影响其他人的命运?这些问题的答案很大程度上取决于宰相家族内部与相互之间亲属关系的本质。

家族、身份地位与地理因素

如果我们想要了解宰相家族如何构成,何为宗族的界限,从审视宰相和他们所出身家族的关系入手合情合理。从上古时代起,父系族人间的骨肉相连一直是中国社会核心价值观,但北宋人对这种关系兴趣复苏,并创建了可以强化这些关系的制度。[②] 11 世纪中叶,参知政事范仲淹创建了著名的义庄,并捐赠土地给义庄,义庄永久性地承担族人的经济福祉。范仲淹之子宰相范纯仁延续了父亲的努力。大约同时,苏洵(高官苏轼、苏辙兄弟的父亲)和参知政事欧阳修努力通过复兴传统的编纂谱牒来强化家族意识和凝聚力;司马光撰写了《家范》,意在促进族人间的和睦。然而,尽管家族凝聚的辞令大行其道,这些高级官员的仕途成功实际上妨碍了他们与族人之间的亲密关系。北宋时,当政治和社会生活均强调以都城区域为中心时,这一情形尤

---

①范纯仁弟弟的一个曾孙在 13 世纪初官居从二品(《宋人传记资料索引》第 2 册,第 1641 页),虽然在此期间范纯仁所有可考的后人仅为中低级官吏。王旦(1006—1017 年辅政)兄长的玄孙王伦在南宋初年任同签书枢密院事(《宋人传记资料索引》第 1 册,第 157 页)。同样,曾布之弟曾肇(一从三品官)的一个曾孙在南宋中叶权三品官(《宋人传记资料索引》第 4 册,第 2796 页)。

②对宋代亲属关系理论化的新研究成果,见伊沛霞《概念》,第 229—232 页;关于家族组织新形式的发展讨论,见伊沛霞《早期阶段》。

其如此。

例如，司马光称自己出身一历史悠久的家族，该家族有一个公认的族长且共财。[1] 但实际上，司马光本人很少与其族人共同生活。他甚至并非在家乡出生，而是生于家乡东南数百公里之外的光山县，他的父亲在那里任知县。司马光儿时跟随父亲宦游四方，他 20 岁中进士后仍然如此。[2] 实际上，司马光直到 23 岁与兄弟们丁父忧时才回到家乡。[3] 丁忧结束后，司马光再次离家赴任。在司马光政治生涯中，他似乎只是短暂地回家停顿（例如，安葬他的妻子）。[4] 最显著的是 1071 年当司马光离开活跃的官场，他并未返回家乡，而是在洛阳购置了一处带有精致花园的新家，直到 1086 年去世，那里一直是他的家。[5]

如果说司马光一生甚少与族人生活在一起，那么他至少与他们一并葬于家族的祖茔。就这一点而言，司马光又显得异乎寻常。正如我们所见，大部分北宋宰相家庭放弃了他们的祖茔，葬于开封及其周边地区。即便范仲淹因为对范氏宗亲关怀备至而回到吴县，但他去世后仍葬于河南。正如后来其子范纯仁的墓志铭撰者所言，范仲淹的后人遂为"河南人"。[6] 这样的移居对于他们和居于家乡、仕途乏善可陈的旁系亲属的关系有何影响？

有资料显示，这些人家族中率先成为高官并改变居住地之人，至少在其一生中，仍然与其家乡保持一定联系。司马光为 5 个旁系族人

---

① 《司马文正公传家集》卷 77《驾部员外郎司马府君墓志铭》，第 948 页；同书卷 79《故处士赠都官郎中司马君行状》，第 982 页；同书卷 77《赠都官郎中司马君墓志铭》，第 954 页。应该强调的是，在这个例子中，"宗族"并非仅指明清常见的实体类型。
② 《司马温公年谱》卷 1，第 2—6 页。通过进士试后，司马光拒绝了初仕之职，而是选择一个可以让他陪侍父亲左右的职位。
③ 《司马温公年谱》卷 1，第 11 页。
④ 《司马温公年谱》，卷 6，第 212 页。
⑤ 同上，卷 6，第 186 页。《宋人轶事汇编》卷 11，第 559 页。
⑥ 《范忠宣集》补编《范忠宣公墓志铭》，第 43 页。

撰写过墓志，某次返家，他给 14 个旁系侄子取名。[①] 司马光也曾两次放弃父亲的任子权，以使他的族兄弟能够获得这项权利。[②] 范纯仁虽然生长于开封，却一直很关心父亲义庄的运行，他上书宋英宗，获得朝廷对义庄庄规的支持。[③] 无论他们居于何地，一旦父母过世，官员们基本上都要返回家乡丁忧；除非像王安石，为了便于感情寄托，将父母葬于他们的新居住地。[④] 少数高官，如江西人宰相曾布和其兄弟曾巩、曾肇，他们即便移居至更舒适的润州（今江苏镇江），仍然强调维持他们远离都城的祖茔。

但距离几乎不可避免地妨碍了他们与居住在别处的族人们维持紧密联系。司马光可以为远房族人撰写墓志，但他坦承自己对他们了解不多。[⑤] 更能说明问题的是，虽然司马光卷帙浩繁的文集中包含数首写给母系亲属的诗作[⑥]，但对于比他的兄弟和侄子（他们和他一样住在都城）更疏远的父系族人，他与他们并无书信以及诗作来往。范纯仁对义庄牵肠挂肚是理所当然的，因为范仲淹去世后的短短几年内，义庄已经开始出现问题，而这种情况是身在都城的范纯仁鞭长莫及的。[⑦] 曾巩的传世文集显示，职任在身常让他无暇祭祀祖先；而当妻子、幼女和长妹去世十余年后，曾巩才将她们最终运回江西安

---

① 《司马文正公传家集》卷 77《太常少卿司马府君墓志铭》，第 948 页；同书卷 77《驾部员外郎司马府君墓志铭》，第 952 页；同书卷 77《赠都官郎中司马君墓志铭》，第 954 页；同书卷 79《故处士赠都官郎中司马君行状》（同一人），第 980 页；同书卷 79《赠比部郎中司马君墓表》，第 981 页；同书卷 79《赠卫尉少卿司马府君墓表》，第 982 页。《司马温公年谱》卷 1，第 17 页。

② 《司马温公年谱》卷 1，第 5 页。

③ 杜希德：《范氏义庄》，第 108－109 页。

④ 《曾巩集》卷 44《尚书都官员外郎王公墓志铭》，第 599 页。其他人迁移祖茔的例子，见《晷文集》卷 59《贾令公墓志》，第 792 页；《苏魏公文集》卷 54《秘书丞赠太师刘君神道碑》，14－15b。

⑤ 《司马文正公传家集》卷 77《太常少卿司马府君墓志铭》，第 948 页。大部分墓主在司马光孩时便已经去世。

⑥ 《司马文正公传家集》卷 4《都下秋怀呈聂之美》，第 43 页；同书卷 5《和之美二贫诗》，第 71－72 页；同书卷 5《和聂之美鸡泽官舍诗七首》，第 74－75 页；同书卷 6《九日怀聂之美》，第 96 页。特别是饱含深情的《鄜州怀聂之美》诗（同书卷 6，第 95 页）。

⑦ 杜希德：《范氏义庄》，第 108 页。

葬。^①难怪多数人发觉安葬逝者于新家周边更加方便。如果移居家庭第一代是如此，那么他的子孙更是如此。实际上，尽管有曾巩兄弟维持与祖籍联系的壮举，但到北宋末南宋初，他们的孙辈已经放弃祖茔，将父母（宰相曾布兄弟的儿子）葬于别处。^②

　　将都城精英家庭与其居于别处的旁系族人间隔开的地理距离，似乎拉大了他们之间的社会差距。^③本书已经指出（第四章会详细论述），高官子弟往往与其他高官子女通婚。相反，居住在家乡的旁系族人则往往与当地人结婚，并且他们的姻亲通常是近乎毫无政治声望之人。司马光（四品官之子）娶一位尚书（张存——译者注）之女。司马光儿子的首任妻子是其表妹（张存的孙女），继室是另一位高官（张去华——译者注）的玄孙女，则更能说明问题。与此同时，居住在家乡的司马光族兄的继室为一临县助教之女，他的女儿们则嫁给了当地布衣。^④情况类似，晏殊父子均娶京城高官之女，并且死后葬于开封。而晏殊族兄之孙则与一当地女子结婚，他的女儿也嫁给当地人，并且死

---

①《曾巩集》卷39《先君焚告文》《皇姊仙源县太君周氏焚黄文》《皇姊昌福县太君吴氏焚告文》，第536—537页；同书卷46《二女墓志》《仙源县君曾氏墓志铭》《郓州平阴县主簿关君妻曾氏墓志铭》，第636—637页。

②《浮溪集》卷27《奉议郎知舒州曾君墓志铭》，第335页；同书卷28《右中大夫直宝文阁知衢州曾公墓志铭》，第351页。

③北宋时，兄弟多人仕途显达相当平常。正如王旦、陈尧叟、司马光、陈执中、范纯仁、韩绛、吕公著、吕端家族，诸兄弟的父亲已经功成名就（虽然情况并非总是如此）。在这些例子中，宰相诸兄弟的后人与宰相本人的后人恩泽均洽。我需要在此强调，北宋时都城居住模式仅限于最高级别官员。正如我们在以下章节中所见，那些职位并未如此崇高之人在北宋时往往与其家乡保持联系。最后，在对父系家族认可程度上可能一直存在区域差别。柯胡（Hugh Clark）认为福建兴化地区的精英即便已经加入了都城精英圈，仍然一直非常紧密地与他们当地族人保持联系（柯胡：《11世纪中国的血亲和姻亲：一个地域角度》，亚洲研究学会年会论文，1994年3月26日）。虽然我并不完全认同柯胡的解释，但这种情况在宰相吕得象和章惇（同样来自福建）家族中是真实存在的，他们表现出对远房族人极大的认同（柏文莉，第94—95页）。看来可能福建有比其他地区更强的宗族凝聚的传统。

④司马光岳父，见《温国文正司马公文集》卷77《礼部尚书张公墓志铭》，5b—9。司马光的儿子，见《范太史集》卷41《直集贤院提举西京嵩山崇福宫司马君墓志铭》，16b；《宋人传记资料索引》第3册，第2397、2275、2403、2362页。司马光族兄及其子女，见《温国文正司马公文集》卷79《尚书驾部员外郎司马府君墓志铭》，5b。

后葬在其出生地附近。① 曾布的族侄女嫁给了同县之人，而曾布的兄弟姐妹却分别与活跃在都城的高官子女谈婚论嫁。② 这些例子说明，由于高级官员政治生涯集中在都城，所以他们的社会网也集中于此，其结果便是他们与居住在家乡的族人之间的共同之处日益减少。

正如我们所见，南宋情况截然不同：大多数宰相并未放弃他们的祖籍，本书第三章已经探究了个中原因。官宦身份意味着他们大部分成年时光要与族人们天各一方，但大多数宰相致仕后仍然返回原籍并且死后葬于家乡。南宋时期的几方宰相墓志特意描述了墓主与族人的互动：陈俊卿"抚爱宗族，恩意甚备"；王淮被赞扬"合族千指，与同饱温"。③ 史浩编造了祖先早期美德的记载，目的是激励后代。④ 赵葵为族人谋求（并未成功）建立义庄。⑤ 虽然材料并不详赡，但似乎因为南宋宰相与族人地理上并不遥远，他们与其旁系族人交往的密切程度也高于北宋宰相。⑥ 当然，即便在南宋，政治前景和婚姻模式还是将宰相一脉与旁系族人区分开来。婚姻模式留待第四章阐述，此处先讨论政治前景的差异。明州史氏谱牒中对于这些记载得十分清楚，这给我们提供了一个难得的机会来分析南宋后人与高官之间的相互关系。正如戴仁柱关于史氏家族的细致研究所呈现的，谱牒显示，史浩的 4 个儿子分别官从二品、正一品（史弥远）、从四品下和从三品，而他们的 13 个堂兄弟中，无一人官过正六品。家族中这一代现存的 29 位远房堂

---

① 晏殊父子，见《欧阳修全集》卷 22《观文殿大学士行兵部尚书西京留守赠司空兼侍中晏公神道碑铭》，第 159 页；《张右史集》卷 60《王夫人墓志》，4—5；《彭城集》卷 39《永安县君张氏墓志铭》，第 517 页。晏殊族兄之孙，见《溪堂集》卷 9《故通仕郎晏宗武墓志铭》，4—7b；《官僚与士绅》，第 89 页。

② 《曾巩集》卷 46《夫人曾氏墓志铭》，第 631 页；《宋人传记资料索引》第 1 册，第 582 页。

③ 《诚斋集》卷 123《丞相太保魏国正献陈公墓志铭》，16b；同书卷 120《宋故少师大观文左丞相鲁国王公神道碑》，37b。虽然陈俊卿的墓志毫不提及，后世的史料仍然确信陈俊卿设立了义庄：《后村集》卷 165《陈司直》，13（里面描述陈俊卿的后人们扩大了由陈俊卿建立的义庄）。

④ 《攻媿集》卷 93《纯诚厚德元老之碑》，第 1288 页。

⑤ 万安玲：《义庄》，第 265 页。

⑥ 几位作者认为，亲近感可能是维持家族凝聚力的一个关键因素。见韩明士《官僚与士绅》；华如璧，第 70—71 页。

兄弟，除了史弥忠曾官从四品外，无人得为高官。[1] 下一代中，史弥远3个儿子中的两个是高官（3个儿子分别官正二品、正三品和正七品），史浩其他两个孙子（他们的父亲分别官从二品和从四品）亦是高官。这一代其他83位族人中，唯一的高级官员是史弥忠的两个儿子：史嵩之（宰相）和其从二品官的弟弟（史育之——译者注）。[2] 从戴仁柱的研究中明显可以看出，作为一个整体的史氏家族大致从高官族人中获益：全部支中相当多族人至少获得了普通官品。出身于家族中普通一支却能显赫的史弥忠的例子，同样展示了宰相后人与仕途通达的相互关系并非绝对。但家族中全部各支并非平等地分享仕途通达带来的益处：某位宰相仕途通达带来的政治益处基本上延伸至他本人的直系后人。在以下章节中我们将会看到，社会福祉亦是如此。

如果宰相一脉因此与他们的旁系族人区分开，那么宰相直系后人之间的亲属关系又是何种情况？

虽然资料七零八落，但可从中看出，北宋时居于都城的高官之家设法促进人数日益增多的后人之间的凝聚力。新移居都城的家庭往往在其新家附近建立家族墓地，并加以维护。参知政事韩亿所有的后人均埋葬于韩亿墓周边，吕夷简的所有后人也葬于吕夷简墓附近，等等。[3] 韩

---

[1] 戴仁柱：《丞相世家》，第198—199、226—228页；《宋人传记资料索引》第1册，第491页。《索引》引用了一份任命史弥忠为待制（从四品）的制书。正如戴仁柱所指出，由于其子史嵩之的政治显达，史弥忠晚年被授予正三品荣誉官衔（第122页）。

[2] 戴仁柱：《丞相世家》，第198—199、228—231页。《宋人传记资料索引》（第1册，第485页）指出，从四品官史弥忠的儿子官正二品，这一情况并未见于戴仁柱数据中。

[3] 埋葬地点信息，见《乐全集》卷37《推诚保德功臣正奉大夫守太子少傅致仕上柱国昌黎郡开国公食邑三千三百户食实封八百户赐紫金鱼袋累赠太师中书令尚书令许国公谥忠宪韩公神道碑铭》，9—17；同书卷39《朝奉郎尚书刑部员外郎知制诰同知审官院上骑尉赐紫金袋昌黎韩君墓志铭》，30—34b。《名臣碑传琬琰集》集上卷10《韩献肃公绛忠弼之碑》，第155—156页；《彭城集》卷39《韩刑部妻程氏墓志铭》，第516页；《南阳集》附录，第1—12页；《乐全集》卷36《故推诚保德宣忠亮节崇仁恭守正翊戴功臣开府仪同三司守太尉致仕上柱国许国公食邑一万八千四百户食实封七千六百户赠太师中书令谥文靖吕公神道碑铭》，1—11b；《名臣碑传琬琰集》集上卷26《吕惠穆公公弼神道碑》，第401—407页；《华阳集》卷38《翰林侍读学士赠左谏议大夫吕公公绰墓志铭》，第506—511页；《范太史集》卷42《左中散大夫守少府监吕公墓志铭》，4—11b。

琦叮嘱后人切记将族人葬于家墓。① 凭借宗长的能力，向敏中之子（向传范——译者注）将在都城之外去世而未下葬的 64 位族人的灵柩运回开封，安葬于其父亲的坟墓附近。② 最后一例说明，一些人——或许特别是出生在都城之人——可以有能力建立持续存在的家族组织。

除了维持墓地，许多居住在都城的精英家族通过维持数代一致的字辈模式来增强凝聚力。王明清撰写于 12 世纪 60 年代的著作中列举了 8 个此类家族五六七代的字辈，每一个家族均包括一位高级官员的后人。③ 这些家族积极寻求维持他们凝聚力的另一个标志，可见于宰相赵鼎于 1144 年为后人撰写的家训前言："吾历观京、洛士大夫之家，聚族既众，必立规式，为私门久远之法。"④

即便家族内个人政治命运日趋多舛，但这些努力无疑有助于居于都城的宰相后人维护他们的家族认同和家庭成员的社会地位。⑤ 那些仕途乏善可陈之人当然也完全有理由强调自己的显赫祖先。王明清认为他所讨论之人属于一脉相承、支派清晰的家族，但他坦承所描述的"以上数家，派源既繁，名不尽连矣"⑥。更重要的是，至少在一个例子中，我们了解到王明清提供给我们的只是这个故事的一部分。他准

---

① 伊沛霞：《早期阶段》，第 24—25 页。

② 《乐全集》卷 37《宋故密州管内观察使金紫光禄大夫检校工部尚书使持节密州诸军事密州刺史兼御史大夫知汝州兼管内营田堤堰桥道劝农使兼汝州兵马总管上柱国河间郡开国公食邑三千五百户食实封六百户赠昭德军节度使谥惠节向公神道碑铭》，32—32b。此次埋葬可能既包括宰相向敏中的后人，也包括旁系人。向氏家族不需要迁移他们在开封的祖籍，这使得他们与旁系族人的联系无疑颇为便利。

③ 《挥麈前录》卷 2，第 20—21 页。关于北宋晁氏家族的宗族凝聚，见包弼德《斯文》，第 65 页。其中一章讨论他们的谱牒和字辈模式。见《斯文》，第 345—354 页。

④ 《忠正德文集》卷 10《家训笔录》，1。周绍明的文章讨论了赵鼎家训的文本，《宋代宗族组织的平等和不平等》，收入《柳田节子先生古稀纪念——中国传统社会与家族》（东京：汲古书院，1993），第 1—21 页。周绍明指出，虽然家训意图使赵鼎后人世为一户，但他们也允许个人财富以及后人之间一定程度上的经济差距。

⑤ 包弼德：《斯文》，第 60—75 页，特别是第 65 页，赵鼎家庭的例子强化了这个论点。需要注意，尽管范质后人（正如本章之前所描述）政治上没落，但这些后人缔结的婚姻仍然相当体面，表明他们的社会地位尚未沦落。

⑥ 《挥麈前录》卷 2，第 21 页。

确地告诉我们，吕氏家族在吕蒙正时当权，吕蒙正的儿子和侄子（包括吕夷简）名连"简"字。他补充下一代名连"公"字，再下一代名连"希"字等，吕夷简后人的字辈确实如此。但这一字辈模式并未被吕蒙正任何已知的后人所采用。吕蒙正曾孙之后，史料失载。[①]　虽然这只是一个孤证，但至少表明北宋都城精英家族中并非全部支脉都致力于维持他们的家族凝聚力。并且无论他们在都城开封时如何凝聚一体，随着北宋灭亡，宰相后人的不同支脉在南方再度聚首，旁系族人已经被冷落了。[②]

　　与北宋后人的情况类似，我们所掌握的关于宰相南宋后人之间亲属关系的零星资料往往自相矛盾。一方面，陈俊卿的曾孙（陈增——译者注）扩大了由其曾祖父建立的赡族义庄[③]；乔行简的一些后人直到明朝一直居住在乔行简故居附近[④]。但另一方面，家族凝聚力并不能阻止一些后人自立门户。例如，尽管有赵鼎的"家训"，他的一支后人居住在绍兴，但另一个孙子入赘到昆山，其后人便定居于当地。[⑤]　同样的，虽然洪氏家族自北宋便生活在鄱阳，并且洪适的许多后人一直居于此地，但至少一个任高级官员的曾孙移居到沿海城市永嘉（今温州附近）。[⑥]

　　尽管资料不足，但可以肯定，两宋时宰相一脉——至少一两代——往往享受到其族亲通常无法享受到的特权。我们可以合理推

---

① 见前文对吕蒙正孙子吕昌辰的讨论。《宋人传记资料索引》（第 2 册，第 1203 页）可确认吕蒙正的一个曾孙（《索引》中他被错误地标记为孙子）。王明清同样明确指出，钱氏家族一支在其始祖娶了公主之后，开始改变其字辈模式，与旁系不同（《挥麈前录》卷 2，第 21 页）。

② 这一点见于韩黼和韩球、钱受之和钱象祖后人，以及曾氏兄弟后人的经历之中。更多其他事例见于下一章。

③ 《后村集》卷 165《陈司直》，13。

④ 《金华贤达传》卷 4《宋乔行简传》，3b。见第七章对乔行简后人的讨论。

⑤ 《鹤山集》卷 73《直焕章阁淮西安抚赵君纶墓志铭》，10—15；《咸淳玉峰续志》，15b（"赵綝"条目）。

⑥ 《鹤山集》卷 71《知南剑州洪公秘墓志铭》，3—7b；《宋史》卷 425《洪芹传》，第 12672 页。与此相关的是，洪氏家族与永嘉人有许多姻亲关系。

测在宰相后人中存在类似的模式：当宰相后人设法——通过特权、才华或运气，使自己仕途通达，主要是使他自己这一支受益。换言之，即便少数后人成功了，并不能保证作为整体的家族能够维持自身的高级精英地位。

还有最后两点必须阐明：首先，北宋与南宋宰相后人维持他们身份地位的能力或许有所不同。具体而言，北宋高级官员精英集中于都城——或许结合诸如字辈模式和家法家规——令宰相后人即便在政治地位没落的情况下，也能维持独特的社会地位。官职卑微的宰相后人持续不断地加入地位崇高的婚姻网，也支持了这一假设。[①] 在南宋，并无此类地理标识将官职卑微的宰相后人与地位相似的族亲抑或是乡党区分开。在这种情况下，随着他们丧失了所掌握的政治权力，权门子弟想必更迅速地隐没于更大的家族，也隐没于他们出身的地方精英中。

其次，无论宰相后人之间的亲属关系纽带如何紧密，有确凿资料显示，两宋时父系血亲仅提供了决定个人社会政治前景的部分亲属关系。实际上，大量证据表明，族亲对个人政治命运的影响通常不及外祖父或岳父的作用。换言之，支脉的长期命运可能更多依靠其建构的姻亲关系而非族亲关系。下一章即将详细探究这些姻亲关系。

[①]因此，前文讨论过的范质 15 代后人低级官吏范世德，尽管他的直系祖先官运艰涩，范世德却能够娶宗室女（《竹隐畸士集》卷 18《范彦武墓志铭》，7—10b）。

第四章 权力角逐中的伙伴：宰相的婚姻

宰相与何人缔结姻亲？至少在北宋，宰相的姻亲显而易见往往同时又是宰相的族亲，这使得确定宰相的姻亲无疑更加容易。换言之，正如其他学者所示，宋代相门之间习惯于互相通婚。[①] 但要理解这些关系对于社会政治地位的重要性，我们需要了解更多情况：诸如这些婚姻缔结的时机是什么？这些关系的确切性质是什么？

婚姻行为

事实证明，迄今为止，宰相之间的主要亲戚关系由他们的后人特别是其子孙之间的婚姻构成。换言之，除少数显著例外，宰相之间的姻亲关系建立在两个家庭的政治地位都已经根深蒂固之后。我已经搜集到近两百个这种关系的例子，鉴于史料支零破碎的特点，例子应该不胜枚举。

[①]见青山定雄《宋代华北官僚的婚姻关系》，《中央大学八十周年纪念论文集》第4卷，第361—388页(1965)；衣川强，第147—150页。此处的讨论是建立在对宰相及其后人的几乎每一桩可追溯的婚姻调查。不过几位宰相和众多后人的婚姻信息不详，并且许多女婿仅见于他们岳父的墓志之中。因此，宰相的姻亲可能是一个更加多元化的群体，远比本章所呈现的复杂。

在这些婚姻中有几个有趣的现象。① 首先，某个宰相之家与多个宰相家庭常常有姻亲关系。例如，王旦仕途通达的幼子王素结过 3 次婚，他的首任妻子是李沆的侄女，第 3 任妻子是张士逊的女儿。② 王素的姐妹（王旦的女儿）分别嫁给吕夷简之子（吕公弼——译者注）、范质之孙（范令孙——译者注）和参知政事苏易简之子（苏耆——译者注）。③ 类似的，贾昌朝的女儿（三女儿、次女——译者注）分别嫁给了庞籍之子（庞元英——译者注）和宋庠的侄子（宋惠国——译者注）；④李迪的女儿（三女儿、五女儿、长女——译者注）分别嫁给王旦的侄子（王端——译者注）、陈尧佐之子（陈袭古——译者注）和向敏中的孙子（向绛——译者注）。⑤ 除了嫁给王素的女儿（四女儿——译者注），张士逊的女儿（次女、三女儿——译者注）还分别嫁给李昉的孙子（李昭遘——译者注）和吕夷简之子（吕公孺——译者注）；⑥王安石同曾布、蔡京和吴充是姻亲⑦——这样的例子不胜枚举。虽然关于北宋宰相的史料相对详赡，表明这一时期这种类型的关系显而易见，但在南宋也

---

① 王章伟关于河南吕氏家族成员婚姻缔结研究中，也使用了下文描述的一些模式：《宋代士族婚姻研究——以河南吕氏家族为例》，《新史学》第 14 卷第 3 期，第 19—58 页(1993 年 9 月)。需要注意的是，许多可考的婚姻是因为某人墓志中子孙的名字出现在他人墓志中女婿或孙女婿的名单中。

② 《华阳集》卷 37《王懿敏公素墓志铭》，第 501—502 页。

③ 《欧阳修全集》卷 22《太尉文正王公神道碑铭》，第 159 页；《名臣碑传琬琰集》上集卷 26《吕惠穆公公弼神道碑》，第 401 页；《彭城集》卷 39《乐安郡君范氏墓志铭》，第 512 页；《苏舜钦集》卷 14《先公墓志铭》，第 173 页。

④ 《华阳集》卷 37《贾文元公昌朝墓志铭》，第 483 页；《宋代蜀文辑存》卷 9《宋景文公祁神道碑》，19b；《宋人传记资料索引》第 5 册，第 4255 页。

⑤ 《乐全集》卷 36《大宋故推诚保德崇仁守正翊戴功臣开府仪同三司太子太傅致仕上柱国陇西郡开国公食邑八千一百户食实封二千四百户赠司空侍中谥文定李公神道碑铭》，20；《宋人传记资料索引》第 1 册，第 201 页；《欧阳修全集》卷 20《太子太师致仕赠司空兼侍中文惠陈公神道碑铭》，第 143 页；《宋史》卷 282《向敏中传》，第 9557 页。

⑥ 《文恭集》卷 40《太傅致仕邓国公张公行状》，第 475 页；《宋人传记资料索引》第 2 册，第 1007 页；《乐全集》卷 36《故推诚保德宣忠亮节崇仁协恭守正翊戴功臣开府仪同三司守太尉致仕上柱国许国公食邑一万八千四百户食实封七千六百户赠太师中书令谥文靖吕公神道碑铭》，9b。

⑦ 《后山居士文集》卷 18《光禄曾公神道碑》，第 823 页；《宋人传记资料索引》第 5 册，第 3780 页；同书第 2 册，第 1145 页；《浮溪集》卷 28《右中大夫直宝文阁知衢州曾公墓志铭》，第 351 页。

可以找到类似现象。史浩的后人分别与郑清之、王淮、秦桧和叶梦鼎的后人通婚①；陈康伯本人娶北宋宰相何执中的孙女，他的儿子（次子陈安节——译者注）娶韩侂胄侄女，两个孙子（陈景思、陈景祖——译者注）分别娶汤思退的孙女和参知政事张焘的孙女。② 陈俊卿的子女分别与参知政事龚茂良和签书枢密院事罗点的子女通婚，其孙辈则与参知政事郑昭先和枢密副使岳飞为姻亲，曾孙娶正三品官刘克庄之女。③ 虞允文同宰相赵雄和签书枢密院事魏了翁是姻亲。④

　　通过这种方式，相门与其他几个政治地位相侔的家庭建立亲戚关系属于司空见惯；此外，两位宰相经常由于他们同代后人之间的多重姻亲纽带而水乳交融。这些多重关系有几种形式。有时，两个家庭只是简单地将女儿交换嫁给对方。恰如前文所示，王旦的女儿嫁给吕夷简之子，王旦的儿子（长子王雍——译者注）则娶吕夷简之女。⑤ 同样的，庞籍的一双儿女分别与宋庠的子女谈婚论嫁。⑥ 南宋时，陈俊卿的女儿嫁给梁克家的独子（梁亿——译者注），而梁克家的女儿则嫁与陈俊卿之子（陈宓——译者注）。⑦ 在其他情况下，相门的几位女性（姐妹

---

①《后村集》卷170《丞相忠定郑公》，11b；戴仁柱《丞相世家》，第231页；《攻媿集》卷87《少师观文殿大学士鲁国公致仕赠太师王公行状》，第1187页；同书卷93《纯诚厚德元老之碑》，第1287页；《宋人传记资料索引》第3册，第1868页；《清容居士集》卷28《静清处士史君墓志铭》，26b。

②《絜斋集》卷17《端明尚书何公墓表》，第278页；《南涧甲乙稿》卷21《朝散郎直秘阁致仕陈君墓志铭》，426页；《括苍金石志》卷7《齐国夫人潘氏纳圹志》，28b；《叶适集》卷18《朝请大夫主管冲佑观焕章侍郎陈公墓志铭》，第360页；《文忠集》卷64《资政殿大学士左大中大夫参知政事赠太师张忠定公焘神道碑》，22b。

③《诚斋集》卷123《丞相太保魏国正献陈公墓志铭》，17b；《宋人传记资料索引》第3册，第2056页；《后村集》卷150《知常州寺丞陈公》，5b；《宋人传记资料索引》第5册，第3707页；《朱文公文集》卷94《陈君廉夫圹志》，29b；《宋人传记资料索引》第2册，第1432页；《后村集》卷165《陈司直》，13b。

④《鹤山集》卷76《朝请大夫利州路提点刑狱主管冲佑观虞公墓志铭》，9b；《吴下冢墓遗文》卷2《虞处士墓碣》，14b。

⑤《苏舜钦集》卷15《两浙路转运使司封郎中王公墓表》，第195页。

⑥《华阳集》卷35《庞庄敏公籍神道碑》，第462页；同书卷36《宋元宪公庠神道碑》，第467页。

⑦《诚斋集》卷123《丞相太保魏国正献陈公墓志铭》，19b；《复斋集》卷21《前室孺人梁氏葬葵山圹志》，24—24b。这种情况的另一个例子是叶颙的一双儿女分别与林姓兄弟姐妹互换结婚（《诚斋集》卷119《宋故尚书左仆射赠少保叶公行状》，21）。

或堂姐妹）嫁给另一个相门的男性后人。如苏颂的两个孙子分别娶毕士安的后人。[①] 当两个相门之间的姻亲纽带因为儿媳的早逝（经常是难产而死）受到威胁时，逝者家庭的其他女性（通常是妹妹或堂妹）嫁给鳏夫是恢复平衡的常见做法。这一不幸见于庞籍的两个女儿先后嫁给宋庠的同一个儿子，也见于韩琦的两个 4 代后人与南宋同知枢密院事兼参知政事刘珙的婚姻中。[②]

相门也通过世世代代不断更新关系来延续姻亲关系。这种亲上加亲可见于韩琦侄子娶韩琦岳父的孙女[③]，以及王淮的儿子和孙女分别与史浩的女儿和孙子的结亲中[④]。多代亲戚关系采取姑表舅婚形式，例如司马光之子与舅家表妹、曾布之子（曾纡——译者注）与其姑表妹（王安国之女——译者注）、虞允文的曾孙女与舅家表兄（赵雄之孙）的结合。[⑤] 这些只是众多姑表舅婚例子中的寥寥几个，这种关系有时会持续三四代。[⑥]

宰相后人牢固编织的网络具有重要的政治和社会影响，对此，在下文中我会进一步探讨。除了彼此之间互相通婚，宰相后人也与皇室联姻。这些皇室亲戚关系同样值得关注。

---

①《苏魏公文集》卷 62《寿昌太君陈氏墓志铭》，14b;《永乐大典》卷 20205《毕仲游》，9b。

②《华阳集》卷 36《庞庄敏公籍神道碑》，462 页;《宋人传记资料索引》第 1 册，764 页;《朱文公文集》卷 97《观文殿学士大中大夫知建康军府事兼管内劝农使充江南东路安抚使马步军都总管营田使兼行宫留守彭城郡开国侯食邑一千六百户食实封二百户赐紫金鱼袋赠光禄大夫刘公行状》，14b。亦见富弼的两个女儿先后嫁给参知政事冯拯（《南阳集》卷 29《富文忠公墓志铭》，28b;《宋人传记资料索引》第 4 册，2739 页），吕公弼的两个女儿先后嫁给韩忠彦的婚姻（《西台集》卷 15《丞相仪国韩公行状》，第 239 页）。

③《安阳集》卷 46《侄太常寺太祝直彦墓志铭》，22b。

④《攻媿集》卷 93《纯诚厚德元老之碑》，第 1287 页;同书卷 87《少师观文殿大学士鲁国公致仕赠太师王公行状》，第 1187 页;《清容居士集》卷 33《先夫人行述》，20—23b。

⑤《范太史集》卷 41《直集贤院提举西京嵩山崇福宫司马君墓志铭》，11—17b;《温国文正司马公文集》卷 77《礼部尚书张公墓志铭》，8b;《后山居士文集》卷 18《光禄曾公神道碑》，第 827 页;《浮溪集》卷 28《右中大夫直宝文阁知衢州曾公墓志铭》，第 351 页;《鹤山集》卷 76《朝请大夫利州路提点刑狱主管冲佑观虞公墓志铭》，9b;同书卷 90《哭虞简州刚简妻赵氏文》，14—14b。

⑥见《浮溪集》卷 27《奉议郎知舒州曾君墓志铭》，第 336—337 页;《攻媿集》卷 97《集英殿修撰致仕赠光禄大夫曾公神道碑》，第 1357 页，对于曾氏—强氏婚姻的描述。

除极少数例外,宰相们只有在仕途显赫之后才与皇室成员通婚。[1]
宋代最早的宰相几乎清一色都成为皇室姻亲。范质来孙(范世德——
译者注)娶宗室女;魏仁浦之子(魏咸信——译者注)尚公主,曾孙女嫁
与宗室;王溥之孙(王贻永——译者注)尚公主;赵普之子(赵承宗——
译者注)娶公主之女;沈伦之孙(沈惟清——译者注)娶宗室女。[2] 这些
婚姻无疑体现了宋初帝王强化与效忠新王朝的权贵们之间同舟共济
的努力。即便在宋朝统治完全巩固之后,皇室成员与朝廷位极人臣的
官员后人之间的通婚仍在继续。如向敏中的儿子(向传范——译者
注)娶了宋朝开国皇帝宋太祖的曾孙女,他的曾孙女则成为宋神宗皇
后。[3] 韩琦之子(韩嘉彦——译者注)尚宋神宗之女,蔡京之子(蔡
絛——译者注)尚宋徽宗之女。[4] 这种做法也持续至南宋。韩琦第6
代后人平章军国事韩侂胄的玄侄孙女成为宋宁宗皇后;谢深甫的孙女
是宋理宗皇后;史弥远的儿子(即史浩的孙子)娶郡主。[5] 钱象祖多位
父辈与皇室联姻:他的高祖母是宋仁宗之女,姑母为庄文太子妃。[6]

　　如同宰相后人彼此之间的联姻,相门与皇室的联姻通常持续数
代。与大多数相门不同,皇室在等级上不会没落,这些反复的婚姻给

---

①两个例外是贾似道和郑居中,两人都因利用与后妃的裙带关系使自己飞黄腾达而遭到后世史
　学家的谴责。

②《竹隐畸士集》卷18《范彦武墓志铭》,7b—10;《文庄集》卷29《故保平军节度使同中书门下平章
　事驸马都尉赠中书令魏公墓志铭》,4;《华阳集》卷40《宗室丹阳郡王夫人任城郡夫人魏氏墓志
　铭》,第555页;《宋史》卷248《雍国大长公主传》,第8774页;《宋人传记资料索引》第1册,第
　346页;《宋史》卷264《卢多逊传》,第9118页;《宋史》卷264《沈伦传》,第9116页。

③《乐全集》卷37《宋故密州管内观察使金紫光禄大夫检校工部尚书使持节密州诸军事密州刺史
　兼御史大夫知汝州兼管内营田堤堰桥道劝农使兼汝州兵马总管上柱国河间郡开国公食邑三千
　五百户食实封六百户赠昭德军节度使谥惠节向公神道碑铭》,29b—30b;《宋史》卷243《神宗钦
　圣献肃向皇后传》,第8630页。

④《宋史》卷248《唐国长公主传》,第8780页;同书卷248《茂德帝姬传》,第8783页;《宋人传记资
　料索引》第5册,第3803页。

⑤《宋史》卷243《宁宗恭淑韩皇后传》,第8656页;同书卷243《理宗谢皇后传》,第8658页;《四明
　文献集》卷5《故观文殿学士正奉大夫墓志铭》,27。

⑥《宋史》卷248《秦鲁国贤穆明懿大长公主传》,第8777页;《攻媿集》卷92《观文殿学士钱公行
　状》,第1273页。

当事人家族带来的好处绵延不绝。那些与皇族关系最紧密的相门，同时也是存在时间最长、材料最丰富的宰相之家，很可能并非偶然。[①]

但相门缔结的具有政治意义的婚姻并非全都涉及权门子弟。因为有时候，政治显赫之家选中的女婿在结婚时，政治地位或社会地位尚不突出——虽然他们最终飞黄腾达。这种关系的社会意义与名门望族之间亲戚关系的社会意义完全不同，需要更深入的考察。

在王旦长女和进士韩亿的婚姻中，我们已经看到这种关系的一个实例。在此女墓志撰者笔下，"初，文正公（王旦）在重位，夫人（其女）长矣[②]，久择婿不偶，日有盛族扳求，而文正公辄却之。时忠宪公（韩亿）初第上谒，文正公一见，遂有意以夫人归焉"[③]。读者会记起，墓志撰者进而称王旦的决定引起族人一片哗然，因为韩氏并非显族，所以他们反对这桩婚事，但王旦拒绝改变主意。[④]

什么原因促使王旦无视其族人的意见？本书已经指出，王旦明确反对盛族是选择姻亲的有效尺度这一观念，反而认为盛族的后人往往"骄堕恣放"。虽然墓志撰者并未明言王旦在韩亿身上有何发现，却清楚地将王旦的选择与韩亿刚刚中进士之事联系在一起。科举考试竞争残酷[⑤]，韩亿能中进士高第，这一点想必在王旦决定中也发挥了重要作用。总之，如同第二章举主与被荐举者故事中所描述之人，王旦选

---

①沈伦、韩琦、向敏中和钱氏家族（钱象祖祖上）的后人与皇室反复通婚。南宋时赵宋皇家与宰相后人的婚姻关系已经发散到如此程度——不必说不太显赫之人——宰相后人和远房宗室联姻极为正常。因此，陈俊卿和史浩的后人均娶远房宗室（分别见《庸斋集》卷6《陈平甫墓志铭》，20；《攻媿集》卷93《纯诚厚德元老之碑》，第1287页）。北宋、南宋宗室成员婚姻模式的差异见贾志扬《皇室的开化：婚姻与宋代皇族》，发表于亚洲研究年会，1994年3月26日。

②此女生于公元984年，因此1002年，她19岁，墓志所述之事便发生在是年。

③《苏舜钦集》卷15《太原郡太君王氏墓志》，第190—191页。

④《苏舜钦集》卷15《太原郡太君王氏墓志》，第190—191页。

⑤韩亿1002年中进士，本年度进士解额突然大幅收缩，而之前科考解额还很宽裕。关于由此产生的轩然大波的叙述，见贾志扬《棘闱》，第3页。

中了女婿，即便这个女婿尚未自振，却已昭示其前途不可限量。[1]

实际上，大多数宰相同所联姻家庭的政治地位迥然不同，符合岳父官高爵显和女婿前途无限的模式。正如我们在第二章中所见，因为已经拥有一定声望[2]，王曾（出身一官小位卑之家）被李沆和吕蒙正同时相中为女婿[3]。同样的，陈尧佐侄女（贾昌朝之妻）的墓志铭撰者强调她的丈夫出身孤寒，他们结婚时贾昌朝尚且默默无闻。[4] 但几乎可以肯定，这桩婚姻在贾昌朝金榜题名之后缔结，并且很可能在判国子监孙奭专门称赞他之后。[5]

总之，宋代宰相们子女互相通婚，女儿嫁到皇室，诸子尚公主，接纳极具潜质的年轻人作为女婿，这些婚姻揭示了宋代政治与社会地位之间存在什么关系？

首先，大多数这些行为反映了那些高居权力金字塔顶端之人与其他地位相侔之人缔结婚姻的简单趋势。用中国人的说法，这些是"门当户对"的婚姻：换言之，它们符合中国人长期以来的观念，即最匹配的婚姻起码是那些地位基本持平家庭的结合。[6] 对宰相而言，为子女安排一桩"门当户对"的婚姻，首先要自我定位——这一点有助于解释

---

①时间流逝证明了王旦的英明决定，因为不仅韩亿成为参知政事，与他相比，两个儿子在官位上均更胜一筹。北宋末年，提及韩氏家族，任何人都不会认为其不及王氏家族。王明清在12世纪中叶的著作中提到，真定韩氏成为北宋故家之首（《挥麈前录》卷2，第20—21页）。

②《宋人轶事汇编》卷6，第261页。根据这条史料记载，李沆告诉妻子，王曾此次考试将不中，但他日必定成为公辅。其他史料揭示王曾礼部试第一（《宋史》卷310《王曾传》，第10182页）。

③王曾祖父、曾祖父均未曾仕宦，其父曾官至正八品（《景文集》卷58《文正王公墓志铭》，第775—779页）。

④《华阳集》卷40《魏国夫人陈氏墓志铭》，第562页。这点在同一墓志撰者所撰的贾昌朝墓志铭中得到证实，墓志撰者指出贾昌朝少孤，母亲日教诲之（《华阳集》卷37《贾文元公昌朝墓志铭》，第477页）。虽然贾家政治身份似乎比王家略高，贾昌朝父祖都是正八品官，曾祖父仕后晋，并在宋朝担任正四品官，一位祖叔拥有类似的官品，但如同王曾，贾昌朝也是低级官吏之子（《华阳集》卷37《贾文元公昌朝墓志铭》，第477页）。

⑤贾昌朝于1017年初中令人羡慕的进士第，并且在1023年之前，他曾得到孙奭赞扬（《华阳集》卷37《贾文元公昌朝墓志铭》，第477—478页；《宋史》卷285《贾昌朝传》，第9613—9614页）。

⑥龙潜庵编辑的《宋元语词词典》（上海：上海辞书出版社，1985，第85页）指出在宋元戏剧、文学中，这个词语被广泛使用，指结亲的双方家庭门第、地位相当。

为何王旦族人们对王旦长女要嫁给一个在政治或社会上无足轻重之人的前景堪忧。在更实际的层面，两个政治上举足轻重家庭之间的联姻，瞬间放大了提供给双方的有用关系网。关于宣抚使（从一品）安丙的孀妇、签书枢密院事魏了翁女儿的一则轶事，生动地揭示了婚姻决策中这方面的重要性。轶事言及乡人们争先恐后要娶这个孀妇为儿媳：因为他们认为她与两个重要家族有亲戚关系是一种资产，而并未将她曾经已婚视作缺陷。她最终嫁给北宋宰相刘挚的第 6 代孙、四品官刘震孙。①

同时，宰相后人之间互相通婚很可能也是一种策略：这种婚姻不仅是为了标榜家族当前崇高的地位，同样也是增进家族历久弥新的机会。② 这一策略在相当程度上是保守的，因为与之联姻的家族均已功成名就；相同家族的重复联姻——娶姨制（先后娶姐妹）、姑表舅婚和世婚制，高度放大了婚姻的保守性。③ 宰相后人之间的婚姻并不局限于同辈之间，强化了这一策略的效用。正如本书所示，有平辈后人间的婚姻：宰相子女之间互相通婚，孙辈之间互相通婚。但更常见的，则是新任宰相的子女（甚或兄弟姐妹）和那些曾为宰相之人的孙辈或曾孙辈谈婚论嫁。④ 乐意接纳官场新贵进入他们的婚姻网，几乎可以肯

---

① 《宋人轶事汇编》卷 18，第 1026 页。

② 关于这一点的广泛讨论见王章伟文，第 26—36 页。

③ 郝若贝也注意到这些做法的流行（郝若贝，第 411—412 页）。但相对于郝若贝，我强调这些做法（前面提供的数据显而易见）并不仅限于宋初，或指宋代社会某特定层次而言。关于社会较低层次的证据见下文第八章。

④ 范质孙娶王旦之女（《彭城集》卷 39《乐安郡君范氏墓志铭》，第 512 页），王钦若孙女嫁给陈执中之弟（《文庄集》卷 28《赠太师中书令冀国王公行状》，13），张齐贤孙娶寇准之女（《河南集》卷 17《故朝奉郎司封员外直史馆柱国赐绯鱼袋张公墓志铭》，6b—7），向敏中孙娶李油之女（《宋史》卷 282《向敏中传》，第 9557 页；《乐全集》卷 36《大宋故推诚保德守正翊戴功臣开府仪同三司太子太傅致仕上柱国陇西郡开国公食邑八千一百户食实封二千四百户赠司空侍中谥文定李公神道碑铭》，20b）。两宋之交，李昉的曾孙娶章得象之女（《文恭集》卷 38《宋翰林侍读学士朝请大夫尚书右丞提举万寿观公事勾当三班院上柱国陇西郡开国公食邑二千五百户食实封六百户赐紫金鱼袋礼部尚书谥恪李公墓志铭》，第 456 页；《名臣碑传琬琰集》中集卷 4《章丞相得象墓志铭》，第 494 页），张商英另一个女儿所生之子（李昉的玄孙），娶毕士安曾孙女（《方舟集》卷 17《右宣教郎李公墓志铭》，7b—10）。南宋时，韩琦的玄孙女（韩忠彦曾孙女）（转下页）

定有助于早期的相门维持他们的地位。作为高级官员的旁系后人，个人所获得的特权是有限的，有权势的岳父、娘舅或外祖父对于填补空白则大有裨益。如司马光的侄孙（司马朴——译者注）以其外祖父范纯仁遗恩为官，正如李昉第 5 代后人同样是凭借外祖父张商英的恩荫入仕。[①] 当然，从官场新贵的角度来看，融入在政坛立足已久家族的关系网不失为一个既行之有效又一劳永逸的方法。

与极具潜质的进士结亲似乎只是把这种策略向前推进了一步，我们不难看出为何这样的举动如此诱人。既然无法确保达官显宦之子能够追随其父脚步，那么，比起在其他业已发达的家庭上孤注一掷，与极具潜质的进士缔结秦晋之好似乎更值得冒险。最起码，这是避开婚姻赌注风险的合理方法。[②] 从新科进士角度，娶达官贵人之女所带来的婚姻优势显而易见。在其岳父一边，年轻人会接触到其他有影响力的人物，以及朝廷政策的实际运作。[③] 有充分资料显示，女婿们——或者至少是势要之人的女婿们——与其岳父关系密切，在某些情况下，甚至干脆居住在他们岳父家中。[④] 实际上，人们不禁要问，与宰相之家保持何种程度的亲戚关系才能将进士的潜质变成自我实现的预言。进士公认的才华抑或其岳父的影响力和关系是否对进士的仕途成功

（接上页）成为陈康伯儿子的继室（《南涧甲乙稿》卷 21《朝散郎直秘阁致仕陈君墓志铭》，第 426 页）；张浚的孙子娶京镗之女（《诚斋集》卷 123《宋故太保大观文左丞相魏国公赠太师谥文忠京公墓志铭》，32）；史浩的孙女嫁给秦桧的曾孙（《攻媿集》卷 93《纯诚厚德元老之碑》，第 1287 页；《宋史》卷 449《秦矩传》，第 13245 页）。例子不胜枚举，此处仅略举一二，但总体趋势清晰可见。

①《宋史》卷 298《司马朴传》，第 9907 页；《方舟集》卷 17《右宣教郎李公墓志铭》，8b。

②那些将女儿嫁给未经考验的进士的人，他们也与根深蒂固之人有姻亲关系。

③下面的轶事完美体现了这一点：王沂公曾、李观察维、薛尚书映，一日谒公（王旦），公托病辞，薛有不平之色。公婿韩亿在门下见之，一日以启公，公曰："韩郎未之思耳，王、薛皆李之婿，相率而来，恐有所干于朝廷。事果不可行，阻之无害；若可行，答以何辞？执政之大忌也。"韩乃谢曰："非亿所知。"后果李文靖有所请。（《宋人轶事汇编》卷 5，第 195 页）此处我们不仅看到韩亿经常随侍其岳父左右，而且翁婿之间最重要的是政治方面的关系：潜在的政治青睐以及从政实践培育的过程。

④虽然这些婚姻在某种程度上被视作入赘，却只是特定的和非正式之举。换言之，没有证据显示在这些家族中继承权与血统偏离了父系标准。

出力最多，尚且难以定论。

我们必须承认，虽然宰相及其家庭显然在决定婚姻时将政治策略考虑在内，但这些决定也可能基于许多其他方面的考虑。例如，有时候对官品的考量不得不让步于燃眉之急。在其他情况下，优先考虑因素则是情感和道德。李迪感激官员柳开早年的赏识，使其长子娶柳开门下客的女儿。[1] 更常见的是，为了皆大欢喜而习惯于维持与早先姻亲的关系，到头来却使家族的战略利益化为泡影。这种习惯体现在宰相之家的世婚制中，使人们与仕途乏善可陈的姻亲家庭捆绑在一起。[2]

此外，即便运筹帷幄，却并非总能决胜千里：时运的变幻莫测会使机关算尽一朝付诸东流。与有权势之人联姻有时候被证明作用有限。某些岳父，如陈执中恪守原则，拒绝帮助女婿仕进。[3] 其他人则出于对政治后果的忧惧越发谨小慎微[4]，在极少数情况下甚至避亲[5]！并非孤立无援才会大难临头，如寇准的女婿们便备尝艰辛。[6] 当势要人物失势时，不幸往往波及他们的姻亲。因此，即便是煞费苦心的婚姻，也不能消弭未来的难以捉摸，而世事难料恰是宋代政治生活的一个重要特征。如果说相门本身习惯于与其他达官显宦或政治上前途远大之人联姻，并不能确保他们的权力得以存续，但宰相远房后人中反复出现高官，表明这个习惯至少有时确实起效。更重要的是，与族亲关系不分伯仲，抑或比族亲关系更重要的姻亲关系，明显是社会地位历久

---

[1]《宋人轶事汇编》卷6，第258页。李迪的新姻亲是一位从六品官，其他情况不详。

[2]例如，陈俊卿儿子娶其表妹，一位乡党之女，而其他的兄弟姐妹则与相门联姻（《后村集》卷154《聂令人》，第3页）。

[3]《宋人轶事汇编》卷7，第275页。

[4]据记载，当女婿韩亿被派往四川任职不便时，王旦叮嘱女儿回家。他告诉女儿，如果他设法将韩亿调回，他日韩亿必将被人指责仰仗岳父的特权（《宋人轶事汇编》卷5，第195—196页）。

[5]《宋会要辑稿》职官63之1—16（第3799—3806页）征引人们依据回避制改官的诏令和呈文。但这些法规显然经常被无视。见戴仁柱《丞相世家》，第137页。

[6]当寇准被流放时，至少他的两个女婿被贬官。见王曙（《河南集》卷12《协谋同德佐理功臣枢密使金紫光禄大夫行尚书吏部侍郎检校太傅同中书门下平章事上柱国太原郡开国公食邑四千一百户食实封一千四百户赠太保中书令文康王公神道碑铭并序》，9—15）和张宇皋（张齐贤之孙）墓志铭（《河南集》卷17《故朝奉郎司封员外郎直史馆柱国赐绯鱼袋张公墓志铭》，5b—8）。

弥新的核心。

此外,我们从宰相一而再,再而三的互相通婚中看到,作为一种策略,无论有效与否,宋人认可并践行精英的身份地位层级,并且更重要的是,这些层级与政治地位密切相关。换言之,互相通婚说明宋代精英中向上的政治流动可以形成向上的社会流动,正如政治上的飞黄腾达为人们提供了进入宰相婚姻网的机会,否则这个网不太可能向人们敞开。

政治流动性对社会地位的影响见于墓志铭撰者褒扬那些政治地位日益提高,有更好的婚姻机会可供他们选择,却仍然恪守先前婚约之人。叶颙行状讲述了他进士中第后,碰巧与林姓同年(林宗弼——译者注)在同地为官。两人厚善,相约后人互相通婚。然而林某去世后,家贫子幼。行状撰者强调叶颙虽然仕浸显,但他遵守对已逝朋友的承诺,将自己的长女嫁给林某的儿子,后命之以官,并且叶颙之子娶林某的女儿。[1] 行状撰者含蓄地推测(依据叶颙幼女的夫家同时是宰相陈俊卿的姻亲这一事实),叶颙的社会地位已经随着官秩的改变而改变。[2] 我们将其作为叶颙言行一致的证据,因为他并未反悔这桩并不具备社会和政治优势,甚至根本毫不匹配的婚姻。[3] 政治地位决定社会网络的重要性也体现在第三章中描述的居于都城的宰相及其后人与生活在家乡的族人不同的婚姻模式中。正如下文中所见(以及见于第五章的个案研究中),即便宰相并未移居,他们的婚姻网也仍然与其族人的婚姻网完全不同。

正如功成名就之家主要在其他旗鼓相当的家庭中选择姻亲,高级

---

[1]《诚斋集》卷119《宋故尚书左仆射赠少保叶公行状》,19。同年进士关系见于叶颙家乡地方志(《仙溪志》卷2,22)。

[2]亦即叶颙的幼女嫁给林澧,林澧的姐姐嫁给陈俊卿的儿子(《诚斋集》卷119《宋故尚书左仆射赠少保叶公行状》,19b;《宋人传记资料索引》第2册,第1362页;同书第2册,第1368页;《朱文公文集》卷91《陈师德墓志铭》,5;《仙溪志》卷4,30-34b)。需要注意的是,林澧家与叶颙墓志铭中提到的林家并无亲戚关系。

[3]对北宋同样情况的描述,见柏文莉,第96页。

政治精英的婚姻网在社会上日益具有排他的趋向。但如果飞黄腾达足以提高某人的社会地位，并给他进入宰相婚姻网的契机，那么进士女婿的现象表明如此政治地位并不总是进入那些婚姻网的必需条件。可以肯定，在高第进士与宰相女儿的婚姻中，政治考量仍是重中之重。高第进士因其政治上前途无限而被相中，这些婚事与宰相后人之间的彼此联姻不相上下，动机均是确保子孙后代在官场更高层级占有一席之地。然而，无论多么富有潜质，新科进士本人并不具有政治权力，并且对于经由这种权力关系定义的社会群体而言，他只是局外人。因此，当功成名就家庭之间的彼此婚姻推动了社会排他性，与政治上青涩的进士的婚姻便显得格格不入——正如王旦族人们的反对所示。

人们很容易将反对婚姻壁垒的趋向——这个壁垒受到唐以及唐之前的政治精英高度尊崇[1]——看作宋代官僚面对的全新政治环境中一种自然而然，甚至必然的结果。宋代政府的选官政策使得家庭或家族很难将仕宦作为一种世袭职业。[2] 由于缺乏世袭官僚，婚姻壁垒与持续掌权的愿望变得不合时宜。解决方法是向新成功人士，甚或潜在成功人士敞开群体大门。

一方面，两宋时相门之间互相通婚体现了这一时期政治地位和社会地位的紧密结合。北宋首位宰相范质与王旦是姻亲，王旦之女嫁给参知政事韩亿，韩亿的孙子娶吴充的侄女，吴充之子（吴安持——译者注）娶王安石之女，王安石同时是蔡京弟弟（蔡卞——译者注）的岳父，而蔡京的曾孙女 12 世纪末嫁与周必大的堂兄（周必端——译者注）[3]——这仅

---

① 关于唐以及唐之前"大姓"的婚姻排他性，见姜士彬《中世纪中国的寡头政治》，第 47—51 页。

② 对此情况和某些后果的讨论，见包弼德《斯文》，第 68—72 页。

③ 这些关系，分别见《彭城集》卷 39《乐安郡君范氏墓志铭》，第 512 页；《苏舜钦集》卷 15《太原郡太君王氏墓志》，第 190 页；《欧阳修全集》卷 32《资政殿大学士尚书左丞赠吏部尚书正肃吴公墓志铭》，第 229 页；《乐全集》卷 37《推诚保德功臣正奉大夫守太子少傅致仕上柱国昌黎郡开国公食邑三千三百户食实封八百户赐紫金鱼袋累赠太师中书令尚书令许国公谥忠宪韩公神道碑铭》，16，；《宋史》卷 312《吴充传》，第 10239 页；《宋史》卷 472《蔡卞传》，第 13728 页；《文忠集》卷 31《蔡子亨墓志铭》，2b—5。

仅是高级官员中可追溯的从宋初至南宋姻亲关系中的沧海一粟。加入这一婚姻网,同优先获得荐举一样,往往使高官及其直系后人成为从宋代社会中剥离出来的一个群体。①

但这个群体的边界从未闭合。新成功人士携同他们业已存在的其他亲戚关系——这些亲戚往往是仕途乏善可陈的家庭(包括他们自己的族亲以及姻亲)——不断地涌入这个群体。更重要的是,政治地位流动性的认识,使人们愿意在那些极具潜质之人身上碰碰运气,即便他们尚未取得成功。最后,虽然宰相的仕途成功通常确保他的后人连续数代在高级官员婚姻网中占有一席之地,但最终那些不能凭借一己之力实现仕途通达之人似乎已经掉队,因此群体内成员的地位悬殊。

简言之,宋代宰相的婚姻行为体现了本书之前章节中所见的社会动力的另一种形式。一方面,高级政治精英成员通过各种保守策略,诸如恩荫子弟为官、科举考试中参加别试和在荐举方面享有优势,并且使子女与其他官宦子弟通婚,来维护他们的权力与特权。另一方面,他们通过其他方法对这些保守策略加以补充,包括利用他们本人的权力和影响力施恩于那些身份地位不高的人:诸如庇护崭露头角的士人,并将他们的女儿嫁给极具潜质的进士。② 人们满怀希望,相信被庇护者或女婿终究会成功——既能提高个人的威望,也有利于保证自己后人的发迹。这种策略并非万无一失:含苞待放的士人可能会凋零,极具潜质的进士可能仕途塞涩。③ 但它毕竟为那些成功人士提供了一个网罗人才的机会,来吸纳他们自身群体以外的饱学之士。如此一来,便自然而然地为新人打开了一条通往达官显宦之门的羊肠小道。

---

①正是依据这个方面,郝若贝将北宋高官家庭定性为一内婚的"职业精英"(郝若贝,第406—416页,特别是第411页)。
②据我观察,荐举和婚姻策略不时重叠,正如长者选择他们的学生和被荐举者作为女婿。
③关于这种失败的一个精彩例子,见《浮溪集》卷28《吴夫人墓志铭》,第360—361页。

婚姻、身份地位与地方主义

正如我们所见，两宋时宰相们的居住模式发生了巨大变化，一度以都城为中心的官宦之家被迫在全国各地星罗棋布。如果宰相之间通常互相联姻，那么这些新居住模式如何影响他们的婚姻？

让我们首先考察北宋宰相的婚姻模式。如果对于这些婚姻所涉及家庭的籍贯加以考察，我们可能易于得出北宋高官家庭明显倾向异地婚姻的结论。[①] 浙江人杜衍之子（杜䜣——译者注）娶河北人张知白的孙女，江西人陈执中的女儿嫁给开封人宋庠之子（宋均国——译者注），四川钱氏与福建曾氏、开封贾氏和山西毕氏互相通婚，洛阳吕氏与大名王氏、福建曾氏和四川王氏是姻亲。[②] 但这是无意义的。因为相门公认的原籍通常与他们的实际居住地甚少吻合。并且这里列举的所有人远在他们彼此缔结姻亲前，便已经定居都城。既然宋代宰相与其他政治地位类似之人缔结众多姻亲关系，并且绝大多数北宋居于权力金字塔顶端的官员在获得权力前后便移居至都城，那么北宋相门缔结的大多数婚姻关系本质上是"地方化"的：他们联姻的家庭居住在都城周边数州。

北宋相门有时致力于真正的异地婚姻。韩明士关于抚州的数据

---

① 这是郝若贝（第 406 页）和韩明士（《官僚与士绅》，第 91—94 页）得出的结论。

② 史料中分别描述了这些婚姻：《苏舜钦集》卷 15《奉礼郎杜君妻清河张氏墓文》，第 193 页；《欧阳修全集》卷 31《太子太师致仕杜祁公墓志铭》，第 219 页。《华阳集》卷 36《宋元宪公庠神道碑》，第 467 页和《乐全集》卷 37《推诚保德崇仁守正忠亮翊戴功臣开府仪同三司守司徒致仕上柱国岐国公食邑一万九百户食实封三千九百户赠太师兼侍中谥曰恭颍川陈公神道碑铭》，6b。《名臣碑传琬琰集》中集卷 52《曾太师公亮行状》，第 118 页；《华阳集》卷 37《贾文元公昌朝墓志铭》，第 483 页；《苏魏公文集》卷 62《寿昌太君陈氏墓志铭》，12b；《西台集》卷 16《丞相文简公行状》，第 248 页。《欧阳修全集》卷 22《太尉文正王公神道碑》，第 159 页；《乐全集》卷 36《故推诚保德宣忠亮节崇仁协恭守正翊戴功臣开府仪同三司守太尉致仕上柱国许国公食邑一万八千四百户食实封七千六百户赠太师中书令谥文靖吕公神道碑铭》，9b；《宋会要辑稿》职官 68 之 10，第 3899 页/2；《华阳集》卷 40《寿安县太君吕氏墓志铭》，第 556—557 页。例子不胜枚举。

显示,几个在北宋很有政治势力(包括宰相曾布和王安石那些人)的抚州家庭,在产生高官和迁出抚州之前,他们就缔结异地婚姻。[①] 同样的,并未移居到都城的相门也与"都城精英"(如梁适和韩琦)其他成员联姻,他们显然至少致力于相对远距离的婚姻。那么,所有这些应该如何理解?

　　我认为,情形大致如此:因为大多数北宋人谋求使其子女同社会和政治地位相似的家庭之人婚配。只要有可能,他们便与作为同僚的当地人联姻[②];但随着官员地位上升,门当户对的姻亲屈指可数,为此他们不得不在异乡人家庭中寻找匹配的婚姻。因此,普遍来说,婚姻网络的地理维度似乎随着政治地位的上升而拉大。但从宋初,都城地区便是无可争议的政治生活中心。宋初绝大多数仕宦最成功之人均来自开封,并且那些追求出人头地之人被吸引至此是可以理解的。成功者留下来,当他们定居都城,他们的姻亲网络往往变成以都城为中心(他们大部分同僚均生活于此)。这意味着一旦家庭加入都城精英,随着地位拓展的婚姻网络模式就被改变了。但也有例外:对于那些并未定居开封的高官而言,以都城为中心的婚姻仍体现了一种异地的结合。[③] 同样,当一个新近居住在开封及其周边的家庭,与其原籍之人维持姻亲关系时,这些往昔的"地方"关系现在变成了异地的结合。[④]

　　简言之,这些婚姻的主题是政治身份地位。虽然婚姻地理距离有时候对应着政治身份地位,但在其他例子中(最显著的是当居住在都

[①]韩明士:《官僚与士绅》,第89—90页。

[②]例如韩明士所描述的抚州曾家、吴家、王家的联姻(《官僚与士绅》,第88—89页,图8)。

[③]王安石女儿嫁给吴充之子(《陶山集》卷13《江宁府到任祭丞相荆公墓文》,第147页):王家居于江宁府,吴氏(原籍福建)移居郑州。同样,苏颂儿子娶参知政事欧阳修的孙女(《南涧甲乙稿》卷20《故中散大夫致仕苏公墓志铭》,第407—408页)。苏家从原籍福建迁徙至靠近大运河南端的丹徒;欧阳氏居于都城。即便那些并未定居都城的宰相,在其辅政期间也会居于都城;依据这些家庭的定居地,似乎是异地的婚姻,实际上在都城中只是当地婚姻。

[④]这种情况的一个例子是晏殊的女儿嫁给一位抚州布衣,见《官僚与士绅》,第60—61页(关于吴处厚的讨论)。虽然前文提及,她的一些兄弟姐妹与都城精英成员结婚。正如我所指,并未移居都城的旁系族人,则继续在当地通婚。

城的家庭与当地其他人结婚），情况正相反。总之，北宋人似乎更倾向于本地婚姻，因为无论何时，周围总有政治身份地位匹配的姻亲；但在当地无法找到地位匹配之人结婚时，地理距离便不再是难以克服的障碍了。

这对于理解南宋宰相的婚姻网尤其重要。其中包括两个值得分析的剥离的（虽然在历史上往往重叠）群体：北宋宰相家族的南宋后人，以及在南宋初次掌权的家族。

正如我们所见，北宋灭亡导致来自都城开封的难民流徙至南方各地。虽然关于南宋早期宰相的记载几近空白，但当都城精英家庭再次见诸史料，他们忙于从旧朝廷网络中寻找姻亲。例如，1156 年，向敏中的第 7 代后人成为王氏的丈夫，而她则是王旦弟弟的第 6 代后人。①

由知名明州士人、参知政事楼钥撰写的王氏墓志铭，显示她不惜时间和精力安排亲戚朋友的婚事（见图 1）。王氏将妹妹嫁给孤儿仇申，他是一位北方人（仇念——译者注）的曾孙，这个北方人死里逃生到南方，并在宋高宗朝任从三品官。② 仇申的母亲是王氏丈夫向公援之妹。③ 这桩婚姻是王氏与丈夫重振姻亲仇氏的部分努力。王氏同样安排丈夫的幼妹嫁给另一位北方难民曾几的孙子（曾樵——译者注）。曾几在南宋初也曾任高官，并且他的女儿嫁给吕公著的后人吕大器。④ 后来，当王氏的小叔子向公擢去世，撇下寡妻（高氏）带着两个女儿艰难度日，王氏便安排自己的一个孙子过继给高氏。她后来将高氏长女嫁给高氏兄长之子，次女所嫁"亦名家子也"。最后，王氏将丈夫钟爱

---

① 《攻媿集》卷 107《王夫人墓志》，第 1514 页。墓志称其丈夫为向敏中的第 8 代后人，但他与其兄弟的名字符合向敏中第 7 代后人的字辈模式。

② 《宋人传记资料索引》第 1 册，第 411 页；《宋史》卷 399《仇念传》，第 12124—12128 页。

③ 王氏妹妹嫁给其丈夫外甥的婚姻与传统的辈分相悖。这样的婚姻做法遭人鄙夷，这种婚姻可能是人们愿意维持旧有关系网的另一种极端表现。

④ 《渭南文集》卷 32《曾文清公墓志铭》，第 200—203 页。值得注意的是，曾几的墓志中并未提到王氏小姑子与其孙子的婚姻，虽然她丈夫的名字与所提到的诸孙名字的字辈相符。想必她丈夫出生（或起名）于 1166 年曾几去世之后。

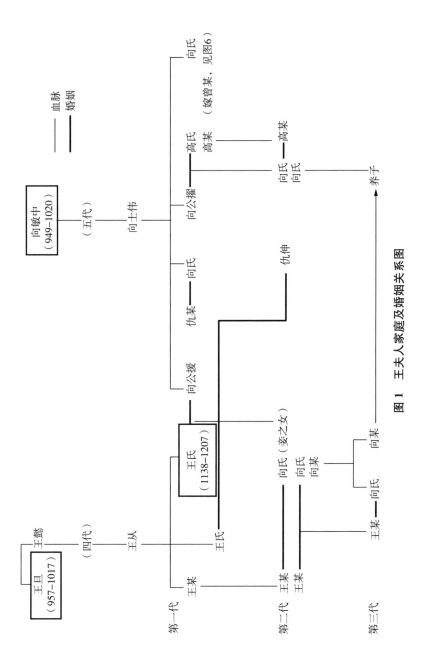

图 1　王夫人家庭及婚姻关系图

的幼女(妾所生)嫁给自己弟弟之子;她的长女嫁给侄子(王苍舒——译者注),而他们的儿子则娶表妹,即王氏的孙女。[1]

人们千方百计地试图延续北宋朝廷的婚姻网络,其他史料证实,这种婚姻网络至少被维持到 12 世纪末。虽然往往不能断定这些婚姻中所涉及的家庭在何地生活[2],但我手头资料显示,对于难民家庭而言,亦如他们居住在都城时,从周围人中选择姻亲最普通不过。王氏娘家和丈夫向氏一支均重新定居在明州[3];他们的姻亲曾氏居住在邻州绍兴府的山阴[4],曾氏姻亲吕氏居住在不远的婺州[5]。向氏家族另一支定居在清江(今江西南昌西南),当地一位向氏后人嫁给了居住在同县的刘挚的曾孙(刘荀——译者注)。[6] 新家在会稽的一位司马光兄弟的后人,娶当地人孙氏女。孙氏家族北宋时曾有人任三品官,并且他们也是移居会稽的苏颂曾孙(苏玭——译者注)的姻亲。[7] 其他司马氏后人与北方难民、居住在邻州明州的姜氏家庭联姻。[8] 虽然难民家庭通常倾向于当地婚姻,但他们无法完全避免更远距离的婚姻。吕祖

---

① 《攻媿集》卷 107《王夫人墓志》,第 1514—1516 页。

② 例如,参知政事韩亿(韩缜、韩绛之父)的两个南宋后人娶了在北宋颇具文学才华声誉的晁氏家族的后人(《南涧甲乙稿》卷 15《崇福庵记》,第 285—286 页;同书卷 18《滠纳妇祝文》,第 361 页;同书卷 22《太恭人李氏墓志铭》,第 460—462 页);但韩氏家族居住在信州,晁氏后人则分散居住(《斯文》,第 74 页),此韩氏出自哪一支不详,同样,王夫人的仇氏或高氏姻亲居住何地亦不详。

③ 《攻媿集》卷 107《王夫人墓志》,第 1514—1516 页。

④ 《渭南文集》卷 32《曾文清公墓志铭》,第 200—201 页。

⑤ 《宋人传记资料索引》第 2 册,第 1212 页。

⑥ 《宋人传记资料索引》第 5 册,第 3869 页;《文定集》卷 21《徽猷阁直学右大中大夫向公墓志铭》,第 257—262 页。刘氏、向氏家族前代已经联姻(《宋元学案》卷 2《泰山学案》,第 127 页;《宋人传记资料索引》第 4 册,第 2957 页;《文定集》卷 21《徽猷阁直学右大中大夫向公墓志铭》,第 262 页)。

⑦ 《渭南文集》卷 39《吏部郎中苏君墓志铭》,第 246 页(关于王氏,她的公公安排了这门亲事);同书卷 35《夫人孙氏墓志铭》,第 216—217 页;《南涧甲乙稿》卷 20《故中散大夫致仕苏公墓志铭》,第 407—409 页。司马光的直系后人似乎止于其孙辈。

⑧ 《攻媿集》卷 106《知钟离县姜君墓志铭》,第 1505—1506 页;同书卷 108《赐金紫光禄大夫姜公墓志铭》,第 1521—1522 页;《烛湖集》卷 10《司马氏七子字说》,24b。

谦(吕公著后人)先后娶韩元吉(韩绛、韩缜的玄侄孙)的长女和次女。①
尽管事实上吕氏居住在婺州(今浙江中部金华)，而韩氏韩元吉一支居
住在约二百公里以外的信州(今江西东北上饶)。

南宋宰相们的婚姻遵循着与难民家庭的类似做法。实际上，他们
时而重叠，因为许多南宋宰相与难民是姻亲。一些婚姻再次呈现"地
方化"：祖上已经从四川移居衡阳的南宋初年宰相张浚的侄孙女，嫁给
向敏中居住在衡阳的后人(六世孙向士克——译者注)。② 居住在吴县
的北宋宰相曾公亮的后人嫁给参知政事魏良臣之子(魏叔介——译者
注)，魏家住在约一百五十公里以外的安徽宣城。③ 信州人南宋宰相陈
康伯与居住在三百公里以外浙江绍兴的韩琦后人是姻亲；陈康伯同时
也与居住在安徽太平县的吕夷简兄弟的后人有姻亲关系，太平县与信
州的距离同浙江绍兴与信州的距离大致相仿，但方向不同。④

在一定程度上，南宋宰相的婚姻关系存在一定规律，他们有时聚
居某地。鄞县史氏与同乡郑清之及同知枢密院事袁韶家通婚。史浩
的女儿嫁给邻州婺州人王淮之子(七子王櫹——译者注)；她的兄长史
弥远娶了来自邻州绍兴的参知政事李光的外孙女潘氏。史浩的另一
个后人嫁给邻州台州人谢深甫的曾孙(谢垲——译者注)。⑤ 同样居住

---

① 《东莱吕太史文集》附录卷1,9b(圹志)；《宋人传记资料索引》第5册，第4159页。第八章详细
　讨论了南宋吕氏家族的姻亲网络。韩明士抚州数据亦显示移民在南宋力主异地婚姻(《官僚与
　士绅》，第94—99、211页)。

② 《诚斋集》卷130《通判吉州向侯墓志铭》,7—9b(特别是9b)。

③ 《南涧甲乙稿》卷21《高邮军曾使君墓志铭》，第438页；同书卷21《朝奉大夫军器监丞魏君墓志
　铭》，第439—440页；《宋人传记资料索引》第5册，第4248、4246页。

④ 《南涧甲乙稿》卷21《朝散郎直秘阁致仕陈君墓志铭》，第426页；同书卷20《左太中大夫充龙图
　阁待制致仕赠左正奉大夫吕公墓志铭》，第395—396页。

⑤ 史浩、王淮、谢深甫和袁韶后人间的婚姻，见《清容居士集》卷33《先夫人行述》，20—23b；同书
　同卷《外祖母张氏墓记》,26b—29。郑清之女儿嫁给史嵩之的堂兄，见《后村集》卷170《丞相忠
　定郑公》,11b。史—王婚姻，见《攻媿集》卷87《少师观文殿大学士鲁国公致仕赠太师王公行
　状》，第1177页，同书卷93《纯诚厚德元老之碑》，第1277页。史—潘—李光关系，见《朱文公文
　集》卷94《直显谟阁潘公墓志铭》，1—7。史浩的另一个曾孙女嫁给秦桧的曾孙(《攻媿集》卷93
　《纯诚厚德元老之碑》，第1277页；《宋人传记资料索引》第3册，第1868页)，但秦氏家族当时
　居于何地不详。

在鄞县的魏杞的曾孙女嫁给同州人参知政事余天锡的侄子（余晦——译者注）。[1]

情况类似，福建宰相陈俊卿和梁克家彼此之间是姻亲，同时也与其他显赫的福建人有姻亲关系，其中最引人注目的是参知政事郑昭先和龚茂良。陈俊卿也与当地一林姓家庭是姻亲，而林家同时也是另一位福建宰相叶颙的姻亲。[2] 江西人周必大的孙女分别嫁给邻州一位参知政事（萧燧——译者注）的儿子和陈康伯的孙子。[3] 赵汝愚的女儿嫁与邻县汪伯彦的后人，居住在福建北部邻州的同知枢密院事兼参知政事刘珙的女儿嫁给赵汝愚之子（长子赵崇宪——译者注）。[4] 四川宰相虞允文和赵雄是姻亲，虞允文的后人也与另一位四川人签书枢密院事魏了翁的后人联姻。张浚的一些子女同样与四川高官家庭联姻，他的孙辈则与同样新近居住在湖南衡阳的家庭通婚。[5]

虽然南宋宰相可能倾向于与距离合适的家庭联姻，但他们肯定并未刻意如此保守。陈俊卿突破了他的福建婚姻网，女儿嫁给江西（约近四百公里）人罗点的后人，孙子（陈址——译者注）娶岳飞的孙女，此

---

[1] 魏颂唐：《增订宋丞相魏文节公事略》（杭州：杭州古旧书店，1982），第18—28页（特别是第25页）。《宋人传记资料索引》第2册，第1233页。

[2] 《复斋集》卷21《前室孺人梁氏葬葵山圹志》，24—24b和《宋人传记资料索引》第3册，2442页；《复斋集》卷22《中散大夫开国龚公圹铭》，24a；《后村集》卷150《知常州寺丞陈公》，5b和《宋人传记资料索引》第5册，第3707、3700页；《朱文公文集》卷91《陈师德墓志铭》，5—6b，《诚斋集》卷119《宋故尚书左仆射赠少保叶公行状》，1—20（特别是19—19b）和《宋人传记资料索引》第2册，第1362页。亦见本章第107页注释②。

[3] 《文忠集》卷67《资政殿学士宣奉大夫参知政事萧正肃公燧神道碑》，10b—19（特别是17b），同书卷76《益国夫人墓志铭》，3b；同书卷64《文华阁直学士赠金紫光禄大夫陈公居仁神道碑》，22b。

[4] 《西山集》卷44《赵华文墓志铭》，6b—14b（特别是13b）；《宋代蜀文辑存》卷71《宋丞相忠定赵公墓志铭》，1—15b（特别是14b）。赵汝愚的女婿汪德辅似乎是汪伯彦的孙子，汪伯彦其他孙子住在鄞县（《夷坚志支癸》卷1《董氏笼鞋》，第1229页）。

[5] 张栻娶四川人宇文师申之女，她的叔父是签书枢密院事（《嵩山集》卷53《宇文郡守墓志铭》，1—5，特别是4b），张栻女儿嫁给胡大时（《宋人传记资料索引》第2册，第1583页），此人是她父亲的弟子，并且还是著名学者胡安国（《宋人传记资料索引》第2册，第1591页）之孙。胡大时的父亲据说在衡阳生活了二十多年（《朱文公文集》卷89《右文殿修撰张公神道碑》，10；《宋人传记资料索引》第2册，第1558页）。

女在安徽池州(距离六百余公里)长大。① 四川人虞允文的孙子娶同样来自安徽的一位高级官员(中书舍人直学士院王滋——译者注)的孙女。② 除了更趋地方化的姻亲关系,江西人赵汝愚与两位参知政事福建人真德秀和江苏人汤鹏举有姻亲关系。③ 张浚的孙子(张忠纯——译者注)所娶妻子既非他老家的四川人,也并非他新家的湖南人,而是住在江西北部南昌的宰相京镗之女。④ 虽然洪适至少一个孙女嫁与邻州之人,洪氏家族其他婚姻对象则有四川人、湖南人和两个所居城市距离很远的浙江人。⑤

这些婚姻的地理分布表明,如同北宋宰相,南宋宰相在那些政治地位相当的人群中物色姻亲,而不考虑地理远近。如果南宋婚姻网经常在几个州内呈现地方化趋势,那么北宋宰相或其后人们的多数婚姻情况亦如此,他们的姻亲居住在都城以及周边地区。

有种种迹象表明,南北宋宰相婚姻网的地理模式截然不同:在北宋,婚姻网似乎有一个单一的中心,每一条线都汇聚到都城。在南宋,单一中心消失了,取而代之的是大量区域性的中心。

婚姻网这一地理分布,想必与那些导致南宋宰相不同居住模式的因素有关:南宋宰相从一开始便牢牢扎根家乡地区,费尽心思地编织当地的婚姻网。北宋宰相十分中意寻求与其他政治势要联姻,他们也乐意与外地人联姻,南宋宰相的做法与其类似,不过,他们通常不需要

---

① 《诚斋集》卷123《丞相太保魏国正献陈公墓志铭》,17—17b,《宋人传记资料索引》第3册,第 2056页;《朱文公文集》卷94《陈君廉夫圹志》,19b;《宋人传记资料索引》第2册,第1432页。
② 《攻媿集》卷102《永宁郡夫人孙氏墓志铭》,第1439—1441页(特别是第1440页)。
③ 《西山文集》卷43《提举吏部赵公墓志铭》,30b—37(特别是36)。《宋人传记资料索引》第3册, 第1818页;《漫塘集》卷30《故汤氏宜人墓志铭》,28b—29b。
④ 《诚斋集》卷123《宋故太保大观文左丞相魏国公赠太师谥文忠京公墓志铭》,18—31(特别是 29b)。
⑤ 《鹤山集》卷71《知南剑州洪公秘墓志铭》,7—7b;《宋人传记资料索引》第4册,第3154页,第 3165页;第1册,第259页;《文忠集》卷68《丞相文惠公适神道碑》,9和《宋人传记资料索引》第 3册,第2172页;第5册,第4185页;《攻媿集》卷91《文华阁待制杨公行状》,第1239—1249页 (特别是第1247页)。

与外地人联姻,这是非常重要的一点。南方的发展,尤其是随之而来的政治精英遍布各地,使得高官似乎即便不在本州,也能在本地区内更容易找到政治同仁。换言之,在当地可以找到越来越多中意的姻亲,以及真正占主导地位的政治中心的缺失,导致南宋婚姻网的收缩和区域化。在北宋,胸怀政治抱负之人或多或少地再次被迫把重点放在都城,而在南宋,地方取向和仕宦兴趣不再互相排斥。

当然,宰相婚姻的地理分布不可避免对这些婚姻的社会环境以及效果产生影响。广泛的通婚有助于使相门在两宋时期成为一个排他性的社会团体。不难想象,这一社会排他性群体在北宋时通过这些婚姻集中在都城地区而强化,并从大部分宰相从之萌芽的地方精英社会中剥离。在北宋,高居权力金字塔顶端的政治精英被有效地从地方社会顶端一扫而空,集中在都城;而在南宋,政治精英仍然是他们所从来的地方精英社会中相当大的一部分。他们无疑发现,与更具流动性的北宋同仁相比,维持先前存在的地方姻亲更容易并且更可取。因此,如果南宋宰相的婚姻网比北宋宰相的婚姻网更加多元化,也并不令人感到惊讶,事实上确实如此。[1] 当然,无论他们与地方的联系如何强劲有力,史料显示,宰相们依然会基于政治身份地位来物色姻亲。即便在南宋,高级官员——已然是全国性精英而非都城精英——同他们的族人和乡党在社会以及政治上仍然有所区别。

①南宋宰相同当地不知名或政治地位较低之人的大量亲戚关系见于史料。例如,洪适孙女的婚姻(《鹤山集》卷71《知南剑州洪公秘墓志铭》),7;《宋人传记资料索引》第3册,第2424页),汤思退之子的婚姻(《括苍金石志》卷7,26b),汪伯彦孙子的婚姻(《夷坚志支癸》卷1《董氏笼鞋》,第1229页),朱倬孙子的婚姻(卢茂村:《福建福州郊区清理南宋朱倬墓》,《考古》1987年9期,第801—802页)。这些婚姻中的一部分可能缔结于宰相辅政之前,其他的婚姻(例如朱氏婚姻),则明确是长期的亲戚关系。而我们关于宰相及其姻亲的史料远远谈不上完备,可能他们的婚姻模式与现存数据所体现的情况略有不同。

第五章　有权有势之人:两个个案研究

在本章中,我们从对宰相社会生活的鸟瞰式分析,转向两位朝官及其族人的具体经历和社会网络。胡则(963—1039)989年进士及第,在宋真宗、宋仁宗朝官居要职。王淮(1126—1189)1145年中进士,并在宋孝宗朝1181—1188年间拜相。两人均来自浙江中部婺州。因此,仔细考察他们的生活和社会关系不仅有助于澄清两宋高级官员的差异(和相似之处),也能进一步揭示联系高级官员和他们所从来的地方精英之间的复杂关系。本章将详细追溯胡则和王淮的祖先、后人以及姻亲。这有时会让我们从时间和空间上远离这两个官员。但沿着相互连接的每一条链条追根究底,有助于阐明宋代建构亲属关系和社会网络的不同方式,亦能揭示其中包含的巨大差异。

北宋:永康胡氏

989年,距宋朝统治婺州仅11年,胡则成为宋朝治下当地首位进士。[①]

_____

①《永康县志》卷7《人物志·名臣·胡则》,1(第365—367页)。实际上,没有胡则的同时代人提及他当地首位进士的身份,这可能使关于胡则的说法令人生疑,但他至少是宋代现存史料中最早的婺州进士。

根据胡则墓志铭撰者（即著名改革家儒士范仲淹）所记[1]，在宋之前钱氏家族统治当地的百余年间，主要是靠恩荫入仕。由于不设贡举，儒学风气几乎消亡。然而胡氏家族能使其家儒学传统不坠，胡则"购经史，属文辞"[2]。因此当钱氏归宋，胡则已经作好准备回应宋朝对治具之才的征辟。

根据范仲淹记载，胡则 26 岁登进士第，应属少年得志。胡则在官场稳步升迁（若非飞黄腾达）。1033 年，他以从三品官致仕，成为北宋时婺州所出的最高级别官员之一。范仲淹坦言，胡则的能力会同一些恰到好处的荐举，促成了胡则的仕途成功。而《宋史·胡则传》则提供了更少粉饰的画面，指出正是宰相丁谓的延誉，助推胡则成为高官。而胡则与丁谓的结识，远在丁谓成名之前。[3]《宋史·胡则传》也显示胡则因为各种渎职行为而屡遭贬官，并援引其他官员的上疏称胡则"奸邪贪滥"。[4] 不过，在其家乡婺州，胡则备受人们怀念——他成为地方神祇——因为他曾为当地奏免身丁钱。[5] 但无论其仕途成功的原因或为官方式的史料是什么样，位居高官无疑促成胡则生活的重大转变。

范仲淹对胡则出身背景着墨不多。他提供了胡姓的语源，这是当时墓志铭大体上必须具备的，他提到在虞舜（公元前 2000）之后出现胡姓"武王"，首得尊崇。在谈论其家族历史悠久之后，范仲淹遽然转向讨论胡则的曾祖和祖父，称他们"皆隐于唐季，其道不显"。[6] 他接着指

---

[1]《范文正公集》卷 12《兵部侍郎致仕胡公墓志铭》，8b－12b。范仲淹称自己是胡则之子胡楷的友人。《兵部侍郎致仕胡公墓志铭》是最早的宋代婺州人墓志铭。

[2]《范文正公集》卷 12《兵部侍郎致仕胡公墓志铭》，9。

[3] 丁谓朋党于 1022 年遭清除，胡则与他们一同被贬官（《宋史》卷 299《胡则传》，第 9942 页）。第二章提及许多宋代宰相辅政背后潜藏着这一类型的早期关系。

[4]《宋史》卷 299《胡则传》，第 9942 页。胡则本传虽然称赞胡则在丁谓遭贬谪时不改初衷，但仍称胡则"无廉名"。

[5]《敬乡录》卷 2，1。

[6]《范文正公集》卷 12《兵部侍郎致仕胡公墓志铭》，9。范仲淹在墓志铭中根本没有展现胡则祖上与唐代胡氏大姓之间的特殊关系，甚至没有提到大姓"祖上"或郡望。

出，胡则父亲在乡间间"以积善称"，后因胡则显贵而赠官。胡则母亲应氏亦因儿子的宦业而受封尊贵的外命妇号，但墓志并未提供应氏抑或其祖先的更多信息。

根据范仲淹对胡则祖先的描述，这个家族（或至少其中胡则一支）似乎并无仕宦史，但他们无疑在地方拥有一定声望和影响力。他们与家乡永康保持着充实而富有意义的联系，这体现在胡则父母并未陪同儿子宦游四方，而是选择乐居家乡，与姻族（这些姻族中无疑包括了胡则妻子陈氏的父母）往还。[①] 陈氏嫁给胡则之时，胡则尚未中进士。范仲淹亦为陈氏撰写了墓志铭，他称陈氏出身金华邻县一"令族"。但范仲淹并未解释陈家为何被视作令族（当然可能不过是一种矫饰），而且原因并非仕宦：他强调胡则妻子祖上三代"皆乐善于家，不从仕宦"。[②]

由此可以断定，胡则夫妻均为婺州当地势家子女，安居乐俗意味着衣食无忧且诗书传家。遗憾的是，史料中并未提供关于胡家财富和社会地位来源的任何线索，不过他们（显然连同他们的姻亲陈家）在唐宋鼎革之际不依靠仕宦而仍能维持其地方势要身份：看起来，仕宦在这一时期不是当地社会地位所必需的。但当宋代科举制提供了入仕机会，胡家便毫不犹豫地应举入仕。

随着胡则跻身高官，他放弃了永康的桑梓之地。虽然据说他的妻子婚后在永康居住了大约二十年，胡则却只是在为父母丁忧时返回家乡，[③]仕宦之身要求他大部分时间漂泊异乡。胡则最终在都城安

[①]《范文正公集》卷12《胡公夫人陈氏墓志铭》，12b。

[②]《范文正公集》卷12《胡公夫人陈氏墓志铭》，12b。当然，陈氏可能有族人或姻亲为官。但实际上胡则是已知的宋代婺州首位进士，在他中进士之前，陈胡二人已经结婚，说明陈氏不可能有族人或姻亲为官。

[③]《范文正公集》卷12《胡公夫人陈氏墓志铭》指出，胡则妻子留在永康为公婆养老送终。只有当她与胡则三年丁忧结束，她才最终跟随胡则赴任(12b)。其他宋代史料表明，女人（和她们的子女）陪同丈夫赴任是更常见的做法（例如，《苏舜钦集》卷14《亡妻郑氏墓志铭》，第178页）。

家。① 当他 70 岁致仕时,胡则并未返回家乡永康,而是定居他最后一任历官所在地杭州钱塘。皇帝特意任命胡则长子(胡楷——译者注)通判钱塘,以便他赡养,而胡则夫妇去世后均葬于钱塘。②

到目前为止,胡则的经历与之前章节考察过的北宋宰相的情况极为相似。如同他们中的一些人,胡则从出身一个相对普通的地方势要之家,升至朝廷重臣,并在跻身高官过程中背井离乡。而胡则移居一处经由大运河便可到达都城的所在,这也与许多北宋宰相情况相似。

胡则夫妇育有四子二女。③ 胡则去世时,其长子官正七品,其余三子均为从八品。④ 虽然长子胡楷已中服勤词学科,但 4 个儿子均为恩荫入仕。⑤ 胡楷以从四品官致仕。⑥ 胡则的两个女儿分别嫁给了低级官员。⑦ 关于胡则子女的情况不详。⑧ 但有胡则侄女和孙女的墓志,以及胡则一些姻亲(特别是其次子姻家以及小女儿夫家)的信息留存。

---

① 胡则侄女(抚养于胡则家)的墓志铭中,她被称作开封人(虽然她的祖上是婺州人)(《范太史集》卷 42《安康郡太夫人胡氏墓志铭》,1—1b)。虽然没有直接证据表明胡则的子女随其宦游并住在一起,但胡则侄女的史料表明情况确实如此,至少胡则的一个孙辈也出生在开封(《钱塘集》卷 16《德清县君胡氏墓志铭》)。

② 《范文正公集》卷 12《兵部侍郎致仕胡公墓志铭》,9b—10;《永康县志》卷 2《宦墓》,40(第 136 页)。没有证据表明此后胡则的族人或后人居住在永康。《永康县志》中宋代进士名录显示,北宋末和南宋时,仍然有胡姓之人生活在永康,但并未将其与胡则联系在一起。如下文所示,关于北宋末胡则兄弟后人的传世史料显示,胡氏家族这一支也已经迁出婺州。

③ 需要注意的是,这六个孩子并不一定全是陈氏所出,虽然作为正妻,她是胡则所有子女正式的"母亲"。

④ 《范文正公集》卷 12《胡公夫人陈氏墓志铭》,13。

⑤ 《永康县志》卷 6,78(第 328 页);《范文正公集》卷 12《胡公夫人陈氏墓志铭》,12。《胡公夫人陈氏墓志铭》记载胡楷中服勤词学科(我对这个科目不甚清楚)。胡则墓志铭亦指出,当胡则去世时,作为朝廷对逝者的认可,其一子被进官(《范文正公集》卷 12《兵部侍郎致仕胡公墓志铭》,10)。

⑥ 《钱塘集》卷 16《德清县君胡氏墓志铭》,31b。

⑦ 长女嫁给低级官吏(从九品)苏璠,可惜,他的身份不可考。次女嫁给御史台主簿(正八品)华参,下文将更多提及此女。

⑧ 关于胡则妻子仅知其姓氏(《钱塘集》卷 16《德清县君胡氏墓志铭》,32b,胡楷女儿的墓志铭),除了胡楷夫妇墓志铭中的内容,据我所知,传世史料中并未记载三子和四子(因此关于他们的婚姻情况不详)。可能如同胡湘(见下文)诸子,也作为女婿出现在其他北宋人的墓志中,但在我查阅的大量墓志中,并未发现他们的名字。

最后，史料中提到胡则一位兄弟的几个后人。下面先从胡氏旁系族亲开始，依次梳理这些关系。

胡赈后人：苏州胡氏

胡则入仕不久，其弟胡赈中进士，成为宋代永康的第 2 位进士。[1]现存宋代史料中胡赈及其直系后人的记载仅此而已，不过一方撰写于12 世纪中叶的胡赈曾孙胡峄的墓志铭保存至今。虽然胡峄是否曾驻足永康令人怀疑，他的墓志铭撰者却仍然称其为永康人，只是后文解释自从胡峄祖父胡枚葬于吴县（靠近今苏州），他的子孙已经定居此地。[2]

根据墓志铭记载，胡峄曾祖父胡赈赠官至从三品。祖父胡枚和父亲胡稷言均为从六品官。一条南宋方志（编纂于 12 世纪末之前）史料补充了胡峄的父亲胡稷言因宋祁特奏大约于 11 世纪中叶入仕。[3] 但材料显示胡稷言很快放弃仕宦，他追慕陶渊明的风采，着手在吴县筑五柳堂。[4] 借助于各式修身之法，胡稷言一直保持这种生活方式直至年过八旬而卒。[5]

1086 年，20 岁的胡峄在多次应举不第后最终归家居于五柳堂。[6]他的墓志铭撰者称胡峄罕及世故，却与几位卓有成就的知名学者共享

---

[1]《永康县志》卷 6,2（第 252 页）。胡赈并未出现在《金华府志》（卷 18,3［第 1283 页］）进士题名录中。虽然是否中进士情况不详，胡则另一位兄弟亦以低级官吏致仕（《范太史集》卷 42《安康郡太夫人胡氏墓志铭》,1）。

[2]《唯室集》卷 3《胡先生墓志铭》,12。

[3]《吴郡志》卷 26《人物》，第 387 页。这则史料称胡稷言是胡则的侄子，实际上，胡峄墓志记载得很清楚，胡稷言是胡则的侄孙（胡稷言父亲与胡则诸子是同一字辈）。《吴郡志》中提到胡则，但没有提及胡稷言本人一支的祖先！ 这一点很有意思。《宋元学案补遗》重申了胡稷言跟随宋祁和胡瑗（安定）学习（卷 51,1）。

[4]《吴郡志》卷 14《园亭·五柳堂》，第 197 页。此堂建于吴县，胡稷言所居。

[5]《吴郡志》卷 26《人物》，第 387 页。

[6]《吴郡志》卷 26《人物》，第 387 页；同书卷 14《园亭·五柳堂》，第 197 页。

雅誉，这些学者使吴县成为北宋末东南文化最繁盛的地区之一。[①] 两宋之际的兵戈扰攘带来了这一时期相对开放的选官制度，胡峄终被授一小官（从九品）。尽管墓志铭撰者坚称其有入仕之愿，胡峄却拒绝该任命，并宣称朝廷只是因为他年迈而赐予恩泽。相反，胡峄一直居于常熟县[②]，"步趋言动皆有尺度，宾嘉丧祭率遵古法"[③]。胡峄与妻子去世后均葬于吴县。

在几代人范围内，胡氏家族这一支从跻身都城精英，转为抽身重返地方精英。胡峄唯一可以确定的姻亲王蘋（1082—1153），是一位地方士人，[④]说明至少在 11 世纪末、12 世纪初，胡氏家族这一支在吴县通婚，并且也葬于此地。他们的历史可以再往下追溯两三代：地方志简单描述了胡峄唯一在世的儿子胡百能，胡百能大约生于 11 世纪八九十年代。[⑤] 地方志指出，1144 年胡峄去世时，胡百能尚未入仕，四年后胡百能中进士。虽然官不过正八品，胡百能履任却十分丰富。当其致仕时，胡百能也返回吴县。[⑥] 胡百能有一子（胡耕）三女，但关于他们的更多情况不详，此后，胡氏家族这一支便失载。

对胡氏一支旁系后人的简单考察有几点值得注意：首先，这一北宋都城精英家族未能长时间产生高官。虽然胡则兄弟官居三品，胡赈子孙谋得中级官职，但胡赈的曾孙并无一官半职，一个玄孙仅为低级官员。其次，这个家族也并未长期维持"族"的状态。不迟于 11 世纪中叶——即胡则去世后不久——胡赈后人已经定居吴县，距他们生活在钱塘的族兄弟已经有数百里之遥。并无资料表明胡赈这一支与胡

---

① 包括墓志撰者的母舅林德祖。墓志撰者陈长方是胡峄女婿王蘋的弟子，亦是胡峄儿子胡百能的老师（《唯室集》卷 3《胡先生墓志铭》，11b—12）。
② 常熟县，临近今常熟，江苏省南部吴县以北约 50 公里。胡峄墓志铭指出，他终老于当地家中。
③《唯室集》卷 3《胡先生墓志铭》，13—13b。
④ 同上。王蘋以正七品官致仕。胡峄本人娶一正七品官之女（《唯室集》卷 3《胡先生墓志铭》，13—13b），此官员情况不详。
⑤ 另一个儿子先于父亲去世。
⑥《吴郡志》卷 26《人物》，第 387 页。胡百能高龄中进士表明他可能被赐予特奏名进士。

则一支后人之间有更多联系，抑或这两支中的一支与生活在永康的族人有任何联系。最后，尽管他们在官场的地位日趋没落，胡氏这一支在吴县仍然维持生活品位并且衣食无忧。即便脱离官场，胡氏家族这一支的成员——至少我们了解的那些人，由于他们参加优雅的文人圈和修筑名字充满诗意的住宅而仍然声名隆于当地。虽然史料并未明言他们影响力的来源，但他们在吴县及其周边拥有不止一处别业，显然拥有可观的财富。

由于缺乏关于胡则直系后人的类似记载，我们无法言及与他们吴县族人相比，居于钱塘的胡氏族人有怎样的生活经历，但我们可以从他们所婚配之人的现存信息中了解到那些后人的一些情况。下面依次考察 4 个姻亲家庭。

胡则的姻亲（1）：吴县张氏

胡则次子胡湘娶一福建张姓女子为妻。这桩婚姻见于胡湘岳父张沔（983—1060）的墓志铭。[①] 这方墓志铭指出，张沔是一位中级朝官（从六品）。据记载，虽然张沔的父亲由于早逝而未曾仕宦，但张沔祖上曾在南唐任官。张沔 8 岁成为孤儿，材料显示他得到姐夫杨亿的呵护。杨亿原籍浦城（靠近今福建北部浦城），是一位知名高官（从三品）。[②] 杨家与张家同住在开封，或至少经常保持联系：据说张沔的妻

---

①《公是集》卷 53《故朝散大夫尚书刑部郎中致仕上柱国赐紫金鱼袋张公墓志铭》，10。郝若贝较早使用这条参考资料（第 412 页）。墓志顺便提到胡湘过世时，他的妻子还很年轻，后来改嫁。《宋人传记资料索引》（第 2 册，1570 页）列出另一个湘人胡湘（《彭城集》卷 34《送胡因甫宰湘乡序》，第 458 页）。我猜测第二个胡湘条目下所列刘敞撰写的哀辞（《公是集》卷 50《胡因甫哀辞》，15），可能就是为胡则儿子所写。哀辞提到英年早逝，以及刘敞亦是张沔墓志铭撰者这一事实，给我这种印象。

②杨亿是是张沔的姐夫。这个逸闻来自张沔妻子的墓志铭（《西溪集》卷 10《长寿县太君魏氏墓志铭》，54—54b），张沔的墓志铭也提到杨亿是外姻，并补充说张沔跟随其学习（《公是集》卷 53《故朝散大夫尚书刑部郎中致仕上柱国赐紫金鱼袋张公墓志铭》，11）。亦见《宋人传记资料索引》第 4 册，第 3136 页（"杨亿"词条）。

子在那里侍奉其婆母（张沔的母亲）和大姑姐（张沔之姐，杨亿之妻）。[1] 致仕后，张沔居住在吴县（今苏州）。[2] 胡湘母亲祖上无人仕宦，与她情况不同，胡湘岳母魏氏（张沔之妻）本身是一位从三品官之女。[3]

换言之，胡湘娶了一位大家之女。虽然胡湘的父亲名义上比胡湘的岳父仕途上更为显赫，但至少在母系一边，妻子比他本人这边更尊贵。这桩婚事缔结的确切时间以及动机不详。但值得注意的是，胡湘岳父张沔比他父亲胡则年轻 20 岁——接近一代，因此这桩婚姻不可能早于 1030 年。[4] 此时两个家庭均已经在朝廷立足。[5] 他们的姻亲关系可能也与两个家庭至少一同居住在开封有关。

胡家和张家的相似之处显而易见。在仕途成功使他们短暂移居开封之前，两家都已经在各自家乡谈婚论嫁。定居开封之后，两家与来自别处但同样居住在开封之人谈婚论嫁。[6] 当他们致仕时，虽然并未落叶归根，但胡则和张沔都回到南方，两人去世后均葬于新家。[7] 最后，两家移居到大运河周边的城市，此处比他们家乡地区到达开封更

①《西溪集》卷 10《长寿县太君魏氏墓志铭》，54—54b。

②同上，54b。

③同上，54b。她的两个兄弟（胡湘妻子的叔父）在宋代也官居中上层（从四品、从三品）《宋人传记资料索引》第 5 册，第 4238、4241 页）。

④张沔的第 1 个子女不可能生于 1000 年前（他的长子生于 1015 年；《宋人传记资料索引》第 3 册，第 2320 页）。胡楷娶张沔第 5 个女儿（最小的女儿）。即便所有的女儿都比儿子年长，她也不可能生于 1010 年之前，因此这桩婚姻并非远早于 11 世纪 20 年代末，很可能相当晚。

⑤张沔的姐夫兼老朋友杨亿 1007 年成为翰林学士（《宋史》卷 305《杨亿传》，第 10082 页）。几则轶事证实杨亿得到胡则的良师益友丁谓的赏识，这可能也是促使这桩婚姻缔结的一个因素（《宋人轶事汇编》卷 6，第 250 页）。

⑥例如，胡则与陈氏的婚姻，张沔的姐姐嫁给杨亿，每一个联姻的家庭都在他们家乡之内。另一方面，张沔（和其母亲）移居开封后，他娶了原籍江西的一魏姓女子（《西溪集》卷 10《长寿县太君魏氏墓志铭》，54—54b）。

⑦张沔妻子的墓志铭显示，张沔"以孝归居于吴"（《西溪集》卷 10《长寿县太君魏氏墓志铭》，54b）。我不确定此处所指，只能猜测可能是张沔的母亲厌倦了都城生活，或者即便居于开封，其家在吴县亦有寓居之所。张沔之子张海的墓志铭（《云巢编》卷 10《宋太子中舍张传师墓志铭》，5）明确说张沔从浦城（位于福建）迁至吴县（苏州），并补充说其家成为吴县人。《宋太子中舍张传师墓志铭》亦指出，张海死后葬于吴县其父墓地。在胡则和张沔的事例中，致仕决定是经过深思熟虑的，至少部分原因在于仕途艰辛。

便捷。

张、胡两家的结合，恰是之前章节中所讨论的宰相之家采用的婚姻类型的典型例证，即所结合之人均仕途通达，并且与高层次官僚联姻。张家连续数代拥有类似的婚姻关系。[1] 但并非胡则所有姻亲均符合这一论断。

胡则姻亲（2）：武进华氏

胡则次女嫁给华参后不久便去世，我们对她的情况所知甚少。[2] 但关于其丈夫家族的大量信息意外幸存。它们集中收录在编纂于 11 世纪末、12 世纪初的邹浩文集中。[3] 邹浩与华家有姻亲关系：邹浩姑母嫁给华参之子。邹浩为姑丈家各色成员撰写过墓志铭。虽然他撰写的墓志铭均在墓主过世多年之后，但邹浩的文集仍然揭示了姻亲胡家的许多特定背景。

胡则女儿大约在 1018 年前后过门[4]，华氏家族居住在常州治所晋陵、武进（今江苏南部常州市）周边。据华参侄子（华直温——译者注）的墓志铭记载，华家出自山东平原县，唐末社会动荡，一支迁至晋陵，

---

[1] 据张沔妻子的墓志铭（《西溪集》卷 10《长寿县太君魏氏墓志铭》,55－55b）记载，除胡湘外，张沔还有 5 个女婿（其中一人娶了胡湘的嫡妇）。其中女婿边球是从三品官边肃的孙子，而边肃恰是宰相庞籍的岳父（《宋人传记资料索引》第 5 册，第 4289 页；《华阳集》卷 35《庞庄敏公籍神道碑》,第 462 页）。《宋人传记资料索引》中边氏家族其他成员条目指出，像张家，边氏也移居到吴县（《宋人传记资料索引》第 5 册，第 4288 页）。娶胡湘嫡妇的石元之，是信昌石氏家族一员，而这个家族中之人曾娶胡则的孙女（《宋人传记资料索引》第 1 册，第 419 页以及下文关于石氏家族的讨论）。下一代，张沔的孙女嫁给名士沈括的侄子、正三品官沈遘之弟沈辽。沈氏家族祖茔在钱塘。另一个孙女嫁给苏液，此人应是著名文学家苏舜钦之子（《欧阳修全集》卷 31《湖州长史苏君墓志铭》,第 221－222 页）,参知政事苏易简之孙。苏舜钦离开都城后，苏家居于丹阳，苏舜钦葬于润州。所有这些婚姻中所涉及之人均与名闻天下的人有亲戚关系，所涉及家庭的所在城市彼此接近，合理地分布于大运河周边。

[2]《范文正公集》卷 12《兵部侍郎致仕胡公墓志铭》,12。

[3] 文集名《道乡集》。

[4] 胡则女儿或其丈夫华参确切的出生年月不详，但华参长子之妻生于 1021 年（《道乡集》卷 37《夫人邹氏墓志铭》,7－8b）。如果我们假设她与华参之子同岁（或者她比他更年轻），胡氏嫁给华参可能不晚于 1020 年。

华参祖父"为郡著姓，不干仕进，槃乐于家"。① 虽然华参父亲因其登朝而终获赠官，但华参父祖均未曾仕宦。华参至少还有一位兄弟，他可能因族人关系同样被授官。②

虽然墓志铭撰者煞费苦心地试图将华参家与平原华姓联系在一起，但华家财富似乎始于宋代，华参的祖父最早使华家成为晋陵地方势要。恰如胡则家的例子所示，地方声望以及可能产生此声望的经济资源，帮助地方势要在一两代内建立起与宋代官场的联系——在华家这一例子中，是通过华参科举中第。因此，就初始的家庭背景而言，胡则是将次女嫁入一与其背景相似的家庭。尽管胡则是一个在仕途上非常成功的官员，华参却未能比肩岳父的成就。胡则去世时，华参官正八品，并最终以相同品阶致仕。③ 此外，与胡家不同，华家始终无法超越地方势要的身份地位，并在更苛刻的朝廷政治社会环境中立足。

华参儿女成群。其中长子华直渊为官，虽然不清楚是通过科举还是恩荫入仕。但如同其父，华直渊一直沉沦下僚，并最终以县主簿（从八品）致仕。④ 华参所娶妻子（胡则之女）并非本州人，其子华直渊则娶当地一邹姓女子⑤，她是一位从六品官之女（前面所提及的邹浩的姑母）。此外，我们还了解到华直渊很早便厌倦了官场，在征得妻子同意后，他急流勇退，以乡绅身份过着闲适的生活，并将精力放在培育儿子上。⑥ 华直渊去世后，如同华参所有已知埋葬地点的其他后人，他也被

---

① 华直温的墓志铭称他们成为"郡著姓"（《苏魏公文集》卷56《殿中丞华君墓志铭》，21）。这是华氏族人唯一并非由邹浩撰写的墓志铭。

② 《苏魏公文集》卷56《殿中丞华君墓志铭》，21。华参的兄弟是墓主的父亲，因其子仕宦成功而被赐官。

③ 见华参孙子华申锡的墓志铭：《道乡集》卷34《华元吉墓志铭》，8b。

④ 同上。

⑤ 虽然邹氏祖上居于杭州钱塘，但华直渊的岳父在这桩婚姻缔结前已经举家迁至晋陵（《道乡集》卷37《夫人邹氏墓志铭》，7—7b）。令人疑惑的是，是否钱塘亲戚（胡则也葬于此地）对这桩婚姻有影响。

⑥ 所有的儿子（他们是华参之孙，胡则曾外孙）均致力于科举，但只有一个儿子中举入仕。此人担任一系列低级官职，以县尉（从八品）致仕。《道乡集》卷37《夫人邹氏墓志铭》，7b（华直渊夫人墓志）。

葬于武进。[①]

由此可见,胡则通过将女儿嫁给华参所建立起的姻亲关系,与其子娶张沔之女获得的姻亲关系截然不同。在胡湘成为其女婿前后,张沔与其他高级官员已经有姻亲关系;而对于华家而言,胡则是他们已知的其他姻亲中最具政治声望的。[②] 同样的,张家至少有一个儿子任高官[③],而华家子孙或女婿们均沉沦下僚。但华家的故事尚未完全结束。除了以上描述的诸子,华直渊与妻子邹氏还育有三女。笔耕不辍的邹浩对华直渊的小女儿进行了描述。

胡则曾外孙女华氏的丈夫胡元均是晋陵本地人,生于 1034 年。据记载,胡氏家族(与胡则没有亲戚关系)由豫章移居晋陵已经 5 代。[④]据邹浩描述,他们于东南最为名族,从胡元均的从祖"文恭公"、从父"简修公"时,[⑤]便持续不断地涌现出学者和官员。文恭并非别人,而是枢密副使胡宿(996—1067);简修,是胡宗愈的字,他是胡宿的侄子,也是一位高级官员(从二品)。这桩婚姻可否被理解为华家与政治声望闻于全国的家族重新建立亲戚关系? 华家是否一直以来都维持着这

---

① 《道乡集》卷 37《夫人邹氏墓志铭》,7(华直渊夫人墓志,称其葬于其丈夫坟墓)。葬于武进(同一地点)其他华氏后人的墓志铭、行状,见同书卷 34《华元吉墓志铭》,8b;同书卷 40《故登州防御推官华君行状》,7b;同书卷 36《华世衡墓志铭》(3b)。虽然没有记载胡则女儿和华参葬于何地,似乎他们也葬于此地,但华参的侄子葬于邻县(《苏魏公文集》卷 56《殿中丞华君墓志铭》,24)。

② 必须承认,华参祖上的婚姻情况不详,但实际上直到华参科举中第,他们才获得赠官,这令人怀疑他们与本地最显赫家族的亲戚关系。即便华参侄子比华参诸子仕途更有起色,其墓志铭描述他被北宋许多重要官员所闻知,他也只是先娶了当地一不知名的李姓女,后娶邻县丹阳一正七品官之女。这个侄子也葬于当地,但是在晋陵而非武进(《苏魏公文集》卷 56《殿中丞华君墓志铭》,24)。最后,虽然邹浩与华家有亲戚关系,并以从三品官致仕,但此事发生在 12 世纪初,且在亲戚关系确立很久之后。

③ 胡湘的妻兄张诜是从三品官。他的仕途得益于他娶了宰相韩琦的侄女。关于张诜岳父,见《西溪集》卷 10《长寿县太君魏氏墓志铭》,55;《宋人传记资料索引》第 3 册,第 2295 页("张诜"条);《安阳集》卷 46《二兄监簿以下墓志铭》(13b—14b)。

④ 《道乡集》卷 35《胡子正墓志铭》,14b—16b。除另有注明外,胡元均及其族人的叙述均来自这条史料。

⑤ 实际上,文本为"修简",这可能是邹浩的误记或文本损坏。无疑,胡宗愈正确的谥号是"简修",而非"修简"。

种亲戚关系？

从严格的谱牒角度来看，胡元均与其知名族人的族属关系并非那么疏远：胡宿（文恭）是胡元均的从祖[①]；胡宗愈（简修）是胡元均父亲的堂兄弟或族兄弟[②]。但胡元均似乎与其显赫的父系族人仅通谱而已。例如，虽然胡元均的父亲与胡宿诸子字辈相同，但胡元均及其诸子并未与同代的胡宿后人共用一字辈——尽管关系远近相同或更疏远的其他族人使用同一字辈。[③] 此外，虽然胡元均的曾祖父有赠官（自然是其子胡宿功成名就之后赠与），其祖父任低级差遣（也可能是源于胡宿的影响力），胡元均的父亲（他比胡宿所有侄子年纪都小）却完全是一介布衣。至于胡元均本人，邹浩称其日夜苦读，希望光耀门楣。遗憾的是，胡元均的父亲英年早逝，撇下一个百口之家——除了胡元均已经年迈的祖父，无人支撑门楣。面对如此情况，胡元均毅然放弃学业，专力以任家事。胡元均的墓志铭撰者赞扬他"抚诸弟至有家室"，收育孤侄女；当其他亲戚都畏避不敢探视身染疫病的族人，胡元均却能对他们悉心照料；他还撕毁别人欠自己钱的借据。据称，他的儿子也能效其父所为。

那么，我们应如何解释胡元均和胡则曾孙女的婚姻？胡元均显然并未从他并不很疏远的族人们的显赫地位中受益。胡元均的墓志铭撰者认为在墓志铭中提到知名的亲戚合情合理，自然表明这层关系是众所公认的。但胡元均明显不能仰仗他的族人谋求经济福祉或政治奥援。实际上，当胡元均一些族兄弟位居高官，与高官子女谈婚论

[①]《宋人传记资料索引》（第 2 册，第 1565 页）和《文恭集》卷 40《李太夫人行状》（第 475—476 页，胡宿母亲行状）。

[②] 胡宗愈被称作胡宿"从子"，但不清楚他是胡宿兄弟还是堂兄弟之子（《宋史》卷 318《胡宿传》，第 10369 页）。

[③] 这些族人包括胡宿之弟胡宽的孙子胡交修（《鸿庆居士集》卷 42《宋故端明殿学士左朝散大夫致仕安定郡开国侯食邑一千户赐紫金鱼袋赠左中大夫胡公行状》，8—18）、胡宿侄子胡宗愈之子胡端修（《宋人传记资料索引》第 2 册，第 1598、1610 页）。

嫁,①并且言谈举止均与都城精英一般无二时,胡元均却仍以典型的地方士绅形象示人。虽然这桩婚姻可能再次将华家与一个部分家族成员权力和声望闻于天下的家族扯上关系,但我仍然坚信这桩婚姻不应被视作为华家享有类似地位的佐证。相反,应该将它与华家和晋陵当地势要缔结的其他婚姻一视同仁:这是两个地方精英家庭的结合,目的是维系或强化他们在当地的社会政治影响力。因此,名高天下的族人对胡元均本人的社会网络而言意义相对不大。

胡则儿女所婚配的家庭类型完全不同:一个活跃在开封高官之中,并与其他地位相似之人有着千丝万缕的关系;另一个则活跃在官僚的中下层,主要与来自本州的同样官职卑微之人有亲戚关系。如何解释这种差距?

虽然证据并不确凿,但我相信答案就在于婚姻的时机和胡则个人仕途的发展。几乎可以肯定,胡则女儿大约在 1020 年出嫁。当时,她的父亲已经侧身中层官僚,但尚未达到他仕途的顶点。② 另一方面,十余年后,她的兄弟结婚,胡则此时已经跻身高官且临近致仕。③ 换言之,胡则儿子更体面的婚姻反映了胡则日益提高的政治地位。这种情形似乎也被胡则其他后人的婚姻所证实。

胡则姻亲(3):钱塘/开封钱氏

除了自己的儿女,胡则家中还有一个年轻的侄女,她生于 1015 年,是胡则弟弟胡贲与夫人朱氏所生之女。④ 由于父亲早逝,这个女孩

---

① 见胡交修行状中的婚姻描述,《鸿庆居士集》卷 42《宋故端明殿学士左朝散大夫致仕安定郡开国侯食邑一千户赐紫金鱼袋赠左中大夫胡公行状》,8—18(特别是 16b—17)。胡交修与一位来自胡氏家乡的高官孙女结婚:他的妹妹嫁给一个福建人。另一个事例中,胡宿的曾孙女嫁给陈尧佐的曾孙(《浮溪集》卷 25《右中奉大夫直徽猷阁知潭州陈君墓志铭》,第 292—294 页)。
② 虽然史料对于胡则仕途时机记载模糊,但指出他在 1022 年作为丁谓之党而遭贬职,当时他仍是中级官员。胡则只是在此之后成为高官(《宋史》卷 299《胡则传》,第 9941—9942 页)。
③ 胡则 1033 年致仕(《范文正公集》卷 12《兵部侍郎致仕胡公墓志铭》,9b—10)。
④《范太史集》卷 42《安康郡太夫人胡氏墓志铭》,1。

一直由喜爱其容德的胡则抚育。她的墓志铭撰者透露，为心爱的儿子钱暄寻找合适婚配对象的英国夫人，同样为她的德行所打动。闻悉胡则侄女的贤德，英国夫人便安排了两个家庭之间的婚事。①

钱暄是五代时期统治东南地区吴越国钱氏家族的后裔。其父钱惟演是吴越末代国王之子，降宋之后，他以诗歌知名，并且身居高位。②胡则侄女所嫁入的家庭情况大致如此，她的墓志铭撰者称其家"毓庆蕃昌"。胡则侄女能够陪同婆母进谒宋仁宗，并获赐冠帔；当其丈夫升朝官，她被加赐封号。

尽管从未通过进士试，但胡氏丈夫钱暄在 1085 年 67 岁去世前，已升至从四品官。③ 虽然比丈夫年长 3 岁，且因某次入宫侍宴染风痹疾，胡氏却比丈夫多活了 5 年。当她去世时，宫廷赏赐白金千两，妃嫔们纷纷问恤、吊唁。④

通过嫁入钱氏家族，胡则侄女涉足的社会环境与嫁给华参为妻的堂姊妹的社会环境大相径庭。因为自我标榜的高贵血统，钱氏家族与宋朝皇室的亲密程度是华氏家族难以比拟的，甚或胡家亦望尘莫及。钱氏家族与皇室和后宫妃嫔有着千丝万缕的姻亲关系，而这些关系则强化了他们与宋朝皇室亲戚关系的特权本质：⑤钱暄的母亲（胡氏的婆母）本身便是公主之女。

与宋朝皇室这种关系实实在在的影响明显体现在胡氏早年谒见（陪同其婆母）皇帝，以及尤其是均非进士出身的胡氏公爹和丈夫身居

---

① 《范太史集》卷 42《安康郡太夫人胡氏墓志铭》，1b。
② 《咸淳临安志》卷 65，4—5（第 4480—4481 页）；《宋史》卷 317《钱惟演传》，第 10340—10342 页。
③ 《咸淳临安志》卷 65，5—5b（第 4481 页）。钱暄堂弟钱昆的传记（附于钱暄传之后）指出，虽然这一代许多钱氏堂兄弟接受官职，但只有钱昆兄弟愿意参加科举而成为进士。《宋史·钱暄传》也指出钱暄通过父亲恩荫入仕（《宋史》卷 317《钱暄传》，第 10343 页）。
④ 《范太史集》卷 42《安康郡太夫人胡氏墓志铭》，3。
⑤ 《宋史》卷 317《钱惟演传》，第 10340—10342 页。传记显示，钱惟演在婚姻策略上是行家里手，其联姻之家均十分显赫，如宰相丁谓和皇室。但与后者联姻的策略事与愿违：传记显示，钱惟演不止一次由于与后妃之家关系过于亲密而被贬官。钱惟演与丁谓的联姻耐人寻味，读者可能回忆起丁谓同时是胡则的靠山。虽然无法证实，但钱—胡的联姻可能源于丁谓。

高官之上。同时亦反映在胡氏夫妇大部分时光在都城度过,正如胡氏墓志中郑重其事地描述她频繁入宫拜谒,他们很可能在都城拥有住宅。[①] 即便是她的墓志撰者也承认,对胡氏而言,与钱家的婚姻是她迈入社会上层的一步,而她始终未因新的贵盛而自骄,因此受到墓志撰者的盛赞。墓志撰者引用她对自己好运的谦逊感叹:"吾何以致之此,自钱氏德泽长远尔,吾敢忘平昔乎?"[②]这桩婚姻与胡则女儿婚姻的不同,也明显体现在胡则侄女的子女与华家族女们不同的婚姻圈。后者与当地中下层官僚子女通婚,而这个侄女的女儿则嫁给宰相吕公著之子吕希绩,儿子(钱景臻——译者注)尚公主,成为驸马。[③]

由此可见,胡则侄女与钱家的婚姻如同胡湘与张家的婚姻(但与胡则女儿和华参的婚姻不同),符合都城精英婚姻模式。前者是两个居住在都城的高官家庭子女的结合,而后者则体现了崭露头角的朝廷官员的女儿和地方精英前途有望的儿子之间的婚姻。最后,胡则孙女的婚姻又体现了什么?

胡则姻亲(4):新昌石氏

史料中可考的最后一位胡则直系后人是他的孙女,她是胡则儿子胡楷之女、石秀之的妻子。她的墓志铭由女婿韦骧撰写。虽然韦骧提到她的祖上为永康人,他仍然指出,胡楷的女儿生于开封。韦骧称她

---

①虽然钱家通常被描述为钱塘人(他们在宋之前的家乡),但我没有找到他们在宋代仍然与当地有联系的蛛丝马迹。相反,胡氏与其丈夫唯一已知的江宁府(近今天南京)居所是皇帝的赐第(《范太史集》卷 42《安康郡太夫人胡氏墓志铭》,2b)。钱暄和胡氏均葬于开封(《范太史集》卷 42《安康郡太夫人胡氏墓志铭》,4),他们的曾孙参知政事钱端礼的行状称他为开封人(《攻媿集》卷 92《观文殿学士钱公行状》,第 1257 页)。

②《范太史集》卷 42《安康郡太夫人胡氏墓志铭》,3。

③《范太史集》卷 42《安康郡太夫人胡氏墓志铭》,3b;2。值得注意的是,胡氏嫁给钱暄后成为众多子女名义上的母亲:她的墓志铭指出他们夫妇有 12 个儿子和 2 个女儿,当她去世时,他们又有了 44 个孙辈(当然似乎包括一个或多个妾所生子女)。同样值得注意的是,所有 12 个儿子均有官职,虽然他们中没有任何一个人已知通过科举考试。

18 岁时(1037)嫁给石秀之①，与丈夫相处合乎礼法，侍奉公婆如其父母，换言之，孝敬公婆。②

根据胡氏丈夫堂弟的墓志记载，石氏家族唐末迁至越(浙江北部)。③ 随着宋朝崛起，强调文治而非武功，这个家族能以诗史教授子弟。石家所有可考的宋代族人均是一位生活在 10 世纪的祖先的后裔——关于他是否在五代时任官，还存在一些争议。④ 但此人的儿子并未仕宦，直到 11 世纪 30 年代，此人的孙子成为家族中首位宋代进士。⑤

胡氏的公爹是这位进士的兄长。他与三弟均未能举进士，但至少下一代中包括胡氏丈夫石秀之在内有 5 位家族成员登进士第。⑥ 此外，已知石秀之一代有两个其他男性族人任官。⑦ 石氏家族这一代成员的巨大成功可能归功于这个家族为其后代的教育倾注了大量心血。石秀之的叔父送 4 个儿子中的 3 个就学，只留下一个儿子治家。⑧ 石秀之的父亲则更进一步，在距离其新昌居所十余里的一处风景如画之地修建了一所学校，目的就是教育诸子。石秀之幼年聪颖过人，弱冠前便已经通过了乡试。⑨ 1038 年，21 岁的石秀之中进士，他的仕途似

---

①如下所述，墓志铭撰者指出，胡氏 1093 年去世时，这对夫妇已经结婚 56 年，因此他们在 1037 年结婚。

②《钱塘集》卷 16《德清县君胡氏墓志铭》，31b。

③《苏魏公文集》卷 55《朝议大夫致仕石君墓碣铭》，9b。

④此人是石延俸。石延俸曾孙石秀之的墓志称延俸不仕(《钱塘集》卷 16《石奉议墓志铭》，30)，但另一个曾孙的墓志宣称延俸"仕钱氏为某官"(《苏魏公文集》卷 55《朝议大夫致仕石君墓碣铭》，9b)。依我看，两则史料中后一则史料的含糊其辞更可疑。

⑤《苏魏公文集》卷 55《朝议大夫致仕石君墓碣铭》，9b。

⑥除了石秀之，其他三位进士是他兄弟(《钱塘集》卷 16《石奉议墓志铭》，30)。第 5 位进士是他们的堂兄弟石牧之(《苏魏公文集》卷 55《朝议大夫致仕石君墓碣铭》，4b—5)。

⑦另一个堂兄弟石衍之，通过特奏名入仕，但仕不及正五品：《钱塘集》卷 16《永寿县君史氏墓志铭》，27—29(石衍之史姓妻子墓志铭)。另一个男性，其祖先不详，其曾孙墓志铭中描述他为正八品官：《汉滨集》卷 15《故左朝请郎石君墓志铭》，8b(石延庆墓志铭)。

⑧《陶山集》卷 15《石子倩墓志铭》，163。留在家里的儿子很欣慰地看到自己的儿子入太学。

⑨《钱塘集》卷 16《石奉议墓志铭》，30。根据宋代仪制，年轻男子二十岁时加冠。

乎一片光明——尤其考虑到岳父胡楷对他的积极帮助。[1]

不幸的是,石秀之的仕途很快由于丁父忧而被打断,不久之后他的母亲去世,石秀之身患重病。当结束丁忧,他留在钱塘家中将养,并最终决定不再追逐功名,因此 45 岁时,石秀之向朝廷请求致仕,以普普通通的正八品官致仕。[2] 尽管石秀之的仕途乏善可陈,但致仕后他与妻子继续接受赐官和命妇号。韦骧叙述胡楷之女嫁给石秀之仅 6 年,他便疾病缠身,她又照料石秀之 50 年。作为称职的妻子,她亲自调制汤药,不远千里延请良医,"不效而后已",空闲时她便诵读佛经。胡氏的努力终见成效,石秀之比妻子多活了 5 个月。两人死后均被葬于钱塘伍山县。[3] 他们的独子以努力治家而知名,他们的女婿是来自南方邻州的中下级官员。[4]

大体而言,石氏家族同胡氏和华氏家族背景相似。如同其他人,他们均来自在宋朝之前已经在地方立足的家族,虽然他们在北宋入仕稍晚,但石家能够教育诸子并最终能在北宋官场获得立足之地。如同华家,石家主要产生选人或低级官员[5],而且没有背井离乡。另一方面,他们似乎比华家更兴旺,更为人所知,在这些方面他们接近胡家或钱家。[6] 如同其姻亲张家,胡氏家族通过跻身高官而成为望族;钱家

---

① 假设胡氏和其丈夫大致同龄,他们应在石秀之中进士第前结婚。是否胡楷助推其女婿登进士第,值得怀疑。石秀之的墓志铭撰者明确说胡楷试图为其女婿牵线(《钱塘集》卷 16《石奉议墓志铭》,30b)。

② 同上。

③ 同上,31b—32b。

④ 第一个(胡氏墓志铭撰者)来自钱塘(今杭州);第二个来自婺州永康,可能体现了胡氏家族与他们婺州旧乡党之间的持续关系(但要注意胡则陈姓妻子来自金华,并非永康)。杭州和婺州均濒临越州,新昌石家就在越州。第三个祖上来自福建,但已经迁居丹徒(邻近今大运河与长江交汇的镇江市)。显然,牵涉其中的大部分华氏家族成员并非当地婚姻。

⑤ 至少在这一时期,石氏家族的一支后来产生了一位高级官员石公弼(1091 年中进士)(《宋人传记资料索引》第 1 册,第 421 页;《摛文堂集》卷 15《朝奉大夫致仕骁骑尉赐绯鱼袋石公墓志铭》,1—2b)。后一则史料是石公弼父亲的墓志铭,墓志铭显示石公弼之妹嫁给胡氏女婿韦骧的儿子,即胡氏的外孙。

⑥ 虽然宋初石氏家族的显赫程度并不像钱氏家族那样显而易见,然而几种情形表明他们比诸如华氏家族、胡氏家族都要显赫。首先,像钱氏家族同胡氏家族和华氏家族形成鲜明 (转下页)

不仅拥有高贵血统，而且在宋初同样官高爵显。相比之下，石家涌现出的官员则默默无闻，但与其他家相似，仍然拥有一定的声望——尤其见于他们被赐官。

尽管仕途蹭蹬，石家仍拥有可观的社会声望，可能有诸多原因，但其中最重要的无疑是财富。在与仕途绝缘的家族之人的墓志铭中，这一点体现得非常明显。石家兄弟皆承学，而石徽之（石秀之的堂兄弟）独秉家政。[①] 石徽之的墓志撰者称赞他并未利用父兄的官位来提高他本人的声望，提到石徽之甚至不愿意父亲为他购买官爵。墓志撰者也以此地无银的口吻评论道，某个"贪人"想要罗织罪名陷害石徽之，却无法捏造状词。为了进一步彰显石徽之的品德，墓志撰者称石家的家奴诬告家族钱粮所得利润多被石徽之贪占。起初太守怀疑石徽之，但石徽之提供的家财账目明白不欺，官府最终将此家奴坐罪，于是乡党称其廉。最后，墓志撰者着力描述曾经跟随自己学习的石徽之诸子"刻意坚槁，甚于寒士"，并将他们的行为与吴越浮夸之俗进行了对比："伧子借名于儒，而横用家资如水，千金之室，至以读书破业者有矣。"遗憾的是，石徽之诸子在科举考试中应举"数奇"，无功而返，诸子的模范行为前功尽弃。

墓志中含蓄传递的事实是，石徽之财富盈门。因为他的财富，"贪人"对他图谋不轨，并且负责调查的太守起初对石徽之贪赃的指控颇

（接上页）对比一样，传世史料中石氏家族的记载十分丰富（《宋人传记资料索引》第 1 册，第 417—434 页；这些页码中所描述之人几乎均来自新昌——超过 25 人可以被证实是这个家族的成员）。同样值得注意的是，华氏家族的墓志几乎全部由其乡党兼姻亲邹浩一人撰写，而石氏家族（如同钱氏家族）成员的墓志则由来自许多不同地方的形形色色之人撰写。当然，史料的不平衡可能仅仅是一种巧合，或者可能与这个家族在北宋末最终产生高级官员有关，其他史料表明，在北宋初，石氏家族便享有特殊的地位。胡楷女婿就是此种情况，尽管他仕途平平，但致仕后仍然连续多年接受赠官和封号。此外，多数石氏家族之人没有与高官家族联姻，但一条史料显示，宋仁宗想将一位公主嫁给石秀之的弟弟（据说此弟拒绝了这份荣耀）：《宋人传记资料索引》第 1 册，第 4274 页。另一条史料指出，一石氏家族之子（石秀之堂兄之子）娶参知政事吕惠卿之女：《会稽志》卷 19，13b（第 7067 页）。胡则孙女的婚姻当然也是门当户对的。
①《陶山集》卷 15《石子倩墓志铭》，第 163—164 页。下文石徽之的叙述完全来自这条史料。

为怀疑。正是因为家财万贯使得石徽之子弟们表现出的节俭毫无必要且出人意料（同时从道德角度又十分可取），①所以墓志撰者才大肆渲染这种节俭。在另一个堂兄弟妻子的墓志铭中，墓志撰者开门见山地指出石家殷实。虽然韦骧为石衍之妻子所撰墓志主要针对墓主的品行，但在描述过程中，墓志撰者称："石氏巨族望于东南，外则朱金辉映，内则簪珥华靡。"韦骧对此提及，只是为了展示墓主对所有这些奢靡"一介不怀，乃独以《诗》《易》、典坟为乐"②。这两位墓志撰者在石家财富敏感主题上的欲言又止，反而表明石家家财万贯。

胡楷女婿仕宦时间虽然很短，但夫妇二人均能接受朝廷殊荣；尽管父兄均未曾入仕，他们的女儿们却能够嫁给外地官员，③并且能享受封赠。个中原因可能如下：在宋初，石家权力声望隆于家乡新昌，以至于引起朝廷的关注并接受恩典，这是境遇一般的家族所无法企及的。无独有偶，他们也能处于这样一个位置——既能确保与重要官员的婚姻关系，也能利用当时最好的作家为他们的逝者撰写墓志铭。换言之，在宋初，某些地方权力和威信足以造就闻于天下的声望。石家财富的确切来源难以判定，但家族固守新昌表明拥有土地是其核心。

综上所述：当胡则兄弟在 10 世纪末成为高级官员时，他们离开家乡，暂居都城。胡则最终定居钱塘；胡则兄弟后人中至少一支成为吴县人，他们很快从朝廷圈子中脱离，但仍能维持地方势要身份，并且直至南宋，在下层官僚中稳居一席之地。

胡则所娶女子是其家乡同县之人，但随着他在官场地位上升，胡则的一双儿女、侄女和孙女的婚姻，让他分别与 4 个完全不同的来自

---

① 墓志撰者承认石徽之有能力买官，是为了更好地强调其决定不这么做的高尚。宋代墓志撰者似乎已经找到财富（不被人赏识）在道德上为人容忍的程度。
② 《钱塘集》卷 16《永寿县君史氏墓志铭》，28。
③ 即便石徽之并无仕途成功的托辞，但他的第二任妻子是一邻县女子，她的祖上在宋初居朝为官，她的母亲本身是从三品官边肃的孙女。石衍之的女儿嫁给宰相宋庠之弟宋祁的幼子（《钱塘集》卷 16《永寿县君史氏墓志铭》，28b；《宋代蜀文辑存》卷 9，19b）。

远方的家族结为姻亲。胡则儿子的妻家张氏是已经名闻一方的东南人，他们在成为高官后，背井离乡，连续数代有人身居高位，并能维持全国关系网。胡则女儿所嫁入的华氏家族在他们家乡同样远近闻名，尽管他们与胡家联姻，却未能产生高级官员，并且他们的社会网络局限于当地。相对的，胡则侄女的夫家钱氏，由于他们自身的高贵血统享有崇高的社会声望，并且通过持续地与皇室和朝廷功成名就官员家庭通婚，设法巩固了这种声望：南宋宰相钱象祖是胡则侄女的五世后人。最后，胡则孙女嫁入的石氏家族，虽然相比其他家族入仕稍晚，并且直到北宋末才有人在官场崭露头角，[1]但他们造就了相当多中下级官员，并且（可能因为他们家境殷实）与几个政治上更为显赫的家庭有姻亲关系。所有这些展现了许多有趣的——有时是矛盾的——关于北宋社会中仕宦、社会地位和亲属之间关系的思考。

首先，胡则及其姻亲的经历表明，在宋之前，一个拥有土地，间或满腹经纶的精英能够不诉诸入仕便保持精英地位。然而，随着宋朝统治确立，精英们迅速使自己与新王朝攀上关系。不论是（如胡则墓志铭撰者所宣称）因为在宋代他们为其文化遗产找到了一个有价值的宣泄口，还是因为宋政府的权力使得超脱并不明智，总之他们开始送诸子参加科举考试。当然，石家的例子显示，在宋初，即便没有得益于仕途上的巨大成功，在地方上有权有势仍然可以得到国家的认同。朝廷试图通过与他们互相通婚和赠官的方式，吸纳类似石家甚至钱家这样名闻一方的家族。

对那些类似胡则的仕途成功之人而言，有证据表明高官与一种独特的社会行为模式相辅相成。正如我们所见，在北宋，高级官员大部分时间均在都城，并且为了更中心地带的城市而经常背井离乡。他们也时常让后人与官位相侔之人的子女谈婚论嫁，这样做的结果是，他

---

[1]石秀之的兄弟1049年进士试中名列第二，但传世史料并未记载他曾经担任高官（《宋人传记资料索引》第1册，434页，"石麟之"条）。亦见第135页注释⑤关于石公弼的讨论。

们的姻亲通常来自五湖四海。胡家与张家和钱家联姻明显体现了这种模式。另一方面，胡则父母、华家姻亲以及生活在吴县的胡则族人的例子，甚至入仕前胡则的例子，都体现了下层官僚或无官品之人通常固守原籍，并且与家乡地区那些地位类似之人联姻。[①] 当然，悖论是在这种例子中的"高官"和"下层官僚或无官品之人"是同一家族中的成员——在某些情况下甚至就是同一人。

这一悖论的基础是宋代政治地位的巨大流动性，并且更重要的是，社会网络往往随着政治地位的改变而改变。胡则父亲无官，其子娶家乡当地人之女。随着胡则在官场步步高升，他起初将女儿嫁入一地位相对普通的官僚家庭，最终其他后人都进入都城精英的婚姻圈。而身居高位的胡则兄弟，其后人在仕途上却日趋没落，很快便仅限于与其新乡党通婚。虽然向上流动通常难于向下流动，但无论向上流动还是向下流动，这些改变都相对迅速，并且通常发生在一代人之间。

社会关系网随着政治地位的改变而改变，这再次体现了宋人认可政治地位和社会地位大致上彼此对应。但我们也再次看到了快速的政治流动性防止了这种彼此对应的绝对性。[②] 如果人们一生中的政治地位跌宕起伏，那么当前地位并不能准确昭示未来前景。那些在联姻时地位不相上下的家庭可能以后的处境却大相径庭。因此，对高官而言，在宋代现实面前妥协，将女儿嫁给背景一般而前途有望的年轻人，希望这个年轻人以后可以飞黄腾达（可能这是华参被选为胡则女婿的原因？），这至少合乎情理，并且可能颇具洞察力。在这种情况下，无论政治地位如何重要，其可能永远不能成为社会地位的唯一标准。出于同样的原因，在宋代，从未有一个剥离的高官"阶层"，因为上层官僚和下层官僚的成员可能恰是来自"同一"群体。实际上，胡则与其亲戚的经历只是深化了前面章节传递的印象，即才、德和运气这些无形之物

①在第六章至第八章讨论中，这一行为模式在婺州低级官员例子中更明显。
②北宋人已经注意到这个事实，并主张重建等级官僚家族（伊沛霞：《概念》，第230—231页）。

在决定个人在社会中的地位（包括他或她在婚姻市场的价值）发挥着重要作用。

最后，胡则与其各式亲戚的例子说明，在北宋，来自同一亲属群体人们的社会地位可能千差万别。这也揭示了政治流动性，以及随之而来的社会后果对于族人之间关系的影响。胡则与族人的个案明确显示了政治成功如何对于家族内不同支产生截然不同的影响，其结果是，即便是关系最近的族人，也可能在很短的时空内便地位迥然。

南宋：金华王氏

王氏家族枝繁叶茂，其中一些支的成员在南宋大部分时间内位居高官。家族中仕途最成功之人是王淮，他出生在北宋灭亡之际，后成为宋代任职时间最久的宰相之一。因为王氏属于南宋史料最丰富的婺州家族（但家族中史料最丰富的支并非官高爵显的那些人），他们的故事有助于阐明亲属、政治等级和社会地位在南宋的关系。

王氏家族

根据王淮墓志铭撰者所记，王氏祖上出自太原，但五代时流落至婺州。据称，他们在那里 8 代"业儒"。[①] 王氏家族的早期数代祖先均无人仕宦，王淮的曾祖父王本是家族中首位建学并且邀请名师教授子孙之人。他的努力得到回报，1112 年，王淮的祖父王登成为家族首位进士。

在一个稍显自相矛盾的叙述中，王登墓志铭撰者认为王登的政治

---

①关于金华王氏一族早期历史有两条史料：王淮本人的神道碑（《诚斋集》卷 120《宋故少师大观文左丞相鲁国王公神道碑》，1)和撰写于北宋灭亡前他祖父的墓志铭（《丹阳集》卷 13《承议郎王公墓志铭》，15)。除非另有说明，王淮祖上的讨论均自这些史料。神道碑和墓志铭均宣称王淮祖上为唐代大姓，几乎可以肯定这是不实之词；我认为所谓学术源远流长，不过是粉饰之辞。

成就来之不易，因为他幼年丧父，并且家境贫寒。只有凭借自强不息，王登才能够接受教育——此处并未提及他父亲的学堂。好学不倦终于使王登因业儒和文采出众而远近知名，于是许多人向他求学问道。后来，他入州学，最后进入太学。王登以 46 岁的年纪从太学上舍肄业，被授官，后以从七品官致仕。

王登的妻子来自他的家乡金华，是一位正八品官之女：这桩婚事远在他中进士之前缔结。[①] 王登去世后，被葬于金华。王登的墓志铭撰者是一位来自远方州郡的官员（葛胜仲——译者注），他了解王登父子，并且当时恰巧寓居王登任职的县。

王登有 3 个儿子，其中次子王师心在王登去世时已经为官。令人费解的是，在别处被描述为王登四子及幼子的王淮的父亲[②]，却完全没有出现在王登的墓志铭中[③]。王登的长子和三子的情况亦不详。[④] 但王淮的伯父王师心逐渐成为朝廷高官，并拥有自己独立的墓志铭。

王师心

如同其父，王师心也受益于三舍法，1118 年，21 岁的王师心登进士第。[⑤]

---

①王登岳父的名字出现在《金华县志》1073 年进士题名录中：《金华县志》卷 6，2b（第 258 页）。这个姻亲家庭的其他情况不详。

②《攻媿集》卷 87《少师观文殿大学士鲁国公致仕赠太师王公行状》，第 1177 页。

③王师德不见于其父墓志铭中令人不解。师德不可能是遗腹子，也不可能在 1126 年王登去世时因年纪尚幼而没有正式取名字，因为王淮本人生于 1126 年，他的父亲那时已经是一位娶妻的成年人。师德可能是妾之子，虽然这通常不会妨碍他出现在其父的墓志铭中。或者可能父子间已经变得疏远。（这也许是重要的，王登的墓志铭撰者并未沿用传统的墓志风格说"他有某某一大堆儿子"，接着列名单。相反，他只是说："王登诸子，长子是。"《丹阳集》卷 13《承议郎王公墓志铭》，16b。）另一方面，王师德在其父墓志铭中的遗漏可能只是抄写错误。当然，这不禁让人怀疑，是否王淮掌权后，其祖上的某些不光彩之处被王氏家族所掩盖。

④作为进士出现在《金华县志》（卷 6，9，第 271 页）中的王师古和王师醇二人，均未标明中第时间与名次。正如史料所指，此王师古与出现在《宋人传记资料索引》（第 1 册，第 335 页）中的绍兴进士王师古并非同一人。此王师古女儿（王登的孙女）的墓志并未提到她父亲的任何官职（《东莱集》卷 11《金华汪仲仪母王氏墓志铭》，5b）。

⑤《文定集》卷 23《显谟阁学士王公墓志铭》，第 277－280 页。除另有注明外，关于王师心的讨论均来自这条史料。

不久，王师心因为平息了河南境内一场突发的盗贼暴乱而声名鹊起，但此后不久，他的仕途因父亲去世而被短暂中断。而在此时，恰逢宋朝南迁，王师心可能对于仕途的滞顿有些许遗憾。但无论如何，1131年，王师心重新履任，其仕途此后一帆风顺。[1] 1165年，王师心以正三品官致仕[2]，四年后在金华家中去世。

王师心有5个儿子，他去世时，他们都已是低级官员。一个孙子（共7个孙子）此时已经出生，同样有低级官品。根据现存金华地方志记载，所有这些儿子和孙子均接受了恩荫。[3] 同一史料告诉我们，王师心长子为朝廷所器重，赐食邑三百户，但除此之外，任何这些后人的生活或仕宦等情况均不详。另一方面，关于王师心几位姻亲的史料保存至今。

王师心的姻亲（1）：金华曹氏

王师心的长子王涣，以及王涣之子王楷，作为曹佃（卒于1175年）后人的配偶见于曹佃的墓志铭中。[4] 根据这方墓志铭记载，曹佃6世祖在吴越国时已经为官，但未及在宋朝仕宦便去世。他的宋代后人不仕。不过他们似乎向往为官，因为曹佃本人已经进入郡庠，甚至已升入辟雍。但当"睦寇乱东南"，他中断学业返回家乡，同年丁父母忧。[5] 既然曹佃求取功名只是为了愉悦双亲，那么一旦父母去世，他对入仕

---

①当然，这是在秦桧专权时期，并且王师心的墓志铭撰者极力表明王师心实际上不依附于这个臭名昭著的权臣。

②此处征引的墓志版本（《文定集》卷23《显谟阁学士王公墓志铭》，第279页）记载王师心最后官衔是左朝奉大夫（从六品），但其他史料（《金华县志》卷3,8b；《敬乡录》卷5,1b；《宋人传记资料索引》第1册，第334页）所列官衔是左宣奉大夫（正三品）。鉴于致仕前不久他为三品官（甚至代二品），后一条记载可能是正确的。

③《金华县志》卷6,34（第322页）。

④《东莱集》卷12《金华曹君将仕墓志铭》，7b。所有关于曹佃生平的讨论均出自这一墓志铭。王涣和王楷的名字出现在同书卷12《金华曹君将仕墓志铭》，9。

⑤墓志撰者指出，12世纪20年代初方腊叛乱攻占婺州。虽然他们的许多金华乡党遭此不幸，曹佃父母是否死于寇盗之手情况不详。见第九章关于郑刚中家族的讨论。

便意兴阑珊。当朝廷一纸赦令授予"在贡籍久故者"初等官，曹佃虽然受官，但他并未谋求差遣。甚至后来，当曹佃有亲戚朋友在朝廷为官（无疑其中有他的姻亲王氏），也不能勉强他出仕。

墓志铭撰者并未告诉我们曹佃如何打发时光，但撰者指出曹佃乐于协助地方官长在秩序混乱后重新经界田地。他也称由于曹佃，曹氏家族"伏腊燕聚"井井有条，并且"弟顺之风兴焉"。曹佃有一子，未曾入仕；曹佃的独生女儿是王涣之妻。曹佃唯一的孙女嫁给王涣之子王楷（大约在 1170 年），延续了家族之间的姻亲关系。

在曹佃缔结的其他姻亲关系中，可以找到进一步证明他在金华地位的证据。这些婚姻大部分是反复与王氏、曹氏和另一个金华家族汪氏缔结（见图 2）。[1]

汪家和曹家首个有文献记载的姻亲关系是曹佃妹妹与汪浃的婚姻。汪浃家族在金华根深蒂固。应曹氏之子的请求，她的墓志铭由婺州士人陈亮撰写，陈亮的族人也与汪家有姻亲关系。[2] 曹氏丈夫以八品官致仕，她们夫妇与汪浃的兄长（一位低级官员）义居约三十年。[3] 虽然汪家有人为官，但似乎并未为他们本人赢得多少声望——无疑与王师心情况不同。曹氏诸子有官品，却是通过入粟补官。她的两个女

---

[1]其他婚姻包括：(1)曹佃的妹妹嫁给汪浃；(2)汪浃、曹氏的长女嫁给王统；(3)汪浃、曹氏的次女嫁给一时姓男子；(4)汪浃、曹氏的孙女嫁给一家庭情况不详的杨姓之人；(5)汪浃、曹氏的孙女嫁给王师心孙子王杞；(6)汪浃、曹氏的孙女嫁给曹佃的孙子曹蒙。所有这 6 桩婚事均来自《陈亮集》卷 30《汪夫人曹氏墓志铭》，第 433-434 页。此外，曹佃娶汪氏、时氏。时氏本人之前嫁给一汪姓之人（《东莱集》卷 12《金华曹君将仕墓志铭》，8b）。我们不能绝对肯定这些汪姓之人与曹佃妹妹所嫁之人属于同一家族，但交换婚是一种很常见的婚姻做法，使其成为可能。最后，曹佃两个孙子娶王师心之弟王师古的孙女（《东莱集》卷 11《金华汪仲仪母王氏墓志铭》，6b；同书卷 12《金华曹君将仕墓志铭》，9）。前一条史料也记载了王师古的女儿嫁给汪浩，他们的女儿嫁给一时姓男子。但无法断定汪浃和汪浩是否属于同一家族。

[2]《陈亮集》卷 30《汪夫人曹氏墓志铭》，第 433-434 页。所有关于曹氏丈夫汪浃的信息均来自这条史料。墓志指出，陈亮家族的一位女性族人嫁入汪家，但没有提供关于这桩婚姻的更多信息。

[3]根据罗文研究，这位不知姓名的兄长是将仕郎，这是文官制最低级，没有资格入仕（第 72-73 页）。

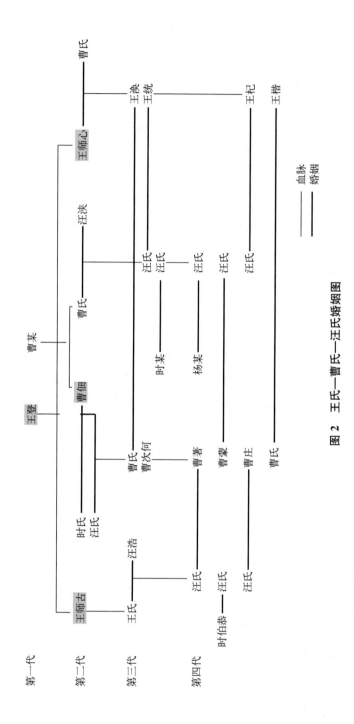

图 2　王氏—曹氏—汪氏婚姻图

儿,其中一个嫁给一低级官员(可能是王师心的次子)[1];另一个女儿的丈夫被简单称作"大家子"[2]。

总之,王师心选择让长子娶并无仕宦史的地方势要之家的女儿,但其他姻亲中有低级官员。王师心四儿子的婚姻似乎有些不同。

王师心的姻亲(2):松阳和金华潘氏

王师心四子王注的岳父潘好古原籍处州松阳(处州南邻婺州)。[3]其曾祖父"以耆老望其里";其祖父"以谨力厚其家";其父躬耕畎亩,后入学,中进士(约12世纪初)并官至中层。另一方面,潘好古的成就却无法媲美其父。他多次应举不第,但拒绝凭借父亲的恩荫入仕。虽然在1170年去世之前,潘好古通过其子的恩荫赐官,但据说他对此很纠结。尽管未曾仕宦,潘好古本人却日不暇给。他三度迁居,最终定居婺州治所,尽管他的松阳祖先生老病死于金华,并且葬于金华。潘好古喜好著书,有数百卷的著作。他隆于教子,生前6个儿子中的两个已为低级官员。潘好古对赈灾地方极为热心。饥馑岁月,他不仅开仓赈济,还高价从他郡购米,然后以三分之一的价格卖出。潘好古笃信佛道,留意塔庙土木事。他花费数十万钱重修婺州堤防,在原籍松阳斥资百万重建一所学校。潘好古最豪放的行为是以数千万钱作为朝廷军费——此举为他赢得五品官服,虽然我们相信潘好古出钱时并未考虑过回报。

通过儿子娶潘好古之女,王师心似乎再次选择了与地方势要之家

---

[1]这是本页注释①(2)曹氏女儿嫁给王统的婚姻。王师心儿子的名字,"统"似乎是"沆"之误。这两个字只是字部首有差别,"统"比"沆"更常见,更可能是书写错误。曹氏的一个孙女(汪夫人)嫁给王师心的孙子(本页注释①第5桩婚姻)则深化了之前的亲戚关系。

[2]《陈亮集》卷30《汪夫人曹氏墓志铭》,第434页。此人姓时。关于金华时氏家族还有一些其他资料(《东莱集》卷12《金华时君德辅墓志铭》,10b;同书卷13《金华时君德懋墓志铭》,2b;同书卷13《金华时沄母陈氏墓志铭》,17b;《朱文公文集》卷90《太孺人邵氏墓表》,12)。但并无与此人有直接关系的证据——甚至与此人字辈相似之人也没有。

[3]《东莱集》卷10《朝散潘公墓志铭》,5-9。除另有注明外,关于潘好古的讨论均来自此条史料。

的联姻。但曹佾和潘好古各自的墓志铭暗示两人处于金华社会秩序的不同位置。潘家不仅在入仕方面更成功，家资也更为殷实。① 从他们的姻亲关系中，可以看到这些因素显然影响了潘家的社会网络。

王注的岳父潘好古结过两次婚：他的第一任妻子是一位籍贯不详的中级官员之女，第二任妻子是来自金华的八品官陈枢之女。陈枢是陈确之孙，而陈确是少数有文献记载的曾在北宋中叶为官的婺州人。② 潘好古本人家庭尽管入仕较晚，但他的第二桩婚姻使他与一个有着长期仕宦传统的家族联姻。潘好古子女的婚姻更值得玩味。

除了嫁给王师心之子的女儿，潘好古其余两个女儿在他生前也已经出嫁，其中一女曾改嫁。次女的丈夫官品卑微但出身名门望族：他是一位宗室。③ 长女的两任丈夫均来自同样颇有背景的家庭。她的前任丈夫汤矼在成为高官前去世，但他是汤思退（潘好古的老乡，处州人）的长子，汤思退在其子结婚时已经官居高位④，并且后来成为宰相。对潘家而言，汤矼的早逝猝然终止了一段非常体面的姻亲关系，但这个孀妇改嫁给另一个有着显赫背景之人，些许弥补了这一缺憾：她的新丈夫是北宋著名学者苏轼之弟、高级官员苏辙的曾孙。宋朝1127年被迫流亡南方时，苏辙长子苏迟一直居住在婺州，他的后人便也在

①需要注意的是，对潘家财富的强调并非反映墓志撰者侧重点的不同，因为两人的墓志铭出自同一人手笔。

②至少潘好古墓志铭的一个版本提供了他岳父的名阶（《东莱吕太史文集》卷10《朝散潘公墓志铭》，4—4b），但他第一位妻子的父亲仅见于墓志铭中。第二位妻子的父亲见于《金华县志》进士题名录中，见《金华县志》卷6，3（第259页），他是陈确（以下第六章、第七章会讨论陈确）的孙子。潘好古岳父的弟弟本身是一名高级官员的女婿（《永乐大典》卷3149，1b—2）。

③《东莱集》卷10《朝散潘公墓志铭》，8b—9。吕祖谦提到的女婿见于《宋史》卷227《宗室世系表十三》，第6972页。

④汤矼至迟于1156年结婚，1161年他去世时，据说撇下一个5周岁（6虚岁）的女儿（《于湖居士文集》卷29《汤伯达墓志》，第284页）。另一方面，既然1156年汤矼只有17岁，这桩婚姻不可能早于此。汤思退（1157年首次拜相）1155年已经是签书枢密院事兼参知政事（《宋史》卷371《汤思退传》，第11529页）。

此地安家。[①] 虽然关于这位苏姓女婿的情况不详，但潘好古去世时，他官正八品，后以六品官致仕。[②]

如同其姐妹，潘好古诸子多数与有一定声望的家族之女谈婚论嫁。潘好古三子潘景宪的第二任妻子是一位来自远方州县的正四品官之女[③]；潘好古的长子娶吕祖谦之女，而吕祖谦既是知名学者又是名门望族之后。[④] 在下一代，潘景宪一女嫁给著名道学家朱熹之子（朱塾——译者注），另一个女儿可能也嫁给苏辙的后人。[⑤]

曹家的姻亲网并未延伸到金华之外，而大部分与潘好古后人联姻的家庭则并非来自金华，许多家庭甚至并非来自婺州。更重要的是，当潘家与其他婺州人通婚时，姻亲家族均有仕宦史，而且常常是显宦。相反，曹家的姻亲（除王师心之外）即便有仕宦传统，也非常有限。最后，曹家女婿极少为官，而大部分潘家女婿却身处官场。

从社会经验出发，我们可以想象王氏兄弟（王师心诸子）在他们各自妻子的娘家参加重要的家庭聚会——或许是一位长辈亲戚的寿辰。[⑥] 在曹佃家中，王涣将会被周围人众星捧月，这些人在金华以乐善好施之举而知名，但大体而言，他们的兴趣并未脱离婺州。王涣父子可能是在场的屈指可数的官员。然而在潘好古家中，王涣的弟弟王注

①根据《金华县志》记载，苏迟葬于兰溪县，这成为苏氏家族在婺州的开始。苏迟在南宋时曾任三品官；其子苏简通过祖父恩荫入仕，官至五品（《金华县志》卷9,12[第505页]）。苏简的次子苏诵成为潘好古的女婿。直到明朝，苏氏后人一直属于婺州精英（《金华县志》卷6,34b，第322页；同书卷9,11b[第504页]；同书卷9,46[第573页]；《黄文献公集》卷9b《金溪曾君墓志铭》，第410—412页；《宋学士全集》卷20《故朝列大夫浙江行省左右司都事苏公墓铭》，第730—735页）。然而，此处描述的婚姻是苏辙南宋后人唯一可考的婚姻。

②《东莱集》卷10《朝散潘公墓志铭》,8b；《金华县志》卷6,34b（第322页）。

③《东莱集》卷13《潘叔度妻朱夫人墓志铭》,6b—7b；《宋人传记资料索引》第1册，第576页（"朱塑"条）。

④《金华县志》卷8,18（第429页）。

⑤《朱文公文集》卷93《承事郎知仕潘公墓志铭》,13。虽然苏彪的名字与苏辙其他已知孙辈名字中均可以找到"双木"，但女婿苏彪与苏辙的关系不可否认是推测的（亦见《宋学士全集》卷20《故朝列大夫浙江行省左右司都事苏公墓铭》，第734页）。

⑥《陈亮集》卷30《刘夫人何氏墓志铭》（第437页）展示了人们在他们姻亲家中参加这种盛大聚会。

只是众多官员和官员后人中的一员,并且大部分男性姻亲的官位都比他高。

曹家和潘家的社交圈并不互相排斥——他们都与王家通婚的事实证明他们的社会圈是重叠的。但正如胡则族人的例子所示,王家这一支的姻亲包括精英内不同社会层次之人。

假如这个场景与事实相吻合,潘家和曹家处于婺州不同社会层次,那么是什么原因导致王师心让自己的子女与不同社会地位之人联姻?当然,王师心个人仕途成功——这确保其诸子通过恩荫或其他方式入仕——使他有资格让子女与门当户对家庭之人结婚。那么,他为何选择让长子娶并不显赫的曹家之女?

我再次揣测,至少部分解释在于婚姻的时间。作为长子,王涣应该是王师心子女中最早结婚的。虽然具体结婚时间不可考,但应该是在王师心仕途高峰到来之前。[①] 另一个因素可能也有助于解释这桩婚事:虽然王师心墓志铭撰者并未提及王师心妻子的出身背景,但指出她姓曹。可能王师心的妻子与其儿媳属于同一曹家或曹氏家族。结合许多其他因素,王师心选择这个并不显赫的曹氏姻亲,可能就是为了维持两个家庭之间长期建立的姻亲关系(在下一代,王师心两个孙子迎娶曹氏后人的事实支持了这个假设)。

此外,我们还了解到王师心的另一个姻亲。在参知政事婺州永康人林大中神道碑中,记载了女婿王樾,他正是王师心的孙子。[②] 将此作为高官之间联姻的例子是极其诱人的,它似乎最终佐证了王师心的婚姻网随着他的仕途成功而发生改变。但这似乎并非事实,因为这桩婚

---

① 既然王涣不见于其祖父王登的墓志铭中,那么王涣应当出生于 1126 年(王登去世之年)之后。王师心的墓志铭显示,12 世纪 50 年代初,王涣大部分时间是州级(通常是中级)官员,并且当时他可能已经结婚了。当然,王师心在 1143 年初是权从三品官。

② 《文定集》卷 23《显谟阁学士王公墓志铭》,第 280 页(王樾以孙子的身份见于墓志铭中);《攻媿集》卷 98《签书枢密院事致仕赠资政殿学士正惠林公神道碑》(第 1369 页),他以女婿的身份出现(他的父亲是王师心第几个儿子不详)。

事可能在林大中成为高官之前已经缔结。① 事实上,在描述这一姻亲关系特点时,我们只能说王家同另一个与官场有关系的婺州家庭通婚。

综上所述:王氏家族在宋朝建国前来到婺州,1112 年在三舍法下产生他们的首位进士。金华王氏家族中有迹可循的三支中的两支(包括王淮)都是这位进士王登的后人(第三支是王登侄子的后人)。王登仅为低级官吏,而且并非他的全部儿子都入仕,但有一个儿子(王师心)成为高官。王师心在世的 5 个儿子都至少拥有低级官品。② 由材料所见,王登、王师心和王师心诸子均与当地女子结婚。王师心的一些后人被局限在严格的地方婚姻网(可能源自王师心父母的婚姻)中,另外一些后人所涉及的婚姻网则包括地位更高的官员和在朝廷有姻亲关系之人——这几乎可以肯定是王师心本人政治地位上升的体现。

远在这些后世的网络形成之前——确切来说,王师心 1126 年居家丁父忧时——他幼弟的妻子,也可能是姜,生下一个儿子。这个儿子就是王淮,我们现在回到他的故事。

王淮

我们对王淮与其显赫叔父之间的关系一无所知,也不清楚王淮是否曾直接从王师心的政治成就中受益。但王淮 1145 年中进士时③,恰逢王师心暂任高官,这可能并非巧合。王淮年仅 19 岁便已经入仕,在

---

① 林大中生于 1131 年,即便是他的长女(王樋妻子是其三女儿)也不可能在 1170 年之前婚嫁,而当时王师心已经去世(当然,虽然可能会更早安排订婚)。另一方面,这桩婚姻似乎发生在 1191 年之前,并且仅在此之后,林大中本人才刚刚成为中级官员(《攻媿集》卷 98《签书枢密院事致仕赠资政殿学士正惠林公神道碑》,第 1364 页)。

② 《金华县志》(卷 6,34[第 322 页])显示,虽然具体官品不详,但王师心所有儿子最后至少担任州级官。

③ 《攻媿集》卷 87《少师观文殿大学士鲁国公致仕赠太师王公行状》,第 1177－1187 页;《诚斋集》卷 120《宋故少师大观文左丞相鲁国王公神道碑》,22－39。除另有注明外,以下关于王淮的讨论均来自这些史料。

担任几任低级官吏之时，他能够获得几位有影响力的上级荐举。部分归因于这种荐举的结果，王淮很快成为监察御史；1175 年，王淮已经官居三品。从 1176 年至 1178 年，当时并未任命正式的宰相，王淮摄行宰相之职；①1181 年，王淮被正式任命为宰相，自此辅政直至 1189 年，即他去世的前一年。

王淮的政治生涯与此处的讨论毫不相干，但《宋史·王淮传》中出现的一个小片断值得提及。据记载，一度为官的道学家朱熹在其仕宦过程中，借机弹劾金华人唐仲友。作为唐仲友的老友②，王淮对此深为不满，于是提拔陈贾为监察御史。陈贾上疏讼言道学朋党的危害，应予禁止。吏部尚书郑丙也加入其中并力攻道学——结果朱熹被罢免。对此，《宋史》仅简言之："其后庆元伪学之禁始于此。"③这则轶事涉及王淮是耐人寻味的，因为他的一些族人与道学运动颇有渊源。

王淮致仕后回到金华，并且去世后葬于此地。他有 8 个儿子（其中 5 个在他们父亲去世时仍然在世），均被授予低级官品。王淮去世时已经出生的 14 个孙子中，9 个孙子已经授官；金华地方志列出了 14 个孙子中的 13 个，并指出他们均官居中下层。④

王淮娶邻县一八品官之女。⑤ 然而，当他着手为其独生女儿物色夫婿时，却将目光投向家乡以外。正如宰相们惯常的做法，王淮选中了一位头名进士、明州人姚颖为女婿。

可以肯定的是，姚颖出身于一个相对普通的官宦之家，他的祖上三代都官居下层。⑥ 姚颖的曾祖父以轻财好施、创办学堂以教授宗族

---

① 《宋史》卷 396《王淮传》，第 12071 页。
② 值得注意的是，唐仲友娶金华一何姓男子的妹妹，据说此人与王淮也有姻亲关系（《灵岩集》卷 7《府判何公行状》，28b—31）。
③ 《宋史》卷 396《王淮传》，第 12072 页。
④ 《金华县志》卷 6，34（第 322 页）。我猜测第 14 个孙子早夭。
⑤ 与王淮岳父同名之人出现在永康县志 1142 年本县进士题名录中（《永康县志》卷 6，4［第 254 页]）。
⑥ 此处及下文关于姚颖的信息均来自他的墓志：《攻媿集》卷 107《通判姚君墓志铭》，第 1511—1512 页。

子弟而为人所知，因此其家在家乡明州一度颇为知名。此外，姚颖在政治关系上并非孤立无援。首先，他的祖父（姚孚——译者注）据称是宰相秦桧弟弟的密友。[①] 与姚颖政治生涯有更直接关系的是其祖父娶了明州史氏家族之女。姚颖的祖母恰好是史才之妹，而史才 1153 年升至签书枢密院事兼权参知政事。姚—史之间的婚姻无疑很早缔结[②]，当时史氏尚未成为明州另一个兴旺的家族，但史才的仕途成功提供了一个特别有价值的姻亲关系。尤其当史才的侄子、姚颖父亲的舅表兄弟史浩成为宰相，无疑更是如此。其实，正是史浩扮演了姚颖与王淮女儿之间婚姻的牵线人。根据姚颖墓志铭撰者记载，姚颖中进士时，恰逢他的远方表叔史浩二次拜相。考虑到两人之间有姻亲关系，知枢密院事王淮可能觉得史浩应该更了解姚颖这个年轻人，便向史浩打听姚颖的情况。当反馈的信息是正面的（估计这应该也是史浩乐意看到的），王淮便托史浩缔结了这桩婚事。

作为进士第一名，同时是一位极人臣官员的女婿，姚颖的政治前途无疑一片光明。5 年时间内，他升至州官；但 1183 年，33 岁的姚颖英年早逝，其仕途戛然而止。姚颖去世，撇下孀妇（王淮之女）抚养两个幼子和一个幼女。

随着这个年轻人的不幸去世，王淮选择姚颖作女婿时的许多意图想必化为泡影。但更重要的是一旦权力在握，王淮便在他本人刚刚加入的朝廷官员网中物色姻亲关系。除了与姚颖的婚姻，王淮还安排自己的儿子娶史浩之女，而这是王—史姻亲关系在下一代中的重复。[③]实际上，虽然王淮及其后人在其他方面似乎一直与他们家乡婺州保持

---

① 《宋人传记资料索引》第 2 册，第 1709 页。《宋元学案补遗》称秦桧一度权倾朝野，但姚颖的祖父从未利用他的朋友关系。

② 假设姚颖生于 1150 年，他的祖父母似应在 1120 年结婚，虽然根据一代十年这个数字很容易被否定。

③ 《攻媿集》卷 93《纯诚厚德元老之碑》（第 1287 页）显示王淮之子王櫄是史浩的女婿。史浩一个曾孙女的墓志铭指出，她的母亲王氏是王淮的孙女（《清容居士集》卷 33《先夫人行述》，22b）。

联系①,但王淮子孙辈中所有可考的姻亲均非来自婺州。资料表明,至少在他的一个姻亲中,王淮为使他的后人立足于朝廷而付出的努力得到了回报：一个孙女嫁给一位从二品官。②

尽管姚颖去世,但姚家和王家的姻亲关系同样维持到第二代。姚颖的女儿嫁给王淮的长孙(王俨——译者注),由王淮家抚养的姚颖诸子也娶了王淮的两个孙女。③ 然而正如其他宰相家族的情况,亲戚间的世婚行为对于维持他们政治地位适得其反。无论王淮的子孙还是姚颖的两个儿子,在仕途上都碌碌无为。

至此,已知的王淮宋代后人的故事实际上结束了,因为宋代材料中仅提供其子孙的名衔④,其曾孙的情况愈加不详。现存一方王植妻子(卒于1206年)的墓志铭,王植并非王淮的直系后人,似乎是其侄子。⑤ 虽然这方墓志铭对于我们进一步了解王氏家族几乎毫无帮助,但它指出王植的妻子同样来自金华。王植本人并未仕宦,他只是因在道学被禁期间作为叶适的忠实追随者而广为人知,而叶适则是王植妻子的墓志铭撰者。叶适指出,因为此举,王植被迫隐姓埋名。他也指出,尽管他们与王淮有亲戚关系,但王植和他两个弟弟均极"贫"。

----

① 例如,王淮葬于金华(《攻媿集》卷87《少师观文殿大学士鲁国公致仕赠太师王公行状》,第1187页)。大部分王淮后人住所或埋葬地点都鲜为人知,虽然在王淮墓志之外可考的那些人也被描述为金华人(《宋人传记资料索引》第1册,第123、133、155页)。最后,唯一可考的王淮元代后人生老病死于金华(《黄文献公集》卷9b《故处士王君墓志铭》,第431—432页)。

② 王淮的墓志铭显示他的长孙女嫁给礼部尚书程珌(曾成为史弥远的同谋)(《攻媿集》卷87《少师观文殿大学士鲁国公致仕赠太师王公行状》,第1187页;《宋人传记资料索引》第4册,第3003页)。

③ 《攻媿集》卷107《通判姚君墓志铭》,第1513页;同书卷87《少师观文殿大学士鲁国公致仕赠太师王公行状》,第1177页;《洺水集》卷10《姚饶州墓志铭》,16。

④ 除了《金华县志》中记载的王淮后人(《金华县志》卷6,34[第322页]),另有几位后人见于《宋人传记资料索引》(第1册,第123页,第133页,第155页)。这些条目显示王淮的后人担任低级官职并参与宋末金华地方书院修建。一方王淮后人的元代墓志铭仅提供了他宋代祖先直至王淮的名衔(《黄文献公集》卷9b《承务郎松江府判官致仕王公墓志铭》,第429—431页)。

⑤ 《叶适集》卷16《庄夫人墓志铭》,第297—298页。墓志称王植"宰相家子",但并未记载他或其妻子的祖先。墓志铭也指出王植妻子侍奉他的祖父母,祖父所得官衔来自王淮的父亲王师德。因此王植似乎是王淮的侄子,抚养于王淮父亲家中。

虽然宋代史料关于这个家族王淮一支的记载至此结束,但婺州王家的故事通过第三支至少可以被追踪至南宋灭亡。讽刺的是,对后世中国学者而言,正是这个政治上甚不突出的第三支产生的后人可能最为知名——唯一有文集传世的王氏家族成员。此人是王柏(1197—1274),他可考的最早祖先是其祖父王师愈(1122—1190)[1],而王师愈似乎是王师心兄弟的堂弟。[2]

王师愈

王师愈年龄上比他的堂兄们几乎小一辈,他只比侄子[3]王淮年长4岁,寿命却更长。1148年,26岁的王师愈中进士。他的仕途起初一帆风顺,1173年,王师愈被任命为崇政殿说书。但此后不久,他因为反对参知政事曾怀,被贬知饶州。王师愈仕途大部分剩余时间都在都城之外——包括王淮担任宰相期间。王师愈虽然屡获提拔,却止步于显赫的从五品。1188年,王淮致仕,王师愈被赐食邑三百户。[4] 次年,王师愈被再次任命为崇政殿说书,但他的意见被置若罔闻,此后不久他请求致仕。1190年,王师愈在金华家中去世。[5]

王师愈有4个儿子,当他去世时,3个儿子已经凭借恩荫授小官。诸子最后均步入仕途,但并无一人成为高官。只有一个儿子曾任县职。[6] 相反,3个儿子主要是由于作为朱熹的弟子而为人所知,朱熹与他们的父亲很熟识,并且是他的墓志铭撰者。一则方志史料指出,王

---

[1]《朱文公文集》卷89《中奉大夫直焕章阁王公神道碑铭》,21—29b。除另有注明外,关于王师愈的信息均来自此条史料。

[2]王师愈显然并非王登之子。不仅王师愈并未以儿子身份见于王登墓志铭中,王师愈本人的神道碑铭(可惜没有提供他祖先的名字)称他的祖先皆不仕。那么,王师愈与其他人顶多是堂兄弟关系,甚至关系可能更疏远。另一方面,这一支和王家另外两支无可置疑拥有共同的祖先。王师愈的名字和号与王师心兄弟类似,王师愈子孙也采用其他两支的字辈模式。

[3]确切关系是远房族兄之子。

[4]不清楚此次赐食邑是否由于王淮的致仕,或者只是纯属巧合。

[5]《金华县志》卷8,10(第413页)。

[6]《金华县志》卷6,35(第323页)指出王师愈长子成为州通判。

师愈的孙子在铨试中取得第一名并成为县主簿，①但关于王氏家族这一支其他后人的情况则不详。唯一的例外是王柏，他是王师愈长子王瀚的次子。②

王柏墓志铭描述他来自一个与道学圈子有关系的士人家庭，并强调王柏的父亲和叔父们曾经问学朱熹和吕祖谦。王柏本人"生禀高明，抱负闳伟，慕诸葛武侯之为人"。但直到三十多岁，王柏才顿悟，怀着对虚度光阴的极大懊悔，"始知家学授受之原"，投身道学。他拜访曾经跟随朱熹学习的名师，献身学术，著书立说，教授弟子，时而回应地方政府的讲学之请。王柏在宋朝灭亡前夕去世，留下一子一女和一系列令人印象深刻的学术著作。换言之，虽然王师愈仕宦生涯较长，并且实际上王淮是南宋最高级别官员之一，王氏家族这一支的成员却并未因为他们的政治成就而知名。相反，恰恰是因为他们与道学授受的关系（他们的族亲王淮一直积极反对道学），王师愈后人们的故事才被保存至今。③

与王淮的后人不同，王师愈及其后人几乎清一色与政治上并不显赫的婺州当地人保持密切关系。根据王师愈的神道碑铭记载，王师愈娶同州一俞姓女子。她的父亲俞持国"倜傥有远志，早以文试有司，不合，遂放意山水间"。神道碑铭以传统但有趣的华丽辞藻补充说王师愈结婚时"甚贫"，他的妻子"斥奁中装以遣诸妹无少吝"。④ 虽然现存史料中并没有更多直接与俞持国家族有关的记载，但关于他们其他姻亲的资料显示，俞持国家族的政治地位并

---

① 关于王集，见《金华县志》卷6,35（第323页）。

② 此处及别处关于王柏的信息均来自《鲁斋集》附录中他的圹志。一些传世资料也提到王柏的兄弟，王柏兄屡见于《鲁斋集》（《宋人传记资料索引》第1册，第155页）。《宋元学案》中提及王柏的弟弟王相，描述其与婺州道学人物有关系（《宋元学案》卷82《鲁斋家学》，第2750页）。

③ 值得注意的是，王师愈的传记出现在当地县志"理学"部分，而王师心和王淮的传记则出现在"政事"部分：《金华县志》卷8,10（第413页）；同书卷9,12（第505页）；同书卷9,17b（第516页）。

④《朱文公文集》卷89《中奉大夫直焕章阁王公神道碑铭》，28b—29。

不突出。^①

王师愈诸女的婚姻情况强化了这一印象。他的一个女儿嫁给了王师愈妻子的族亲（俞衮——译者注），另外两个女儿分别嫁入婺州时姓、叶姓家族。如同我们已经考察过的大多数其他家族，时氏家族在五代兵戈扰攘之际迁入婺州。家族的情况主要见于两兄弟的墓志铭^②，两兄弟中的弟弟（时汝翼——译者注）据说是王师愈女婿的祖父^③。墓志铭叙述时家"以地系姓"，两兄弟鼓励他们诸子接受教育。根据墓志撰者描述，王师愈的女婿时泾来自一个包括父、叔父、族兄弟以及他们妻子总计近千人的家庭。时泾的祖父倾其一生封殖其家，感叹他不能极意于书，希望后人达成他的志向。这个梦想并未在其有生之年得以实现。时泾的父亲、叔父均未曾得官，虽然时泾本人于1202年中进士，但恰巧在其祖父去世之后（此时他岳父也去世了）。

王师愈女婿叶绍彭的家庭逊色于时家。根据叶绍彭祖父叶臻的一方简短墓志铭（这方墓志铭也是由吕祖谦所撰）记载，1115年叶臻出生时，叶家在兰溪已经生活了4代。吕祖谦提到叶臻将自己的独子叶诞延见给他，叶诞成为吕祖谦的弟子。吕祖谦提到叶家蓬门荜户，叶臻为了支付儿子求学之费，自己不得不节衣缩食。吕祖谦哀叹叶臻去世时，他的儿子刚刚开始能够用薪俸来赡养叶臻。^④ 王师愈的女婿，即叶诞之子，同样没有机会从其父的进士身份中受益——他仅比其祖父

---

① 《东莱吕太史文集·外集》卷5《王自得祖母傅氏墓志铭》，4，俞持国以当地一布衣之人的女婿身份见于墓志铭中。

② 分别是时汝功（1107—1175）、时汝翼（1120—1174）兄弟，他们的墓志铭分别见《东莱集》卷13《金华时君德懋墓志铭》，2b—4和同书卷12《金华时君德辅墓志铭》，10b—12b。时汝功、时汝翼又见于下文。

③ 《敬乡录》（卷11，1b）所记，并且在后世史料中得到重申的这一身份有些经不起推敲。女婿时泾并未出现在祖父母的墓志铭中（《东莱集》卷12《金华时君德辅墓志铭》，10b—12b；《朱文公文集》卷90《太孺人邵氏墓表》，12—13b）。1190年王师愈去世时，时泾已经是太学生，他应该生于1183年祖母去世之前。时泾并未与这些墓志中提到的其他时氏孙子们使用同一字辈；他可能属于这个家族不同支的后人，甚或是这个支的养子。无论如何，我相信以下对其背景的描写大体上还是准确的。

④ 《东莱集》卷10《兰溪叶君墓志铭》，11—12。

晚一年去世。[1]

如同她们的父亲，王师愈的 3 个女儿同已在当地立足的家庭结亲，这些家庭拥有土地，追求学术，并且他们的首位进士呼之欲出。虽然或许与王师心的一些后人差别不大，王氏家族这一支的婚姻说明他们所涉足的社会圈与同时代的王淮后人们的社会圈完全不同。[2]

结论

从金华王氏家族最早已知的历史一直追溯到南宋灭亡。出身金华一富有之家的王登能够入学并在北宋末科举中第。在陪伴其父度过平庸的仕途后，王登的次子王师心开始了更显赫的政治生涯，而他的兄弟们则居于家中。此后不久，王师心的堂弟王师愈同样在官场崭露头角，而同时，王师心的侄子王淮达到权力顶峰。所有这些人的诸子能够通过恩荫而授小官，这种传递给后代子孙的特权大致与祖先的官品成正比。此处有三点需要特别注意。首先，王氏家族得势掌权是一个渐进的过程，跨越数代人的时间。其次，随着家族中一些支的成员仕途通达，以及不同支的成员仕途成功的时间不同，这个过程具有选择性和分散性。第三，虽然家族中某一支的政治成功明显影响到这一支的社会网和婚姻网，但似乎对其他支的社会关系网和婚姻网影响相对较小。这些观点对于我们解释宋代婺州亲属关系、政治权力和社会地位如何相互作用是至关重要的。

让我们从亲属关系入手。胡则及其族人的讨论揭示了血缘关系密切的族亲在北宋未必维持密切的关系，而关于王氏家族的讨论显示南宋情况亦是如此。

---

[1]《鲁斋王文宪公文集》卷 12《跋叶氏家世墓铭后》，15—15b。

[2] 虽然并非显而易见，但与时家通婚的王师心的一些后人，可能同与其他人通婚的王师愈的后人属于同一家族。

　　一方面,尽管关于王师心、王师愈和王淮之间确切谱牒关系的资料存在一定缺陷和不一致之处,但他们显然都认为他们是同"族"。不仅王师愈和堂弟王师德、王师心字辈相同,他们的子孙和曾孙——换言之,直到第四代族兄弟,[①]甚至五服以外仍然采用同一字辈命名。但这种谱牒关系的认同并不妨碍经济和社会地位的不同。王师愈结婚时"甚贫"[②],而他的堂弟王师心当时在官场春风得意。王淮神道碑间接指出,这个家族鲜有组织,这种状况至少持续到王淮得势掌权后。神道碑称王淮致仕后,"合族"千指,"与同饱温"。[③] 但即便如此,王淮似乎并未试图为家族作长期规划:碑文中并未提及任何形式的捐款或组织机构。事实上,即便是王淮这一支的成年侄子,据说也"穷"甚。[④]

　　同样的,即便当王氏家族扩大了对族人的济寒赈贫,对于"族"的概念的理解似乎相当狭窄。王师心被认为抚养兄长的孙辈如己出[⑤],王淮被赞扬"训迪子侄,不异己子"[⑥]。王柏因照料季叔的孀妇、孤儿而

①《文定集》卷23《显谟阁学士王公墓志铭》,第 277—280 页;《攻媿集》卷87《少师观文殿大学士鲁国公致仕赠太师王公行状》,第 1177—1189 页;《朱文公文集》卷89《中奉大夫直焕章阁王公神道碑铭》,21—29b;《王忠文公集》卷20《元中宪大夫金庸田司事致仕王公行状》,第 477—481 页,同书卷 20《故成斋王先生墓表》,第 525—527 页;《黄文献公集》卷9b《承务郎松江府判官致仕王公墓志铭》,第 429—431 页,同书卷 9b《故处士王君墓志铭》,第 431—432 页。根据《金华县志》卷 6(34b—35,第 322—323 页)记载,虽然王师愈诸子比王师心和王师德诸子在谱牒中辈分高(王师愈孙辈再次与他们同代其他人同一字辈),但显然字辈通常被沿用下去。在某些情况下,字辈甚至沿用至玄孙:王师心的两个元代后人和同代的王淮的一个元代后人属于同一字辈。有意思的是,已知迁出婺州的王师心的一个第三代后人(同代的)却并非同一字辈。见本条注释中引用的《王忠文公集》和《黄文献公集》史料。在《金华县志》中王氏家族成员的不同条目指出他们部分来自王氏谱牒:《金华县志》卷 8,10(第 413 页);同书卷 8,11b(第 416 页)。谱牒编纂时间不详,但似乎应该在宋代以后。宋代史料中没有关于谱牒前言的资料。我无法断定谱牒本身是否存世。

②《朱文公文集》卷 89《中奉大夫直焕章阁王公神道碑铭》,28b—29。所谓"贫",可能只相对于家族中富有之人,而这种差异恰恰正是本书的主题。

③《诚斋集》卷 120《宋故少师大观文左丞相鲁国王公神道碑》,37b。

④《叶适集》卷 16《庄夫人墓志铭》,第 297—298 页。史料明确指王植是王淮"家"一员,但同时也表明王植与其伯父之间的家庭关系是暂时的:王植的墓志铭描述成年王植与他两个弟弟在一个包括 40 人的家庭中生活,换言之,生活在一个包括其兄弟和他们后人的共居家庭中,但不包括亲缘关系相对更远的族人。

⑤《文定集》卷 23《显谟阁学士王公墓志铭》,第 280 页。

⑥《诚斋集》卷 120《宋故少师大观文左丞相鲁国王公神道碑》,37b。

知名(甚至为其割膏腴之田)。[①] 每个例子中，牵涉其中的个人与施恩之人均属于近亲。史料中的"族"偶尔确有"宗族"的概念：王师心嫁其族中贫女，王柏扶植、周济族人中的贫弱者。但实际上，这些例子被视作特殊的慷慨之举，意味着"族"本身是一个定义相当狭隘的建构的概念。

更重要的是，当一些族人成为高官，他们的成功主要影响他们本人一脉后人的社会和政治前途。这一点在王淮的例子中体现得很明显，他选择姚氏、史氏作为姻亲是一个既有政治基础，也是王淮本人进入高层政治圈子的直接结果。即便是王淮侄子的婚姻，也无法与王淮子女的婚姻相提并论。

简言之，对于族中不同支之间的谱牒关系，王氏家族心知肚明，并有意识地通过字辈，也可能其他方式来维持那种意识。[②] 但无论经济还是政治援助，似乎并未延伸到这三支中。[③]

王氏族人不同支之间的差异显示，即便在南宋，政治声望和社会地位仍然紧密相连。当然，与胡则不同，王师心和王淮同婺州保持着联系。此处王师心和胡则之间的比较更具有说服力，因为他和胡则品级相似，但王师心的婚姻关系基本上维持在当地。[④] 这一发现强化了前面章节的讨论，即在南宋，高级官员倾向于维持他们的地方纽带，由此影响了当地社会生活的进程。另一方面，胡则的资料增加了对这一观点的支持，即在北宋，当高级官员本人迁居开封，地理距离强化了社

[①]《鲁斋集》附录，第 190 页。

[②] 正如第 157 页注释①所提及，后世当地县志的编纂者接触到王氏谱牒，对这个家族的宋代成员描述得更详细。可惜的是，谱牒编撰的时间不详。宋代墓志铭中提到五世、六世祖先可能是谱牒早期存在的证据。另一方面，宋代史料中提到的最早祖先的名字是王登的父亲王蘱，在不同支成员的墓志铭中，对于祖先世系的描述有一些差异。

[③] 此处要重申的是，王氏家族成员政治或哲学观点确实并不一致。王淮攻击汤思退，汤思退和王淮的堂弟王焕都是潘好古的姻亲。王淮据说也应对发起向朱熹和道学的攻击负责，王师愈父子和王淮本人的侄子王植却与道学有密切关系。

[④] 顺便提一下，王师心 12 个孙女中大多数人的婚姻情况不详。可能她们的联姻模式与她们父亲的情况不同。

会距离的意识。居住在都城的北宋高级官员,与居住在乡村的平凡的旧乡党和族人们之间的社会差距比在王淮时代更大。但胡氏家族和王氏家族的经历显示,北宋高官家庭和家族的地理流动性,并未使他们的社会处境或行为模式与较少流动的南宋同仁不同。胡则的一些后人(及其兄弟的后人)在地方终老一生,与南宋时婺州的情形极为相似。反之,王淮的例子显示,即便南宋人与其家乡紧密相连,仕途通达的官员们仍然倾向于强化他们在朝廷的婚姻网。如同在北宋,跻身高官,赋予当地普通人特殊的身份地位。

政治声望在地方社会的语境中仍如此重要,有诸多原因。如同在北宋,南宋时,高级官员的多数子孙能够通过恩荫入仕。[①] 通过保证后人们的仕途,恩荫提高了高级官员后人在婚姻市场中的地位。同样的特权有时会被扩展到姻族,这使得与此类人缔结婚姻更加具有吸引力。同时,显赫之人既想充分利用他本人的好运,又想强化其后人的地位,则往往寻找政治声望或潜在政治声望与其本人相侔的其他人。[②]虽然这样的人可能乐意于维持长期建立的姻亲关系(例如王家与曹家),但总而言之,他这一脉的姻亲圈子常会略有改变,因为仕途显达者总会物色其他与之情况相似之人。

更重要的是,官员的地位越高,拥有的关系和权力就越大,即便仕宦使其暂时远离家乡,他们也能更好地保护其家族——可能也有其姻亲的地方利益。袁采描述贵宦子孙居乡里,如何凭借父祖之名"饰词以妄讼"、放税免罪以及获得其他权益。[③] 另一位婺州高官的墓志铭中

---

① 例如,根据地方志记载,王淮的子孙通过他们父亲的恩荫入仕,王师心和王师愈诸子和多数孙子情况相似:《金华县志》卷6,34b(第322页)。同样的优势至少延伸至乔行简的几个儿孙,李大同的侄子及葛洪的儿子和弟弟(《东阳县志》卷14,32b—33)。在我看来,我们讨论的其他人的后人可能也享有这种恩荫权,虽然关于他们后人的记载并未存世。

② 在乡试或省试中表现优异、由于才能或道德而获得的地方声望,以及与其他重要官员的亲戚关系可能都有助于识别这种潜力。宋代史料同样指出,梦境、面相和其他类型的征兆在识别理想的姻亲过程中是被非常认真对待的。

③ 伊沛霞:《家庭和财富》,第209—211页。亦见细致入微的竺沙雅章文:《宋代官僚的起居》,《东洋史研究》第41卷第1期,第28—57页(6,1982)。

提到凭借权势骚扰地方官员的问题，墓主被称赞致仕家居，"不以事干州县守令"。[①] 即便时间短暂，高官的权力能使个人（或者他们家族）在家乡如同在朝廷一样鹤立鸡群。社会差距可能略小于宋初情形，但它仍然存在。[②]

胡家和王家之间当然差异极大，至少在历史记录中他们的对比是如此。[③] 但总体而言，他们之间的相似点更值得关注。两个例子中，快速的政治流动影响个人及其直系后人的社会地位。政治品级和社会地位在族中分布并不均衡，即便是同一支内的兄弟也是如此。因此，即便是关系密切的族人之间，同样可能会出现显著的差距。两个例子中，婚姻关系往往反映了那些差距，但可能也是创造或维持它们的工具。

如果说我们因此在南北宋高级官员家庭中找到相似之处，那么那些政治生涯较短，或者仕途发展停滞不前——抑或完全未曾仕宦之人，他们情况又如何呢？难道只有宋代政治精英经历了这种快速的流动，以及随之而来的社会影响？为了探讨这个问题，我们现在将讨论的对象从迄今为止的重点——中央官僚，转向同时代那些更平凡的婺州人的生活。

---

①《攻媿集》卷 98《签书枢密院事致仕赠资政殿学士正惠林公墓志铭》，第 1369 页，林大中的墓志铭。

②因此，叶适认为强调王植属于宰相之家是必须的（《叶适集》卷 16《庄夫人墓志铭》，第 297 页）。人们猜测王师愈的女儿一直随其父宦游，会看不起她留在家里的姻亲（《金华府志》卷 22《列女》，4[第 1591 页]）。

③在胡则例子中，这个家族成为高门大族前的背景不详，对并未分享到入仕好处的宗支无从查考。在王氏家族的例子中，情况恰恰相反。虽然我们几乎不清楚家族中两个政治上最成功的官员王师心和王淮后人的情况，但关于王氏家族官品卑微的祖先和家族中政治上最不活跃（王师愈及其后人）宗支的许多资料仍存世。

第六章　追名逐利:婺州地方精英的出现

　　婺州位于浙江省中北部,978 年,五代吴越国(据有长江流域和东南沿海大部)国王将其领土献给宋朝第二位皇帝太宗,婺州被纳入宋朝统治之下(宋建国 18 年后)。[①] 宋代婺州下辖 7 个县:最北面是浦江[②],然后按顺时针方向依次是义乌、东阳、永康、武义、金华(州治)和兰溪(见图 3)。

　　宋代定婺州为"上"州,一份北宋调查资料显示,婺州人口中主户129705,客户 8346。[③] 这份统计数字极不可靠,即便精确,也说明不了婺州人口如何分布。当然,宋代 7 个县的划分大致体现了它们的某种相对重要性。7 个县中,4 个县(金华、东阳、义乌、兰溪)被划为"望"。在地理上,这 4 个县构成一条自东至西的带形穿越婺州中部(见图 3)。北部的浦江和西南的武义均被划为"上",东南的永康被划为"紧"。婺州 7 个县内名山林立,多条溪河纵横交错。[④]

---

①《宋史》卷 4《太宗本纪》,第 58 页。
②唐代浦江被称为浦阳,这一称呼在宋代史料中有时也会时空错置般出现。
③《元丰九域志》卷 5《两浙路》,第 212 页。需要注意的是,此书现存的不同版本记载的人口数略
　有不同。见罗文关于州级制度讨论(第 40—41 页)。
④《元丰九域志》卷 5《两浙路》,第 212—213 页。

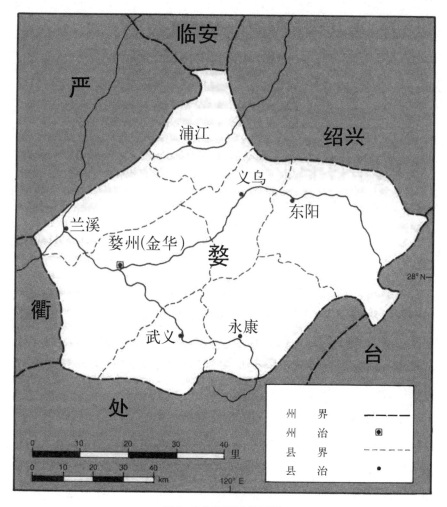

图 3　宋代婺州(大致县界)

　　在宋朝统治下,通过修筑许多小型堤坝,婺州的山势被改造得更适宜农耕,[1]明清地方志列举了婺州出产的琳琅满目的谷物和其他农作物。[2] 一位地方志编纂者概括了婺州的情况,他称当地"地狭

---

[1]本田治：《宋代婺州的水利开发》,《社会经济史学》第 41 卷第 3 期,第 211－234 页(1975)。本田治指出,婺州农业在宋末已经达到这一技术所能提供的极限。

[2]例如,《永康县志》列举了本县特产,包括大量各式各样的谷物、豆类、蔬菜、水果和瓜类(《永康县志》卷 1,30[第 94 页]),还有茶、棉花和麻(《永康县志》卷 1,31[第 95 页])。一位 （转下页）

土沃"。① 除了农作物,婺州山腰上也生长着种类繁多的木材、花卉和药材。这一地区的人们习惯饲养牛、绵羊、山羊、猪、猫、鸡、鸭、鹅,老虎、鹿、野猪、野兔和松鼠也在此地出没。水产品则有各类鱼、蟹、鳖。② 在这郁郁葱葱的山区,生活着下文所描述的形形色色的男女。③

祖先源起

北宋初年婺州地位显赫之人的情况不详。即便是地方志,在 989 年胡则中进士之后的半个世纪内,也仅记载了 3 位婺州进士。④ 现仅存 16 方在北宋灭亡前去世的婺州人的墓志,其中 12 方墓志撰写于宋政权流亡南方前的最后三十年间。⑤ 因此,关于宋初一个世纪左右婺州地方社会的情况充其量是粗略的。

这一时期 4 方现存墓志中,有两方是胡则与妻子陈氏(见前章)的墓志。墓志表明胡、陈两家在宋朝建国前已经立足婺州,但他们如何立足,情况不详。其余两方墓志透露的信息稍多一些。

两方墓志中日期较早的一方墓志是生活在 11 世纪的知名才子沈

(接上页)清代地方志编纂者明确说金华人在农业上精耕细作,他注意到较早版本的县志巨细靡遗地记载了当地各种谷物生产,他延续了这一传统做法(《金华县志》卷 12,57)。

①《金华府志》卷 5,5(第 327 页)。

②《永康县志》卷 1,30—31(第 94—95 页);《金华县志》卷 12,57—65。

③现存史料中出现的个人和家族代表了婺州富裕人口中非常小的一部分,此处强调这一点非常重要。仅举一例:编纂于 1894 年的《金华府志》中《金华府志》卷 18,3[第 1283 页]记载了 69 位北宋进士,其中三分之一完全不可考,甚或无法判断他们是否与当前可考的家庭或家族有明确的亲戚关系。

④《永康县志》(卷 6,2,[第 252 页])列举了 1000 年中第的胡则之弟胡赈;《武义县志》(卷 7,1b) 列举了 1027 年中第的一位进士;《义乌县志》(卷 10,10)记载了 1034 年中第的一位进士。《金华县志》和《浦江县志》均未列举 11 世纪 40 年代之前的任何进士,我未能查阅《兰溪县志》。《东阳县志》有些特殊,因为它列举了 965 至 1022 年间一共 7 位进士(全部姓黄并且明显是同一字辈)。需要注意的是,地方志指出,这些人名基于一份黄氏家族谱牒。既然其他史料中并未记载这些人,我对这些人名有所怀疑。可能是一个东阳黄氏家族在这些年产生了进士,但缺乏进一步的佐证,我倾向于持保留意见。

⑤此处我剔除了与婺州人有亲戚关系的几方家庭的墓志,因为这些墓志被证明是伪造的。有关这些墓志的细节,见柏文莉,第 372 页,注释 10。

遭(1028—1067)①手笔,墓主是一位方姓女子②,她是金华人陈奭的妻子。③ 方氏生于 987 年,父亲是正七品官,她的丈夫官从八品。但墓志铭并未提供她更早祖先的信息抑或她的丈夫和父亲如何得官。相反,墓志铭称赞方氏的妇德并大书特书她抚育 4 个儿子的成就。4 个儿子中的陈确 1049 年登进士甲科。④

第二方墓志铭作于方氏去世(1056 年方氏去世)7 年后,墓主是一个大约和她同时代的婺州男子。这方墓志铭是钱塘(今杭州)人韦骧手笔,墓主是永康人陈觊。⑤ 在墓志中,陈家被描述为一个古老官族,唐末才定居婺州。陈觊的直系祖先皆不仕,家族却能够做到"僮仆食有余肉",并能经受住州府狱讼。⑥ 陈觊"长克家,身际众族,中外绝闲言。"如同其父,陈觊重视教育后人,以"兴"其宗,由此陈觊子连中科选。

韦骧称陈觊"性谨厚,尚信义,事父母孝,训子弟有法,乡人称服之":所有这些是宋代墓志撰者谈到没有功名之人时往往要言及的。他描述年轻的陈觊如何上诉于府,使父亲摆脱不公正的牢狱之灾,而诬告者"坐于反,卒以黥墨论"。最后,虽然陈觊本人显然从未入仕,但墓志铭撰者细心地指出,陈觊去世时,长子有低级差遣(从七品),次子"善治生",幼子"服勤儒业"。⑦

这些有限的史料揭示出一种意料之中的模式,即宋初婺州社会上

---

① 沈遭来自知名的钱塘(即杭州)家族,这个家族还产生过沈括。虽然他比沈括大一岁,实际上,沈遭是沈括的侄子(《宋人传记资料索引》第 1 册,第 676、683 页)。

② 方夫人出生比胡则晚 20 多年,方夫人略早于胡则子女一代。

③ 《西溪集》卷 10《方夫人墓志铭》,16—17b。

④ 方夫人的墓志铭撰者沈遭与陈确是同年进士:沈遭为方夫人撰写墓志铭,似乎是因为他与她儿子的关系。

⑤ 《钱塘集》卷 16《陈府君墓志铭》,25b—26。读者可能回忆起之前我们已经看到过韦骧的文集,因为他是墓志铭撰者兼胡则孙女的女婿,胡则孙女又是石秀之的妻子。这里描述的陈氏家族实际上是石氏家族的姻亲。陈觊大概是胡则孙女同时代人,因为后者的墓志铭称陈觊的长子是她的女婿(《钱塘集》卷 16《德清县君胡氏墓志铭》,32b—33)。

⑥ 《钱塘集》卷 16《陈府君墓志铭》,25b—26。

⑦ 《钱塘集》卷 16《陈府君墓志铭》,25b—26。

层继续被一些在宋朝立国前已经在地方拥有身份地位的家庭所把持。陈觊的例子体现了入仕对于这种地方势要并非不可或缺，但所有墓志均强调每个家庭都孜孜以求教育后人，仕宦被描述为只不过是对他们努力的回报。

当然，我们只有在明清（有时甚至民国）方志和墓志史料中才能看到北宋时婺州居住着许多情况类似的家庭。只有在明清史料中，我们才了解到祖先五代末从福建移居金华的郑详，1042年中进士，后以从五品/从六品官致仕；[①]永康人楼定国（南宋时曾任权参知政事的永康人楼炤[1088－1160]的祖父）1046年中进士，官至正七品。[②] 明清地方志显示义乌人王固1053年中进士[③]，永康徐家两兄弟分别于1053年和1057年中进士[④]。其他史料记载贫窭但公正廉明的县吏之子兰溪人范锷，也于1053年中进士，官至正六品。[⑤] 实际上，这些后世的史料强调从11世纪中叶开始，婺州一直连续不断地有人中进士。[⑥]

但只有在12世纪，依据婺州后人们的传世文集，我们才得到可资利用的关于婺州家庭记载详尽的宋代史料。两宋之际二十年间的史料向我们展示，之前已经入仕的婺州居民的后人在北宋末仍然安居原籍。这一时期陈楫（陈确之孙，即方夫人的曾孙）的墓志铭[⑦]，还有几方陈详后人和族亲们的墓志铭流传至今[⑧]。一方1143年的传世墓志铭

①《北山集》（文渊阁四库全书本）卷27《拟墓表系省记》，1－1b。

②《金华府志》卷18,3b（第1282页）；《宋人传记资料索引》第5册，第3723页。因为楼炤的缘故，楼定国被追赠高官。

③《义乌县志》卷10,10。明代后人王祎的文集中可以找到关于此王氏家族（与金华王氏并无亲戚关系）的大量资料。见《王忠文公集》卷20《南稜先生行述》，第470－471页。

④《宋元学案》卷4《庐陵学案·教授陈先生无党》，第213页；《金华县志》卷18,3b－4（第1284－1285页）；《永康县志》卷6,2（第252页）。

⑤《金华县志》卷6,4b；《金华先民传》卷10,1b（"范大录"条）；《金华府志》卷18,4（第1285页）。这些史料给范锷的名字提供了一个别体（读"谔"）。

⑥《金华府志》卷18,3b－4a（第1284－1285页）进士题名录。

⑦《永乐大典》卷3149,1b－2。陈楫的墓志铭由另一位仕途成功的金华官员潘良贵撰写。

⑧《北山集》（文渊阁四库全书本）卷7《族兄巨卩嫂王氏姚氏合葬铭》，1－1；同书卷7《族兄宗鲁行状》，6b－8和同书卷27《拟墓表系省记》，1－5。

的墓主是一位名叫王永年的从五品官[1]，他正是前面提到的王固的后人[2]。北宋官员范锷的孙子兰溪人范浚在12世纪40年代撰写了几方墓志，墓主包括范锷的儿媳和范浚的兄弟（范溶——译者注）。[3]

除了这些人，北宋末南宋初的史料还描述了许多其他家庭，这些家庭在北宋灭亡前数年间才开始有人为官——或尚未入仕。义乌人宗泽[4]和浦江人梅执礼[5]笔下的墓志铭便是典型代表。

在1121年去世的好友吴圭的墓志铭中[6]，梅执礼称吴氏家族数代居于义乌。他指出，吴圭的祖先均"隐德不耀"。吴圭本人因慷慨好义而尤为知名，"有以急告者，不问疏戚贵贱，悉怡然济之"，"邻里有争辨，率就质焉"；当地兴建佛寺、道观，吴圭一一乐施。吴圭的慷慨最终得到了回报：为缓解别处的饥馑，他打开自家仓廪替当地百姓输纳额

---

[1]《苕溪集》卷50《宋故左中奉大夫致仕文安县开国男食邑三百户王公墓志铭》，10—14。

[2]《金华府志》卷18，5b（第1288页）；《金华贤达传》卷8，2—2b；《义乌县志》卷10，11b。亦见《宋人传记资料索引》附录2。这些史料中关于王固和王永年之间确切关系的记载有些出入。《宋人传记资料索引》引用《金华府志》描述王永年为王固的玄孙；《金华贤达传》和《义乌县志》均称他为王固的从孙。《王忠文公集》（卷20《南陵先生行述》，第470—471页）中一元朝后人行述称王永年是王固的玄孙，但此人的另一方墓志表明王永年的祖父是王固的侄子而非儿子（《黄文献公集》卷9b《南陵先生墓志铭》，第418—420页），如此一来，王永年便是王固的玄侄孙。

[3]《香溪集》卷22《右通直郎范公夫人章氏合祔志》，第210—211页；同书卷22《右朝请郎致仕范公墓志铭》，第213—215页。后一墓志铭是代金华潘良贵撰写，个中原因不详。最近考古发掘出土了范锷之兄范惇墓（1029—1098）。出土的墓志铭显示范锷一直为官，范惇则全力谋生（见附录3，1098，范惇）。

[4]宗泽以忠臣而知名，当金朝入侵，朝廷流亡南方时，他留下来负责守卫开封。义乌人宗泽祖上无人仕宦，1091年，宗泽中进士，升迁迟缓，但在军务方面，他出类拔萃。1127年宗泽被任命为东京留守、知开封府，他呕心沥血地一度维持开封的安全。但据记载，宋高宗不愿意听取他的建议返回都城，宗泽倍感愤懑，最终病逝于开封。他的尸体被运送到高宗的行在镇江府安葬（《宗泽集》附录111《遗事》；《义乌县志》卷19，4）。

[5]如同宗泽，梅执礼在北宋末成为一位高官。根据后世婺州史料记载，梅执礼出身一个贫穷的浦江家庭，父亲早逝，由其寡母教育读书。当他冒着大雪以诗诣邑宰，获得第一次大好机会，邑宰对其印象非常深刻，延请他教育其子（《敬乡录》卷3，5；《浦阳人物记》a，2）。此后，梅执礼能够进入太学，并于1106年三舍及第。由于迅速升迁至高官，当金兵占领开封，他身在朝中。梅执礼试图阻止金军首领索取被俘宋帝的高额赎金，但并未奏效，并于1127年被杀（《宋史》卷357《梅执礼传》，第11232—11234页；《敬乡录》卷3，4—4b；《浦阳人物记》a，2）。

[6]《敬乡录》卷3《吴彦成墓志铭》，5—7b。据我所知，这是现存梅执礼撰写的唯一墓志。它被保存在一部专门描述早期婺州前贤贡献的明朝集子中。

外之赋,吴圭最终获赐一小官。

梅执礼称赞吴圭"由孤童承家,料理生事",逐渐坐致千金。虽然富裕之家子弟往往不愿勤奋学习,但吴圭所有的子侄都"诜诜振振,举踏绳准,相与为善",因此渐成望族。吴圭晚年"治第辟馆,延纳四方之游士"。当其去世时,他还在修筑馆阁放置儒释道典籍。

同样的故事出现在宗泽为其兄长、岳父(陈裕——译者注)、父亲的义弟(陈允昌——译者注)和他老师的兄长(叶桐——译者注)撰写的4方墓志铭中,这些墓志铭均收录在宗泽传世文集中①。宗泽笔下的这些墓主全部都是义乌人②,而宗泽也生活在义乌③。虽然截至他们去世时,两位墓主已经有子孙为官④,另外两位墓主有子孙正在应举⑤,但无论这些墓主本人,还是他们的三代父系祖先均无人入仕。⑥梅执礼为吴圭所撰墓志铭的几个主题在此处得到呼应:宗泽笔下的一位墓主据说"始居贫约,生理日蹙",后逐渐积累了财富,⑦另一位墓主因其善举而受到赞扬⑧。

宗泽和梅执礼所描述之人,虽然在婺州很好地立足并成为地方势要,却毫无仕宦传统,完全是布衣起家。而其他北宋末墓志显示,一些家庭甚至连地方声望都难以维持。除了为其本人父系族人(官员范锷的后人)撰写墓志铭,范浚还描述了兰溪高氏在11世纪末"以赀豪于邑"。范浚解释,高廉是高氏首位诸生并参加科举。当高廉多次应举

_____

①毫不奇怪,宗泽本人便是出身此类家庭。见《泊宅编》卷2,第10页,他被描述为一农家子。
②除了这位义弟是最近的移民,多数族人在义乌生活了数代。宗泽称自己原是邻州处州丽水人,年幼之时居于义乌,"今为婺之义乌人"(《宗泽集》卷3《陈公墓志铭》,第53页)。
③宗泽父兄均葬于义乌(《宗泽集》卷3《宗汝贤墓志铭》,第51—52页;《义乌县志》卷19,4)。
④《宗泽集》卷3《陈公墓志铭》,第53—54页。同书卷3《宗八评事墓志铭》,第55页。
⑤同上,卷3《宗汝贤墓志铭》,第51—52页;同书卷3《叶处士墓志铭》,第52—53页。
⑥宗泽为父亲(也是其兄的父亲)争取到赠官,但种种迹象表明,这个赠官归功于宗泽本人的仕途成功。关于兄长,宗泽指出,自从他入仕,其兄一直留在家中持家(《宗泽集》卷3《宗汝贤墓志铭》,第51页)。
⑦《宗泽集》卷3《叶处士墓志铭》,第52页。
⑧《宗泽集》卷3《陈八评事墓志铭》,第55页。

不利,其家改为他纳粟买官。① 郑刚中(郑详的侄孙)②叙述了金华曹氏更令人欣喜的故事:一田家子改业为太学士,使其姻亲倍感惊奇。这一成功要归功于曹宏的努力,他辛苦治生,请父亲买书择师教其弟。虽然弟弟未能科举中第便不幸去世,曹宏之子曹续(与其叔父一起学习)却在 1118 年中上舍高选。曹宏以 80 岁高龄去世。1143 年,即他去世前两年,由于曹续的仕宦成功,曹宏被授官。③ 在第五章中(第五章讨论了类似的例子)我们看到,潘好古的祖父成功地改善了家庭的生活环境(大约在 11 世纪七八十年代),之后,潘好古的父亲才能出身田亩,却(通过科举)以官员寿终。④

简言之,11 世纪最后三十年间,婺州地方社会开始进入鼎盛时期,⑤在宋初已经侧身官场的宦门之后,与许多起家不久之人一起,在婺州共享权力和声望。富家子弟入仕为官,而官员的子孙则经常挂冠而去,在乡村过着雅致的闲适生活,这使得社会新贵和老牌家庭之间的界限日益模糊。⑥

通向权力之路

这些初到婺州的家庭如何立足？ 如同中国南方其他地区,绝大多数宋代家庭唐末五代时来到婺州,他们或从饱受战争创伤的北方流亡

---

① 《香溪集》卷 22《高府君墓志铭》,第 205—206 页。

② 郑刚中的祖父是郑详的堂兄。见《北山集》(文渊阁四库全书本)卷 27《拟墓表》,1—1b。

③ 《北山集》(文渊阁四库全书本)卷 15《右承议郎致仕曹公墓志》,12b—13b。这方墓志铭并未确指曹续所任何官。

④ 《东莱集》卷 10《朝散潘公墓志铭》,5—5b。潘好古作为王淮亲戚王师心的姻亲见于第五章。

⑤ 需要注意的是,婺州地方社会在这一时期进入鼎盛,主要依据 11 世纪末至 12 世纪初的史料,虽然在此之前婺州地方社会显然已经存在很久。这成为第一章所描述的史学转型的进一步佐证。

⑥ 这一点已见于胡则族人的例子中,类似的例子不胜枚举。郑详的孙子在 11 世纪末放弃入仕(《北山集》[文渊阁四库全书本]卷 7《族兄宗鲁行状》,6—7b);范锷的孙子范浚同样淡泊名利,见《金华府志》卷 16,8b(第 1056 页)。

而来，或从南方缺乏居住条件的其他地方迁徙而来。① 根据史料记载②，一旦到达婺州，许多家庭会选择在这片土地上耕耘。陈亮描写他的祖先"自奋田间"，直到大约生活于 11 世纪中叶的六世祖才"遂大其家"。③ 陈亮妻子的祖先在 11 世纪中叶定居义乌，"营其地而居之，浚其塘至百余亩，以尽有其四旁之壤"；④最晚至 12 世纪中叶，他的后人们雇佣租户为其劳作。⑤ 同样大约在 11 世纪中叶，金华一相当富有农家的第 8 代后人厌倦了耒耜之作，迁居至州治近郊，他的孙子中进士。⑥ 在祖先居于婺州 6 代之后，永康一林姓父子于 12 世纪初，"自田间积勤服业以起其家"，这样接下来一代可以"且耕且学"。⑦

对宋代墓志撰者而言，"田间"无疑不仅仅指春耕秋收。虽然那些新近定居婺州和一直郁郁不得志之人可能不得不整天致力于田间劳作，而那些已经开始兴旺之人则无疑发现广占田地、将土地租给佃户、租赁土地和放贷获利等获利更多。凡涉及此类之事，宋代墓志铭均讳莫如深，甚少提及他们笔下的墓主参与其中。金华人吴珪（12 世纪初，年轻的吴珪被父亲打发出去"理家生事"）被赞扬"常鄙世俗嗜利子，沓

①例如《东莱集》卷 13《金华时君德懋墓志铭》，3；《陈亮集》卷 26《吏部侍郎章公德文行状》，第 393页；《北山集》（文渊阁四库全书本）卷 27《拟墓表系省记》，1；《宗泽集》附录，第 77 页。例子不胜枚举。需要强调的是，几乎所有可考的宋代婺州家庭的谱牒均十分简单。多数宋代墓志对墓主祖先的记录不超过三代。相比之下，许多元明婺州人墓志追溯墓主祖先至七八世，即直至北宋。例如《王忠文公集》卷 20《故成斋王先生墓表》，第 525－527 页；《宋学士全集》卷 21《故承务郎道州路总管府推官李府君墓志铭》，第 770－772 页；《黄文献公集》卷 8b《青田县尉郑君墓志铭》，第 356－358 页，同书卷 9b《南稜先生墓志铭》，第 418－420 页，同书卷 9b《青梣居士郑君墓志铭》，第 434－436 页。

②经商总是被认为略失体面，因此传记史料很少包含家庭或个人参与商业活动，而就在这一时期，商业活动迅速膨胀。

③《陈亮集》卷 27《先祖府君墓志铭》，第 395 页。

④《陈亮集》卷 28《何茂宏墓志铭》，第 409 页。陈亮在墓志中描述了墓主的曾祖父。

⑤《陈亮集》卷 28《何少嘉墓志铭》，第 423 页，陈亮的妻兄何大猷被赞扬对待租户如家人。

⑥《东莱集》卷 13《宋郴州墓志铭》，4b－5b（宋有墓志铭）。

⑦《陈亮集》卷 27《林公材墓志铭》，第 398 页。墓主生于 1124 年，其父祖促进了家庭的崛起。

贪无艺,以子贷豪取,牟息倍称"①。相反,他"第务以信实得人和,赈悯单穷,率本业之,不立券牍"。某人"负约,将剐田帖屋以偿",吴珪拒绝,"卒弃责弗取"。②想必吴珪的许多乡党不会如此慷慨大方,因为一些家庭很显然就是通过打理田产变成巨富。12世纪60年代,永康一吕姓家庭有田近数千亩③,而义乌人喻师在1191年去世前,将与其侄分家所得的一百三十亩田成功增加至近千亩。④许多其他婺州家庭被描述为也凭借土地而兴旺发达。⑤

几乎可以肯定,婺州家庭能够繁荣兴旺并非仅凭借土地:毫无疑问一些家庭涉足许多婺州特产的生产或是贸易。可惜关于这些话题,史料语焉不详,但不管采用何种方法,积累财富是在地方社会建立声望的关键。⑥许多婺州人被指累资巨万。⑦更重要的是,这些人多数被明确描绘成因为财富而知名或有权有势。高廉的墓志铭撰者范浚谈及高廉的祖先"以赀豪于邑"。⑧几乎使用同样的措辞,江惇提的墓志铭撰者提到江惇提的"高祖澄,以赀雄其乡。重功名,省器识,厚币致四方贤者,使与其子游"。⑨换言之,财富本身首先为这些人在地方赢得认可与影响力。

一旦财富使人们在当地声名鹊起,更重要的是,它就可以成功地

---

①《香溪集》卷22《吴子琳墓志铭》,第209页。此人与梅执礼所撰墓志铭中的吴圭并非同一人。

②《香溪集》卷22《吴子琳墓志铭》,第209页。

③《陈亮集》卷30《吕夫人夏氏墓志铭》,第440页。

④《陈亮集》卷28《喻夏卿墓志铭》,第419页。

⑤包括金华时氏(《东莱集》卷12《金华时君德辅墓志铭》,10b),如第五章所描述,他们是王师愈女婿的祖先;金华郑氏家族一支(《北山集》[文渊阁四库全书本]卷7《族兄宗鲁行状》,6b-7);金华曹氏家族(《北山集》[文渊阁四库全书本],卷15《右承议郎致仕曹公墓志铭》,12b-13);浦江蒋氏家族(《北山集》[文渊阁四库全书本],卷7《蒋持志墓志铭》,2b);义乌宗氏家族(《宗泽集》卷3《宗汝贤墓志铭》,第51页;《泊宅编》卷2,第10页)。本田治指出,以浙西平原地区的标准,婺州田产规模相对较小(第16页)。

⑥婺州地方社会看起来与韩明士描述的宋代抚州颇为相似(《官僚与士绅》,第16页)。

⑦例如《陈亮集》卷26《东阳郭德麟哀辞》,第393页,同书卷28《何茂宏墓志铭》,第409页,同书卷30《何夫人杜氏墓志铭》,第436页;《北山集》(文渊阁四库全书本)卷7《族兄宗鲁行状》,7。

⑧《香溪集》卷72《高府君墓志铭》,第205页。

⑨《浮溪集》卷27《左朝奉郎知处州江君墓志铭》,第329页。

转化为其他形式的权力和威望,这反过来进一步增强社会地位。^① 陈
亮称活跃于 12 世纪中叶的东阳人郭良臣^②的父亲(郭知常,字彦
明——译者注)"徒手能致家资巨万,服役至数千人,又能使其姓名闻
十数郡"。^③ 陈亮并未明言郭知常使用何种方式扩大他的知名度,但对
富人而言,可以找到多种渠道来打动他的乡党。最常见的方法之一便
是济寒赈贫。11 世纪末,义乌人何先好"修塔庙,治津梁,乐施惠"。^④
大约 12 世纪中叶,潘好古因斥资修筑陂塘和县学而知名。^⑤ 这些努
力,如在饥馑年岁向公众开放粮仓^⑥,都有助于提高捐助者的地方
声望。

在宋代频繁出现的战乱时期,为捍卫乡里出钱出力之人声誉日
隆。据记载,陈亮的外祖父便是凭借这种方式"在永康为闻家"。^⑦ 许
多当地人也是采用类似方式而知名,而在北宋灭亡前后社会动荡的几
十年间,这种情况更为明显。^⑧ 捍卫乡里无疑既能让人感恩戴德,又为
家庭赢得了声誉,为防御盗贼不吝钱财也可以得到实实在在的好处:
如果慷慨捐资,或者更重要的是成功地捍卫乡里,便可以被注授小
官。^⑨ 虽然通过这种方法所获之官,根本无法比肩通过科举成功赢得
的社会声誉或仕途潜力,但它们提供给捐纳人家庭有用的特权,几位

①婺州人在当地赢得声望所用的方法与韩明士所描述的南宋抚州地方精英的活动极为相似(《官
僚与士绅》,第 136－199 页),虽然婺州史料指出这些方法并不限于南宋。
②郭良臣墓志见《叶适集》卷 13《郭府君墓志铭》(第 245－247 页),墓志铭中称他 52 岁去世,1191
年安葬。假设他去世后不久便被安葬,那他大约生于 1140 年。
③《陈亮集》卷 26《东阳郭德麟哀辞》,第 393 页。
④《北山集》(文渊阁四库全书本)卷 15《何氏考妣墓表》,10b。
⑤《东莱集》卷 10《朝散潘公墓志铭》,7b。
⑥《东莱集》卷 10《朝散潘公墓志铭》,6－6b;《东阳县志》卷 19,18。
⑦《陈亮集》卷 30《周夫人黄氏墓志铭》,第 434 页。
⑧例如,《北山集》(文渊阁四库全书本)卷 7《蒋持志墓志铭》,2b－3,同书卷 15《何氏考妣墓表》,
10(据《蒋持志墓志铭》记载,蒋持志遇盗起弃财去,非捍盗——译者按);《东莱集》卷 13《宋郴
州墓志铭》,5;《东阳县志》卷 19,18;《黄文献公集》卷 9a《饶州路儒学教授许君墓志铭》,第 388
页;《香溪集》卷 22《高府君墓志铭》,第 205－206 页。
⑨前述中的大部分人因为他们捍御盗贼有功而被授予低级官品。即便在和平时期,如果资产丰
厚,通过向官府纳粟或赀,人们也可以得到同样的回报。

婺州人便是选择了这些方式。①

　　但迄今为止，通过财富带来社会地位最常见的重要方式是为子女投资教育和谋求各种关系。多方墓志铭描述了诸位父亲（有时候是母亲或诸兄弟）忙于起家，他们自己无暇追求儒学教育，却竭尽全力保证他们子弟中一人求学。12世纪初，曹宏使其幼弟和儿子接受教育。②一两代后，他的乡党时汝功发现自己只能在闲暇时读书，人到中年，他于是"筑室买书，饬厉其子不少置"。③几乎同时，浦江人钱良臣以辛勤"起家"，如此其子钱赞可以"学为士"。④12世纪六七十年代，东阳人郭良臣怜其子弱，不得远去求学——便修筑好屋聘，请知名学者，并邀请里中或他郡年纪和他儿子相仿者一同学习。⑤

　　当然，宋人和他们的墓志铭撰者很清楚独自攻读不能产生成功的教育。11世纪初，兰溪人江澄⑥以赀雄其乡，厚币致四方"贤者"，使与其子交游：据记载他的努力使诸孙十余人登进士第。⑦金华王氏家族的个案研究情况与之相似，数十年后，王登的父亲"始辟家塾，延名士，以训子孙"。⑧12世纪中叶，金华人时汝翼见"道上往来者，装赍类逢掖，辄延致之。偶得胜士，馆饩款绎，连日夜不厌"⑨。郭氏"知世所尊贵学之上者，其有原本善士，千里外礼致，托以子弟，不专请乡州先生也"⑩。

---

① 《东莱集》卷13《郭伯清墓志铭》，7b；《陈亮集》卷27《陈性之墓志铭》，第401页，同书卷30《汪夫人曹氏墓志铭》，第434页；《宗泽集》卷3《陈公墓志铭》，第54页；《敬乡录》卷3，7；《永康县志》卷18（第382页）。

② 《北山集》（文渊阁四库全书本）卷15《右承议郎致仕曹公墓志铭》，12b—13。

③ 《东莱集》卷13《金华时君德懋墓志铭》，3b。

④ 《陈亮集》卷27《钱元卿墓碣铭》，第402页。

⑤ 《叶适集》卷13《郭府君墓志铭》，第246页。

⑥ 如上，江澄是江惇提（1078—1138）的高祖。以25年为一代，江澄应生于大约978年，因此他的黄金时代在11世纪一二十年代。

⑦ 《浮溪集》卷27《左朝奉郎知处州江君墓志铭》，第329页。

⑧ 《攻媿集》卷87《少师观文殿大学士鲁国公致仕赠太师王公行状》，第1177页。

⑨ 《东莱集》卷12《金华时君德辅墓志铭》，11b。

⑩ 《叶适集》卷13《郭处士墓志铭》，第247页。据说郭良臣同样"昼夜劳苦治生，尽以其余付（儿子）澄，为四方师友费"，见《叶适集》卷13《郭府君墓志铭》，第246页。

东阳人何松积资至"巨万",为学之志不酬,使其长子与包括吕祖谦在内的"一世士君子"游。[1] 意识到在这些方式中建立的朋友关系和其他关系是应举的重要部分,许多其他婺州父母也送儿子师事诸如陈亮、吕祖谦等当地老师。[2]

婺州的情况看起来大致如此:从宋初开始,几户地方势要之家(如胡则之家)通过科举制能够名满天下。其他人,例如陈觌和方夫人家,当时尚未发展得如此迅速,然而能够在 11 世纪中叶让诸子至少成为低级官吏。后者的家庭扎根婺州,并且在婺州之外影响有限,但(正如第八章中我们将看到)随着步入仕途,他们的社会关系网络发生了引人注目的变化,尤其是婚姻网络延伸至婺州之外。然而,不论成为"官户"对涉及其中的家庭而言有多么重要,他们的发展轨迹远非婺州社会流动的唯一甚或是最显著的类型。就人数和社会文化影响而言,宋代婺州更为显著的流动类型是个人和家庭在当地从默默无闻到有权有势。[3]

这两种社会流动之间的异同清晰地体现在宋代史料中"起家"一词的不同使用。这一习惯用语至少可以追溯到汉代司马迁在《史记》列传中的使用。[4] 在司马迁的笔下,这一词语指获取官职,许多宋代墓志铭撰者同样如此使用。当"起家"在宋代以这种词义使用时,通常作为"以进士起家"的一部分。这种使用既体现了官户与民户在某种意义上的区别,同时也暗指进士衔是造成这种转变的关键因素。因此,它既认可社会地位向官户身份流动的事实,同时也暗示科举制对这一

---

①《陈亮集》卷 30《何夫人杜氏墓志铭》,第 436 页。《止斋集》卷 48《何君墓志铭》,3。

②相关例子见《东莱集》卷 11《金华戚如圭母周氏墓志铭》,2,同书卷 11《金华汪君将仕墓志铭》,13—13b;《陈亮集》卷 27《陈性之墓志铭》,第 401 页,同书卷 29《徐妇赵氏墓志铭》,第 431 页;《止斋集》卷 48《何君墓志铭》,3。本田治文第 24 页注释 84 列出了东阳县单独修建的 8 个书院、义学和私学。

③伊沛霞注意到宋代人对"始祖"产生新兴趣,并且她将其与新家族的崛起联系起来。但以上两种家庭地位类型的转变并非永久不变:正如我们在下一章中所见,成功之人的后人发现向下流动同样存在可能(《初级阶段》,第 24 页)。

④见《中文大辞典》(卷 8,第 13953 页,条目 37895.68)"起家"条目下征引的《史记》片断。

过程的重要性。

但在宋代,"起家"一词也被用来刻画祖先出身卑微,最终却成为地方名士,[1]而并非描述家庭成为官户。此处所指并非科举制或教育,而是逐渐积累的巨额财富能够使人在当地立足。这一用法再次认可了社会地位发生改变的事实,但此时的改变已经与入仕无关,而是依赖经济因素。

在宋代,这两种社会流动密切相关。正如韩明士所指,富甲一方和拥有地方声望是跻身官场的前提。[2] 现存史料中所描述的贫窭的婺州人,往往是那些祖先早先侧身于官户精英,但现已没落之人,这并非偶然。对那些在本地占有一席之地的人而言,贫窭可能不会对随之而来的学术成功和社会地位(史料中的信息)构成一道不可逾越的障碍;但那些终日穷困潦倒之人在尚未首先改善他们的经济地位之前,则可能几乎没有接受教育和科举成功的机会。因为应举(至少在理论上,对于那些并非官宦出身之人而言,科举是主要的入仕途径)所费不赀,这才是真正的重中之重。而形形色色的社会关系可以提供佐助成功入仕所必需的荐举和赏识,只有那些已经在社会上立足之人,可以利用这种社会关系,这一点也是事实。另一方面,虽然在地方层面"起家"是入仕必需的前提条件,但并非充分条件。拥有一定经济和社会地位的婺州家庭或家族往往要历经数代之后才能足够幸运地有人入仕。[3]

最后,没有理由认为新兴家庭的日益富有(可能也有文化崛起)仅仅从宋代开始。当然,宋代政府提供的稳定和富足使"起家"人数不断

---

[1] 见《陈亮集》卷 27《林公材墓志铭》,第 398 页,同书卷 27《钱元卿墓碣铭》,第 402 页;《叶适集》卷 14《吕君墓志铭》,第 266 页。

[2]《官僚与士绅》,第 29—61 页。

[3] 王氏家族宣称在王登于 1112 年首次中进士之前,已经有 8 代业儒传统(《攻媿集》卷 87《少师观文殿大学士鲁国公致仕赠太师王公行状》,第 1177 页)。同样的,义乌何氏和永康陈氏都在 11 世纪中叶之前已经在当地立足。但何氏首位进士是 1161 年中第的何恪(《义乌县志》卷 10,12b),陈氏的首位进士是 1193 年的陈亮(第九章陈亮个案研究中详细讨论了这两个家庭)。

增加成为可能：这从宋朝统治下不断增长的人口，和不断扩大的识字人口的比例均能看出。[①] 带来宋代繁荣的经济扩张从唐末已经开始。传世史料的时间滞后意味着新兴家庭的崛起只是在 11 世纪末才可见，但很可能这种现象本身在宋代之前已经成为了当地社会的特征。[②]

地理因素与地方身份地位

我们已经看到，宋代婺州地方社会的首要特点是社会流动：宋朝最初两百余年，新兴家庭跻身成为当地社会中富有且饱读诗书的一分子。值得注意的是，除了少数例外，地理上的迁移在婺州地方精英的生活中似乎没有多大影响。如同别处之人，宋初跻身高官的婺州人往往背井离乡。胡则在重新定居钱塘之前，寓居开封。北宋末年官员、知沦陷后开封的义乌人宗泽也呈现同样的模式：宗泽的遗体被运回宋高宗的行在江苏镇江，而非义乌安葬。[③] 但关于其他北宋婺州人的有限资料则揭示了这种向外迁徙的模式仅限于那些在官场中位高权重之人。丈夫和儿子均为官宦的方氏被葬于家乡金华，靠近她丈夫的祖茔——她的曾孙陈楫亦如此安葬。[④] 儿子为官的陈觊同样被葬于家乡

[①]《棘闱》，第 36 页。新兴家庭跻身精英的过程至少持续到 12 世纪末，并且很可能贯穿整个宋代。虽然现存婺州史料中并无家庭在 13 世纪初步拥有地方权势和声望，韩明士描述了几个在 13 世纪进入地方精英的抚州家庭的特征（《官僚与士绅》，第 63 页）。另一方面，一些最新的学术研究成果表明，中国——或至少部分地区可能在南宋时遭遇重大的经济衰退（相关成果评论，见史乐民《关于宋代经济我们需要知道多少？ 12 至 13 世纪经济危机考察》，《宋元研究》第 24 卷，第 327—333 页[1994]）。若真如此，"新兴"家庭崛起并获得地方精英地位可能缓慢持续至宋末。

[②]可能即使如胡氏和陈氏家族——尽管他们标榜文化传统悠久——也仅仅是在五代时成功获得财富和地位，然后（回应数百年历史的文化价值）开始教育他们的儿子，尽管教育缺乏入仕门路。

[③]《宗泽集》附录，第 111 页。该史料指出，宗泽的妻子数年前已经葬于镇江，宗泽在附近的当涂住过一段时间。应注意的是，虽然宗泽兄弟的后人出现在婺州墓志中，宗泽本人的后人却并非如此。他们似乎也迁居至其父坟茔附近。

[④]《西溪集》卷 10《方夫人墓志铭》，17；《永乐大典》卷 3149，2。

永康①，欧阳修弟子徐无党的父亲亦是如此安葬②。王淮家族的祖先、低级官吏王登被葬于金华③；中级官员郑详的儿子和儿媳（1042—1120），郑详的侄子郑卞（凭一己之力的一个小官吏），④中级官员范锷的儿媳亦是如此安葬⑤。所有这些人，即便他们活跃于官场或者在其他地方拥有别业和关系，仍然保持与家乡的纽带。⑥ 至北宋末，甚至那些身居高位之人同样愿意致仕后返回婺州老家。⑦ 对于与官场没有关系的北宋人而言，几乎可以肯定终老于家乡。⑧

在南宋，关于普通人或低级官员家庭和家族的资料比比皆是，这种（与婺州老家保持密切关系的）状况仍在持续。并且在南宋，甚至高官也一直维持着他们与婺州的纽带。⑨ 虽然关于高官的南宋资料很少，但我们得知王淮被葬于金华⑩，宰相叶衡和乔行简的元代后人仍然居住在家乡⑪。根据宰相章节中所见，出现这种情况同样毫不

---

① 《钱塘集》卷16《陈府君墓志铭》，26。

② 《敬乡录》卷2，4—5。徐无党撰写的一方《汉乌伤侯赵君庙碑》中，他感谢当地神祇帮助，为其父墓址选择一处吉穴（这一吉穴位于永康神祇神庙5里处）。

③ 《丹阳集》卷13《承议郎王公墓志铭》，16b—17。

④ 《北山集》（文渊阁四库全书本）卷7《代族兄宗鲁作母侯夫人行状》，5；同书卷27《拟墓表系省记》，3b。

⑤ 《香溪集》卷22《右通直郎范公夫人章氏合祔志》，第211页。

⑥ 方夫人4个儿子中的两个据说同时在开封学习多年，徐无党可能也在都城跟随欧阳修学习多年。陈贶与婺州以外的人有姻亲关系；范锷的儿媳生于开封；郑详的儿媳同样似乎来自其他地方（第八章详细讨论了这些婚姻关系）。

⑦ 例如，钱通在12世纪初为从二品官，致仕后回到婺州（《敬乡录》卷3，1）。

⑧ 关于北宋普通婺州人，他们生老病死于婺州，见《宗泽集》卷3《宗汝贤墓志铭》，第51—52页，同书卷3《叶处士墓志铭》，第52—53页，同书卷3《陈八评事墓志铭》，第55页；《敬乡录》卷3，5—7b；《北山集》（文渊阁四库全书本）卷7《族兄宗鲁行状》，6b—8。一个例外见《宗泽集》卷3《陈公墓志铭》，第53—54页。

⑨ 我只发现一个南宋时迁出婺州的例子。此例涉及金华宋有的后人，宋有的兄弟似乎是中级官员。《东莱集》卷13《宋郴州墓志铭》指出，宋有的父亲因人而得官（大概五品或六品）；宋有儿子的墓志铭同样指出，这个儿子接受来自其叔父的荫补（《文忠集》卷75《从政郎宋君佖墓志铭》，18b；这个官员不见于其他史料中）。宋有的孙子葬于江西隆兴府（今南昌市），他的后人在当地安葬（《西山文集》卷42《宋文林郎墓志铭》，23，同书卷42《宋文林郎墓志铭》，28；《慈湖遗书》卷5《宋母墓铭》，14b）。

⑩ 《攻媿集》卷187《少师观文殿大学士鲁国公致仕赠太师王公行状》，第1187页。

⑪ 《鲁斋王文宪公文集》卷13《书叶西亭钝汉传后》，3b；《金华贤达传》卷4，3b。

奇怪。

　　如果说很少有人迁出婺州,资料表明,迁入婺州之人同样数量有限。宋代史料中有文献记载的大多数婺州人的祖先在宋代之前,或在宋初到达婺州。北宋时,有零星之人迁入婺州;[1]如同其他南方州府,北宋灭亡时婺州经历了一个小规模的外来移民浪潮。[2]但是,大多数情况下史料中并无记载在宋代有任何大规模的移民迁入婺州。

　　关于婺州内部人口迁徙,我们所掌握的有限资料显示,家境蒸蒸日上有时伴随着家庭从郊区搬迁至城市中心。宋有的祖父据说厌倦了农耕生活,举家迁至州治近郊,在那里他的诸孙接受教育。[3]王淮的行状指出,他的祖父在宋初做了类似的搬家举动,[4]一份恭贺永康应氏家族新谱牒编纂的元代前言,描述了这个家族的宋代祖先由于他们的政治命运盛衰无常,从乡村搬到城镇,后又返回乡村。[5]很难说这样的内部迁移有多么普遍。

　　当然,到南宋时,至少就居住地而言,婺州人口似乎已经基本上固定。这是有充分理由的。那些无甚政治抱负和能力有限之人在任何情况下都会固守家园;对于胸怀抱负之人而言,北宋的灭亡改变了一切。那些热衷于在新都城建立政治关系的婺州人——实际上他们的人数并不少——发现这些政治关系就在触手可及的范围内。

---

①其中一人是陈允昌,他幼年随其父于11世纪中叶迁入义乌(《宗泽集》卷3《陈公墓志铭》,第53页)。

②传世宋代墓志揭示了6个在北宋灭亡时到达婺州的家庭或家族。其中5个来自北方:金华苏氏,苏辙的后人;永康吕氏,北宋宰相吕夷简的后人;武义巩氏,一个低级官员(他可能也是某位宰相的孙女婿)的后人(《叶适集》卷22《巩仲至墓志铭》,第436—437页;《鸡肋集》卷65《右朝议大夫梁公墓志铭》,23);兰溪王氏,某位参知政事的族人兼苏氏的姻亲(《双溪集》卷15《故中奉敷文阁王公墓志铭》,第209页;这方墓志描述了首位王氏移民在兰溪的埋葬地,他的后人是否仍然居于此地情况不详;东阳王氏,其北宋背景不详(《后村集》卷161《夫人宗氏》,5b—10;《黄文献公集》卷8b《外舅王公墓志铭》,第307—309页)。第6个是潘好古家,可能在南宋初年便从邻州处州迁入金华。

③《东莱集》卷13《宋郴州墓志铭》,4b。

④《攻媿集》卷187《少师观文殿大学士鲁国公致仕赠太师王公行状》,第1177页。

⑤《陈亮集》卷15《后杜应氏宗谱序》,第182—183页。虽然此序收录在陈亮文集中,但序文提及一位应氏祖先在13世纪60年代任官(陈亮去世很久之后),因此序并非陈亮所写。

对于那些沉湎于道学研究之人而言，名师都在南方，并且其中几位就在婺州。换言之，从全国政治和文化网观点来看，北宋灭亡一举推动婺州由边缘进入中心。一言以蔽之，人们没有充分理由背井离乡。

第七章　维系身份地位:婺州后人

如果说婺州人一旦在当地立足,便往往扎根此地,那么他们后人的情况如何? 对于大多数婺州家族的存在,我们仅是凭借单个家族成员的墓志才得以了解。因此,对于那些家族如何历经风雨沧桑,便无从谈起。[①] 但是,还是有许多家庭在漫长岁月中仍然有迹可循。

保持繁荣

有时,婺州家族的后人历经四五代尚有迹可循。例如,见于婺州早期记载中的 4 个家族,其中两个家族的后人延续一个多世纪仍然可

---

①一些例子见于以下史料中记载的家庭:《陈亮集》卷 27《林公材墓志铭》,第 398－399 页(永康林氏);《陈亮集》卷 30《凌夫人何氏墓志铭》,第 439－440 页(浦江凌氏);《陈亮集》卷 30《黄夫人楼氏墓志铭》,第 442 页(义乌黄氏和楼氏);《北山集》(文渊阁四库全书本)卷 7《蒋持志墓志铭》,2－4(浦江蒋氏);《北山集》(文渊阁四库全书本)卷 15《右承议郎致仕曹公墓志铭》,12b－14(金华曹氏);《北山集》(文渊阁四库全书本)卷 15《余彦诚墓志铭》,1－3b(义乌余氏);《东莱集》卷 10《金华毛君将仕墓志铭》,2b－3b(金华毛氏);《东莱集》卷 10《义乌徐君墓志铭》,9－10b(义乌徐氏);《东莱集》卷 11《金华曹君墓志铭》,15b－16(另一金华曹氏);《东莱集》卷 12《永康王君墓志铭》,9－10b(永康王氏);《东莱集》卷 13《金华游玠母陈氏墓志铭》,16－17b(金华游氏)。例子不胜枚举。史料中偶尔出现情况不详的家族,这提醒我们记载缺失或史料亡佚并不能说明某个家族缺乏社会地位或丧失社会地位。虽然那些未能维系他们在当地社会地位之人似乎容易失载于史料,但反之并不成立。史料仅记载在婺州占主导地位的一小部分人。

考。胡则家族的事例显示，胡则兄弟的后人虽然已经不再居于婺州，但直至北宋灭亡一直很兴旺。同样的，12世纪初，方夫人之子陈确的孙女和曾孙女分别嫁给婺州人，现存史料中关于她们一个堂兄弟的记载稍详。① 出于同样的原因，许多在北宋中叶步入仕途的婺州人，他们的后人在一个多世纪里都有迹可循。撰写于1145年的一方墓志，墓主是北宋官员兰溪人范锷的儿媳，该墓志提及她有9个曾孙和4个玄孙；② 一方范锷孙子的墓志铭列举了她的另外4个曾孙和3个玄孙。③ 这些后人的人生轨迹不详，但范锷的另一个曾孙（他被称作范锷孙子范浚的从子）1154年登进士第，累官至正四品。④ 宗泽长兄的玄孙女1250年被葬于婺州，其子在她生前为官。⑤ 郑详的旁系后人一直生活在婺州，并且在13世纪时仍然为官。

　　历经两个多世纪仍然有迹可循的婺州家族虽然并不多见，但依然存在。金华王氏的个案研究显示，从11世纪末王登为官直到约两百年后的1274年王柏去世，这个家族的一些族人在婺州仍然很兴旺。元明史料记载了这个家族更晚的后人。⑥ 同样，14世纪中叶的一方墓志铭中也记载了一位王炎泽，他是义乌人王永年的第6代旁系后人，

①此人与第五章中提到的陈确是同一人。陈辑的堂兄弟，见《永乐大典》卷3149，1b—2。
②《香溪集》卷22《右通直郎范公夫人章氏合祔志》，第211页。
③《香溪集》卷22《右朝请郎致仕范公墓志铭代》，第214页。
④《金华先民传》卷7《范端臣》，6b。
⑤《后村集》卷161《夫人宗氏》，5b—10。需要注意的是，宗氏的墓志称她是宗泽的玄孙女，但宗泽长兄的墓志铭中（《宗泽集》卷3《宗汝贤墓志铭》，第52页），她的曾祖父是墓主之子。既然宗泽是其兄墓志铭的撰者，关于此事，宗泽的误记率应该极低。
⑥例如，元代墓志铭可考王淮的玄孙王肖翁（1272—1336）（《黄文献公集》卷9b《承务郎松江府判官致仕王公墓志铭》，第429—431页），从元代墓志铭中也可发现王师心的三个后人：玄孙王珹（1247—1324）；来孙王文彪（1278—1353）（严州人）；昆孙王慧（1289—1344）（《王忠文公集》卷18《元中宪大夫金庸田司事致仕王公行状》，第477—481页，同书卷20《故成斋王先生墓表》，第525—527页）；《黄文献公集》卷9b《故处士金华王君墓志铭》，第431—432页）。除王文彪外，其他人均被描述生老病死于婺州。一部明代婺州人物传记集也列举了一位当地士人，据说是王柏的后人（《金华贤达传》卷11《明王杰传》，8）。

而王永年本人是北宋官员王固的旁系后人。① 明代士人宋濂——一位土生土长的婺州人，为其他显赫的宋代婺州家族的至少两位后人撰写过墓志铭。② 宰相乔行简的一些后人明代时仍然居于婺州。1428 年，学者郑柏为《乔行简传》增加了一条小注，描述他路过东阳，登乔氏孔山堂，瞻拜乔行简遗像。郑柏对乔行简文集爱不释手，称："今其子孙繁衍日盛，各以所宗散居东阳，而居孔山者尤号昌盛，盖孔山乃丞相旧第。"郑柏接着提到他的女儿嫁给乔行简一八世孙，并称："所谓'君子之泽，止于五世者'，固未易论也！"③

　　以上诸例（几乎可以肯定尚未穷尽史料）④，表明一些宋代家族能够长期稳居婺州社会上层。事实上，在宋元明各朝均有迹可循的家族往往是那些在宋代政坛上呼风唤雨之家：除一个家族外，其余所有被提及的家族在宋代均产生过高官显宦。⑤ 他们的经历自然不能被视作大多数地方势要家族的典型或代表，这些家族最突出的成就是积累财富与教育诸子。但资料显示，即便是官宦背景比较淡薄，甚至毫无官宦背景的一些家族，他们能够长时间维持优游岁月的能力也远超我们意料之外。在撰写于 12 世纪中叶的墓志铭中，陈亮明确表示他的族人"虽不能驰骤取功名富贵以自见于斯世"；但 7 代祖先的姓名可考，并称他们"衣食丰足"。⑥ 同样，义乌何氏家族 8 代成员可考，

---

① 《黄文献公集》卷 9b《南稜先生墓志铭》，第 418—420 页；《王忠文公集》卷 18《南稜先生行述》，第 470—471 页。两条史料均指出，王炎泽是王永年弟弟的昆孙。
② 一位墓主是苏有龙（1296—1378），他是北宋朝官苏辙的第八代后人，苏辙的儿子在北宋灭亡时一直居于金华。另一位是李裕（1294—1338），从二品官李大同（1223 年进士）的玄孙（《宋学士全集》卷 20《故朝列大夫浙江行省左右司都事苏公墓志铭》，第 730—735 页，同书卷 21《故承务郎道州路总管府推官李府君墓志铭》，770—772 页）。同样的，一位李氏（1251—1322）在墓志铭中被描述为李大同的从孙女（《黄文献公集》卷 8b《外姑夫人李氏墓志铭》，第 348—349 页）。
③ 《金华贤达传》卷 4《宋乔行简传》，3b。乔行简文集并未存世。
④ 虽然我简单查阅了现存的元明时期婺州人的文集，寻找宋代婺州居民后人的信息，但我未能彻查宋代以后的全部史料。我希望这种搜寻能够发现其他例子。
⑤ 王炎泽的祖先义乌王氏家族，虽然他们在两宋均有人仕宦，但是否有人曾任高官则情况不详。
⑥ 《陈亮集》卷 27《先祖府君墓志铭》，第 395—396 页，同书卷 28《陈府君墓志铭》，第 411—412 页。下文第九章详细描述了陈氏家族的历史。

在第 3 代时，开始有人官居下层（通过购买而来），并终于在第 6 代时出现了一位进士。① 最后，现存宋代史料中几乎鲜为人知的浦江郑氏共居家族，至宋末时已经在当地维持了 6 代；② 此外，在元明史料中多次提及的其他婺州家庭，虽然并未见诸宋代文献，但其根源可以追溯至宋。③

一旦立足，地方势要家族毫不费力便可维持他们的地位，并且信心满满他们辛苦打拼赢得的生活能让后人们坐享其成，这是颇具诱惑力的结论。然而，这一印象与我们所掌握史料的基调方凿圆枘。即便墓志的墓主都属于功成名就的婺州人，他们的墓志仍然无意中流露出对于生活和命运无法掌控的焦虑之情。墓志中非但没有描述一群自安其位且信心满满之人，反而展现了要维持经济地位和自身生活艰辛的高度忧思。

在一定层面上，墓志铭撰者强调人生变幻无常，可能反映了新贵之人对于早期艰难岁月念念不忘的惯常情形：陈亮指出，永康人林崧"不自侈大"，"犹以为艰难之易失也"。④ 但即便功成名就，维持财富和社会地位在宋代婺州也并非易事。任何风吹草动均可能撼动富有之家，并且威胁到后人维系祖先们那些来之不易财富的能力。要理解一些家族历经风雨却屹立不倒的过程，就必须考虑他们不得不面对的各种

① 《北山集》（文渊阁四库全书本）卷 15《何氏考妣墓表》，8b—11；《陈亮集》卷 28《何茂宏墓志铭》，第 409—410 页，同书卷 28《何少嘉墓志铭》，第 423—424 页，同书卷 30《刘夫人何氏墓志铭》，第 437—438 页。这是陈亮与之通婚的何氏家族（见第九章）。

② 窦德士（John W. Dardess）：《郑氏共居家族：元代和明初中国的社会组织和新儒学》，《哈佛亚洲研究》第 34 卷，第 1 期，第 14—17 页（1974）。窦德士在第 12 页称宋政府因孝道表彰郑氏家族的始祖，但在其征引的《宋史》传记中并未提及这一内容。此传记的大部分内容用来描述传主始祖的两个玄孙，显然是取材于时间相当靠后的史料（它描述郑氏家族九世共居，只有已经入元的家族才能标榜已历九世）。

③ 这些家庭中一个不起眼且极为简略的例子，见《黄文献公集》卷 8a《八世祖墓重建石表记》，第 303—304 页，同书卷 8a《外舅王公墓志铭》，第 307—308 页，同书卷 8b《白云许先生墓志铭》，第 361—366 页，同书卷 9a《饶州路儒学教授许君墓志铭》，第 388—389 页，同书卷 9b《退藏山人赵君墓志铭》，第 427—428 页。

④ 《陈亮集》卷 27《林公材墓志铭》，第 398 页。

危险。

趋利避害

家境殷实之人急于将其创造或继承来的财富传承给子孙后代，首要难题是需要养育人数适当的后人，以便于将财富分给他们。子嗣太少，甚或并无子嗣，可能严重威胁到血脉的命运；但是，人丁过于兴旺同样会带来麻烦。在宋代婺州，亦如在明清时期，家庭频繁地求助收继，透露出不育和婴儿夭折是挥之不去的梦魇。[①] 永康人章著 40 岁去世，并无子嗣，他的侄子被指定为其继嗣；[②]义乌人何大猷 29 岁去世，无子，他兄长之子嗣其后。[③] 其他几个婺州家族也是采取收继（有时候连续数代）来确保血脉延续。[④] 虽然名义上保持了血脉存续，收继实际上无法阻止家族成员经济状况恶化。例如，被收继的周若讷只接受了养父财产的毫末：其余的财产都归了养父的 3 个亲生女儿（并因此最终归入她们丈夫的家庭）。[⑤]

即便不育并非问题所在，但不能生育 1 个以上子嗣可能会产生纠结。拥有独子之人不得不面对复杂的选择，是否应该让儿子就学，还是安排他打理田产。虽然婺州家庭似乎一般视打理田产更可靠，但其提高社会地位的潜力有限，这可能是永康人姚汝贤选择让独子姚怡求学的原因。但选择求学之路前途未卜。姚怡虽身为太学生，但仅止步于此。12 世纪 90 年代初姚怡父子一并去世，撇下姚怡的独子穷困潦

---

①婺州收养资料非常符合王安(Ann Waltner)关于明代收养活动的发现。《烟火接续：明清的收继与亲族关系》(火奴鲁鲁：海湾大学出版社，1990)。18、19 世纪使用收继策略保持血脉，见邓尔麟(Dennerline)《婚姻》，第 194—206 页。

②《陈亮集》卷 27《章晦文墓志铭》，第 399—400 页。

③《陈亮集》卷 28《何少嘉墓志铭》，第 424 页。

④《陈亮集》卷 29《喻夫人王氏改葬墓志铭》，第 431—432 页，同书卷 27《周叔辩夫妻祔葬墓志铭》，第 407—408 页。

⑤《陈亮集》卷 27《周叔辩夫妻祔葬墓志铭》，第 408 页。

倒以致于无法体面地安葬他们。① 另一方面，儿女众多的家庭同样有他们自己的困扰。男性后人（经常也有女性后人）②中普遍存在析产习俗，子嗣过多的家庭可能会看到祖产被分割得七零八落，以至于无人能够独自支撑门户。

英年早逝是对血脉稳定的主要威胁，甚至超过了不育。因父母过世，义乌人楼蕴不得不放弃应举，东阳人何松的长子亦因同样的情况放弃参加科举。③ 当父亲在诸子自立前去世，如姚怡之子便深陷困境之中不能自拔，这似乎已经越来越成为问题。王师愈无力安葬父亲，"族姻欲使从俗为火葬，公号泣不食者累日，见者感动，合力助之，乃克襄事"。④ 陈亮指出，他的曾祖父去世，"先祖兄弟以摧丧之余暴当门户，凛然惧不自保"。⑤ 父母英年早逝，女儿们的未来可能尤其艰险。当喻师长子的妻子去世，家中安排他们的女儿（喻师的孙女）加入喻师次子媳妇的家庭，如此便可让长子安心再娶。而喻师长子之子（被收继女孩的兄弟）则仍然跟随其父生活。⑥ 在一个颇富戏剧性的例子中，一位周姓女子 7 岁时，父母先后去世，她便由祖母抚养；但当祖母去世后，她无家可归，只好投奔入赘刘家的母弟。正是她弟弟的岳母刘夫人最终安排了周氏的婚事。⑦ 低级武官黄大圭的两个年轻女儿突遭变故，父母和 6 个兄弟相继去世。长女已经许嫁表兄，两个女儿便由长女的准公婆抚养；两人很快便出嫁。⑧ 后一例子显示，英年早逝不仅威胁血脉，甚至可能将血脉断绝。黄大圭无嗣而亡，显然甚至连一个可

①《陈亮集》卷 28《姚唐佐墓志铭》，第 422—423 页。只是靠姚怡朋友的帮助，葬事才最终完成。
②见柳田节子《南宋时期家产分割中的女子继承部分》，《刘子健博士颂寿纪念宋史研究论集》，同朋舍，1989，第 231—242 页。
③《东莱集》卷 10《义乌楼君墓志铭》，15；《陈亮集》卷 30《何夫人杜氏墓志铭》，第 436 页。
④《朱文公文集》卷 89《中奉大夫直焕章阁王公神道碑》，22。
⑤《陈亮集》卷 27《陈府君墓志铭》，第 411 页。
⑥《陈亮集》卷 29《喻夫人王氏改葬墓志铭》，第 431—432 页。
⑦《东莱集》卷 11《金华戚如圭母周氏墓志铭》，1—1b。
⑧《陈亮集》卷 25《祭姨母周夫人黄氏文》，第 375—376 页，同书卷 30《周夫人黄氏墓志铭》，第 434—435 页。第九章更详细地讲述了这个故事。

收继的旁系族人都没有。这一原本儿女成群的家庭,看似能够确保命运无虞,不经意间便家破人亡。[1]

除了自然造成的威胁难以预料,宋人维持他们财富和社会地位的希望也受到各种人为挑战的威胁:在每一代中进行家庭财产分割的析产习俗。虽然婺州史料视析产为必然行为,但他们至少间接指出,析产很容易导致家庭日渐式微。叶适为郭良臣所撰墓志中称赞郭氏"赀分而能不衰",尽管实际上他们无人仕宦。[2] 金华人陈材的墓志铭解释,陈材出生较晚,12世纪30年代初,陈材年仅5岁,父亲与叔父们分家,父亲几乎未留分毫。陈材16岁时,父亲去世;叔父们未能发达,想要再次析产。陈材遵循先父遗愿,将其财产分成4份。十年内,陈材千方百计重聚了自己的财产。后来他又再次帮扶境遇不佳的叔父们。[3] 另一个例子表明,善于理财有助于减轻析产带来的影响:人近中年的喻师与侄子们分割田产时,他自己只分得130亩田,却最终能将田地增至近千亩。[4] 虽然父亲去世时,东阳人陈宗誉将百万家产全部给了弟弟,但他"脱身躬耕,复致富饶"。[5] 这些例子所描述之人,能够克服析产所造成的威胁,而他们的墓志撰者对其成就的大肆渲染,表明析产的危险不仅真实存在,而且令人刻骨铭心。

至少在理论上,如果家庭非常愿意共同拥有财产,那么家庭内部的析产尚可拖延一段时间,其他关于财产的危险则相对不太容易规避。资料显示,赋税一定程度上会造成家庭的衰落[6],而诉讼也可能导致纠缠不清和所费不赀。永康人吕浩请求以所得官赎父兄之罪:他母

---

① 《陈亮集》卷25《祭姨母周夫人黄氏文》,第375—376页。
② 《叶适集》卷13《郭府君墓志铭》,第246页。
③ 《永乐大典》卷3155,13b—14。
④ 《陈亮集》卷28《喻夏卿墓志铭》,第419页。
⑤ 《渭南文集》卷32《陈君墓志铭》,第199页。
⑥ 《北山集》(文渊阁四库全书本)卷7《杨氏女弟墓石丹书》,4。

亲的墓志铭撰者提到"里间族党咸以浩年少不知事体"。①

最后，对宋代家庭的生活和命运而言，盗贼可能意味着生死攸关，这在某些情况下更为常见。盗贼劫掠这一主题几乎出现在南宋初的每个叙述中。此类劫掠为一些人通过参与抵御盗贼侵袭，为提高其在社会上的身份地位提供了契机，但机会往往伴随着高昂的代价。义乌人吴圭匆忙赶回家确认年迈母亲的安危，"距家仅一舍许"，遇盗被杀。② 浦江人钱通（1050—1121）致仕家居，纠集当地人众抵御劫匪，结果他自己陷贼而死。③ 郑刚中家族中几位成员在盗贼袭击中被杀，义乌人宗泽的兄长亦遭遇同样下场。④ 女人也不时成为牺牲品。永康杜小姐同意将自己交给悍贼来换取家庭其他成员的性命，但她沐浴盛饰之后，选择悬梁自尽。⑤ 永康一富民之家两姐妹中的长女宁肯伸颈就刃而不愿屈从行同盗贼的军官；次女则不仅被奸污，还要承受他人日后的指责，质疑她为何不能仿效其姐所为。⑥ 永康人章甫的母亲因一只脚患疾而难以逃走，妯娌不忍心弃她而去，幼子要努力保护她们二人，结果一同被杀。⑦ 即便是相对幸运之人毫发无损地逃脱⑧，盗贼劫

---

① 《陈亮集》卷 30《吕夫人夏氏墓志铭》，第 441 页。亦见《永康县志》卷 7《人物·儒林》，18（第 382 页）。

② 《敬乡录》卷 3《吴彦成墓志铭》，6b。

③ 《敬乡录》卷 3，1。其他诋毁的叙述，描述钱通在躲避盗贼时被杀（《宋史》卷 356《钱通传》，第 11202 页），或者钱通甚至具衣冠迎拜盗贼，盗贼厌恶其不忠，将其杀死（《敬乡录》卷 3，1—1b）。

④ 《北山集》（文渊阁四库全书本）卷 6《祭族兄巨中并同母姊姚氏文》，1b—2b；《宗泽集》卷 3《宗汝贤墓志铭》，第 51 页。

⑤ 《陈亮集》卷 13《二女列传》，第 160 页。听到其家因杜小姐自缢发出的嚎哭，贼惊散去，因此故事有一个"好"结局，但是并不难想象可能会是其他的结局。

⑥ 《陈亮集》卷 13《二女列传》，第 161 页。根据陈亮叙述，被奸污的妹妹只能惨然连声回答："难！难！"

⑦ 《永康县志》卷 10，34（第 592 页）。

⑧ 在一些有意思的例子中，墓主被盗贼擒获但被饶恕，一般归功于他们的令誉；见《香溪集》卷 22《吴子琳墓志铭》，第 209 页；《北山集》（文渊阁四库全书本）卷 7《族兄宗鲁行状》，7—7b；《浮溪集》卷 27《左朝奉郎知处州江君墓志铭》，第 329 页。人们只能猜想是否这些人与盗贼之间暗中勾结，或者能够自赎。

掠依然意味着失学或仕途中断①，或者至少是财产损失②。

总之，墓志史料所展现的宋代婺州是一个险象环生的世界，对于蒸蒸日上，乃至富裕家庭的存在而言，各种威胁伴随始终。但一些家庭和家族能够顽强生存，并且乃至历经上百年而昌盛不衰。这些家庭通过何种途径克服日渐式微的压力并维持他们的精英地位？

精英地位经久不衰往往与宗族联系在一起，并且特别是与族产有关系，这在明清研究中司空见惯。③ 正如第三章所示，北宋人重新恢复了对于家族关系的兴趣，从而出现了诸如范氏义庄（族产共有的经典模式）这种家族组织的新形式，并重新重视编纂谱牒和家规家范。那么，婺州地方精英家庭的延续与这些宗族组织新模式有何关系？

家族组织与地位延续

婺州史料中屡屡提及颇具规模的父系亲族群体。在大约撰于1149年的墓志铭中，范浚称"时婺之兰溪，言令姓者推江、范"，并说这两个家族族属各"千指"。④ 金华王氏，王淮同样"合族千指"。⑤ 金华人时汝翼家族也被描述为"阖门千指"。⑥ 其他家族规模略小：据记载，

---

① 金华人陈楫在盗贼攻击时弃官（《永乐大典》卷3149，2），金华人曹佃放弃在太学学习（《东莱集》卷12《金华曹君将仕墓志铭》，7b）。

② 《朱文公文集》卷90《太孺人邵氏墓表》，12b。

③ 相关例子，见卜正民《葬仪》和柏清韵、贺杰的研究。越来越多新学术成果开始挑战这个模式，提出精英策略可能更多样化（见周锡瑞和罗友枝的各自研究）。

④ 《香溪集》卷22《安人胡氏墓志铭》，第207页。

⑤ 《诚斋集》卷120《宋故少师大观文左丞相鲁国王公墓志铭》，20。

⑥ 此家族被描述为"千指"，这是婺州墓志撰者经常使用的一种计算方式。这种使用方法来自食指概念，见《中文大辞典》卷4，第5765页，条目12307.6。亦见《南涧甲乙稿》卷22《荣国夫人上官氏墓志铭》（第459页），称一位女性"聚居十指"，可见是用一根手指（而非十根手指）指代一个人。我认为，这些家庭人数如此众多，一定包括大量的奴婢、人力和女使，因为在政府的规定中，所有这些人都应被算入家庭人口。在这种情况下，墓志铭撰者强调大家族意在说明墓主可控制大量资源，而非称赞家庭和睦。

义乌人陈裕"聚族数百指"①，同乡吴察"合族数百口"②。金华人何松家三百指"无间言"。③ 东阳人李大有与其兄弟极有爱，其家"内外（包括妻子、儿女）四百指，五十年无间言"。④ 另一方面，王淮的侄子王植据说与两个幼弟生活在一个和睦的 40 口之家。⑤

显然，并非所有这些叙述都是关于同一类型的族群，有的也并未表明任何形式的宗族组织。一个"通谱氏族"可能包含几个独立的家庭，这些家庭有共同的祖先，但仅此而已。另一方面，何松和李大有的个案中，非常清楚地提及义居，时汝翼家被明确记载"阖门千指，无敢私烹炊者"。⑥ 乍看之下，这样的家庭已被组织成为最理想的父系宗族结构——义居家族。在元及明初，婺州作为郑氏义居家族的家乡而知名，郑氏因为数代族人生活在一起，并且共享相同的生活标准而远近闻名。⑦

但进一步考察会发现，实际上，在婺州，众多远房族人共居并不常见。虽然郑氏家族宣称源自宋代，但他们直到宋末几乎还尚未有宗族组织，甚至他们后世的褒扬者，也认为他们似乎是一个无法企及的理想，而非可以仿效的对象。⑧ 更重要的是，关于其他家庭的宋代史料显示，极少数家庭让兄弟以外的族人掌控共同财富。李大有兄弟率其家400 人；时汝翼家甚至不包括时汝翼唯一的兄长时汝功，抑或时汝功的

---

① 《宗泽集》卷 3《陈八评事墓志铭》，第 55 页。
② 《横浦集》卷 20《龚夫人墓志铭》，22（龚氏）。墓志撰者第二任妻子的前任丈夫属于吴氏家族。史料称吴氏"合族数百口"。
③ 《灵岩集》卷 7《府判何公行状》，28b－29。此人与前文提到的东阳人何松并非同一人，虽然两人名字完全相同。
④ 《鹤山集》卷 75《太常博士李君墓志铭》，9。
⑤ 《叶适集》卷 16《庄夫人墓志铭》，第 298 页。王植的墓志称王淮的母亲在世时，王植一直住在叔父王淮家中（墓志提到王淮的母亲很喜欢王植的妻子），此处人数所指为王植与其两个幼弟共同生活的家中之人，他们都被描述为"贫"（《叶适集》卷 16《庄夫人墓志铭》，第 298 页）。
⑥ 《东莱集》卷 12《金华时君德辅墓志铭》，11。
⑦ 窦德士文。
⑧ 同上，第 15－18 页，第 11－12 页。

后人。① 即便是最兴旺的婺州家庭，由兄弟主家已经非比寻常，这表明父母过世后，兄弟间很少合家——更遑论侄子们之间了。②

当然，除了共居，族人还有许多其他方式来表达他们的凝聚力和加强彼此之间的联系。方法之一是葬仪和祭祖仪式的组织与庆典，这得到宗族理论的大力鼓吹。③ 婺州人以关照贫瘵族人的丧葬而著称：时汝翼因修葺族墓，并且春秋率其族人洒扫而为人称道。④ 陈亮之父命陈亮按昭穆之序重建坟墓。⑤ 王师愈诸子"筑祠堂寮舍以奉烝尝居守"父母坟墓者。⑥ 吕祖谦（吕氏宰相后人）家族在北宋灭亡后迁居婺州，便强调修建家族墓，甚至将他们始祖参知政事吕好问（卒于1131年）之墓从桂州迁至武义。⑦

如果说父系族人为葬仪而聚首的理念在南宋已经广为人所知，事实上这一理念完全谈不上被付诸实施。陈亮祖先的坟墓荡然无存。⑧ 王氏祠堂只是为了供奉王师愈夫妇——他们与王师愈诸兄弟所葬之地并不在一处。多亏时汝翼提供钱财重葺祖坟，时氏家族的葬仪才得以进行；他的努力是必须的，因为许多旧坟已遭破坏却被置之不理。⑨ 甚至吕氏也并未总是将他们过世的族人葬于家族墓地。⑩

坟墓变得破败不堪的例子不胜枚举。12世纪30年代，郑刚中被

---

① 关于这一点的论证，见柏文莉，第356—360页。
② 另一个兄弟共居的例子见《陈亮集》卷30《汪夫人曹氏墓志铭》，第433页。
③ 伊沛霞认为，丧葬和祭祖仪式的改变是"宋代家族兴起的关键因素"（伊沛霞：《早期阶段》，第29页），卜正民指出，明代宗族的形成与儒家葬仪有密切关系，见卜正民《明清中国的葬仪与宗族建立》，《哈佛亚洲研究》第49卷第2期，第465—469页(1989)。
④ 《东莱集》卷12《金华时君德辅墓志铭》，12。
⑤ 《陈亮集》卷27《先祖府君墓志铭》，第396页。
⑥ 《朱文公文集》卷80《宁庵记》，18—18b。
⑦ 《东莱吕太史文集》卷14《东莱公家传》，9b—10。
⑧ 《陈亮集》卷27《先祖府君墓志铭》，第396页。
⑨ 《东莱集》卷12《金华时君德辅墓志铭》，11b—12。时汝翼诸子后来在其父母坟墓处修了一座祠堂，并请朱熹为之撰写记文。朱熹指出，诸子岁时坟前祭拜（《朱文公文集》卷79《慈教庵记》，9b—10b)。
⑩ 《渭南文集》卷36《吕从事夫人方氏墓志铭》，第221—222页。此条史料指出，一个吕姓之子打算将父母改葬在一起，但因占卜不吉而放弃此计划。

授官，他在两处地点不同的坟墓前献祭，将其成就告知祖先。① 在其始祖（郑刚中高祖）墓前宣读的一篇祭文中，郑刚中解释说："（始祖）支分派别，孙子繁昌，号金华巨姓，猗欤盛矣！然惟马涧诸茔，远托邻邑，吾家余泽不遍，贤否并生，祭祀弗躬，省拜惟阙。遂有不肖子弟，剪伐松楸，侵锄禁隧，年来翳然岗陌之青，化为荒落黄茅之野。"②换言之，恰在北宋中叶，郑氏家族最辉煌之际（郑详仕宦期间），他们对祖茔遭到破坏不闻不问。

在撰写于元初的一方墓志铭中，义乌人黄溍讲述了一个同样的故事。13世纪初，黄梦炎成为黄氏一脉首位进士，在他尚未及第时，已经为本支始祖篆刻石碑。"年世殊邈，或窃取其石而去，或据其墓垣外余地而有之"。大约在宋朝灭亡前，黄梦炎的侄孙"始按其籍，悉复故地"。③ 此外，东阳王氏家族墓亦遭到各种破坏。④

必须承认，一刘姓男子与其弟媳葬于同地，说明两兄弟葬于一处。⑤ 但武义巩氏兄弟被分葬于不同地方，潘好古与其子潘景宪，郑刚中与其父，以及宋氏家庭的三代均非葬于一处。⑥ 据记载，陈裕被葬于

①《北山集》（文渊阁四库全书本）卷6《祭官田诸冢文》5—5b，同书卷6《祭马涧坟文》，6—6b。前一篇祭文的题目指出，祭祀对象是（一处？）官田中的"诸冢"。其他史料显示，这是郑刚中父亲墓地所在（《北山集》（文渊阁四库全书本）卷27《拟墓表》，3b）。后一篇祭文的题目指出，祭祀对象是马涧"坟"，这似乎是郑氏始祖之墓。我无法准确标出任何一处位置，但郑刚中称马涧坟与他家有一段距离。

②《北山集》（文渊阁四库全书本）卷6《祭马涧坟文》，6—6b。通过亲自参与祭祀，郑刚中试图使一切走上正轨：正如他所指，"庶惩前弊，以示后来"。

③《黄文献公集》卷8a《八世祖墓重建石表记》，第303—304页。

④《黄文献公集》卷8a《外舅王公墓记》，第307—308页，王桂（1252—1339）墓记提到王桂先割田给其叔祖父墓地附近一寺院，但寺僧以田地质钱于富人。王桂铢积寸累，赎而还之。在此期间，有族人窃取在别处的王桂祖父墓地地券售于豪家，王桂父亲墓地数次遭盗贼毁坏。因此，当安葬王桂时，他的后人将王桂和属于两代人的其他三人一并安葬在王桂叔祖墓地附近。

⑤《东莱集》卷10《郭宜人墓志铭》，12，同书卷11《通判沅州刘公墓志铭》，13b。

⑥《叶适集》卷22《巩仲至墓志铭》，438页和《平斋集》卷31《吏部巩公墓志铭》，5b；《东莱集》卷10《朝散潘公墓志铭》，8b和《朱文公文集》卷93《承事郎致仕潘公墓志铭》，13b；《北山文集》（丛书集成本）卷27《拟墓表》，第348页，同书卷末《宋故资政殿学士郑公墓志铭》，第378页；《东莱集》卷13《潘叔度妻朱夫人墓志铭》，4b，《文忠集》卷75《从政郎宋君墓志铭》，20，和《西山文集》卷42《宋文林郎墓志铭》，23b。

祖先旁边，义乌人楼蕴亦是如此；但无论金华人何基、东阳人何逮，还是义乌人宗武，却并未被葬于祖先坟墓附近。① 两个郭姓男子（其中一个英年早逝）被葬于父亲旁边，但诸位叔父葬于别处。② 时汝翼儿媳要求葬于公爹旁边，并要求儿子"毋深徇葬师，以咈我志"，但她的公爹本人与他的兄弟并非葬于一处。③ 陈亮遵从父亲嘱托，安葬父母于祖父母墓旁边；但他叔祖父葬于完全不同的地方，甚至陈亮本人虽然被葬于祖先附近，却与祖先坟茔颇有距离。④ 简言之，对家庭或家族成员而言，彼此安葬在一起并非普遍做法；即便他们如此安排，也并不意味着家庭成员对该处墓址长期经营或不离不弃。

　　并非婺州人认为墓葬无关紧要，而是恰恰相反。义乌人何恢的墓葬显示了宋人为了让他们钟爱之人得到适宜的安息之地，不辞辛劳，不计成本。何恢已经挑选了两处他觉得合适的墓址，但当 1183 年何恢去世，日者宣称别处更吉，他的后人们因而举棋不定，最终达成折衷，选定临家的寺庙附近的一处墓址。寺僧欣然同意，其家为此花费百余万，但后来僧人从中作梗，迁延葬事。最终，何恢被葬于别处。但此事导致狱讼，涉案的两个寺僧和一"恶少"被杖责。⑤

---

①《宗泽集》卷 3《陈八评事墓志铭》，第 55 页；《东莱集》卷 10《义乌楼君墓志铭》，15；《灵岩集》卷 7《府判何公行状》，31 和《何北山先生遗集》卷 4 附录《何北山先生行状》，第 31 页；《止斋集》卷 48《何君墓志铭》，3b 和《渭南文稿》卷 39《何君墓表》，第 246 页；《宗泽集》卷 3《宗汝贤墓志铭》，第 52 页和《陈亮集》卷 27《宗县尉墓志铭》，第 398 页。

②《叶适集》卷 13《郭府君墓志铭》，第 246 页，同书卷 23《郭伯山墓志铭》，第 461 页；《东莱集》卷 13《郭伯清墓志铭》，8 和《叶适集》卷 13《郭处士墓志铭》，第 248 页。

③《东莱集》卷 13《金华时沄母陈氏墓志铭》，18b，同书卷 12《金华时君德辅墓志铭》，12，同书卷 13《金华时君德懋墓志铭》，2b。此女是时汝翼的儿媳，因为她被描述为时沄的母亲，而时沄作为孙子出现在时汝翼和他妻子的墓志铭中。

④《陈亮集》卷 27《先祖府君墓志铭》，第 395 页，同书卷 29《先姚黄氏夫人墓志铭》，第 426 页；《东莱集》卷 12《永康陈君迪公墓志铭》，7。陈亮的父亲要求所有后人的坟墓应该按照昭穆之序修建（《陈亮集》卷 27《先祖府君墓志铭》，第 396 页），陈亮个人的安葬似乎违背了他父亲的愿望。

⑤《陈亮集》卷 28《何茂宏墓志铭》，第 410 页，同书卷 28《何少嘉墓志铭》，第 423 页。这个故事部分见于何恢的墓志铭和何恢之子何大猷的墓志铭中。虽然从未明确提到诉讼，但陈亮称"官为杖之而止"（《陈亮集》卷 28《何少嘉墓志铭》，第 423 页），表明地方官插手此事。有意思的是，据说这位内弟被葬于他自己的花园内——或许是为了避免这一问题！

留心墓葬,特别是父母的墓葬[①],对宋人而言至关重要:毕竟,逝者的安息,推而广之,与其在世的后人们的安宁息息相关。[②] 但很少家庭关心或者能够持续维持墓地超过一两代,而举行集体祭祀之人少之又少。总而言之,婺州葬礼和墓地似乎更可能成为土地纠纷和争讼的焦点,而非凝聚后嗣们的核心。吕祖谦对时汝翼努力修葺祖茔并组织族人祭祀的赞扬,暗示了一些宋人(或许尤其是那些和道学有关之人?)对聚族而葬这一理念的认可;[③]如黄溍文集所证,至元代时,这种做法更为普遍。但在宋代婺州,这一行为似乎尚未得到大规模推广。

即便婺州家族很少共居并且甚少维持家族墓地,他们仍然视其生活被一张宗族关系网所笼罩,而这张网大大超出他们本支之外,这是非常明确的。[④] 虽然陈亮明确区分其高祖和叔高祖的后人(陈亮分别称他们"吾家"和"其家"),但他指出,他这一支接受"其家"三代经济援助。[⑤] 当郑刚中的父亲身无分文返回家乡,是族人为他提供了栖身之所。[⑥] 当面对不育、早夭、析产或盗贼威胁时,人们只有不时求助于族人。

---

①孙贯无力筹集足够的钱安葬母亲(《陈亮集》卷29《孙夫人周氏墓志铭》,第426−427页),陈亮满怀同情地描述了孙贯的精神痛苦。

②《陈亮集》(卷27《章晦文墓志铭》,第399−400页)记载,一个男子去世19年后,养子将其改葬,据记载他对养父的墓葬环境很不安。当钱赞被同样安葬时,他的后人仍然很年轻,他们也在钱赞去世20多年后更隆重地将其改葬(《陈亮集》卷27《钱元卿墓碣铭》,第402页)。除了超自然功效,当然,这种改葬也用来显示送葬者新近立足的家族的繁荣。

③吕祖谦在别处批判巫史选择墓地往往使家庭成员发生矛盾(《东莱集》卷13《金华时沄母陈氏墓志铭》,18b)。因此,如前所述,这一行为导致至少一名吕氏后人脱离其祖先坟茔。可能吕祖谦的抱怨是基于他本人家族的事例。

④分散安葬多少阻碍了墓地中族人的大量聚集,但这不一定意味着宗族组织的缺乏。孔迈隆(Myron L. Cohen)(《中国北方的宗族组织》,《亚洲研究》第49卷,第3期,第513页,1990)对比了建立在谱牒和家族墓(他认为更多带有北方特点)基础上的宗族组织,以及强调宗祠和共财(在南方更普遍)的宗族组织。婺州数据的变化表明这些纽带在宋代远未固定。

⑤《陈亮集》卷28《陈府君墓志铭》,第411页。

⑥《北山文集》(丛书集成本)卷27《拟墓表》,第348页。

实际上，宋代墓志铭中针对族人周济的描述几乎随处可见。[1] 这种援助通常是金钱上的，但有时候在一个更大的家族内，仕途更显赫的支也会选择让族人分享其政治成果。[2] 虽然婺州人对他们直系家庭成员以外族人某些层面的义务心知肚明，但在宋代这似乎并未形成普遍的制度化模式。相反，婺州史料中所描述的，几乎所有周济族人的例子体现了一次性的或临时性的安排，是基于需要的馈赠。

至 13 世纪，这种状况可能发生变化。当时以济寒赈贫为目的的义田在婺州已经司空见惯[3]，并且在这一时期，义庄田规亦已出现。两户东阳家庭分别于 1207 年和 1265 年因创立义庄而知名[4]，并且 1192 年后，吕浩为其"乡族"教育和周济也创立了义庄[5]。当然，这一行为似乎并未成为普遍现象。[6] 有资料表明，建立家塾或族塾，甚至书院颇为

――――――――――

① 除了王氏家族，其他众多事例，见《永乐大典》卷 3155,13b―14；《北山集》（文渊阁四库全书本）卷 7《族兄巨中嫂王氏姚氏合葬铭》,1―2,同书卷 15《何氏考妣墓表》,8b―11；《陈亮集》卷 28《何少嘉墓志铭》,第 423―424 页；《攻媿集》卷 98《签书枢密院事致仕赠资政殿学士正惠林公墓志铭》,第 1363―1370 页。

② 因此，林大中除了自己节衣缩食将俸禄省下来给宗党，还让两个侄子得到官职（《攻媿集》卷 98《签书枢密院事致仕赠资政殿学士正惠林公墓志铭》,第 1369 页）；潘良贵为侄子潘時谋得官职（《朱文公文集》卷 94《直显谟阁潘公墓志铭》,1）；宗泽的侄子因为他而得以成为官员（《陈亮集》卷 27《宗县尉墓志铭》,第 397 页）。

③ 婺州史料中有几份义庄记文，一些义庄的目的并非维护家庭或家族。例如，王师愈的子女在他们父母坟前捐赠了一座祠堂来供奉父母（《朱文公文集》卷 80《宁菴记》,18―19），12 世纪中叶汪灉创立"义役"来帮助当地承担科徭之费（《东莱集》卷 11《金华汪君得仕墓志铭》,11b―12b）。或许，正如万安玲所示，由于人们意识到宗族的脆弱，创设义庄的兴趣从而被削弱了（万安玲：《义庄》,第 264―265 页）。

④《永康县志》卷 8,6b―8b。描述陈氏家族和胡氏家族义庄的创立（前者与现存陆游撰写的一方记文为同一义庄，见《渭南文集》卷 21《东阳陈氏义庄记》,第 124 页）。本田治（第 23―24 页,注释 81―83）提到这些例子及浦江郑氏家族的一处义庄,但窦德士指出,首个郑氏义庄元代才出现（第 30―31 页）。

⑤《永康县志》卷 7,18(382)，吕浩传记指出,吕浩在其父母去世后创立此义庄。我们从另一条史料得知吕浩母亲于 1192 年去世,因此,义庄的创立应在此之后（《陈亮集》卷 30《吕夫人夏氏墓志铭》,第 440―442 页；此处吕浩用字代替名字,但关于吕氏后人的元代史料证明,这是同一人〔《黄文献公集》卷 9a《水西翁吕公墓志铭》,第 392―393 页〕）。

⑥ 一个不太典型的例子（《陈亮集》卷 27《胡公济墓碣铭》,第 404―405 页胡航[1098―1178]墓志铭）指出,即便从家事中脱身出来,墓主仍然铢积寸累,别为田数百亩,称"吾为诸孙地也"。然而,在这个例子中,土地是否被永久赋予不清楚。此外,元初之时,武义傅氏家族宣 （转下页）

流行;[1]但在这种机构中,很难区分对族人的赈济和对一般地区的赈济,因为它们的使用常常不限于族人。[2] 就此而言,赈济对象有时甚至由父系族人扩大至姻亲。[3] 简言之,虽然婺州人必然表现出对其父系族人生活安康的关切,但他们并非通常以制度化方式展现这种关切。[4]

总而言之,关于族群、葬仪和赈济的资料表明——尽管存在一些贤哲的浮夸之词——宋代婺州的宗族组织并不是很普遍。危难之际,他们感觉可以仰仗直系亲属的帮助,并且富裕之人也接受了周济他们贫窭族人的义务。但对血脉或家的责任总要强于对范围更大的家族的责任。至少在墓志铭的理念世界中,只要父母健在,兄弟们就应该照应彼此以及他们的子女:宋代家庭很少在他们父母去世前就分家。并且很可能当他们父母去世时,大多数兄弟及其子女经济条件不相上下。但即便在墓志铭的理念世界中,家长或寡母甫一去世,大多数家庭便着手分家,这是很明确的,并且他们后人之间的经济和社会差距因此迅速拉大。此外,富裕之人对他们并不富足的族人慷慨解囊,仅稍微改善了父系族人之间的差距。

即便如此,不可否认,亲属关系——姻亲以及父系族人颇受重视:家族凝聚力并不能改善社会与经济上的差异,但资产多寡和地位高低,也并不能阻止人们表达家族凝聚力。换言之,如果说对于保存个

（接上页）称合祖而食五世,也另外置田为义田(《黄文献公集》卷7a《傅氏义田记》,第249—250页;万安玲:《义庄》,第278页)。

[1]本田治文列举了许多例子(第24页,注释84)。伊沛霞(《初级阶段》,第42—44页)提到宋代史料中提供了诸如兴办学校、设立义仓和支付免役钱等更多证据,他们这样做并非单纯为了支撑家族。她也表明在宗族组织形成中,仅提供仪式花费的义庄,可能比范仲淹的义庄模式更重要。

[2]万安玲:《义庄》,第265页。万安玲亦注意到(同上,第267—270页),由明州地方精英创立的一些义庄,目的不仅仅是帮助族人,也包括帮助其他遭遇衰落威胁的当地精英。汪灌创立的义田是为了支付徭役费用(见第193页注释③),似乎符合这一模式。

[3]例如,《东莱集》卷11《金华汪仲仪母王氏墓志铭》,6—6b。

[4]明清中国宗族组织近期研究成果表明,义庄和其他形式的共有财产即便在明清时期,在部分地区可能仍然比较少。见罗友枝,第73页;伊沛霞《初级阶段》,第40页。

人一脉("家取向")①的强调在宋代婺州占优势,那么,它与对更广泛的父系亲属关系的关注("宗族取向")②共存。关于葬仪和义庄的资料表明,这一"宗族取向"直至南宋末可能已经越来越强③,并且几个婺州家族在这一时期开始编纂谱牒的事实强化了这种印象④。即便如此,婺州族群似乎仍然规模较小并且缺乏组织⑤,而且他们的亲密关系似乎取决于持续居住于某一地区:在日常互动中,宗族关系最有用,因此最受珍视。⑥ 但更复杂的宗族组织可能正刚刚开始萌芽。

---

① 这个名词是伊沛霞创造的,她提到宋代家规同样强调个人血脉的存续:见伊沛霞《概念》,第219－232页。伊沛霞区分了"父系"(实际的宗族关系,无限延展到过去)和家(它首先关联着重要财产的存在)。然而,我对史料的阅读表明,在宋代,至少这两个概念有着千丝万缕的关系。除非家庭拥有一定程度的经济能力,否则数代之后,他们的祖先将会被遗忘;因此(至少在宋代),父系实际上始于首位成功的祖先,即首位能够将财产传给其子嗣之人。

② 韩明士用这个词指与地方父系亲人形成联系的倾向,他将其视作南宋精英"地方主义"策略普遍化的一部分(韩明士:《婚姻》,第113－134页)。

③ 关于这一点,其他几个宋代社会生活的研究,亦可以从婺州材料寻得支持。例如,见伊沛霞《早期阶段》;韩明士《婚姻》;戴仁柱《政治成功》。

④ 我在第五章中已经指出王氏家族使用的字辈模式暗示了谱牒记载的某些层面。此外,郑刚中和陈亮均偶尔通过谱牒行第制度来指代族人:《北山集》(文渊阁四库全书本)卷6《代四五叔祭叔母文》,10b;《陈亮集》卷22《告祖考文》,第344页。关于这种行第制度的更多内容,尚未能被很好地理解,见伊沛霞《早期阶段》,第46－47页。但陈氏谱牒似乎只在陈亮在世时进行记载。陈亮文集收录一份未标日期的家族谱牒的后记,显然在陈亮的支持下谱牒被刻石。后记指出,陈亮记载了"从所逮闻"的事实,和他不能确定的事实(《陈亮集》卷16《书家谱石刻后》,第198页)。陈亮文集也收录了一份应氏家族宗谱的前言,应氏祖先碑记载其祖先于7代之前在北宋灭亡之时迁入永康。但在前面章节的注释中(第177页注释⑤),内证显示,此前言不可能为陈亮所撰(《陈亮集》卷15《后杜应氏宗谱序》,第182－183页)。最后,黄溍在其写于元代的文集中,可以追溯其9代祖先,并明确称他得自一陈旧且脱略的宗谱(《黄文献公集》卷8a《八世祖墓重建石表记》,第303页)。所有这些说明一些家庭或家族开始保存谱牒,尽管并非一直很严格。一份书写的谱牒存在可以证明至少家族中的一些成员是有文化的。

⑤ 例如,郑氏家族证明无法维持他们的墓地,陈亮甚至无力巨细无遗地记录祖父一代全部家庭成员(《陈亮集》卷16《书家谱石刻后》,第198页)。

⑥ 韩明士坚持"宗族取向"非常适合南宋和元代抚州人们的"地方主义策略"(《婚姻》,第113－122页)。韩明士特别指出,"即便没有宗族群……产生于理想的共同身份认同的基础上","一旦共同的祖先以及与周边某个特殊地方的共同联系为人所熟知、标榜并记录下来,并可能因此被人们举行仪式予以纪念庆祝,这些就可能成为人们团结在一起,彼此遮风挡雨、互相帮助的基础"(第122页)。事实可能确实如此,我将其向前推进一步,对我而言,婺州史料似乎表明亲属——父系族人间和姻亲间的——在宋时经常被作为"联盟、庇护、管理和互相帮助的基础",即便在缺乏对这种亲属关系明确记载或宣扬的情况下。

对这些新理念和制度的需要部分源自宋代前所未有的社会流动，尤其是因为这样的流动也可以很容易是向下的流动。毕竟，是母亲的贫无所依触动范仲淹创设他的义庄。[1] 但与社会流动不确定性相比，宋代以降推动家族凝聚的更重要原因是向上的社会流动，这依旧与科举密切相关：超越地区范围的向上流动尤其如此，或许越来越多的地方范围内的向上流动亦是如此。

为应举进行投资充其量是一场胜负难料的赌博：少数家庭可以负担起让所有儿子全力以赴应举。实际上，有资料表明，大多数家庭确实试图改变诸子的前途，送几个儿子外出就学，其他儿子则治家。正如我们在之前章节中所见，金华人曹宏辛苦治生，他的弟弟和儿子才能接受教育。[2] 永康人吕师愈送长子"居外以事生产"（可能是经商），让中子求学，幼子居家"自力家事"。[3] 东阳人何松去世时，长子弃学回家主持家事，如此 4 个弟弟便可在私塾教师指导下继续接受他们的教育。[4] 当蒲江人钱赞英年早逝，将家撇给年迈的父亲，钱赞的长子主家事，故而弟弟可以追求儒学。[5] 通过这种方式实现多样化，一个家庭可能希望既维持其经济基础，又不完全避开参与花费高昂并且具有高度不确定性的仕宦竞争。

然而，作为家庭的一种生存策略，职业多样化只有当家庭作为族群维持其身份认同时是有用的。当一个职业多样化的家庭分家，诸子不同的身份背景可能导致他们地位实际上的不平等。一方面，当家庭不惜斥巨资用于应举，一旦财产被分割，尤其是分开的家庭不再享受

---

[1]《欧阳修全集》卷20《资政殿学士户部侍郎文正范公神道碑铭》，第 144－146 页；杜希德：《范氏义庄》，101 页。杜希德亦注意到义庄有避免财产因平均继承传统而被破坏的优势（第 102 页）。

[2]《北山集》（文渊阁四库全书本）卷 15《右承议郎致仕曹公墓志铭》，12b－13。这个儿子后来成为官员。

[3]《陈亮集》卷 30《吕夫人夏氏墓志铭》，第 441 页。可能长子参与商业活动，而幼子自力家事。

[4]《陈亮集》卷 30《何夫人杜氏墓志铭》，第 436 页。

[5]《陈亮集》卷 28《钱叔因墓碣铭》，第 421 页。

"官户"身份的特权,已经科举中第之人,情形将远优于他们身份普通的兄弟们。另一方面,终身蹉跎于场屋的学子可能最终尚不及他未接受教育的兄弟成功;因为至少来说,这样的人往往不知如何打理他日益减少的财产。[①] 换言之,除非家族成员能够均享擅治田产及仕途成功的利益,否则,家族成员职业多样化的策略很可能加大而非消弭他们之间的经济和社会差距。

很显然,这个问题在南宋时为社会所公认,但远未完全解决。虽然贤哲和墓志撰者夸夸其谈颂扬家族凝聚力的美德,但大多数家庭仍然遵从分家、析产以及经常性的散居。[②] 即便在宋以降的数百年内,聚族而居和其他形式的宗族组织变得更加普遍,采用这种机制只不过可以改善最严重的不平等。[③]

看来在宋代婺州,虽然在一个更大的父系群内某些支可能长期维持兴旺,这种兴旺是建立在继承的财产和特权之上,或是建立在某些后人的幸运、勤奋或技巧之上——但并非依赖于更大的父系群体的支持。[④] 反之,家族内某支或某些支的持续成功并不能阻止其他支的没落。对某些支而言,长期有权有势是可能的,当然,在这些支内,后人扮演着至关重要的角色。但后人不能阻止大多数人日渐式微。

在这种情况下,当我们谈论精英"家庭"或"家族"经久不衰时,需要更仔细地审视我们的意图。事实上,我认为我们在史料运用以及在讨论中国社会的方式中强调父系家族,会在两方面引起误导。首先,恰如我们所见,这种强调掩盖了家族内许多成员日趋没落的程度:对

---

①例如,《东莱集》(卷13《郭伯清墓志铭》,8b)中的轶事,轶事中里间之人确信书生的儿子将不能打理他继承的财产。钱赞去世后,其乡党怀疑他的长子私为自计(送他的幼弟去学校),虽然他们警告孝顺且忠诚的弟弟,但遭遇碰壁(《陈亮集》卷28《钱叔因墓碣铭》,第421页)。

②周绍明:《家庭理财方案》,第41页,提到理财方案截然不同的宋代两个家庭,其墓志撰者似乎认定他们的家庭不可避免最终没落。

③关于这一点,见华如璧《兄弟并不平等》(剑桥:剑桥大学出版社,1985)。

④明清时代,某些家族的精英似乎能够使用宗族制度(或许,尤其是家族财产管理)来延续他们本支后人的精英地位,宋代的情形似乎与此不同。见华如璧《兄弟并不平等》,第55—82页。

于宋代婺州的向下流动,家族一般很少阻止或者无动于衷(甚至中国明清宗族组织也并未阻止)。其次,更严重的,它导致我们忽视了其他类型的亲属关系和社会网在中国人社会生活中的重要性,而这些社会关系网可能与地位经久不衰密切相关。正如关于宰相的讨论所示,其中最重要的是由婚姻创建的网络。

第八章　地位分享:婺州的婚姻和姻亲关系

　　无论婺州人是否在有宋一代愈加重视他们的父系族人,我们均会看到他们与姻亲的关系对其成功,甚至生存发挥着至关重要的作用。婺州人对姻亲有何要求? 婚姻建立在什么基础之上? 在个案的层面,关于某桩婚姻缔结原因的精确资料寥寥无几。并且在少数我们了解细节的事例中,许多特殊因素——诸如情感,以及经济和政治因素——可以参与婚姻决定。但无论如何,对于婺州人所涉及的婚姻类型作些概括还是可能的。

婚姻行为

　　首先,宋代婺州人的婚姻行为,与宰相及其族人们的婚姻行为一般无二。如同宰相,婺州人喜欢在一代人中建立多重婚姻关系。因此,义乌人何大辩娶宗武之女,他的妹妹嫁给宗武的儿子;宗泽兄弟均娶陈裕之女。① 婺州人还习惯于世婚。章服的妹妹嫁给一陈姓男子

①《陈亮集》卷 27《宗县尉墓志铭》,第 398 页,同书卷 28《何茂宏墓志铭》,410 页;《宗泽集》卷 3《陈八评事墓志铭》,第 55 页。例子不胜枚举。

（陈元嘉——译者注），在下一代，章服的儿子娶陈姓表妹；郑滽娶一陈姓女子，郑滽的儿子则娶其母舅之女。[1] 这种反复的姻亲纽带所涉及的婚姻网通常包括3户或者更多户家庭。金华吴姓两姐妹分别嫁给何姓和唐姓男子，在第2代，唐姓男子的两个儿子分别娶吴姓表妹（其母舅之女）和何姓表妹（其姨母之女）。在第3代，唐姓之人诸子中结婚最晚的儿子，他的儿子再次娶何姓表妹（见图4）。[2] 同样类似宰相的做法，婺州人偶尔需要诉诸入赘婚[3]或者安排孀妇再嫁[4]。

如同那些宰相，婺州家庭缔结的多数婚姻往往遵循"门当户对"原则。但（地方与都城情况相似）子女结婚时门当户对的姻亲，有时数年后会发现他们之间的地位已经判若云泥。在当时，人们对于这种可能性早已司空见惯，以至于袁采（生活在12世纪的临近婺州的处州人）警告子女幼年议婚："男女之贤否，须年长乃可见。"[5]人们意识到"门当户对"婚姻中暗潮涌动，于是一些地方名士不惜龙头锯角，将他们的女

①《陈亮集》卷28《陈元嘉墓志铭》，第413—414页，同书卷26《吏部侍郎章公德文行状》，392页；《北山文集》卷14《代侄琚祭外舅文》，1b，同书卷15《族嫂陈氏墓志铭》，11b。章服另外两个女儿同样嫁给了表兄，即章服岳父郑刚中的孙子（《陈亮集》卷26《吏部侍郎章公德文行状》，392页；《北山文集》卷末《宋故资政殿学士郑公墓志铭》，第383页）。同样的现象见于王淮后人与鄞县史氏和袁氏家族的反复联姻中。其他例子包括陈亮和父亲与两代黄姓女子的婚姻，戚象祖和祖父与两代义乌吕姓女子的婚姻（《黄文献公集》卷8a《道一书院山长戚君墓志铭》，第338—340页）。

②《香溪集》卷22《吴子琳墓志铭》，第209—210页；《灵岩集》卷7《府判何公行状》，31。其他例子包括在第五章中出现的涉及王氏、曹氏和汪氏家族的网络；涉及兰溪范氏、高氏和江氏家族的网络（《香溪集》卷22《高府君墓志铭》，第205页，同书卷22《安人胡氏墓志铭》，第207—208页）；联系义乌宗氏、黄氏与东阳王氏家族的网络（《黄文献公集》卷8a《外舅王公墓志铭》，第307页；《后村集》卷161《夫人宗氏》，5b—10）。

③《东莱集》（卷11《金华戚如圭母周氏墓志铭》，1b）明确描述了墓主母舅的入赘婚。入赘婚，指丈夫搬到妻子家中生活，从夫居婚姻传统上被认为更标准，即新娘住在她丈夫家中。

④例如婺州孀妇再嫁，见《北山集》（文渊阁四库全书本）卷7《族兄巨中嫂王氏姚氏合葬铭》，1—1b，同书卷15《外姑墓志铭》，3b；《东莱集》卷10《朝散潘公墓志铭》，8b；《攻媿集》卷98《签书枢密院事致仕赠资政殿学士正惠林公神道碑》，第1363页；下文第九章郑刚中一案研究中略述了其母的婚姻。虽然即便在精英中，孀妇再嫁在宋代也明显很常见，但立誓不改嫁通常被认为在道德上更可取。

⑤伊沛霞：《家庭与财富》，第222页。（袁采原文见《袁氏世范》卷上《睦亲·男女不可幼议婚》。——译者注）

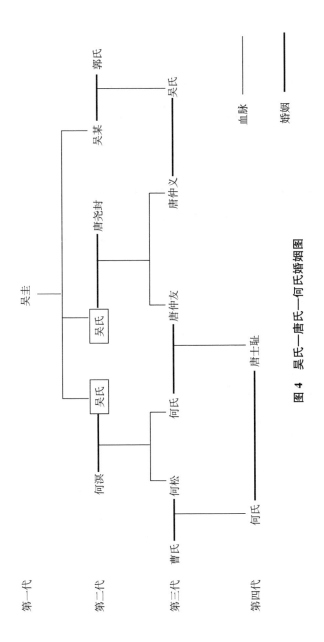

图 4　吴氏—唐氏—何氏婚姻图

儿嫁给前途有望的年轻人(这一策略呼应了宰相与新科进士的联姻),即便后者当时尚未功成名就,但他们的学术声誉已经为其昭示了光明前途。[①]

简言之,婺州史料表明,高级官员与乡野草泽之人的婚姻缔结模式基本相同。但恰如已经功成名就的相门乐意与新贵之人通婚,并将其纳入他们的阶层,那些根深蒂固的地方精英也愿意接纳初来乍到的其他人进入他们的姻亲网。换言之,在宋代,虽然一部分标榜前代士人传统的精英(即他们标榜的"士"身份来自遗传)能够从理论上和从立足时间上与那些刚刚自奋于群氓中之人(通过教育诸子而将其自身转变为士)区分开,但这种区分在地方社会的实际生活中似乎毫无意义。北宋官员范锷的两个曾外孙女分别嫁给高廉之子,而高廉并非官员,只是其家族中首位试图应举(但失败)之人。[②] 官员郑详的子侄,将女儿嫁给一田家子,后来诧异于(想必很欣慰)女婿成为太学生。[③] 官员王永年使其子娶吴圭之女,而吴圭只是一位放债的富人;[④]祖父以"谨力厚其家"的潘好古成为陈枢的女婿,而陈家至少已经三代为官。[⑤]

此类婚姻的存在是重要的,因为没有迹象显示,业儒或有仕宦传

---

① 例子不仅包括姚颖娶王淮女儿的婚姻(见第五章),高级官员王黼和张邦昌均打算选择潘良贵为女婿(《宋元学案》卷25《龟山学案》,第963页),还有本书开头提及的寒士陈亮娶业已兴旺的何氏家族女儿的婚姻。

② 《浮溪集》卷27《左朝奉郎知处州江君墓志铭》,第330页;《香溪集》卷22《高府君墓志铭》,第206页,同书卷22《安人胡氏墓志铭》,第208页。

③ 《北山集》([文渊阁四库全书本]卷15《右承议郎致仕曹公墓志》,12b)指出此太学生的岳父是墓志撰者的"族叔"。墓志撰者郑刚中是郑详堂弟之孙。

④ 《敬乡录》(卷3《吴彦成墓志铭》,7)列举了吴圭的二女婿王铸,他作为王永年的长子出现在后者的墓志铭中(《苕溪集》卷50《宋故左中奉大夫致仕文安县开国男食邑三百户王公墓志铭》,13)。

⑤ 《东莱集》(卷10《朝散潘公墓志铭》,4b[潘好古墓志铭])显示,潘好古是陈枢的女婿。《金华县志》(卷6,3,第259页)列陈枢是1121年进士,并且指出,他是陈确之孙,陈确相应地为方夫人之子。陈确与其父都是官员。12世纪初,陈确的曾孙女成为浦江人蒋真的妻子,蒋真家皆隐居不仕。年轻的蒋真已经崭露头角,但他厌倦场屋竞逐之鄙,于是便放弃学业,打理田园。据记载,他这一支很兴旺(《北山集》[文渊阁四库全书本]卷7《蒋持志墓志铭》,2—4)。

统的家庭不屑于与政治成就一般或更晚立足的乡党之间联姻。当然也没有任何理由让他们这样做:在当地,根深蒂固之人与新崛起之人过着类似的生活;在仕途竞争中,宋政府对他们一视同仁。在朝廷,可能会有人哀叹这种情形,主张回归世袭官僚制,[①]但他们的意见被置若罔闻。如此一来,婺州有权有势之人可能着眼于维护他们的地位而议婚;但如同宰相,这样做的后果是他们不得不考虑潜在的风险和回报,而这些正是与他们生活其中的政治和社会环境流动性一同而来的。

但还有另外一点:如果已经立足的精英愿意与新贵通婚是对于宋代身份地位流动的回应,那么婚姻也有助于加速流动。换言之,如同庶民与官员之间的社会界限是可跨越的,在地方已经立足之人与那些正在打拼的人们之间同样没有不可逾越的界限。诚然,现存史料中很少提及非精英,对于那些尚未成为精英之人,我们自然无法评判。但是,一些家族的例子同样显示,他们都有一位最早定居婺州的祖先,并且只有历经数代才缓慢地在当地立足。种种迹象表明,虽然在当地积累财富与声闻一方比入仕需要花费更长时间,但并无牢不可摧的社会壁垒阻止这一进程。既然并非所有人同时到达婺州,而且并非所有人在那里的发达程度都一致,那么,在婺州地方社会的任何特定时候,都有奋斗在“起家”不同阶段的家庭与家族。因此,社会地位不仅从地方精英社会向上延伸至官僚社会,而且在某种程度上也朝着相反方向向下延伸。

当然,婚姻不仅是地方社会内部的整合力;同时也是连接当地与其他社区社会关系网和政治网的重要手段。换言之,当婺州人入仕,或者因此扬名婺州内外,他往往不仅扩大自身以及家庭的社会政治网,而且至少同样扩大了部分姻亲的社会政治网。诚然,当姻亲间的

[①]伊沛霞提到程颐和张载鼓吹重建宗法制,可以为官府创造世袭官僚(《概念》,第230页)。但张载认为“公卿一日崛起于贫贱之中”是理所当然的事实,而且他只关心如此之人如何能将其“富贵”传承给他们子孙。

差距变得难以弥合，那些已经崛起之人往往重申"门当户对"原则：他们放弃旧有的婚姻网，在那些身份地位更匹配（与他们本人当前已经提高的地位）的人当中，为其子女物色配偶。但在此期间，原有姻亲关系的亲密程度，意味着个人政治流动性可能为当地同超越地方的政治和社会生活之间众多联系的创建提供机会。

姻亲关系

如果说婚姻可以作为社会的整合力，自然是假定婚姻创造的亲戚关系在家庭所涉及的社会生活、政治生活或经济生活中非常重要。[1] 有充分史料表明，宋代婺州情形就是如此。当一个婺州人权力剧增或者地位青云直上，似乎可以认定关系密切的姻亲应该也会从他的成功中受益。因此，正如宰相的女婿在开封随侍岳父左右，中级官员郑刚中的女婿们——还有他们的子女，也陪同郑刚中宦游至其四川任上。[2] 当前途一片光明的姚颖英年早逝，其子女随同他们的母亲返回外祖父宰相王淮家，并在那里得到抚养。[3] 在至少两个其他例子中，为了更接近他们政治显赫的姻族，这些家庭不惜长途迁居。[4] 政治上举足轻重的姻亲——有时候甚至关系相当疏远——可能会非常有用，这反映在

---

①当然可以想象社会现实并非总是如此：华如璧（《兄弟并不平等》，第 117—136 页[特别是第 118 页]）指出，她所研究的邓氏家族下层的男性成员，联姻的姻亲不仅远，而且在日常生活中几乎没有发挥作用。有意思的是，华如璧发现，就同一家族的精英成员来看，情况则截然不同：他们与姻亲有着密切关系。

②《夷坚支景》卷 1《玉环书经》，第 887 页；《北山集》（文渊阁四库全书本）卷 27《拟墓表》，5—6。在任何正式意义上，这些似乎并非入赘婚；实际上，一篇郑刚中姻亲的祭文表明，郑刚中完全希冀自己的女儿最终搬去婆家。

③《洺水集》卷 10《姚饶州墓志铭》，16。

④一黄姓男子娶宗泽之妹，从其家乡浦江迁居义乌，他的后人在义乌至少生活了 5 代（《黄文献公集》卷 8a《先祖墓名石表记》，第 305 页）。同样的，潘时娶参知政事李光之女，显然潘时与其岳父生活在一起，因为他们夫妻二人均葬于李光家乡（《朱文公文集》卷 94《直显谟阁潘公墓志铭》，5b）。同样的，虽然无关乎政治显赫，陈亮的女婿也迁居他妻子的家乡永康。原籍东阳的张枢的父亲 13 世纪末娶一金华潘姓女子，遂移居到她的家乡（《金华府志》卷 16，56b，第 1152 页）。

陈亮对好友姚怡先母沈氏的惊叹不已：沈氏去世后，陈亮才发现她实际上是二品官陈良祐的姑姊妹。陈亮对这一事实感叹道："盖其夫妻安贫，不以亲戚之贵达而有赖焉"。虽然姚家与陈良祐是由女性亲属连接的远亲，但陈亮仍然讶异于这层关系没有被大肆利用。[①]

　　姻亲关系的重要性并非仅限于蒸蒸日上抑或政治上更活跃的婺州家庭。实际上，这种关系可能对那些地位岌岌可危之人而言更为重要。当婺州精英家庭大难临头，经常是姻亲，而非父系族人，来拯厄除难。正如我们在之前章节中所见，当永康黄家人员凋零殆尽，姻亲陈氏——虽然他们本身并不富裕——不仅抚养已经与其子订婚的黄姓侄女，还悉心照料她的妹妹。[②] 一周姓女孤依附她入赘刘氏的弟弟生活，刘氏后来张罗了她的婚事。[③] 金华人曹佃续弦的妻子时氏是一位孀妇，她的前夫（姓汪）死于盗贼，撇下两个幼女。曹佃不仅为汪某别置后嗣，并将汪某的全部财产一并转交，而且汪某的两个女儿"亦皆得其所从"。[④] 所有这些人当然都属于"精英"，但一些人的地位似乎受到了威胁；最重要的是，是姻亲关系使他们避免滑向更边缘的地位。

　　换言之，在婺州当地精英中，姻亲不时充当父系族人往往应该扮演的诸多角色。婺州人期望分享姻亲意外兴旺带来的好运，同样道理，他们也接受遭遇飞来横祸时，有责任帮扶他们的姻亲。实际上，姻亲常常在个人生活和命运中发挥着比父系族人更重要的作用。

　　宋代婺州姻亲关系的重要性表明，从宋代之前就开始在理论上塑造中国社会秩序的父系意识形态，其对现实的影响实际上参差不齐。中国社会道德传统早已决定由男性连结的亲属——即父系族人——

---

①《陈亮集》卷 30《姚汉英母夫人沈氏墓志铭》，第 438—439 页。
②《陈亮集》卷 25《祭姨母周夫人黄氏文》，第 375—376 页。见第九章关于陈氏家族的个案研究。
③《东莱集》卷 11《金华戚如圭母周氏墓志铭》，1—1b。
④《东莱集》卷 12《金华曹将仕墓志铭》，8b。曹佃妹妹的丈夫亦姓汪，可能有亲戚关系（《陈亮集》卷 30《汪夫人曹氏墓志铭》，第 433—434 页）。

对于个人的发展通常比通过女性确立的亲属更有影响。虽然从男女祖先开始衍生出同时包含父系和母系血亲的无数分支,但意识形态规定了其中只有一支(父系的)是重中之重,并且实际上,所有规范的社会行为准则有助于强化这一父系取向的优先性。但史料表明,至少在宋代,这一传统力量随着亲属关系的疏远而间接发生变化。例如,宋代墓志提供了充分的佐证,在抚养教育子女过程中,母亲发挥着远比父亲更重要的作用。墓志也显示了女性的娘家,特别是她的父母兄弟,在她后人生活中通常极具影响力。就距本人数代之遥的世代而言,传统可能保证了只有男性祖先应该被缅怀,因此对本人有重要意义。但在更近的世代,社会传统在生理和心理现实面前似乎无足轻重,父系原则也经常被违反。

我们已经看到这样一些事例,女婿和他们的子女往往与仕途显达的岳父或外祖父休戚与共。婺州史料显示,除政治原因之外,人们的行为也出于经济、情感原因而与父系传统背道而驰。实际上,在这些史料中,我们所熟知的中国女性出嫁后与娘家较少联系或者与娘家不相往来的说法根本无法被证实。相反,至少在宋代婺州识字人口中,女性婚后与其娘家似乎一直过从甚密。①

这样的例子不胜枚举。陈亮妻子与其娘家的关系坚如磐石,当陈亮家落难时(见第九章),他们将她接回娘家。后来,两个家庭的关系得到修复,她的弟弟何大猷一直多方周济陈亮。何大猷也因周济几位已婚的姑姊妹而得名。② 我们看到一些孀妇返回娘家与娘家人一起生活:实际上,这是一种相当普遍的做法。金华人张颙的女儿寡居,返回父亲家中生活,张颙的墓志铭撰者对此事毫不讳言。③ 更引人注意的

---

① 现有大量证据表明,中国女性婚后与娘家断绝往来这一流行成见被滥用,例如,见朱爱岚(Ellen R. Judd)《中国妇女和她们的生育家庭》,《亚洲研究》第 48 卷第 4 期,第 525－544 页 (1989);贾尼丝·E. 斯托卡德(Janice E. Stockard)《广东珠江三角洲之女:1860－1930 年中国南方的婚姻模式与经济策略》(斯坦福:斯坦福大学出版社,1985)。
② 《陈亮集》卷 28《何少嘉墓志铭》,第 423 页。
③ 《东莱集》卷 11《大梁张君墓志铭》,5。

是,当毛公亮的妹妹寡居,她便与子女返回公亮家生活,并且她终老于此。她的子女则一直由他们的舅舅悉心抚育。[1] 甚至在婚后,姊妹之间也可能保持着亲密的关系:时汝翼妻子邵氏的姐姐孀居贫病,邵氏对她"护视周悉,遇其子弟恩意有加"。[2]

即便不需要向娘家亲戚寻求帮助,女性通常仍然与他们保持着密切关系。例如,当汤矼陪同父亲宰相汤思退返回邻州的老家,其妻子连同儿女被留在她婺州的娘家。[3] 另一个年轻的遗孀返回娘家照料生病的母亲——尽管实际上娘家仍有待字闺中的姊妹,她们应该已经承担起照料父母的责任。母亲后来违背父系继承的原则,透露给孝顺女儿她藏匿财物的地点。此女回馈了部分财物给娘家以便于为妹妹准备嫁妆,也送了一些妆奁给小姑。[4] 陈亮的母亲坚持让儿子岁时为她祖先祭享,表达了她对娘家绝户的痛心之情(见《陈亮集》卷25《祭姨母周夫人黄氏文》——译者注)。通过女性产生的亲戚纽带甚至有助于塑造男性的社会活动过程:据记载,王植参加非父系表兄任官地举行的季节性聚会[5],陈亮不仅参加其妻子家的聚会,大概也参加妻子姑母的生日宴会[6]。

还有一点必须在此说明,即家庭间的反复通婚意味着实际上姻亲与父系族人之间的行辈经常变得难以分辨:当一位妇人的女婿同时也是她的侄子,对她而言,此子既是父系族人,也是姻亲。正如我们所

---

[1]《东莱集》卷10《金华毛君将仕墓志铭》,3。袁采也认为男人应对贫困的父系、母系,甚至姻族的女性亲戚负责。他说:"人之姑、姨、姊、妹及亲戚妇人,年老二子孙不肖,不能供养者"是"不可不收养"(伊沛霞:《家庭与财富》,第226页)。

[2]《朱文公文集》卷90《太儒人邵氏墓表》,13b。

[3]《于湖居士文集》卷29《汤伯达墓志》,第285页。当汤矼返回婺州接其妻孥时不幸染病,后因病去世。他的妻子,即潘好古的女儿,最终改嫁(《东莱集》卷10《朝散潘公墓志铭》,8b)。

[4]《括苍金石志》卷6《王给事妻郭硕人墓碑》,12—12b。

[5]《叶适集》卷16《庄夫人墓志铭》,第297页。这个中表是王植母舅之子,抑或其姑母之子,中国术语使用是模糊的,但不论如何,这是通过女性确立关系的表兄。

[6]《陈亮集》卷30《刘夫人何氏墓志铭》,第437页。这位婆家姓刘的姑母是陈亮岳父的妹妹。这位姑母的丈夫似乎为陈亮的婚姻穿针引线。

见,这种婚姻在宋代极为常见①,并且无疑对亲属关系和地方关系产生重要影响②。人们为何频繁地诉诸此类婚姻?

虽然这些亲属关系屡屡见诸史料,但奇怪的是,人们对其不置褒贬。当然,这进一步证明了此类关系很普通:家庭们乐意延续他们的世婚,宋代墓志撰者觉得这是理所当然。关于这一行为(进入 20 世纪,这在中国许多地方显然仍很常见)的当代人类学调查表明,反复的姻亲关系背后的推动力实质上是一种策略:这样的婚姻被视作有助于家庭改善其社会地位,或者至少维持其社会地位。③

但此处,我认为至少在宋代婺州,女性似乎尤其青睐与她们娘家持续地联姻。金华人郑汝嘉的妻子侯氏坚持将一个孙女嫁给她娘家人,将另一个孙女嫁给一刘姓男子,刘姓男子之家与侯氏(而非郑氏)是姻亲关系。④ 同样,陈亮母亲并无兄弟健在,她便坚持将女儿嫁给自

---

① 这种姑表舅婚形式(男性娶母舅之女)似乎一直非常流行:王楷(《东莱集》卷 12《金华曹君将仕墓志铭》,9;《文定集》卷 23《显谟阁学士王公墓志铭》,第 279－280 页)、王杞(《陈亮集》卷 30《汪夫人曹氏墓志铭》,第 434 页;《文定集》卷 23《显谟阁学士王公墓志铭》,第 279－280 页)、唐士耻(《灵岩集》卷 7《府判何公行状》,31)、陈桧(《陈亮集》卷 26《吏部侍郎章公德文行状》,第 392 页;同书卷 28《陈元嘉墓志铭》,第 413－414 页)、郑琚(《北山集》[文渊阁四库全书本]卷 14《代侄琚祭外舅文》,1b)、刘邦翰(《东莱集》卷 10《郭宜人墓志铭》,12,同书卷 11《通判沅州刘公墓志铭》,13b－14;《北山集》卷 31《朝议大夫郭公宜人周氏墓志铭》,15b)、王骥(《括苍金石志》卷 6《王给事妻郭硕人墓碑》,14b;《叶适集》卷 13《郭府君墓志铭》,第 245－247 页)采用这种婚姻形式。但也能看到其他形式。何基娶其姑母之女(《灵岩集》卷 7《府判何公行状》,31;《何北山遗集》卷 4 附录《何北山先生行状》,第 31 页),郑刚中的两个孙子也是如此(《陈亮集》卷 26《吏部侍郎章公德文行状》,第 392 页;《北山文集》[丛书集成本]卷末,第 393 页)。唐仲友娶其姨母之女(《灵岩集》卷 7《府判何公行状》,31;《香溪集》卷 22《吴子琳墓志铭》,第 209 页;《宋人轶事汇编》,第 1785 页),江惇礼(《香溪集》卷 22《安人胡氏墓志铭》,第 207－208 页)和陈亮的弟弟和表弟(《陈亮集》卷 23《祭妹夫周英伯文》,第 362 页)也是如此。这份名单并非巨细无遗。

② 韩明士(《婚姻》,95 页)注意到在人类学文献中姻亲和父系亲人关系经常被视作社会构建的基础,它们又通常被认为是截然相反的,或者至少总是处于紧张状态。韩明士认为宋代抚州的情况并非如此,韩明士在文中极力论证的就是:"婚姻和血脉远非处于紧张状态,精英家庭将它们配合使用以实现并行不悖的目的。"本节的研究将这一成果向前推进一步,因为这一成果显示,在中国宋代,由婚姻和血脉创建的亲戚网实际上经常是同一网络。

③ 见顾尤勤(Eugene Cooper)《中国农村的姑表婚》,《美国人类学家》第 20 卷第 4 期,第 778－778 页(1993)。

④ 《北山集》[文渊阁四库全书本]卷 7《代族兄鲁作母侯夫人行状》,4b,同书卷 7《族兄宗鲁行状》,6b(侯氏与其子行状)。

己妹妹的儿子,尽管两人年龄悬殊。这些情况屡屡见诸宋代史料,说明女性通常掌握着婚姻决定权。[①] 在关于中国家庭亲属关系的人类学资料中,个中原因已被彻底探究:中国女性往往更喜欢知根知底的儿媳,如此她们便可凌驾其上发号施令。[②] 在这方面,儿媳同时又是侄女/外甥女很有可能比陌生人更可取。同样的道理,一位母亲可能更愿意看到心爱的女儿成为值得信赖的兄弟家的儿媳,这好过于让女儿在一户她无从沟通的陌生人家做儿媳。偏好家庭间反复姻亲关系与女性决定子女婚姻影响有关,这似乎合情合理。[③]

最终,密切、反复的姻亲关系可能大行其道,因为这同时满足了女性需求和父系"策略"。我们看到,宋代婺州险象环生:无论男人、女人谁作决定,选择侄女为儿媳或外甥为女婿,是减少这个极其重要的决定中固有风险的一种方式。仅从这个角度看,其出现确实非常有意义。

婚姻、身份地位与地方主义

婚姻无论由谁做主,宋代各社会、政治阶层的婚姻模式在本质上几乎毫无二致。但我们仍然需要考虑南北宋截然不同的政治版图与

---

① 为女性撰写的墓志时常显示她们安排自己的后人和那些未成年孤儿的婚姻。例如,郑刚中感激其岳母选择他做女婿(《北山集》[文渊阁四库全书本]卷15《外姑墓志铭》,3b);一周姓女子由其(堂/表)弟之岳母安排出嫁(《东莱集》卷11《金华戚如圭母周氏墓志铭》,1b);尽管儿子身有残疾,一王姓女子亦令其子得所配(《陈亮集》卷29《喻夫人王氏改葬墓志铭》,第432页)。在一个北宋初的例子中,胡则侄女的婆婆选择她为自己儿子合适的对象(《范太史集》卷42《安康郡太夫人胡氏墓志铭》,1b)。亦见第四章描述的王夫人安排的各种婚姻。

② 卢蕙馨(Margery Wolf):《台湾农村的妇女和家庭》(斯坦福:斯坦福大学出版社,1972),第178—179页。

③ 据我所知,一些人类学家已经抛弃姑表舅婚促进家庭和谐的观念(尤其是顾尤勤对徐氏的批评,第775—777页);实际上,对于其中潜藏的问题,宋人心知肚明。因此,当袁采描述一般姑表舅婚的特点是"此最风俗好处",同时指出,"侄女嫁于姑家,独为姑氏所恶;甥女嫁于舅家,独为舅妻所恶;姨女嫁于姨家,独为姨氏所恶"(伊沛霞:《家庭与财富》,第224页)。然而,此处的问题,并非这样的关系是否更和睦,而是女性认为这种关系可能更和睦,或是对她们有利。关于这种感情的一个例子,见宰相范质的曾孙女决定让其独女嫁入她娘家时所言:"以吾女养吾母,足矣!"(《彭城集》卷39《乐安郡君范氏墓志铭》,第513页)。

社会风貌如何影响婺州婚姻。在北宋(在南宋同样存在,但程度较轻),高官显宦往往与其家乡以外之人通婚。① 然而,对于并非达官贵人的北宋婺州人而言,婚姻地理的情况更为复杂。

11世纪初,大致与胡则子女同婺州以外之人通婚同时,东阳人方夫人成为邻县金华一低级官员的妻子。② 一个世纪后,方夫人的曾孙女陈氏嫁给婺州浦江一庶民③,但方夫人的曾孙陈楫娶邻州越州山阴县一官员的女儿④。方夫人同辈之人陈觌是否与当地人通婚情况不详,但在11世纪中叶,陈觌之子娶同样来自越州的新昌石氏家族的女儿⑤,大约同一时期,义乌人陈允昌娶一位距离婺州略远的湖州女子⑥。几十年后,单照登进士第的儿子,娶一位常州宜兴女子为妻。⑦

此情此景与南宋初年难民史料中所见的情形颇为相似:许多北宋婺州人在婺州以外选择姻亲,但也有许多北宋婺州人并非如此(根据现存资料判断,那些在婺州之外择亲之人往往同距离婺州并不太远的南方人通婚)。毫无仕宦背景的北宋婺州人,可能并无选择余地,只有在当地通婚;⑧更重要的是,许多有仕宦背景之人同样选择与当地人通婚。⑨ 最后,即便那些间或从婺州以外选择姻亲之人,同时还是不时地

---

① 当然,尽管在北宋,特别当位高权重之家居于开封,此类婚姻所涉及之人通常居住在同一地区。

② 《西溪集》卷10《方夫人墓志铭》,16。

③ 《北山集》(文渊阁四库全书本)卷7《蒋持志墓志铭》,2—4。

④ 《永乐大典》卷3149,2。这两个曾孙都是陈确的孙辈。

⑤ 《钱塘集》卷16《陈府君墓志铭》,26,同书卷16《德清县君胡氏墓志铭》,32b—33。

⑥ 《宗泽集》卷3《陈公墓志铭》,第53页。正如前面的注释,陈允昌较晚迁入义乌,但他的妻子与他并非同乡。

⑦ 《摘文堂集》卷15《单君墓志铭》,6。

⑧ 陈觌和单照的墓志铭撰者均通过墓主之子从而与墓主扯上亲戚关系:韦骧与陈觌之子既是同年进士,又是连襟(《钱塘集》卷16《陈府君墓志铭》,26,同书卷16《德清县君胡氏墓志铭》,32b—33);慕容彦逢妹妹嫁给单照之子(《摘文堂集》卷15《单君墓志铭》,6)。还有证据表明,在社会较低层面,社会地位与地理距离的大致对应关系同样发挥着作用;乡外联姻在那些更有钱有势之人中更常见。

⑨ 例如,《宗泽集》卷3《宗汝贤墓志铭》,第51页,同书卷3《陈八评事墓志铭》,第55页;《北山集》(文渊阁四库全书本)卷7《族兄巨中嫂王氏姚氏合葬铭》,1与同书卷6《族兄巨中并同母姊姚氏文》,1b—2b,同书卷7《蒋持志墓志铭》,3b,同书卷7《杨氏女弟墓石书丹》,4,同书 （转下页）

维持婺州内的姻亲关系。中级官员兰溪人范锷即是一例。范锷在开封时,与一位官员相交甚欢(章志孟——译者注),后来范锷的两个子女分别与这位官员的子女谈婚论嫁;但他另外两个子女则分别与来自邻州严州的一位官员的子女通婚;他的三女儿嫁给一位低级官员,此人是本县一富裕田主的曾孙。[1] 范锷与其他官员联姻合情合理,与家乡附近的其他势要之家保持婚姻关系也同样理由充分。

这一情况在南宋发生了何种程度的变化? 南宋婺州资料显示,本地通婚率要高得多,但这几乎可以肯定是因为这一时期现存的关于庶民的信息远多于北宋。关于婺州的低级官员选择让子女与其他婺州官员子女通婚的史料,南宋的记载也多于北宋。这部分是由于现存史料的性质,可能也反映了婺州人入仕人数增加的事实。[2] 但即使说在南宋有更多本地通婚的史料,这一时期的婺州人也仍然频繁地继续与婺州以外之人联姻。例子之一是王淮为后人安排的姻亲关系(见第五章)。相当多地位普通之人也在婺州以外选择姻亲。这些例子似乎可以井井有条地分为三类:既有关系的延续,权钱交易的婚姻,以及活跃于官场的官员之间的强强联合。[3]

移民与既有关系

北宋时已经与外地人建立姻亲关系的婺州人,南宋时通常仍然会

(接上页)卷15《余彦诚墓志铭》,1—3,同书卷15《外姑墓志铭》,3b—5,同书卷15《何氏考妣墓表》,8b—9,同书卷15《族嫂陈氏墓志铭》,11b—12,同书卷15《右承议郎致仕曹公墓志》,12b;《丹阳集》卷13《承议郎王公墓志铭》,16b 与《金华县志》卷6,2b。

[1]《香溪集》卷22《安人胡氏墓志铭》,第207页,同书卷22《右通直郎范公夫人章氏合祔志》,第210页;《浮溪集》卷27《左朝奉郎知处州江君墓志铭》,第329—330页。

[2]贾志扬:《棘闱》,第35—41页。

[3]在几个例子中所涉及之人的背景,资料不足,以至于连猜测婚姻缔结的动因都不可能。《陈亮集》(卷30《凌夫人何氏墓志铭》,第439—440页)与《鲁斋王文宪公文集》(卷20《大学进士楼叔茂墓志铭》,9b—10b)描述的婚姻正属于这一类。《横浦集》(卷20《龚夫人墓志铭》,21b—23b)描述的一户义乌家庭的两桩异地婚姻也是如此。

维持这些亲戚关系。① 11世纪末,武义人刘绘娶常州名宦郭三益的妹妹;②南宋初,刘绘的子侄娶郭三益之女(见图5)。③ 北宋灭亡时,宰相吕公著的后人移居金华,这个吕氏家族的一支提供了一个更全面的例子(见图6)。

虽然并不具有排他性,婺州吕氏家族的姻亲网主要涉及与婺州以外之人的婚姻。其中一桩婚姻是吕祖俭叔父吕大同,大约在1150年娶邻州严州一方姓女子。④ 同样的,吕祖谦的父亲吕大器娶北宋官员曾几之女,曾几与兄长移居绍兴府并且在南宋时身居高官。⑤ 在下一代,方夫人与吕大同的女儿嫁给曾几的孙子、低级官员曾棐。⑥ 第3桩婚姻进一步巩固了曾氏与吕氏家族的关系,因为吕祖谦之弟吕祖俭成为曾几的孙女婿。⑦

---

①韩明士指出生活在抚州的南宋移民家庭(和家族)也往往与抚州以外之人通婚(《官僚与士绅》,第72页)。

②《北山集》卷31《朝议大夫郭公宜人周氏墓志铭》,15b。

③《东莱集》卷10《郭宜人墓志铭》,12—13b。郭三益为正五品官,并曾短时间任从二品官。这方墓志铭的墓主是刘绘的子侄,这一点是通过他本人及其子女的字辈与刘绘另一个儿子及其子女的字辈相同得出的(《东莱集》卷11《通判沅州刘公墓志铭》,13b—15b)。不过晚出的史料指出,刘绘的妻子姓何,何氏很可能是继室。需要注意的是,刘绘的前妻郭氏亡故时,她的母亲仍然在世,很可能郭氏同样早于丈夫去世(《北山集》卷31《朝议大夫郭公宜人周氏墓志铭》,15b)。

④《渭南文集》卷36《吕从事夫人方氏墓志铭》,第221—222页;《吕太史外集》卷5《方夫人志》,4。虽然后一史料指方夫人是"我先妣",但这是以吕祖谦堂弟吕祖平口吻来写的,方夫人并非吕祖谦本人的母亲,而是吕祖平之母。《吕从事夫人方氏墓志铭》证实了这一点,墓志铭为方夫人去世后改葬时而写。虽然先她去世的丈夫被葬于别州,但方夫人被改葬于新近建成的在武义的吕氏祖茔(《渭南文集》卷36《吕从事夫人方氏墓志铭》,第221—222页)。方夫人的祖先在北宋时曾是中下层官吏,她的叔父和侄子在南宋继续为官(《南涧甲乙稿》卷21《方公墓志铭》,第417—421页)。

⑤《渭南文集》卷32《曾文清公墓志铭》,第200—204页。

⑥《渭南文集》卷36《吕从事夫人方氏墓志铭》,第221—222页。这方墓志铭的文辞也显示这对夫妻的儿子吕祖平可能是墓志铭撰者陆游的女婿。如果情况属实,这体现了吕氏家族另一桩异地婚姻。

⑦换言之,吕祖谦娶其表妹,即母舅之女(《渭南文集》卷32《曾文清公墓志铭》,第203页)。

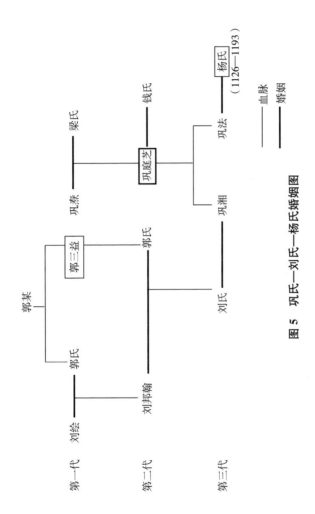

图 5 巩氏—刘氏—杨氏婚姻图

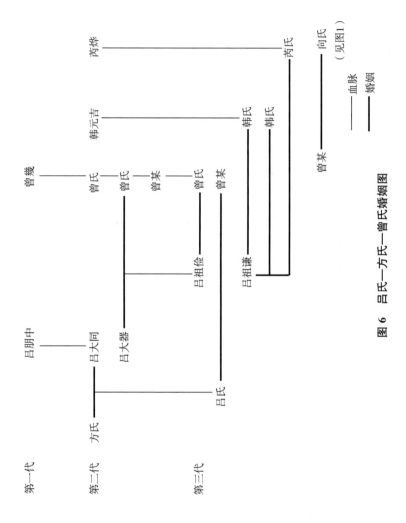

图 6　吕氏—方氏—曾氏婚姻图

吕祖谦本人结过 3 次婚；其中两次婚姻体现了与北宋政治高官的持续联姻。吕祖谦的前两任妻子均是参知政事韩亿的后人、南宋高级官员韩元吉之女。[①] 当这两位妻子先后去世，吕祖谦续娶了一位芮姓女子为妻，她是一位来自湖州的中级官员之女。芮氏 10 岁时，父亲芮烨去世，吕祖谦描述这桩婚事是作为芮烨曾经给予自己帮助的感恩之举。[②] 芮烨作为一位正直的士人与名师而为人所知，他也是婺州士人陈亮的老师。[③]

约至 13 世纪，吕氏家族虽然居于婺州，但明显仍然更愿意在婺州以外物色姻亲——虽然这个范围局限于都城周边地区。吕氏家族将他们这一姻亲网持续到下一代：吕祖谦侄子吕乔年（吕祖俭长子）娶中级官员明州定海（今宁波东北）人沈焕之女。[④] 但吕氏同时缔结本地姻亲：吕祖谦选择将独生女儿嫁给富有的金华田主潘好古的季子潘景良（同时也是吕祖谦的弟子）。[⑤] 吕祖谦子女以降，吕氏家族的婚姻情况不详。

如同吕氏家族，定居婺州的苏辙后人有着非常显赫的政治背景。正如我们所见，北宋都城陷落不久，苏辙长子苏迟知婺州，他们便定居于此，并且至少一些苏迟的旁系族人也随同他一起来到婺州。[⑥] 关于苏氏家族的主要史料均来自地方志：苏氏族人仅以姻亲身份见于现存的两方宋代婺州人墓志中。[⑦] 但地方志显示，苏辙的许多曾孙甚至玄

---

① 《东莱集》卷 10《祔韩氏志》，10b—11。

② 《东莱集》卷 13《祔芮氏志》，5b—6b。芮氏家族北宋时的情况不详，芮氏叔父官至从二品官，这在吕祖谦与其侄女结婚之前还是之后亦不详。

③ 田浩：《功利主义儒家：陈亮对朱熹的挑战》（剑桥：哈佛大学东亚研究中心，1982），第 76 页。

④ 《文忠集》卷 78《通判舒州沈君焕墓碣》，7b—10b。

⑤ 《金华县志》卷 8，17b（第 428 页）；《东莱集》卷 10《朝散潘公墓志铭》，8b。潘好古本人同样是新近移居婺州。

⑥ 例如，据说苏迟侄子苏籀侍从其叔父来至婺州（《双溪集》卷 15《双溪集后跋》，第 227 页）。

⑦ 《东莱集》卷 10《朝散潘公墓志铭》，8b 和《朱文公文集》卷 93《承事郎致仕潘公墓志铭》，13（这两桩婚姻详见下文）。一位苏姓女子作为苏辙的后人也出现在金华人叶谨翁（1272—1346）的元代墓志铭中（《黄文献公集》卷 9b《叶审言墓志铭》，第 412 页）。最后，现存一方明代墓志，墓主是苏辙十九世人（《宋学士全集》卷 20《故朝列大夫浙西行省左右司都事苏公墓铭》，第 730—735 页）。

孙在南宋官居中层。① 宋亡时，一位七代后人据说是太学生。②

可惜，关于南宋时苏氏家族的婚姻行为，婺州史料几乎毫无记载。③ 南宋苏氏族人唯一可考的婚姻是苏迟孙子与金华人潘好古女儿的结合（这桩婚姻见于王氏家族的个案研究中）。④ 虽然我们只能推测，但婺州史料中苏氏家族近乎缺席，可能表示他们持续偏好从外地物色姻亲。

韩明士的研究表明，如同生活在婺州的那些人，生活在抚州的移民往往与远离他们新家的其他人保持通婚。韩明士推测，这可能是移民无力打入当地婚姻网的一种反映。⑤ 但婺州的情况似乎并非如此。因为一方面吕氏家族（和苏氏家族）明显并未打入当地婚姻网，而另一方面，那些无甚政治地位的移民家庭却能轻而易举进入当地婚姻网。

1138 年中进士的巩庭芝⑥是一位低级官员之子⑦，其家族在北宋

---

① 《金华县志》卷 6,34b（第 322 页），同书卷 9,11b（第 504 页）。亦见《双溪集》卷 15《双溪集后跋》，第 227 页和《宋人传记资料索引》第 5 册，第 4304、4327、4329 页。前引明代墓志指出，墓主这一支的每位祖先都曾入仕（《宋学士全集》卷 20《故朝列大夫浙江行省左右司都事苏公墓铭》，第 734 页）。

② 《金华县志》卷 9,46（第 573 页）。传主苏镐被称作苏辙孙子苏迟的十五世后人。他被赞扬在元朝统治下拒绝出仕。

③ 最早移居婺州的苏迟娶宰相梁适的曾孙女：《金华县志》（卷 6,34b［第 322 页］）指出，苏迟儿子的外祖父是梁适长子的儿子梁子美（《宋人传记资料索引》第 3 册，第 2059 页）。同样的，苏迟的妹妹嫁给了一位正三品官之子王浚明（他也是一位参知政事的侄孙）（《双溪集》卷 15《故中奉敷文阁王公墓志铭》，第 209－211 页）。这两桩婚姻缔结都远早于苏氏家族南迁，但苏迟之妹与其丈夫（卒于 1153 年）均葬于兰溪，苏迟也葬于此（《双溪集》卷 15《故中奉敷文阁王公志铭》，第 211 页；《宋元学案》卷 99《苏氏蜀学略·颍滨家学》，第 3310 页）。

④ 《东莱集》卷 10《朝散潘公墓志铭》，8b。另一位苏姓男子作为潘好古儿子潘景宪的女婿见于墓志（《朱文公文集》卷 93《承事郎致仕潘公墓志铭》，13），但此人是否苏辙的后人难以论断。此外，未有苏氏族人见于其他宋代婺州人墓志中，即便是作为姻亲也没有。有意思的是，苏氏和吕氏家族均与潘家有亲戚关系，这是苏、吕两家唯一可考的婺州婚姻。这可能让我们回忆起如王氏家族的个案研究所示，潘氏家族因其财富而知名，并与其他政治重要人物联姻。

⑤ 韩明士：《官僚与士绅》，第 72 页。

⑥ 《金华府志》卷 18,7b（第 1290 页）。（《金华府志》中"巩庭芝"作"巩廷芝"。——译者注）

⑦ 一方巩庭芝孙子的墓志铭称墓主的祖父（即巩庭芝）和曾祖父均为从七品官（《叶适集》卷 22《巩仲至墓志铭》，第 437 页）。如前所述，巩庭芝父亲的名字作为梁适的孙女婿再次见于墓志（《鸡肋集》卷 65《右朝议大夫梁公墓志铭》，23）。很容易得出巩氏家族属于都城精英家族的结论，不过他们在北宋的经历并无传世记载。

灭亡时移居武义,巩庭芝是家族已知的首位中举之人。虽然关于巩庭芝妻子的出身背景不详,但他的两个儿子均能娶到武义女子(见图 5)。次子巩湘(如其父,也是一位进士)娶武义人刘绘的孙女,她是前述刘氏与常州郭氏之间异地婚姻的子女。[①] 巩庭芝的大儿媳姓杨,也是武义人,她的祖上三代均为布衣。杨氏墓表指出,作为刚刚逃到南方的难民,巩氏仍然相当贫困,"教授不自业"。[②] 杨氏成为孀妇时年仅25 岁,而至少巩氏家族一支的运数掌握在她手中。她立誓不再改嫁,亲自抚养两个幼子。杨氏后来发现需要"尽卖房中物买小宅,为子娶妇立家事"。

从她对次子的婚事安排来看,杨氏不但贤德,而且玲珑剔透。杨氏选择何松当家的东阳何家为姻亲。何氏家族 4 代居于东阳,何松祖上无人仕宦,但到 12 世纪 70 年代,何松因善于持家,"积资至巨万"而闻名婺州。[③] 巩嵘与何松女儿的婚姻使两个家庭从中各取所需:一方面解决了巩氏家族经济上的燃眉之急,另一方面为何氏家族提供了官户的身份地位。[④] 杨氏能够凭借自己的嫁妆维持她们母子的生活,暗示她的夫家也可能为了其娘家的财富而与之联姻。

巩氏家族这一支的故事有一个愉快的结局,作为一位称职的母亲,杨氏也送其子就学(跟随吕祖谦),告诉他们学业未成不得回家。如同他们的父祖,两个儿子最终都中进士,次子官至正五品。显然,即便经济形势有点岌岌可危,这也并不妨碍巩氏进入武义社会关系网。

对于 12 世纪迁入东阳的王氏家族而言,情况大致相同。大约 12

---

①《东莱集》卷 10《郭宜人墓志铭》,13b 和《宋人传记资料索引》第 5 册,第 3716 页。

②《叶适集》卷 14《杨夫人墓表》,第 260－261 页。杨氏作为一个贞洁的孀妇,其生活故事见于两方墓志铭中(亦见《渭南文集》卷 34《杨夫人墓志铭》,第 213 页),也见于当地府志(《金华府志》卷 22,21[第 1614 页])。以下叙述均依据这些史料。

③《陈亮集》卷 28《何夫人杜氏墓志铭》,第 436－437 页;《止斋集》卷 48《何君墓志铭》,3－4。

④何松不遗余力地为其子提供教育,这证实了何氏家族热衷于官僚纽带(《陈亮集》卷 28《何夫人杜氏墓志铭》,第 436－437 页;《止斋集》卷 48《何君墓志铭》,3－4)。何氏家族入仕的努力最终在何松去世后数年得到回报,一个年轻侄子成为进士。这个侄子的几个儿子成为高官,其中一个儿子甚至官至参知政事,他们的成功远超预期。

世纪末，首位王氏移民的孙子娶义乌宗姓女子为妻，她是宗泽兄长的玄孙女。[1] 这桩婚姻因而使王氏家族与当地势要之家成为姻亲。这桩婚姻孕育的诸子成为王家在婺州的首批进士（分别于 1229 年和 1238 年中进士），但即便在取得功名前，其中一子就能够利用母亲的关系娶姨母之女（他的表妹）——此女的父亲姓黄。[2] 因此，在首位王氏后人中举前，王氏家族已经被当地既有的婚姻网所接受。

资料显示，移民家庭几乎不费吹灰之力便能加入婺州当地婚姻网。吕氏家族和苏氏家族在婺州以外通婚，这似乎是由于他们拥有的社会政治地位所能缔造的婚姻，比本州可以提供的婚姻更荣耀。毕竟，当地婚姻网连更普通的新移民都能接纳，不可能将吕氏家族和苏氏家族拒之门外。

以财求官

南宋时，不仅在官场立足的婺州人物色本州以外的官宦之家与之联姻，家财万贯的婺州人亦是如此。第五章中富有的潘好古不仅与婺州知名的王氏、吕氏和苏氏家族联姻，还将女儿嫁给来自邻州的宰相汤思退之子，其子潘景宪娶一安徽桐城四品官的女儿。[3] 同样，富甲一方的永康人陈良能的几个女儿均嫁给当地人，但幼女嫁给官员、温州进士徐元德。[4] 富有的永康人孙寔将两个女儿嫁给婺州进士，但幼女

---

[1]《后村集》卷 161《夫人宗氏》，5b—6b；《黄文献公集》卷 8a《外舅王公墓记》，第 307 页。根据她的墓志铭撰者记载，宗氏是宗泽的玄孙女，但其他史料显示这并不完全正确。墓志指出，她的曾祖父是宗夔，即宗泽兄长之子（《宗泽集》卷 3《宗汝贤墓志铭》，第 52 页）。

[2]《后村集》卷 161《夫人宗氏》，5b—6b；《黄文献公集》卷 8a《外舅王公墓记》，第 307 页。实际上，黄氏与宗氏家族曾经联姻：四世之前，一黄姓男子娶宗泽之妹，并从家乡浦江迁居义乌（《黄文献公集》卷 8a《先祖墓铭石表记》，第 304 页）。

[3]《东莱集》卷 10《朝散潘公墓志铭》，8b，同书卷 13《潘叔度妻朱夫人墓志铭》，6b—7。汤思退来自邻州处州。另一位岳父朱翌有时也被称作鄞县人，可能朱氏家族拥有两处别业（《宋人传记资料索引》第 1 册，第 576 页）。朱翌很可能被潘景宪的优秀潜质所吸引：潘景宪 9 岁时以童子贡京师，后入太学。1163 年潘景宪中进士，但这很可能远在他结婚之后（《朱文公文集》卷 93《承事郎致仕潘公墓志铭》，11b—13b）。

[4]《陈亮集》卷 27《陈性之墓碑铭》，第 400 页；《宋人传记资料索引》第 3 册，第 2020 页。

成为梁季瑽的新娘,而梁季瑽是邻州处州丽水人梁汝嘉的一位旁系后人。[①]

这些例子说明两点:首先,家财万贯有助于一个毫无仕宦背景的家庭争取进入官宦之家婚姻网的机会;其次,即便是富有的"地方士绅",有时也发现需要或者最好能把他们的社会关系网延伸到本州以外——也许特别是在他们的本地关系已经牢不可破之后。

东阳郭氏便是典型例子。郭氏家族的婚姻关系可以追溯到当地大豪郭知常的子孙。郭知常祖上三代(包括郭知常诸叔)均无人仕宦;但郭知常能够"徒手能致家资巨万,服役至数千人"。据说他也能保护乡人免遭盗贼侵袭,并在饥馑之年开仓赈济流民,故"能使其姓名闻十数郡"。[②] 郭知常子女人数、妻子家乡何处均不详,我们仅知道他有 6个女儿,均嫁与官员为妻;[③] 以及他的四女儿嫁给邻州处州丽水人王信为妻,并且成亲当年,王信中进士。[④] 王信是他这一支首位以进士入仕之人,官至正四品。在下一代,郭知常的两个儿子因为大力支持道学而为人所知,他们还张罗了众多后人的婚事,其姻亲包括:一位来自温州的正七品官的女儿[⑤];一位中级官员、建安(今福建北部建瓯)进士[⑥];处州他们妹妹的儿子[⑦];另一位处州进士[⑧];一位似乎是明州史氏

<hr />

① 《陈亮集》卷 27《孙天诚墓志铭》,第 406—407 页。墓志铭称梁季瑽与梁汝嘉诸孙同辈,但他名字的模式(首字和第二个字部首)恰好与梁汝嘉诸子名字模式相同,表明他可能是一远房侄子。

② 《陈亮集》卷 26《东阳郭德麟哀辞》,第 393 页(陈亮此处用郭知常的字:彦明);《东阳县志》卷 19,18。后一史料补充说郭知常被授官(可能有与其抵御盗贼有关)却拒绝了。

③ 《括苍金石志》卷 6《王给事妻郭硕人墓碑》,12。其他关于郭知常后人的史料:《东莱集》卷 13《郭伯清墓志铭》,7b—9 和《叶适集》卷 13《郭府君墓志铭》,第 245—247 页,同书卷 13《郭处士墓志铭》,第 247—248 页和卷 23《郭伯山墓志铭》,第 460—461 页。不清楚 6 个女儿和墓志铭中出现的两个儿子是否便是郭知常的全部子女。

④ 《括苍金石志》卷 6《王给事妻郭硕人墓碑》,12。郭氏墓志铭称她 20 岁时出嫁,可能是 1160 年,此年王信(根据他墓志铭记载)中进士(《括苍金石志》卷 6《王给事墓志铭》,1b)。两件事情哪一件事更早,因无相关史料,难以论断。关于其他女性婚姻的情况不详。

⑤ 《东莱集》卷 13《郭伯清墓志铭》,7b—8;《宋人传记资料索引》第 2 册,第 1149 页。

⑥ 《叶适集》卷 13《郭府君墓志铭》,第 247 页;《宋人传记资料索引》第 3 册,第 2405 页。

⑦ 《叶适集》卷 13《郭府君墓志铭》,第 247 页;《括苍金石志》卷 6《王给事妻郭硕人墓碑》,14。

⑧ 《叶适集》卷 13《郭处士墓志铭》,第 248 页;《宋人传记资料索引》第 4 册,第 3232 页。

家族的族人①；他们家乡东阳势要之家和家族的众多子女（包括一位中进士第三名的年轻人和巩嵘岳父何松的女儿）②。

对于这些婚姻背后的真实原因，我们只能猜测：拓展与官场的关系可能并非这里任何一桩婚姻中的主要因素。但郭知常的例子有些特殊，建立与官场的关系与该家庭的其他行为并行不悖——这些行为目的鲜明，就是试图扩大家庭在婺州以外的声望。③ 但无论郭氏家族，还是此处讨论的其他家族，纯粹的地方婚姻均不能充分满足他们的需要。

宦门联姻

与北宋情况相似，宦海沉浮中的南宋婺州人有时选择与非婺州籍同僚联姻。据记载，金华人何松（与东阳人何松并非一人）尽管自身官职卑微，却为许多有权势的朝廷高官熟知而且赏识，他的女儿嫁给周程，一位来自江西弋阳的二品官之子。④ 弟弟为中级官员的金华人宋有，为其子娶来自邻州严州的一低级官员的女儿。⑤ 武义人刘塘以恩荫入仕，以中级官员致仕。前妻去世后，他续弦的妻子是来自严州的另一位中级官员之女。⑥

---

①《叶适集》卷 13《郭处士墓志铭》，第 248 页；戴仁柱：《丞相世家》，第 318 页。由于名字并未出现在戴仁柱引用的清代谱牒中，此人暂定为明州史氏家族一员。但此处出现的"弥念"极有可能与谱牒中的"弥念"是同一人。

②《叶适集》卷 13《郭府君墓志铭》，第 247 页，同书卷 13《郭处士墓志铭》，第 248 页，同书卷 23《郭伯山墓志铭》，第 461 页；《陈亮集》卷 30《何夫人杜氏墓志铭》，第 436 页；《金华贤达传》卷 6《宋孙礽传》，1b—2。

③《陈亮集》卷 26《东阳郭德麟哀辞》，第 393 页。

④《灵岩集》卷 7《府判何公行状》，28b—31。周氏家族与何氏家族下一代继续联姻，何松的孙子何基娶周程的女儿（《何北山遗集》附录《何北山先生行状》，31）。

⑤《东莱集》卷 13《宋郴州墓志铭》，4b—5b；《慈湖遗书》卷 5《宋母墓铭》，13—15。如前文所述，这位严州女子的儿子虽然并未去严州，但最终迁出金华。

⑥《东莱集》卷 12《刘梧州墓志铭》，5b；《宋人传记资料索引》第 1 册，第 131 页。刘塘与同样来自武义，并且所娶妻子均来自婺州以外之人的刘绘（前文所述）是亲戚，这是很诱人的推测。但大致同时期几代人的字辈并不一致，因此他们根本不是亲戚。生活在 12 世纪的武义人（转下页）

正如我们所见，与其他官员建立姻亲纽带对于活跃在官场金字塔顶端之人而言尤其重要。遗憾的是，关于婺州高级官员姻亲的详细资料现存无几。① 关于章服的史料最为丰富，其祖先宋初来到永康，但并未入仕。② 章服1132年中进士，续弦郑刚中（下一章将会详细探究郑刚中的政治生涯和家庭情况）之女。③ 岳父郑刚中宣谕川陕，章服短暂地随侍前往四川，并在郑刚中成为四川宣抚副使之前返回。秦桧专权时，随着岳父的失势，章服仕途受挫，秦桧去世后他才再次发达。章服官至从三品。他去世时，长子、次子（郑刚中的外孙）均任官，三子以恩荫从进士举。④ 章服长子娶妻并非本地女子：他的妻子卢氏来自永嘉（今温州市），是一位江西副都监之姊。⑤ 章服四子奉其父命出继叔父为后——

（接上页）徐端卿的妻子同样并非婺州本地人，徐端卿本人是一位官员，两次婚姻所娶妻子均为来自婺州以外官员之女。一位东阳人编纂的传记集中收录的徐端卿墓志铭由签书枢密院事魏了翁撰写，这位东阳人与徐端卿第二任岳父同姓。在我看来（显然，此处论断极具推测性质），这些婚姻更可能属于异地婚姻（《鹤山集》卷77《镇江府教授徐君墓志》，10—12b）。

①关于这些位高权重的南宋人物的传世资料严重不足。来自婺州的4位南宋宰相中的两位：金华人叶衡（1122—1183）和兰溪人范钟（1209年进士，卒于1249）的出身背景、姻亲或后人情况均不详。第3位宰相东阳人乔行简（1156—1241），其跻身高官之前的情况，我们仅略知一二。第4位宰相王淮，即便在其个案研究中，投身学术的族人远superb他本人直系祖或后人的传世资料更多。同样的情况也出现在来自婺州的5位执政——永康人楼炤（1088—1160）、金华人王埜（1220年进士，卒于1260年）、东阳人葛洪（1184年进士）、东阳人马光祖（1226年进士）、东阳人何梦然（1244年进士）——以及其他许多高级官员，包括从三品官浦江人傅雱（卒于1158年）、从三品官金华人陈良祐（卒于1177年）、从三品/从四品官武义人杨大方（1175年进士）、从三品官徐侨（1160—1237，义乌人）和从二品官东阳人李大同（1223年进士）。

②《陈亮集》卷26《吏部侍郎章公德文行状》，第388—393页。除另有注明，关于章服及其后人的信息均来自此行状。根据史料记载，1139年成为签书枢密院事的楼炤之妻姓章，这让人不禁怀疑章服政治上的崛起是否与此有关联。《永康县志》卷6,8（第331页）。但章姓女子未见于《宋人传记资料索引》（第5册，第3723页）楼炤妻子名单中。除了姓氏，《永康县志》并未提供章氏任何信息：她甚至可能并非婺州人，不太可能属于永康章氏家族。但姓氏相同令人好奇，尤其是当我们在章服岳父郑刚中文集中阅读到郑刚中与楼炤是总角之交。《北山集》（文渊阁四库全书本）卷13《松楼仲辉知温州序》，1—2。

③章服第一位妻子陈氏的家庭情况同样不详，但她可能与章服的妹夫来自同一家族（章服的一个女婿亦来自这一陈氏家族）。陈氏家族在章服父亲一代首度有人为官。他们也被描述在旱灾之时积极纠集什伍之众以保卫乡里（《陈亮集》卷28《陈元嘉墓志铭》，第413—414页）。

④《永康县志》指出，章服的一些后人持续不断中进士，直到宋末。《永康县志》卷6,6—9（第256—259页），同书卷7,44（第408页）。

⑤《夷坚支景》卷1《章签判妻》，第886页。这则轶事描述了其妻举止怪异。可惜，她的（转下页）

他同样娶名门之后。他的妻子是常州葛氏家族的女子，一位四品官的孙女，同时也是宰相葛邲之妹。① 章服的两个女儿（长女、小女儿——译者注）分别嫁给郑氏表兄（郑刚中的孙子），两人均为低级官员；三女儿嫁与其姑母之子、来自邻州处州缙云的一位进士。②

简言之，虽然章服仍然继续维持既有的婺州姻亲纽带——这些姻亲有的拥有政治地位，有的并无政治地位，但章服能够安排他的一些子女与婺州以外拥有高级政治地位之人通婚。同样值得注意的是，章服初步跻身高级官员行列似乎部分归功于一桩幸运的地方婚姻：他的妻子是郑刚中之女。

除了章服后人的婚姻，婺州史料中还呈现了其他两位高级官员的例子，他们的姻亲是活跃于官场的非婺州籍官僚。12 世纪 60 年代，三品官金华人陈岩肖为其钟爱的侄女选择江苏江阴人吴汉英为婿，吴汉英在重要官员的荐举下，后来曾官至权三品。③ 13 世纪初，签书枢密院事金华人王埜（他本人是一安抚使之子）之子娶宰相衢州人余端礼的曾孙女。④

现存数量不多的涉及婺州高级官员后人的婚姻资料，显示了他们与婺州内其他家庭通婚。12 世纪末，签书枢密院事永康人林大中的女儿嫁与永康人应㦯之，他是从三品官应孟明之子；⑤数十年后，二品官

（接上页）背景不详。章服的行状指出他的孙女嫁给一卢姓男子。虽然无法证实，但参考宋代婚姻行为，此卢姓之人可能来自这个女子的娘家。

① 《陈亮集》卷 26《吏部侍郎章公德文行状》，第 392 页；《丹阳集》卷 24《宋左宣奉大夫显谟阁待制致仕赠特进谥文康葛公行状》，18b；《海陵集》卷 23《葛文康公神道碑》，21。

② 《陈亮集》卷 26《吏部侍郎章公德文行状》，第 392 页；《北山文集》（丛书集成本）卷末《宋故资政殿学士郑公墓志铭》，第 382—383 页。

③ 《漫塘集》卷 28《故兵部吴郎中墓志铭》，10b—17b；同书卷 31《故宜人陈氏墓志铭》，10b—12b。吴汉英以从六品官致仕。

④ 《宋人传记资料索引》第 1 册，第 167 页；《后村集》145《龙学余尚书》，17b；《西山文集》卷 46《宋集英殿修撰王公墓志铭》，33b。

⑤ 《攻媿集》卷 98《签书枢密院事致仕赠资政殿学士正惠林公神道碑》，第 1369 页；《叶适集》卷 16《夫人林氏墓志铭》，第 309—310 页。根据《永康县志》记载，应孟明妻子亦姓林；《永康县志》卷 6，81（第 331 页）。这两个女子似乎来自同一家庭，但不能证明彼此关系。有意思的（转下页）

东阳人李大同的侄女嫁给同县人宰相乔行简的孙子。[①] 这些婚姻应该被视作南宋婺州高级官僚更偏爱与当地人通婚的证据吗?或许如此,但细看之下,事实并非如此。原来,所有这些仅涉及婺州人的婚姻,均发生在婚姻中的高级人物成为高官之前。[②] 因此这些婚姻连结的并非两个高级官员的家庭,而是与官场有着千丝万缕联系的当地家庭。遗憾的是,这些家庭是否在他们得势掌权后继续与当地人通婚,或者如同王淮和章服——开始四处物色更好的姻亲不可考。可想而知,这些例子显示了一些婺州官宦之家与其乡党通婚。在他们的姻亲关系确立后,相关个人持续掌权得势。虽然很难找到婺州高级官员受益于其姻亲的具体事例(如同章服受益于郑刚中),但应氏与林氏,抑或乔氏与李氏家族的持续掌权得势,不可能是纯粹巧合。那么,此处所展现的,是在官场拥有一定地位的当地人之间的既有关系如何帮助他们一个个沿着政治阶梯攀援而上。[③]

总体而言,婺州婚姻史料显示整个宋代具有相当的连续性。诚然,北宋史料压倒性地偏向于高级官员与他们的姻亲,因此,我们极少看到本地人通婚的史料,但这种模式在当时肯定是一直存

(接上页)是,章服的母亲姓应。如果她与应孟明同族(这同样无法证实),应孟明的政治成功显然与章服有关系。不过林大同长女的丈夫出身平凡,官职不显,据说是他的德行引起林大同的注意(《攻媿集》卷98《签书枢密院事致仕赠资政殿学士正惠林公神道碑》,第1369页;《宋元学案》卷73《丽泽诸儒学案》,第2443页;《永乐大典》卷3155,13b—14,同卷3156,19)。在最后一条史料中,女婿陈黼的名字似乎与其兄弟名字混淆(在他们父亲墓志铭中,两人均可考)。林大同两个年龄最小的女儿的丈夫仅被简单描述为"里士"。这些人或林大同其他女婿的情况不详。

① 《鹤山集》卷75《太常博士李君墓志铭》,9b;《东阳县志》卷14,33。

② 第五章中讨论的林大同女儿嫁给王师心孙子的婚姻也是如此。在这个例子中,林大同的四女儿生于1164年,几乎可以肯定她嫁给应懋之时,其公爹尚未成为高官,而他直至1195年去世前不久才身居高位(《宋史》卷422《应孟明传》,第12612页;《叶适集》卷16《夫人林氏墓志铭》,第309—310页)。最后,乔行简的孙子与李大同侄女肯定在1225年之前结婚(这桩婚姻见于李大同兄长的墓志铭中,而李大同兄长葬于1224年[《鹤山集》卷75《太常博士李君墓志铭》,9b]),乔行简是年成为高官,而于1223年中进士的李大同则几乎尚未开始其仕宦生涯。

③ 郑刚中岳父的孙子(换言之,郑刚中的妻侄)入仕,嫁其女与婺州以外之人(《絜斋集》卷18《运判龙图赵公墓志铭》,第309页)。

在的。① 而北宋末和南宋史料则压倒性地偏向于低级官员或无仕宦情况之人，我们所能看到的异地婚姻网寥寥无几，但它们可能也很好地从北宋延续至这一时期。此外综观整个宋代，我们看到对于个人而言，可接触的婚姻网的地域界限由社会地位，尤其是政治地位来调控，如此，更高级别之人通常能够从更大范围的地理圈内物色他们的姻亲。并且可能随着宋朝发展，以及越来越多的婺州人涉足教育和仕途，仕途通达之人发现，即使他们同样追求远方的关系，也不必背井离乡去物色合适的姻亲，或许维持一些当地婚姻纽带更容易。但即便在南宋，许多热衷仕宦之人仍然偏向在婺州以外抛撒他们的婚姻网，位高权重之人可能习惯如此。

最后值得一提的是：婺州史料中的一些线索显示，异地婚姻网的成员在南宋末正在发生改变。异地婚姻曾经一度主要成为那些显赫官僚的特权，但在南宋末，我们开始看到异地婚姻更常出现在道学领域，而非官场之中。从这个角度来看，吕祖谦侄子吕乔年的婚姻可为一例。吕乔年岳父沈焕的祖先俱不显，他本人以德行知名，胜过他的政治成就。② 潘好古孙女的婚姻可能也具有这种特点。此女的父亲潘景宪是吕祖谦的同窗兼弟子③；潘景宪去世后，陈亮、叶适为他撰写过祭文，朱熹为他撰写墓志——潘景宪的女儿

---

① 因此，即便是北宋初自身并无品阶之人，如方夫人和陈觌，同样与政治地位相当显赫之人有亲戚关系：方夫人墓志铭撰者沈遘官至三品（沈遘为方夫人撰写墓志铭是因为他与方夫人的儿子为同年进士），以中级官员致仕的陈觌的墓志铭撰者韦骧是陈觌儿子的同年进士。

② 这一联想带有猜测性质，因为沈焕与重要政治人物在血缘上也有着千丝万缕的关系：他的第二任妻子是一位官员的曾孙女或玄孙女，此官员在北宋已经是高官（《文忠集》卷78《通判舒州沈君焕墓碣》，10；《宋人传记资料索引》第5册，第4227页；墓志铭文本残缺不全，我认为后者的记载是正确的）。当然，这种疏远的亲属关系是否能转变成任何有意义的社会优势，是值得商榷的。

③ 如前所述，她的叔父潘景良是吕祖谦的女婿。

嫁给朱熹之子。[①] 陈亮选择一邻州处州弟子为女婿[②],是另外一例。虽然这些例子不过寥寥数则,仅能提供一些线索,但或许表明,至12世纪末,道学作为一种社会价值标准,正成为仕宦的替代品。[③]

---

①《朱文公文集》卷 93《承事郎致仕潘公墓志铭》,13。
②《宋元学案》卷 56《龙川学案》,第 1851 页。这个女婿婚后迁居永康。
③根据同样的倾向,可能看到郭氏家族对道学显而易见的经济支持。

第九章　婺州当地士绅:两个个案研究

在本章中,我们关注的重点再次聚焦到两个具体家族。如同第五章中讨论的胡氏与王氏家族,北宋金华郑氏家族[①]和南宋永康陈氏家族分别产生了一位以各自方式知名的后人。对这些人而言,成功在其生活中姗姗来迟,而他们最终的成功从其早年的经历中找不到任何蛛丝马迹。相反,当我们初次接触他们时,这两个人的家庭均承认家道中落。胡氏与王氏家族的个案研究勾画出他们地位上升的结果,此处我们则对艰难维持地位的家庭略见一斑。郑氏与陈氏家族让我们观察到当地社会一个更加平凡的阶层,并向我们展现人们对于如何建立地方声望的多种看法。这又有助于我们进一步了解宋代社会生活如何运行。

北宋:金华郑氏

郑刚中是郑氏家族一个庶系分支的后人,这个家族在 11 世纪中

---

①以下所述郑氏家族的故事实际上延伸至南宋。虽然为了便于比较,把重点放在时间较早的家族更为合适,但史料比较丰富的几支家族中,郑氏家族是时间最早的。

叶曾培养出中级官员郑详。郑刚中17岁时,仕途乏善可陈的父亲去世,家徒四壁。1132年,44岁的郑刚中在不惑之年,以殿试第3名进士及第。起初,在秦桧卵翼下,郑刚中在仕途上一帆风顺,升任川陕宣谕使。当时四川大部均处于郑刚中直接掌控之下,但由于同秦桧政见相左,他终被罢免。郑刚中死于流放途中,直至秦桧去世后,他才被复官并予以追赠。[①]

郑刚中虽然曾经位高权重,但他所撰墓志中描述的大多数故事均发生在他成为高官之前[②],并且墓主主要是他在金华的亲戚。因此郑刚中笔下的世界并非关乎高官和庙堂,而是关乎婺州的下层官僚和当地士绅。

郑氏家族

1105年,郑刚中的父亲郑卞去世,郑刚中为父亲撰写的墓表勾勒出郑氏家族的早期历史。[③] 在墓表中,郑刚中描述了一群"荥阳"郑氏族人五代时从闽(福建)迁至浙东,分成两支定居,其中一支居于金华。[④] 金华郑氏始祖(郑刚中高祖父)有3个儿子,他们的后人分别为东、中、西三房(见图7)。北宋时,三房中仅东房兴旺,始祖之孙郑详1042年中进士,官至从五品(或从六品)。而郑详的西房堂弟(郑刚中祖父)却"累贡礼部不第",中房的堂弟"进士特奏名,不显"[⑤]。根据郑

---

① 《宋史》卷370《郑刚中传》,第11514页;《北山文集》(丛书集成本)卷末《宋故资政殿学士郑公墓志铭》,第382页。

② 郑刚中撰写的11篇墓志铭中,虽然3篇撰写于12世纪40年代,但约半数在其成为进士之前。南宋时,郑刚中成为正三品职事官,贴职也很高,但他个人寄禄官此时只是较低的正七品。有意思的是,郑刚中寄禄官从未超过从六品,或许是因为他的功绩主要是军事方面(《北山文集》[丛书集成本]卷末《宋故资政殿学士郑公墓志铭》,第380—381页)。关于职事官、贴职、寄禄官的讨论见罗文,第115—170页。

③ 《北山集》(文渊阁四库全书本)卷27《拟墓表系省记》,1—3b。

④ 另一支住在邻州衢州。"荥阳"是河南古称,并且是郑姓大姓郡望。如前所述,是否这群郑氏族人是一大姓的真实后裔不可考(并且很大程度上无关紧要)。

⑤ "不显"可能是为了表明他从未入仕。特奏名被授予多次应举不第的年高之人(见贾志扬《棘闱》,第24页)。

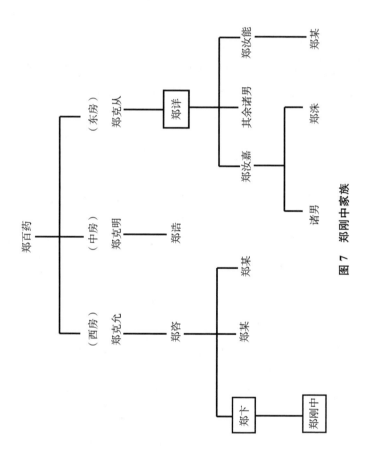

图 7　郑刚中家族

刚中的个人叙述,家族内"西、中两郑凋落不能起"。实际上,郑氏中房的情况不详。

郑氏西房可能举步维艰,但郑刚中的父亲郑卞能够未冠入太学。他以诗闻名,并引起欧阳修的注意。郑卞"累八举不第",1089年(时年58岁),他"始以特恩调官"。郑刚中指出,此非其父志。郑卞担任过几任县级小官,并以七品官致仕。

郑刚中称父亲外出游学之时,将家事全部托付给两个弟弟(郑刚中的叔父)。郑卞年过五十始娶妻(图7)①,虽然史料并未明言,但郑刚中的母亲应该是位孀妇,她带着幼女姚氏嫁给郑卞②。郑卞妻子耗尽陪嫁资产以改善家境,郑卞却总是将财物送与弟弟。郑卞因此举和其他不计个人得失的行为而知名(如在隆冬解衣与人)。但慷慨无度使郑卞家徒四壁,当他致仕返乡时,族人不得不借其一小舍栖身。郑卞因经济上捉襟见肘使其母(郑刚中祖母)备尝艰辛而感到追悔莫及,他勉励年轻的儿子勤勉学业,以争取与自己无缘的富贵。看起来,郑刚中祖父的诸子中,只有郑卞谋得一官半职,但他在仕途上显然碌碌无为。郑卞诸弟持家如何情况不详,因为郑刚中并未将他们或其后人载于文字。

郑刚中自7岁读书,便跟随父亲宦游南北,直到十年后父亲去世。③ 郑卞致仕后去世,郑刚中的寡母勤俭持家,不辞辛劳日夜纺织,郑刚中才得以继续学业。她也曾谨慎地指出自己为儿子所作的牺牲,以激励郑刚中加倍努力,焚膏继晷。④ 1112年,郑刚中乡贡第一,她的劳作与训诫得到些许回报;⑤但此后郑刚中屡举不第,在母亲有生之年,郑刚中未能中进士。1132年,郑刚中进士及第,尽管成功姗姗来

①郑刚中生于1088年,时年其父已经57岁,与此相符。郑卞晚婚可能是因家境贫寒。
②这可能是郑刚中所描述的"同母姊姚氏"存在的唯一可能解释。《北山集》(文渊阁四库全书本)卷6《祭族兄巨中并同母姊姚氏文》,1b—2b。
③《北山集》(文渊阁四库全书本)卷6《祭先妣大儒人文》,4—4b。
④《北山集》(文渊阁四库全书本)卷6《祭先妣大儒人文》,4b。
⑤《北山文集》(丛书集成本)卷末,第377页(年谱)。

迟,但对重振他这一支功不可没。虽然关于郑刚中后人的史料严重不足,但在郑刚中墓志铭的撰写年代(1181年,郑刚中去世27年后),他在世的儿子、4个孙子和长曾孙均为官。①

想必科场屡屡受挫的郑卞,对东房族弟不费吹灰之力便能跻身官场难免心有不甘。11世纪中叶,郑详长子郑汝嘉以父亲任子恩授官。但据郑刚中所述,郑汝嘉入仕并非纯粹幸事。作为大姓之后,郑汝嘉"以洁廉自将";或至少这是郑刚中对于为何郑汝嘉"不治产"的解释。偏巧郑汝嘉家"食口众,且好客"。② 更糟糕的是,郑汝嘉为人"疏放,不事上位"。郑汝嘉仕宦的结果,几乎给家庭带来灭顶之灾。幸运的是,郑汝嘉次子(郑刚中族兄)郑洙敏锐地观察到父亲入仕正威胁到家庭命运。他迅速地决断:"兄弟徒守书卷无益",于是他归治"田园"。郑洙称,如此可以"裕我家,使吾父无衣食之累"。③ 一旦归家,郑洙显示出高超的理财能力:郑刚中称郑洙"善视丰凶而低昂积散,妙于一时。数年间,资产大殖"④。

关于郑详其余诸子⑤,我们仅知道郑汝能中乡贡进士。但郑刚中的墓志铭记载,12世纪20年代初,"睦贼猖炽"金华,郑氏整个家族的兴旺均受到威胁。族人们无法聚族而居,郑洙夫妻将80岁的老母舁至山中。其间,盗贼擒获郑洙,但不知为何"不敢害"。⑥ 其他族人便

---

① 《北山文集》(丛书集成本),第382—383页。除了下文讨论的婚姻信息,宋代记载中甚少再提及郑刚中的后人,虽然有资料显示一些后人——或自称是其后人——直到清代仍为金华精英。郑刚中文集诸跋撰写于清康熙时,由一位自称是郑刚中后人之人所撰。见《北山文集》(丛书集成本),第369—411页。

② 郑汝嘉赏识的"客"可能更像仆从——各种食客,他们作为官员侍从为官员增添光彩,反之,官员不得不付出高额开销。

③ 《北山集》(文渊阁四库全书本)卷7《族兄宗鲁行状》,6b—7。

④ 《北山集》(文渊阁四库全书本)卷7《族兄宗鲁行状》,7。

⑤ 郑汝嘉妻子的行状指出,她的公爹"多男子",但确切人数不详。《北山集》(文渊阁四库全书本)卷7《代族兄宗鲁作母侯夫人行状》,5b。

⑥ 《北山集》(文渊阁四库全书本)卷7《族兄巨中嫂王氏姚氏合葬铭》,1—2。郑刚中为两个情况不详的亲戚撰写祭文。一篇是代"四五叔"("四五"可能指这位叔父在谱牒中的行辈),见同书卷6《代四五叔祭叔母文》,10b—11。另一篇祭文描述了另一位卒于1114年的叔父,他(转下页)

没有那么幸运。出于报复,盗贼杀死了郑汝能的儿子(郑溥,字巨中——译者注),盗贼宣称的理由是:"巨中,郑姓,家世宦学。"①郑洙的一个兄弟也遭遇了同样的命运。② 当盗贼劫掠时,郑刚中恰巧在浦江,他返回金华时,发现族人们已经是身心憔悴、饱受创伤且无家可归。③ 创伤虽然严重,却并非无法愈合。在最晚撰写的墓志中,郑刚中描述了东房族人如何重建他们的家园并重聚财富④(其中一些人成效显著)⑤。但在宋代以后的岁月中,郑氏此房情况不详:郑刚中现存最晚撰写的墓志铭是 1145 年,此后关于他族人的记载便是一片空白。

总之,12 世纪初,由郑刚中高祖后人组成的金华郑氏是一个中等规模的家族。⑥ 在始祖的孙辈这一代,由始祖衍生出来的三房后人中的一房出现了中级官员郑详,因而兴旺。据记载,其余两房(包括郑刚中一房)则日趋没落。在下一代,西房的郑刚中的父亲(郑卞)与东房的郑详之子(郑汝嘉)均入仕,但对他们家庭经济福祉毫无建树。但郑刚中一代,东房大部分后人甚至已经放弃了对仕宦的追求,虽然他们中至少有一些人家境殷实。相反,虽然相对比较贫窭,但郑刚中孜孜

(接上页)是一位官员,郑刚中显然曾经与其宦游一段时间(《北山集》[文渊阁四库全书本]卷6《祭叔通判文》,1—1b)。郑刚中描述其叔父治家并且未入仕,表明这位"叔父"确实是远房族人,这再次表明,即便在家族内,与血缘相近相比,共同的社会地位水平才是决定关系的关键。

①《北山集》(文渊阁四库全书本)卷7《族兄宗鲁行状》,7。这非常令人好奇,尤其是鉴于其堂兄的遭遇(见下文)。这不禁让人怀疑其中是否涉及赎金或有所勾结。郑刚中对郑洙的刻画表明,郑洙正是那种善于与盗贼打交道的类型。

②《北山集》(文渊阁四库全书本)卷7《族兄巨中嫂王氏姚氏合葬铭》,1。

③《北山集》(文渊阁四库全书本)卷15《族嫂陈氏墓志铭》,11b。

④《北山集》(文渊阁四库全书本)卷6《祭族兄巨中并同母姊姚氏文》,1b—2,同书卷15《族嫂陈氏墓志铭》,11b。

⑤见《北山集》(文渊阁四库全书本)卷7《族兄巨中嫂王氏姚氏合葬铭》,1b—2,同书卷7《族兄宗鲁行状》,7b—8,同书卷15《族嫂陈氏墓志铭》,11b—12。

⑥到郑刚中一代,大约有 20 个家族成员可考,虽然史料中仅见这个家族中支的两个成员(郑刚中曾祖父之兄和侄子)。尽管已知至少郑刚中父亲有两个弟弟,但郑刚中堂兄弟或族兄弟的情况不详。同样的,我们对郑详兄弟后人(若有)一无所知,郑详众多儿子中仅有两个可考。因此,这个家族的成员几乎可以肯定远比目前可考的人数多得多。

以求他的入仕梦，只不过人到中年梦想才得以成真。

郑刚中为族兄弟及其子女撰写了多方墓志，表明郑氏家族成员之间的关系比较融洽。但同样显而易见的是，仅三四代时间内，郑氏家族内部已经存在一定的社会经济差距。在谈及父亲和自己的年少生活时，郑刚中对他本房的境遇不佳大做文章。[①] 通过精明的资产打理，郑刚中的族兄弟日益富有，与他们比起来，郑刚中的情况有天壤之别。郑刚中对蹉跎的家族中房成员缄口不言，这在无意中透露了他们所处的地位（抑或毫无地位）。[②]

我们不能对郑刚中的言论全然采信。因为这一房显然并非如他所言已经陷入绝境。其父能入太学，郑刚中本人也为了应举而努力求学。尽管如此，其他迹象表明，郑氏家族没有作为单一的社会经济体运行。诸房间的差距反映在字辈的选择使用——这种现象我们之前已经看到。[③] 虽然郑刚中祖父与他仕途成功的堂兄郑详采用同一字辈，见郑刚中的父亲却并未与他的族兄弟郑详诸子采用同一字辈；并且自此之后，家族中郑刚中一房使用的字辈与东房族人不同。但在东房内部，郑详曾孙辈继续使用同一字辈，即族兄弟们字辈相同。[④] 但诸房间的差异，更明显地体现在他们姻亲网的不同。

---

① 关于后者，特别体现在他为岳母撰写的墓志铭中，《北山集》（文渊阁四库全书本）卷15《外姑墓志铭》，3b—5。

② 郑刚中为家族中"兴旺"一支的大量成员撰写墓志，但并未为其亲叔父或堂兄弟撰写墓志，也没有为家族中第三支任何成员撰写墓志。

③ 相关例子见第五章中关于晋陵胡氏、华氏姻亲的讨论。

④ 简言之，家族中较富裕一支在他们后人之间使用字辈，远比家族历史上之前的字辈使用持续更多代，意味着这一支后人的凝聚力，远高于家族之前各支的凝聚力。此外，他们通过使用这些字辈，将他们本支与家族中不太兴旺的其他支区分开。见《北山集》（文渊阁四库全书本）卷7《族兄巨中嫂王氏姚氏合葬铭》，1—2，同书卷7《族兄宗鲁行状》，6b—8，同书卷15《族嫂陈氏墓志铭》，11b—12b。郑刚中本人的后人中，至少到其曾孙一代仍使用同一字辈，见《北山文集》（丛书集成本）卷末，第382—383页。

郑氏家族的姻亲

除了晚婚的郑刚中的父亲郑卞①,家族这一房中郑卞一代唯一有其他文献记载的婚姻涉及一位女性——可能是郑卞的妹妹②。她嫁给一个来自义乌的并无差遣的低级官员。③ 根据郑刚中的叙述,这位姑丈何先在父亲去世后,与其兄长"至诚相处六十年"。何先过着乡村士绅生活,与其乡之贤士缔结姻好、聚书、"具肴醴延宾客",而"广其名誉"。何先之子(何槊——译者注)因为在 1120 年上破贼之策而被命官,夫妇晚年以修塔庙而知名。郑刚中解释何氏家族好运是多年孝友之行的回报。

在下一代,郑刚中姊妹的婚姻甚少有幸福结局。郑刚中同母异父之姊姚氏,先嫁给一廖姓低级武官。丈夫去世,她发誓为其守节,但迫于贫困,她最终改嫁给官员郑详的孙子、一个与她并无血缘关系的堂弟(郑溥——译者注)④。据记载夫妻二人伉俪情深,但幸福转瞬即逝,她的丈夫在 1121 年为盗贼所杀。姚氏"衔负祸毒,哭之百日不绝声"而卒。其子"艰难险苦,嗣立门户",1125 年始克奉葬父母之枢。⑤

除了这位同母异父之姊,郑刚中母亲嫁给郑卞后育有两女。其中长女嫁给一因为门户沦落,新近迁入婺州之人。⑥ 郑刚中补充说,胞妹作为"寒家女子",结婚很早,⑦夫妻二人"贫患相须",直到丈夫早

---

①此处讨论的许多婚姻(虽并非全部)见于伊原弘的文章。伊原弘:《宋代婺州的官户婚姻关系》,《中央大学大学院论究"文学研究科编"》第 6 卷第 1 期,第 36—37 页(1974)。

②这个女子的确切祖先不详。郑刚中称其为"姑"(父亲的姐妹),并且也提到"先公诸父"不时称道她的贤德,见《北山集》(文渊阁四库全书本)卷 15《何氏考妣墓表》,9。她可能是郑卞的堂妹,而非亲姊妹。

③她的丈夫是何先,见《北山集》(文渊阁四库全书本)卷 15《何氏考妣墓表》,9—9b。墓表指出,墓主与其父均为将仕郎,这在宋代不能入仕(见罗文,第 72 页)。更早的何氏祖先无功名。

④更准确地说,她的第二任丈夫是她同母异父弟郑刚中的族弟。

⑤《北山集》(文渊阁四库全书本)卷 6《祭族兄巨中并同母姊姚氏文》,1b—2b,同书卷 7《族兄巨中嫂王氏姚氏合葬铭》,1—2。

⑥《北山集》(文渊阁四库全书本)卷 6《祭申屠伯村并亡妹文》,2b—3b。

⑦家庭光景惨淡与女儿早婚之间的相互关系亦见于其他婺州史料。

亡——同样死于盗贼之手。[①]

1105 年,郑刚中的父亲去世,郑刚中二妹的婚事便由其舅父安排。舅父为她选择婚配的男子或许有些前途,此人是位进士,据记载是曾经显赫一时的杨氏家族之子。[②] 但郑刚中为胞妹撰写的墓志解释,她结婚时,杨家已经没落,因为"产去税在"。虽然妹妹昼夜劳苦不休,"躬纺绩,买丝织帛,求羡余以赒一门之急",但她的努力于事无补,30岁时,她便染病身亡。郑刚中埋怨道,妹妹尸体装殓之日,家中并无多余的衣物,他还明显嘲讽地说:"其夫之贫未苏也。"更糟糕的是,杨家将其妹火葬。郑刚中将妹妹骨灰收集起来葬于山,并为她的坟墓作了标记。他相信妹妹 5 岁的儿子(郑刚中称其"茕然")"他日必能寻母之墓"。

郑刚中本人 26 岁结婚,已经属于大龄青年,[③]两年后,他通过乡试。郑刚中的妻子出身浦江一富有的家庭,此家显然不事儒学。郑刚中指出,多数内亲对于他——一介寒士作为女婿的前途不乐观,这种态度听起来似曾相识;[④]郑刚中称岳母[⑤]选择他做女婿并未考虑女儿的舒适安逸。她对这对夫妻一直嘘寒问暖,并对他的经济窘迫予以周济。[⑥] 郑刚中说:自己"恭窃科名,可以少塞(岳母)相贵重之意"[⑦]。

郑刚中长女嫁给一邢姓权摄官(邢晦——译者注)。[⑧] 实际上,关于这个女婿和他家庭的全部已知信息均见于郑刚中为其密友,同时也

---

①《北山集》(文渊阁四库全书本)卷 6《祭申屠伯村并亡妹文》,3。这一史料记载郑刚中妹妹在丈夫卒后不及百日染病身亡。

②《北山集》(文渊阁四库全书本)卷 7《杨氏女弟墓石书丹》,4—5。

③《北山集》(文渊阁四库全书本)卷 14《祭外舅姑文》,8b。

④郑刚中年纪偏大表明他不被视作一个特别理想的"乘龙快婿",并且还指出他在筹措结婚所需费用时捉襟见肘。

⑤《北山集》(文渊阁四库全书本)卷 14《祭外舅姑文》,8b。

⑥《北山集》(文渊阁四库全书本)卷 14《祭外姑文》,5b。

⑦《北山集》(文渊阁四库全书本)卷 15《外姑墓志铭》,4。

⑧《北山文集》(丛书集成本)卷末,第 383 页。伊原弘称郑刚中的姻亲不可考,但这并不完全正确(伊原弘文,第 37 页)。

是这个女婿父亲的祭文中。① 在祭文中，郑刚中向逝者凄然致歉，因为他的大儿媳（郑刚中之女）和她的子女与郑刚中宦游多年。直到郑刚中被流放至穷山恶水之所，他的女儿和外孙才"各随其母"，准备回到婺州。临别之际，郑刚中叮嘱妻子："到乡称力遣女，即命其往见庙拜舅姑。"岂知他说此番话时好友已经去世多日。简言之，郑刚中的大女婿是本地人，郑刚中因为与其父亲的朋友关系而选择他作为女婿。

相对于父亲和姐姐政治上不甚显赫的婚姻，郑刚中的幼女却嫁给来自永康的官员章服（1106－1173）——前一章叙述了他的政治生涯与姻亲关系。此处需要重申，她成为章服的续弦。值得注意的是这桩婚姻几乎可以肯定发生在其父与章服 1132 年一起中进士之后，但尚未成为高官之前。婚后，章服随侍郑刚中去四川，并且后来随同岳父被流放。直至郑刚中与他的政敌秦桧一并去世后，章服才跻身高官。②总之，除了章服，郑氏家族西房中郑刚中的姻亲则相对普通，并且，郑刚中个人飞黄腾达后才与章服联姻。

郑氏家族东房的姻亲相对更令人瞩目。郑刚中父亲一代，郑汝嘉娶一侯姓女子，她与一位来自永嘉的四品官有姻亲关系。③ 郑刚中描述侯夫人将生日所收的各式珍贵礼物"尽取以散施贫窭，一物不留"。④郑刚中一代，他的族妹嫁给一位来自金华的太学生⑤；郑汝嘉之子（郑

①《北山集》（文渊阁四库全书本）卷 27《祭邢商佐文》，5－6。
②正如第八章所示，章服的姻亲网中有几位来自婺州以外的政治显赫之人。郑刚中的两个孙子分别娶章姓表妹，她们是那个显赫圈子的一分子，但不清楚这对他们的前途有何影响。
③侯氏行状提到一刘姓正四品官在她老年时向她祝贺，并补充说她家与刘氏家族是姻亲。这个官员似乎是永嘉人刘安上（《宋人传记资料索引》第 4 册，第 3938 页），其子娶侯氏孙女。1115至 1118 年，刘安上知梧州三年（见其行状，《刘给事集》卷 5《行状》，13－22）。不清楚侯氏来自何方；婺州史料中并无侯姓家庭，因此她可能并非婺州人。侯氏的二孙女所嫁侯姓男子，可能亦是侯氏的族弟。
④《北山集》（文渊阁四库全书本）卷 7《代族兄宗鲁作母侯夫人行状》，6。
⑤《北山集》（文渊阁四库全书本）卷 15《右承议郎致仕曹公墓志》，12b－14（曹宏墓志）。此人与前文第六章、第七章中讨论的曹宏是同一人，其家务农，他却成为一名太学生。

濬——译者注）娶一婺州人之女，此人有从五品（或从六品）赠官。[1] 但另一位族兄只是在其前任妻子去世后，才续弦郑刚中同母异父之姊，他的前任妻子是邻县一位县尉之女。[2]

在我们已知的婚姻情况中，郑刚中一房并未与官宦子弟联姻，而仕途更显赫的东房，4 桩婚姻中有 3 桩是与官宦子弟缔结。并且郑刚中的几位妹夫家境贫寒，而东房则似乎并无姻亲境遇不佳。诚然，这两房的姻亲网差别不是很大——例如，远不及胡则后人的婚姻情况差别之大，并且郑刚中子女的前途可能由于其父亲的仕途成功而得到改善。但是，他们之间的差距仍然是显而易见的。[3]

迄今为止，郑刚中及其亲戚的经历与之前考察过的胡氏和王氏家族在很多方面有相似之处。正如前文所述，我们看到家族的亲属纽带虽然得到认同，但对其内部各房命运的影响则相对较小。我们看到某一房的命运如何快速地浮沉，并且这些命运如何取决于诸如个性、天资以及运气等不确定的因素。最后，郑氏的史料再次显示了经济、社会地位与政治地位息息相关。

对仕宦的态度

如果说郑刚中的例子主要强化了其他史料中所呈现的宋代社会情形，那么它偶尔也透露了一个全新的和明显矛盾的观点。尤其是我们在此处首次看到，作为维持家庭兴旺的方式，仕宦不及理财，并且入

---

[1]《北山集》（文渊阁四库全书本）卷 15《族嫂陈氏墓志铭》，12—12b。这种赠官往往是由于兄弟的仕途成功，或者更经常的是由于儿子的仕途成功。

[2]《北山集》（文渊阁四库全书本）卷 7《族兄巨中嫂王氏姚氏合葬铭》，1—2b。但这条史料并未指出此家家乡何处。

[3]矛盾的是，两支之间的社会差距由于郑刚中的侄子郑玠（他是郑刚中族兄之子）与郑刚中妻妹的婚姻进一步凸显，见《北山集》（文渊阁四库全书本）卷 7《族兄巨中嫂王氏姚氏合葬铭》，1，同书卷 15《外姑墓志铭》，3b。虽然在这个例子中，郑氏家族的两支均与同一家庭联姻，这样做表明他们为维持家族秩序愿意忽略至关重要的代际体系。通过娶郑刚中妻妹，郑玠实际上成为族中长辈郑刚中的同辈之人。郑刚中与郑玠年龄似乎相仿；因为郑刚中父亲结婚较晚，郑刚中几乎比他堂兄弟年轻一代（例如，他比郑洙小 21 岁，比郑玠父亲小 15 岁）。

仕甚至可能危及家庭的命运。

　　郑刚中所撰墓志铭中流露的对于入仕的矛盾心态尤其引人注意,因为它与作者自己的观点相左。虽然郑刚中理解人们有时为势所迫不得不放弃入仕追求,但他明显认为这种追求优于其他各种职业。在郑刚中笔下,墓主们都应该去追求教育和仕途。因此他不惜大费笔墨为某人放弃科举寻找借口和解释。在写给祖先郑详的祭文中,郑刚中的态度表达得非常明确。他向郑详汇报自己"得以进士取科名",并解释说:"伯祖中散以书生起家,五福备具①,为时闻人。后世支分派别,各自生业。继以方腊之变,祸毒流行。所谓生业者,亦复凋替,吾家之风流扫地矣。每见规模浸堕,志业不继,诗书文字化为异物,则又未尝不抚膺痛恨,涕下沾襟。"②

　　当然,郑刚中也关心家族命运的存续。他指出,析产与放弃仕进正威胁家族的命运。在其他文字中,郑刚中承认入仕的最终回报是财富和权力。他指出,父亲因为未能实现这些而自认是失败者。③ 他还断言,岳父母选择自己做女婿就是希望他能够取得功名并实现这些目标。④ 但郑刚中考虑的不仅仅是经济问题,还有家族的"家风习俗""规模"和"志业"。这些并不依靠家族的财富,而是靠他们致力于儒学与追求入仕。郑刚中的言行显示他认为为入仕所作的儒学准备是一项天生崇高的事业,即便作出再大的牺牲也在所不惜。他强调父亲与自己为科举中第付出的艰辛。他也谨慎地强调岳父放弃儒术追求时岳母的失魂落魄,并且赞扬她选择寒士(郑刚中本人)做女婿有先见之明。⑤

---

①五福传统上包括长寿、富贵、康宁、好德、善终。见《中文大辞典》卷1,第678页,条目262.943。

②《北山集》(文渊阁四库全书本)卷6《祭中散坟文》,5b－6。

③《北山集》(文渊阁四库全书本)卷27《拟墓表系省记》,3。

④《北山集》(文渊阁四库全书本)卷15《外姑墓志铭》,4。

⑤《北山集》(文渊阁四库全书本)卷15《外姑墓志铭》,3b－4。基于一方日期相当晚的婺州墓志铭(墓主是郑刚中岳母的一位男性后人)提供的信息,郑刚中岳母的苦楚被更好地理解。这方墓志铭撰写于1213年以后,提及郑刚中岳父的父亲"起家"并成为通判(《絜斋集》(文渊阁四库全书本)卷18《通判泉州石君墓志铭》,第309页)。郑刚中的岳父放弃学业,因此背弃了自己的家庭传统。

郑刚中对仕途的感情与他的祖先传统意识息息相关。正如他祭告伯祖之灵时说："某得以进士取科名于八十年寥落之后，非敢以为光也，庶其可以承先志而激将来。"①考虑到郑刚中对仕途孜孜以求，其族人漫不经心的态度则很值得玩味。因为与郑刚中相比，他们本应是这一传统更直接的继承人。但郑详之孙郑洙急于放弃儒学修养。族人们并未和郑刚中一样献身儒术和追求入仕，这提醒我们需要重新审视那些机制在当地社会环境下的运作方式。

为此我们最好也分析一下与郑氏家族处于同一时代的当地其他家族（例如宗泽与梅执礼所撰墓志中那些人）对于仕宦的态度。宗泽与梅执礼都为看似并无仕宦传统的家族撰写过墓志。郑刚中笔下的墓主，他们全部应举（起码起初如此），相比之下，宗泽与梅执礼所撰墓志中的墓主甚至并无应举意图。相反，他们因躬耕畎亩而日益富有，又因乐善好施而被赞扬。②他们在当地颇具影响力，并凭借公正解决琐碎纠纷和其本人大公无私之行，为乡党们发挥积极的道德力量。③最重要的是，他们在生活中已经获得充分的物质享受，开始能够把注意力转移到更高层次，包括佛教、儒家教育和仕宦追求。④梅执礼的好友吴圭通过向官府纳粟购得一小官。宗泽笔下的一位墓主（叶桐——译者注）修建了一座园亭，延邀四方英才硕德，与其子孙游学：在阅读古人经典的过程中，墓主获得真正的乐趣，乡里皆称其为"处士"。⑤宗泽笔下另一位墓主（陈允昌——译者注）已有一子为官，墓主不欲喜爱

①《北山集》（文渊阁四库全书本）卷6《祭中散坟文》，6。

②《宗泽集》卷3《叶处士墓志铭》，第52—53页，同书卷3《陈八评事墓志铭》，第55页；《敬乡录》卷3，5—7b。

③《宗泽集》卷3《宗汝贤墓志铭》，第51—52页，同书卷3《陈公墓志铭》，第53—54页，同书卷3《陈八评事墓志铭》，第55页；《敬乡录》卷3，5—7b。

④《宗泽集》卷3《叶处士墓志铭》，第52—53页，同书卷3《陈公墓志铭》，53—54页；《敬乡录》卷3，5—7b。

⑤《宗泽集》卷3《叶处士墓志铭》，第52页。词语"处士"有士人或已致仕官员之意。见《中文大辞典》卷8，第298页，条目33505.3。

的孙子离膝下,便强纳粟为其买官。① 他们中一人的如下声明,很好地总结了这些人经历的转变:"养身可矣,养其心者可失乎? 为今计可矣,为厥后计可缓乎? 觞咏固可乐,岂若田园之乐深? 籯金固可积,岂若诗书之积久?"②

此处的豪言壮语从表面上看似乎与郑刚中文字中的言辞并无矛盾。说话者信奉文人观念,认为精神修养是有价值的,并且他很明确地接受这一看法,即对于保持兴旺而言,儒术比黄金更持久。但同时,他的叙述框架又是非常物质主义的。只要口腹之欲已经得到满足,就应该追求精神生活。③

一再强调物质条件,表明地方精英成员尚未构成一个根深蒂固的、经济上高枕无忧的阶层;相反,他们拥有的特权和经济地位常常不堪一击。更重要的是,来自宗泽与郑刚中笔下的史料提醒我们,对儒学教育和科举考试的兴趣总是有条件的,这需要建立和维持牢固的经济基础(郑洙决定放弃学业背后恰恰就是这类物质因素)。对于我们了解教育、仕宦和社会身份地位这三者在宋代地方精英社会中的关系,这两点是至关重要的。

通过本书大部分内容,我强调了在宋代仕宦与社会身份地位之间的关系。随仕宦而来的是众多法律和经济特权;同时它也制约着社会网络,入仕之人的结婚对象往往与其如出一辙。仕宦与社会地位之间的关系绝非宋代创新:文官和作为入仕敲门砖的儒家教育始终是中国社会最高声望的标志。当宋初扩大的科举制(以及宋代人口的急剧膨胀),对之前被排除在外的群体敞开入仕的可能性,这种情况也并未发生改变。对任何新崛起的地方家族而言,为实现将其家族的影响力扩大至超越地方层面的梦想,让诸子求取功名(因此首先要参加科举考

---

① 《宗泽集》卷 3《陈公墓志铭》,第 54 页。
② 《宗泽集》卷 3《叶处士墓志铭》,第 52 页。
③ 从语气上,这种说法有点让人想起袁采的话,这位南宋作者的家规在后世广为流传。见伊沛霞《家庭与财产》。

试)便几乎是必要之举。并且,一旦教育被视作社会和政治前进的动力,它本身便自然而然地成为一种身份地位的标识。接受教育的愿望会使一个家庭在那些地方影响力仅建立在财富或资源控制之上的家庭中间显得鹤立鸡群,让他们更有教养,更值得尊重。即便诸子应举不第,让其参加科第竞争彰显了家庭至少试图通过这种方式扩大他们的声望和影响力的意愿和能力。对于在宋之前拥有儒学和仕宦传统的家庭或家族,以及他们在地方层面崭露头角的效仿者和竞争者而言,都是如此。假如宋初地方势要就是那些之前已经确立士身份地位之人,那么,对于那些渴望拥有相同影响力,即便是地方影响力的人而言,采用士人的做法——包括诸子的教育,便是自然而然的。正如其他学者所指出的,在宋代,诸子接受教育和参加科举考试相应地成为一种身份属性,一种认证个人身份是中国社会最高阶层"士"中一员的方式。[1]

在这个过程中,士身份地位不再如唐代一样是一个世袭的阶层归属,任何富裕之人选择教育其子便可得到。[2] 反之,士的后人无力追求教育和入仕之路,士的身份便可能丢失(如同郑刚中担心他的亲戚会这么做)。换言之,在宋代,所谓士人价值观反映的不是一个特定自我存续的社会阶层的观念,而是在社会经济的浮沉循环中到达某一位置之人的看法。这特别重要,因为正如我们可以想见的,当士与非士之间的差异可能取决于延师,这就意味着在地方精英社会,士与非士之间的差距(如同官员与非官员之间)既有高度流动性,又能冲破亲属和其他社会界限。[3] 正如官员可能有不仕的族人和姻亲,那么某人自认

---

①见包弼德《宋代科举制和士》,《亚洲专刊》系列 3,第 3 卷,第 2 部分,第 149—171 页(1990),亦见包弼德《斯文》,第 327—342 页。

②正如我们下文所见,南宋陈亮似乎将士简单定义为"读书为士者"(《陈亮集》卷 27《周叔辩衬葬夫妻墓志铭》,第 408 页)。

③陈亮因而称他一位弟子的祖父"以辛勤起家",并补充说此弟子的父亲"固已学为士"(《陈亮集》卷 27《钱元卿墓碣铭》,第 402 页)。

为士,其族人和姻亲却可能并非士。[①]

在此情景下,婺州史料中所描述之人怀揣着各异的、勉强近似士理想的态度,这便不足为奇了。宗泽和梅执礼笔下墓志铭中一些人显然很热衷教育,但其他人发现买官同样具有吸引力,并且同样为社会所接受。反之,虽然郑刚中是教育和应举的强烈支持者,但对他而言这些还不够:真正通过科举考试,成为进士,才是重中之重。[②] 再有,对郑洙而言,教育不及重振家业重要——讽刺的是,尤其是当家业因为仕宦而受到威胁时。其他人也怀疑教育相对于确保经济基础的价值:书生郭澄通过父亲纳赀,获得小官,其父去世,里间之人认为郭澄是书生容易对付,"睥睨者甚多"。[③] 人们需要维护教育不一定能维护的经济安全,这便阻碍了儒家教育成为地方层面社会地位的衡量标准。

这并非说士价值在地方社会无足轻重。如同郑刚中,那些自认是士的人,感觉接受的儒家教育让他们在某些方面高于其他人。白丁父母为儿子提供教育,是希望能有助于"起家",但受过教育的儿子很可能会从太不实际的角度去重视教育自身的价值。非士之人认可士身份的优越也是有原因的,并非仅仅因为这样的身份带来显著的经济和法律特权。南宋大部分时期,通过乡贡之人被免除某些劳役,并且有"听赎之权"。[④] 这也表明,在实践中,被认可为士,抑或只是士的朋友,也可以赢得衙门对个人的特殊关照。[⑤]

但即便士与非士可能都承认士身份的优越性,婺州史料显示,在

---

① 关于这一点的进一步证据见下文陈亮个案。

② 郑刚中的父亲虽然饱读诗书,又入朝为官,却是个"失败者"。显然,无论胜算如何,郑刚中至少一直努力应举,并坚信他肯定会金榜题名。

③ 虽然墓主郭澄处事得心应手,但据说即便他的母亲亦为其提心吊胆(《东莱集》卷13《郭伯清墓志铭》,8b)。清代一则轶事显示了对士人能否胜任管理其家经济能力的疑虑。见邓尔麟《婚姻》,第171页。

④ 贾志扬:《棘闱》,第31页。

⑤ 高桥芳郎:《关于宋代的士人身份》,《史林》第69卷第3号,第39—70页(1986)。再次感谢周绍明提供了这条参考资料。

宋代，儒家教育对地方社会地位也并非不可或缺：史料中出现的许多富有，且在当地受人尊重之人，他们没有文化，或者所接受的儒家教育程度远逊于科举考试的要求。[①] 下文会看到关于这一点以及地方精英多样化的进一步的证据。

南宋：永康陈氏

如同郑刚中家族，关于陈氏家族的几乎全部信息均来自其最知名的家族成员、南宋士人陈亮笔下。同时，多半因其以无情批判宋朝妥协政策以及参与新兴的道学运动学术辩论而为人所敬仰（其身后声望甚或隆于生前），陈亮的文集流传至今。[②] 虽然陈亮最终在南宋声名远扬，但他是一个非常特殊之人，与本书之前研究的大多数士大夫截然不同。身为士人，陈亮多次身陷囹圄；作为官员，他却从未履任，这与其他人迥异。

陈亮

陈亮是家中长子，他的父亲是陷入困境的陈氏家族一支的独子。[③]

---

① 我怀疑宋代地方社会民众的文化程度，特别是对于儒家经典文化的熟知程度低于我们通常的估计。史料中存在两点问题。首先，他们所描述之人不可避免地是与识字之人有社会关系的人。其次，既然识字是无价之宝，墓志史料似乎倾向于淡化墓主不识字的事实，反而喜欢描述墓主的积极特征（富有、慷慨、勤劳，等等）。一些史料中的蛛丝马迹显示，只有已经平稳立足一两代的人才有机会识字。而这些蛛丝马迹中反复提到一些人"起家"之后开始为后人提供教育（亦见下文陈亮个案研究）。某些武官（或许甚至非常低阶的文职赠官）似乎有可能并不要求识字。浦爱德（Ida Pruitt）描述了一个有趣的清代个案，一个被称作"推官"的富有武官，"不能读或写"。浦爱德：《汉家女》（斯坦福：斯坦福大学出版社，1967［1945］），第 94 页。情况亦可能如此，如同我们讨论过的其他许多特征，识字并非一个非有则无之物。陈亮撰写的一篇墓志铭中描述过这种情况，一富人之子"且耕且学"，子弟始一学矣（《陈亮集》卷 27《林公材墓志铭》，第 398 页）。很显然，识字对于地方地位有多重要这个问题的解决将有待进一步的研究。

② 关于陈亮哲学的全方位研究，见田浩《功利主义儒家》。关于陈亮参与道学圈子，见同一作者的《儒家论述与朱熹之执掌学术牛耳》（火奴鲁鲁：海湾大学出版社，1992）。

③ 田浩在陈亮知识背景讨论下涵盖了许多事件（田浩《功利主义儒家》，第 70－114 页）。然而，我在关于陈亮家庭和家族社会地位以及陈亮学术生涯的社会影响诸多方面与田浩存在显而易见的不同意见。

从陈亮出生起,其家便对他寄予他极大的希望。陈亮的祖母梦到一童子为状元,便相信梦中这个孩子就是她孙子。于是不顾乡人取笑,为陈亮取梦中童子之名"汝能"①,并对他接受教育饱含期待。陈亮祖母郁郁而终,然而,1168年,当时她已经去世一年多(讽刺的是,在陈亮改名之后),陈亮通过了乡试。50岁时,陈亮殿试第一,此时已经又过去25年,并且仅仅一年后(即1194年),陈亮便去世了。②

在通过乡试前,陈亮在婺州已经小有名气。作为年轻人,他对古人用兵成败之迹颇为用心,撰写了一篇类似之文(《酌古论》——译者注),这引起知婺州周葵的注意(此事大约发生于12世纪60年代)。③周葵奇之,邀请这个年轻人为其家"上客"。1163年中叶,周葵升任参知政事,陈亮仍然随侍左右,于是便结识了当时颇具影响力的一些人物。④

陈亮传记的内容大致如此。不过这个故事在陈亮的自述中得以继续。陈亮称,绍兴(1131—1162)末年,他客居临安(很可能是投奔周葵)。陈亮在临安生活了3年,当父母觉得他应该成家,便命陈亮回家。1165年初,22岁的陈亮完婚。⑤然而,幸福转瞬即逝,当年稍晚,陈亮的母亲去世,此后各种灾难接踵而至,直到陈亮人生最后几年。母亲的丧事尚未完结,陈亮的父亲就遭人指控入狱,其罪名现在看来含糊其词。⑥祖父母忧思成疾,1167年相继去世。面对这些不幸,陈

---

①祖母取名汝能,可大致译为"你能!"

②《陈亮集》卷22《告高曾祖文》,第343页,同书卷22《告祖考文》,第344页。他1193年中进士,见《金华府志》卷18,13(第1303页)。

③根据周葵神道碑记载,周葵1160年知婺州(《文忠集》卷63《资政殿大学士毗陵侯赠太保周简惠公神道碑》,8b)。通过传阅文章赢得声誉的做法沿用至南宋。

④《宋史》卷436《陈亮传》,第12929页。《宋史·周葵传》指出,1163年,宋孝宗即位,在此之前,周葵已知梧州。1163年6月,任参知政事(《宋史》卷385《周葵传》,第11835页,同书卷213《宰辅表四》,第5569页)。田浩称陈亮随周葵于1162年赴行在,似乎很有可能。

⑤《陈亮集》卷30《刘夫人何氏墓志铭》,第437页。田浩对上述和后续事件进行了描述,见《功利主义儒家》,第74—75页。

⑥陈亮一生遭遇几次狱讼,这些事件的细节与发生时间现在似乎完全无法搞清楚。见柏文莉,第491页,注释95;田浩:《功利主义儒家》,第246页,注释12。

亮的弟弟选择舍弃大家庭，自立门户。只留下陈亮四处奔走营救父亲，同时尽力支撑残破的家庭。[①] 陈亮并未明言他如何渡过难关，但我们知道有权势的官员从中进行干预。[②] 仅一年后（即 1168 年，陈亮刚刚终丧），陈亮通过乡试。[③] 婺州以解元荐，陈亮第一次向宋孝宗上疏（《中兴五论》——译者注），结果上疏石沉大海，陈亮便返回家中。

陈亮成为拥有一定声望的地方士人。在接下来十年，他多数时间居于永康，[④]以授学（或者同时为人撰写墓志铭）为生。陈亮父亲 1173 年去世[⑤]，此后数年，陈亮便一直待在婺州。12 世纪 70 年代末，他返回杭州，出入太学，但他再次感到未获赏识，便返回永康。[⑥] 1180 年，陈亮再次改名（更名"同"——译者注），"诣阙上疏"，据记载宋孝宗"赫然震动"，"将擢用之"，但（根据《宋史》记载）气势熏天的权臣（曾觌——译者注）出于嫉妒，向皇帝进言以沮陈亮，而陈亮本人亦拒绝入仕。这一次，在返回永康时，失意的陈亮每日与其他"狂士"醉饮。[⑦]

返回婺州，陈亮的生活已经与地方士人标准大相径庭。首先，他"醉中戏为大言，言涉犯上"。只是宋孝宗认为小题大做，才撤销陈亮罪名。[⑧] 此后，1184 年间，陈亮被指控在宴会上投

①《陈亮集》卷 25《祭妹文》，第 385 页。

②陈亮明显接受了同样亦是婺州人的宰相叶衡的一臂之力（见田浩《功利主义儒家》，第 246 页，注释 12；《陈亮集》卷 21《又[与叶丞相衡]书》，第 317 页）。我们不清楚陈亮如何认识叶衡，并且关系好到能让叶衡在此事上施以援手。二人可能在婺州彼此相识，或者陈亮跟随周葵宦游时曾与叶衡见过面。两个家庭之间有某种疏远的姻亲关系也并非不可能：陈亮叔祖（其祖父堂弟，来自家族更兴旺的一支）第二任妻子姓叶（《陈亮集》卷 28《陈府君墓志铭》，第 411 页）。

③田浩：《功利主义儒家》，第 75 页；《陈亮集》卷 22《告祖考文》，第 344 页。

④《宋史》卷 436《陈亮传》，第 12929 页。田浩指出，1168 至 1170 年间开始数年，陈亮身在太学（田浩：《功利主义儒家》，第 76 页）。

⑤《陈亮集》卷 22《告祖考文》，第 344 页。

⑥《陈亮集》附录《陈同甫王道甫墓志铭》，第 446 页。此事发生时间与田浩所言及的时间稍有差异，但基本内容一般无二。

⑦《宋史》卷 436《陈亮传》，第 12930—12940 页。

⑧《宋史》卷 436《陈亮传》，第 12940—12941 页。对这则轶事更详细的讨论见《功利主义儒家》，第 103—104 页。

毒。① 最后,1190 年,另一乡民被殴致死,其家声称陈亮应对死者负责。陈亮在狱中饱受摧残,众人认为他必死无疑。但 1192 年初,在高官的干预下陈亮再次获救,被释放出狱。②

令人意想不到的是,最后这件事后不久,宋光宗定陈亮为 1193 年进士榜第一。③ 陈亮祖母热情期盼的梦中吉兆终于实现了。遗憾的是,陈亮的好运昙花一现。他几乎没有时间在祖先坟茔前祭告他的好运,次年便疾病缠身。陈亮从未接过他长期追求的官帽。

对我们来说很幸运的是,似乎是陈亮许多麻烦根源的率真甚至鲁莽,通过他文集中的墓志铭传达出来,其中大量墓志是为他自己家人和家族成员所写。在这些文字中,陈亮描述了一个比我们迄今所见更平实的社会。

陈氏家族

如同许多其他婺州家族,陈亮指出,其家族在婺州生活了约两百年,或者说始于 10 世纪中叶。④ 陈亮称东汉衰世,是为陈姓发源,但陈氏一直以来默默无闻。"永康之陈最号繁多,而谱牒未尝相通也。"他末后宣称:"(陈氏)虽不能驰骤取功名富贵以自见于斯世,而衣食丰足,推其余以及邻里,使一乡无憾于陈氏。"⑤

陈亮言,家族的始祖与其子"自奋田间间",始祖之孙——陈亮六世祖"遂大其家"(约 11 世纪初),"更三世而守其家法,始终不坠,惟最

①如叶适为陈亮撰写的墓志铭所言,陈亮的一些乡党举行宴会,陈亮饭桌的菜中加入一种末胡椒(叶适视此为村俚敬待异礼)。一同坐者回家后暴毙,有人怀疑食物中异味有毒,陈亮被投入大理狱(《陈亮集》附录《陈同甫王道甫墓志铭》,第 446 页)。关于此事发生的日期,我与田浩的观点一致(田浩:《功利主义儒家》,第 110 页)。
②《陈亮集》附录《陈同甫王道甫墓志铭》,第 446 页;《陈亮集》卷 28《喻夏卿墓志铭》,第 419 页,同书卷 28《何少嘉墓志铭》,第 424 页;《宋史》卷 436《陈亮传》,第 12946 页。
③见田浩关于宋光宗擢陈亮为本榜进士第一的背景的讨论:《功利主义儒家》,第 112—113 页。
④《陈亮集》卷 27《先祖府君墓志铭》,第 395—396 页,同书卷 28《陈府君墓志铭》,第 411—412 页。以下所述除另有注明外,均出自这两方墓志铭。
⑤陈亮与其父身陷多桩狱讼,这在一定程度上与这句话相悖。

长一支为然"。陈亮高祖早夭，其孀妇依其夫兄生活。陈亮曾祖父服劳役，死于北宋灭亡的战乱之中。[①] 陈亮的祖父和从祖父不得已当家立户，一位堂兄弟（陈良佐——译者注）"实存抚之"。祖父后病废，陈亮父亲"常有不胜家事之忧"。曾伯祖一子（陈廷俊——译者注）再次"左右其家"。

陈亮祖父年轻时有志于功名，但未能中举。后欲以武事自奋，亦不能如愿。晚年"乃浮沉里闬，自放于杯酒间"，"遇客，不问其谁氏，必尽醉乃止"。叔祖（陈持——译者注）运气稍好些，成为太学生，但只在晚年"以累举恩"授一小官。他的墓志铭撰者指出，由此人，"前黄之陈始为儒家"。[②] 来自更兴旺长支的陈亮祖父的堂兄弟（陈廷俊——译者注），以纳粟得一小官，然非其所好。[③] 这些人的儿子或女婿们均无人入仕。[④]

关于父亲的生平事迹，陈亮几乎只字未提，他显然也未能发迹。1160 年（陈亮时年 17 岁），家庭命运已经危如累卵，以至于一个庶子（陈亮同父异母之弟）当年出生便被送与别人家抚养。[⑤] 1173 年，陈亮祖父下葬，陈亮父亲悲痛于陈亮曾祖父、高祖父坟墓不存。[⑥] 陈亮六世

---

①陈亮使用"王事"（徭役的传统说法）一词。在其他地方，陈亮指出，其曾祖父死于协防都城。可能他是被招募的士兵，或可能负责押运被招募的士兵赶赴都城。

②《东莱集》卷 12《永康陈君迪功墓志铭》，6。

③《陈亮集》卷 28《陈府君墓志铭》，第 411 页。

④事实上，此陈氏家族唯一已知科举入仕的后人只有陈亮本人，但他只不过官居下层。见于祖叔墓志铭中的陈亮叔祖（祖父的弟弟）的女婿是一位进士（《东莱集》卷 12《永康陈君迪功墓志铭》，7），虽然按宋代说法，这仅意味着他正在应举。

⑤《陈亮集》卷 28《庶弟昭甫墓志铭》，第 414—415 页。有意思的是，这个孩子被一异姓家庭收养。有人可能会认为亲侍的存在表明陈家情况要好于陈亮所言，但这不一定是事实。这个"妾侍"可能只是一个婢女甚或家奴——更可能因此她的孩子才会被抛弃。这体现在陈亮对其妹的祭文中。在祭文中，他描述母亲和祖母去世，父亲身陷囹圄的艰难处境。还提到自己的妻子被接回娘家，他的弟弟也抛弃了这个家庭，"独汝与一婢守此三丧"（《陈亮集》卷 25《祭妹文》，第 385 页）。提及婢参与守丧，表明她为死者守丧的身份得到认可——因为她可能已经为这个家生育了一个儿子。

⑥《陈亮集》卷 27《先府君墓志铭》，第 396 页。墓志铭指出，1167 年陈亮祖父去世，6 年后完成葬事。

祖坟墓具在,但作为幼子的后人,陈亮的父亲不敢祭祀。[1] 他将陈亮祖父葬于其他坟墓,并告诫陈亮"他日次第以昭穆葬","使自是谱系一二可数"。[2]

这个叙述中有多处值得注意。首先,陈氏家族在仕途上无所作为。并无一位进士为家族增光添彩,只有通过不为人所重的买官,才偶有族人成为低级官吏。并且,他们卑微的仕途甚至仅止于一代人。更不寻常的,是关于劳役。迄今为止本书大多数所研究之人——虽然可能并非其家族全部成员——通过官户身份可免于这种劳役。许多没有免除劳役之人家资殷实,能够雇人代服劳役。但陈亮的祖先看来既无规避这种劳役所必需的政治地位,也无财力雇佣他人代役。最后,陈亮这一支几乎难以为继,他们无力为死者建立单独的坟墓。无疑,当他提及本支无力维持"家法"时,此事一直萦绕在陈亮脑海中。

我无意表明陈亮家族是婺州当地势要家族的非典型代表。相反,他们功名不就,比我们所接触到的史料中通常描述的那种成就,在宋

---

[1]《陈亮集》卷 27《先府君墓志铭》,第 396 页。伊沛霞也讨论过陈亮这段话(《早期阶段》,第 25—26 页),虽然我的解释稍微不同。伊沛霞认为两个遗失的坟墓未能保存下来,是因为它们是幼子的坟墓。而这是可能的,它表明依据仪礼只有长子能被祭祀。这似乎与陈亮父亲所言自相矛盾。因为当陈亮父亲说他不敢祭祀高祖父(陈亮的天祖),他说他无法祭祀他的祖父和曾祖,因为他们的坟墓不存——并非其他原因。我对他表述的个人理解是,对于幼子的后人,他的身份不能祭祀高祖。相比之下,对于曾祖父一支的长子而言,祭祀他的祖父和曾祖符合仪礼要求——除非因为他们的坟墓不存在,他无法这样做。实际上,陈亮在其他地方透露,虽然他的高祖早夭,但他曾祖的遗骸从未从他在都城的死亡之地运回来,1131 年,这些先人的妻子(他的高祖母和她的儿媳,陈亮的曾祖母)一起为他们的两个丈夫建一个合葬墓。虽然并不确定,但似乎这个墓 1193 年仍然存在,当时陈亮向这些祖先献祭并通报中进士第。无论如何,在那个场合下撰写的祭文指出,这座坟墓至少在 12 世纪 60 年代仍然存在,当时陈亮的叔祖被授官。陈亮解释说,他的叔祖每以此墓必定福佑陈氏家族,进而相信好运就体现在陈亮身上。惊叹这似乎已经变成事实,陈亮评述道:"墓真能为福乎? 再世不能自有其墓,而集其流泽于亮身乎?"(《陈亮集》卷 22《告高曾祖文》,第 343 页)大约在 12 世纪 60 年代至 1173 年间,两人坟墓均不存。但陈亮父亲说 1173 年他祖父与曾祖父坟墓不存,也有可能他所指的是他的祖先并无自己的坟墓这一事实。

[2]日期较晚的墓志铭显示,陈亮母亲被葬于他祖父的墓地,但陈亮被葬于邻山,并且祖父的侄子和他兄弟均葬于别处(《陈亮集》卷 28《陈府君墓志铭》,第 412 页,同书卷 29《先姚黄氏夫人墓志铭》,第 426 页,同前,附录《陈同甫王道甫墓志铭》,第 446 页;《东莱集》卷 12《永康陈君迪功墓志铭》,7)。

代地方重要家族中更具有典型性。毕竟，缺乏功名至少不妨碍家族长支在他们里间间维持着衣食无忧的生活和拥有远近闻名的声望。非比寻常的是，这种布衣家族竟然有如此多的文献记载。当其他的墓志铭撰者称一些人已经丢掉他们的"家法"时，通常是为了指出维持"家法"的家庭的优越性。简言之，陈氏家族的利益和声誉扎根本地，超出永康界便无人知晓（至少直到陈亮时）。

虽然他们不及一些家族富裕，但陈亮家族与婺州其他家族拥有许多共同的特点。他们五代时来到此地务农，几代后开始培育他们的子弟。他们分烟析产，其中一些支更兴旺。某些族人能够买官或以其他方式混迹官府。并且最终，部分由于更富有的支不时周济不太宽裕的族人，陈氏家族产生了一位进士：陈亮。陈亮祖先与此处讨论的其他人祖先的最大不同在于，陈亮祖先的故事反映了家族中尚未有人功成名就的那个阶段（唯一知名的陈亮直到他人生后期甚或身后才声名远播）。

陈氏家族的姻亲

我一直认为，家庭的社会地位往往反映在他们所缔结的姻亲关系上。如果事实如此，我们可以预期陈氏姻亲和陈氏家族同样地位平凡。情况是否如此？陈亮祖父之前的陈氏婚姻情况不详，此后每一代有几桩婚姻的些许信息保存至今。所有这些婚姻均涉及婺州家庭，而大多数这些家庭来自陈亮家乡永康。

在史料所及的最早一代，陈亮祖父与其弟（老学子）均娶永康女子，她们的父亲为低级武官。[1] 陈亮祖母姓黄，她的父亲得官似乎是抵御盗贼获得的奖赏。家族长支的陈亮祖父的堂兄弟结过两次婚，据记

---

[1]《东莱集》卷12《永康陈君迪功墓志铭》，7；《陈亮集》卷27《先祖府君墓志铭》，第396页。陈亮祖父生于1103年，陈亮本人生于1143年，因此，陈亮祖父大约在12世纪20年代初结婚。

载,他的第一任妻子为同邑女子,第二任妻子的出身背景不详。①

下一代,陈亮父亲的一个堂弟娶东阳蔡姓女子,她的父亲与陈亮叔祖是好友,二人同榜进士落第。② 这个女子的父亲返回家乡理家,并维持里间秩序;她的祖父和曾祖父均为低级武官。③ 陈亮父亲的另一堂弟娶永康女子,她的祖先为布衣。④ 陈亮父亲娶黄氏表妹,黄氏与她的姨母兼婆母(陈亮祖母)一样,也是一低级武官之女。陈亮称外祖父和曾外祖父因捍御盗贼,"故黄氏在永康为闻家"。⑤

陈亮的弟弟、妹妹分别与他们姨母(黄氏)的子女结婚(永康周氏兄弟姐妹)。⑥ 实际上,黄氏、周氏和陈氏家族的关系开始于两代之前,当时陈亮祖母的妹妹(黄氏)嫁给周若讷(见图8)。

周氏起初居于邻近的缙云,在周若讷出生前四代迁至永康(换言之,约在宋初)。1121 年,周若讷的伯父死于盗贼之手,撇下寡妻和三个女儿,他(时年 17 岁)被过继为后。正如陈亮所述,周若讷一生崎岖坎坷。虽然他一再谋求出仕,但始终未能如愿,于是他放弃仕途追求。⑦ 由于养父的女儿们将父亲所留家产席卷一空,只给周若讷留下毫末,所以他的生活愈加艰难。后来,她们又以势再夺之,周若讷亦不计较。尽管身处逆境,周若讷面对困难仍怡然自得。陈亮指出,周若

---

① 《陈亮集》卷 28《陈府君墓志铭》,第 411 页。

② 此外,如上所述,这个堂弟的妹妹,即陈亮叔祖之女,嫁给一个自称进士之人,此人出身背景不详。陈亮祖父与叔祖之间政治成就上的差异即便是微乎其微,也已经造成他们姻亲网的不同。鉴于宋代史料惯常描述人们之间的个人关系是基于同榜中第,此处所提及的同榜落第则极不寻常。

③ 《陈亮集》卷 27《蔡元德墓碣铭》,第 396－397 页。这个女子的外祖父同样是低级文官,虽然她的父亲和她的兄弟们均无官品。

④ 《陈亮集》卷 29《胡夫人吕氏墓碣铭》,第 429 页。这个堂弟的确切祖先不详,他并非陈亮祖父唯一可考的弟弟的儿子,虽然他与陈亮叔祖之子及陈亮父亲属于同一字辈。

⑤ 《陈亮集》卷 29《先姚黄氏夫人墓志铭》,第 426 页,同书卷 30《周夫人黄氏墓志铭》,第 434－435 页。陈亮称他们的声望限于永康。

⑥ 《陈亮集》卷 23《祭妹夫周英伯文》,第 362 页,同书卷 25《祭妹文》,第 385 页,同书卷 30《周夫人黄氏墓志铭》,第 434 页。

⑦ 陈亮称周若讷"求仕"(追求仕进),他是否在准备应举,或谋求其他途径入仕则语焉不详。

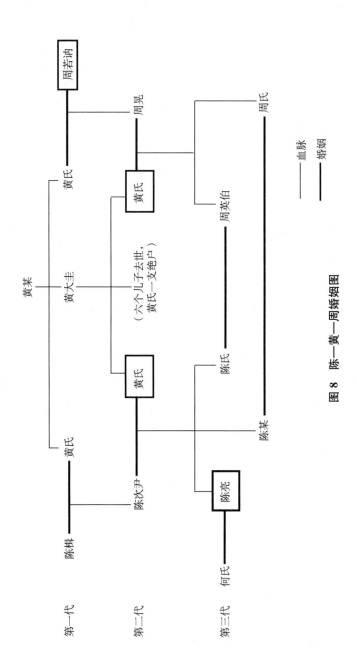

图 8 陈—黄—周婚姻图

讷和自己祖父俱娶黄氏姊妹,"视亮盖诸孙行,而待之如尊客"。周若讷对待贫穷的亲戚"不独不替其礼,又欲忘其力之不足而卯翼之"。陈亮钦佩地总结道:"今之读书为士者,往往多未之及也。"[1]

在下一代,周氏、黄氏和陈氏家庭的关系进一步加深。黄大圭(陈亮祖母和周若讷妻子之兄弟)家有 6 子 2 女。一女与黄大圭姊妹之子(陈亮之父)已经订婚。孰料黄大圭夫妻与六子先后俱亡,在世的女儿也被带入陈家,与她的姐姐和准姐夫一并由她姨母(陈亮祖母)抚养。成人后,她与表兄、周若讷之子周晃结婚。[2]

这位妇女的子女,便是陈亮弟弟、妹妹所婚配之人。他们的婚姻在陈亮母亲明令下缔结。正如陈亮解释,他的母亲是希望"欲使姻戚之义相联于无穷,而亲爱之至也"[3]。陈亮的母亲显然准备长期维持这些家庭之间的姻亲关系,因为陈亮妹妹结婚时大约是 25 岁青年女子,而她的丈夫却是一个 16 岁的毛头小子。[4]

根据这群陈氏姻亲的社会地位可以得出什么结论? 首先,这些婚姻所涉及的家庭均住在婺州:除一户家庭外,其他家庭也都居住在永

---

[1] 《陈亮集》卷 27《周叔辩夫妻袝葬墓志铭》,第 407—408 页。

[2] 《陈亮集》卷 25《祭姨母周夫人黄氏文》,第 375—376 页,同书卷 30《周夫人黄氏墓志铭》,第 434 页。陈亮继续解释他的母亲和姨母是黄氏家族硕果仅存之人,将祭祀祖先之责托付给她们的子女。至少根据这篇祭姨母文判断,陈亮非常认真地履行了这一责任。陈亮母亲和姨母都是孤儿的事实可能解释了她们为何早婚。陈亮明确称他的姨母 14 岁出嫁(换言之,大约 13 周岁)(《陈亮集》卷 30《周夫人黄氏墓志铭》,第 434 页),并且指出,他出生时,母亲只有 14 岁(《陈亮集》卷 29《先姚黄氏夫人墓志铭》,第 426 页)。其他宋代墓志中所见的结婚年龄——包括陈亮为他人撰写的墓志——表明宋代女性更多在她们十大几岁或二十出头结婚。如陈亮在别处称一个 19 岁结婚的女子出嫁时年龄"甚少"(《陈亮集》卷 29《胡夫人吕氏墓碣铭》,第 429 页)。根据郑刚中所述,他的妹妹"早"婚,是因为她家不富裕;如郑刚中岳母,掬自继父家,年仅 15 岁便出嫁,见《北山集》(文渊阁四库全书本)卷 15《外姑墓志铭》,3b。袁采也评论过后一种情况的尴尬(见伊沛霞《家庭与财产》,第 218—219 页)。

[3] 《陈亮集》卷 23《祭妹夫周英伯文》,第 362 页。

[4] 陈亮指出,他们在陈亮母亲去世七八年后(换言之,1172 年或 1173 年)才结婚,并且明确称她比其丈夫大 9 岁(《陈亮集》卷 23《祭妹夫周英伯文》,第 362 页)。在其他地方(《陈亮集》卷 25《祭妹文》,第 385 页),陈亮表明,妹妹比自己小 5 岁,陈亮本人生于 1143 年,所以她生于 1148 年,结婚时大概二十四五岁。

康。① 显然，陈氏不够显赫，无力从婺州其他地方吸引或谋求姻亲。②
如同陈氏，这些姻亲家庭在培育子弟谋求功名上不是特别成功。虽然
黄氏家族有几位族人为官，但他们是武职，而并非那种授予中进士之
人的文官阶。周氏家族，或至少是与陈氏有姻亲关系的周氏家族的一
支，完全无人入仕。相反，如同陈氏家族，周氏家族是并非特别兴旺的
地主。值得注意的是，陈亮本身地位飙升，足以抵消代际等级的礼仪
准则。最重要的是，陈亮将周若讷的行为媲美于士，这表明他并不把
周若讷归于士类。

陈亮一支族人婚姻中最有意思的方面，是他们在 3 个同样家庭间
反复通婚。我们已经看到这种世婚的姻亲联系总是一种流行的婚姻
取向。但此处，尤其是陈亮妹妹嫁给比她小 9 岁毛孩子的婚姻，这是
极端的做法。在给亡妹的祭文中，陈亮向她表达歉意，因为他无力改
变他们母亲的意愿，将她从陈亮称之为"菲陋"的婚姻中解救出来。③
陈亮母亲情愿将女儿推入这样一个并不般配且带有侮辱性的婚姻显
示了她的坚决。这种坚决显然部分源于她确保绝嗣的娘家一支续
祭祀的愿望，但也可能表明，女儿的其他婚姻选择很有限。

陈亮本人的婚姻与其兄弟姐妹的婚姻对比鲜明，因为他的妻子是
义乌一富有人家的女儿，她的叔父是进士，还是位低级官员。如同陈
氏家族，至南宋中叶，何氏在婺州已经生活了 7 代。④ 自从陈亮岳父的
曾祖父首先营地而居，浚塘而溉，葬其父祖于此，他们居于义乌也已经
4 代。⑤ 何氏始祖的两个儿子至诚相处六十年。直至终老，他们非常

①这个例外是陈亮父亲的堂弟与一东阳女子的婚姻。而这位堂弟的父亲（陈亮祖叔）是首位陈氏
　士人，其姻亲家庭的当家人是他在参加科举考试时所结识之人。陈亮直系祖先仅与其他永康
　家庭通婚。
②相比之下，即便当郑氏家族不同支在婺州内通婚，其姻亲仍不时来自他们家乡县以外。
③《陈亮集》卷 25《祭妹文》，第 385 页。正如所料，这桩婚事显然并非新娘所愿。
④陈亮称在他岳父六世之前，何氏来到婺州。
⑤《陈亮集》卷 28《何茂宏墓志铭》，第 409 页。

富有，在当地修塔庙，治津梁：其中一位是郑刚中的姑丈。[①]　始祖的孙子因 12 世纪 20 年代初向朝廷上破贼之策，被授予低级武官，[②]而他坚持二子"由科举自奋"[③]。其中一个儿子便是陈亮的岳父何恢。作为两兄弟中的长子，何恢"独以其余力助理家事"。何恢科场失利，不过在他的努力下，其家积累至"巨万"。[④]　其弟中礼部试，足以达成他们父亲的愿望。

即便是浮光掠影的介绍，何氏家族显然比陈亮家更兴旺。那么，何恢为何愿意将女儿嫁给陈亮？正如本书开篇所见，他并非心甘情愿如此。

在几处不同地方，陈亮指出（如同我们之前所见），这桩婚姻是在何恢有些书生气的弟弟何恪力主下缔结的。[⑤]　陈亮透露，两人之前甚至没有见过面，何恪选择陈亮纯粹基于他的声望。如陈亮所指，当时，"义乌之富言何氏"，此外，何氏兄弟以"俱能文"而知名。相反，陈亮自陈本人甚贫。他坦承自己惧不得当，担心何恪可能所选非人。虽然何恪力保陈亮可以托付，但除何恪一人外，何氏亲戚都反对这桩婚事，何恢举棋不定。直到何恪赴任后，在给兄长的书信中称他担心其家可能错失陈亮，何恢才终于松口。

毫无疑问，何氏选择陈亮是冒险的。陈亮的出身背景一无可取，这桩婚姻没有特别诱人之处。并且虽然陈亮本人颇具学术声望，并得到周葵的辟举，但他的未来仍然不可预料。毫无疑问，何氏本可以有更好的选择。实际上，何恢长女的婚姻已经昭示了这一点。长女的丈

①《北山集》（文渊阁四库全书本）卷 15《何氏考妣墓表》，8b－11。
②《北山集》（文渊阁四库全书本）卷 15《何氏考妣墓表》，10。
③《陈亮集》卷 28《何茂宏墓志铭》，第 409 页。
④《陈亮集》卷 28《何茂宏墓志铭》，第 409 页。
⑤《陈亮集》卷 22《祭妻叔文》，第 349－350 页，同书卷 23《祭何茂恭文》，第 354－355 页，同书卷 30《刘夫人何氏墓志铭》，第 437 页。以下关于陈亮婚姻的叙述均来自这 3 篇文字。

夫是来自金华的何恪的同窗进士，也是一中级官员之子。[①] 陈亮指出，在此之后，何恢不想将次女嫁给默默无闻的寒士。但何恪坚信陈亮前途无量，面对他的反复催促，何恢只能让步。宁可冒险与一个尚无价值之人联姻，也不要错过一个可能变得显赫的嫡亲。

何家有充分的机会反悔。婚后不及两年，陈亮父亲被投入牢狱。一系列离奇的不幸降临陈家，让何氏感到震惊，他们便将女儿接回娘家。[②] 虽然紧张关系最终得以修复[③]，但何恢与何恪二人生前都未能看到何恪的正确判断。在陈亮本人去世前不久，他最终中进士，以自己的成功告慰他们的英灵。[④]

陈家这一支已知的最后一桩姻亲关系是陈亮的女儿与邻州处州丽水县人吴深的婚姻。虽然《宋元学案》称吴深以"奇才而知名"，但没有任何证据证明他的"奇才"得到广泛认可。这甚至成为一桩从妻居婚姻，因为据说吴深移居到永康。[⑤]

综上所述：除了陈亮与何氏的婚姻，陈氏家族与第五章所讨论的胡氏和王氏家族，甚或本章第一部分所讨论的郑氏家族相比，身处婺

---

① 《陈亮集》卷 22《祭妻叔文》，第 349 页，同书卷 28《何茂宏墓志铭》，第 410 页；《宋元学案》卷 60《说斋学案》，第 1961 页。此人是唐仲义，士人唐仲友之弟，唐仲友娶一金华何氏女子，而何氏是王淮姻亲（见第五章；金华何氏与义乌何氏并无通谱关系）。义乌何氏缔结的其他婚姻也是比陈氏更有声望的家族。何恢的另一个女儿嫁给著名将领宗泽的侄曾孙——也是官员之子（《陈亮集》卷 27《宗县尉墓志铭》，第 398 页，同书卷 28《何茂宏墓志铭》，第 410 页）。陈亮一内弟娶宗泽侄曾孙女，另一个内弟娶俞持国孙女，俞持国是金华王氏家族王师愈的岳父（《陈亮集》卷 27《宗县尉墓志铭》，第 397 页，同书卷 28《何少嘉墓志铭》，第 424 页；《东莱集》外集卷 5《王自得祖母傅氏墓志铭》，4b；《朱文公文集》卷 89《中奉大夫直焕章阁王公神道碑铭》，28b）。
② 《陈亮集》卷 25《祭妹文》，第 385 页。
③ 他们似乎只是暂时分开，因为多年后陈亮向祖先通报科举中第时，妻子和他在一起（《陈亮集》卷 22《告高曾祖文》，第 343 页，同书卷 22《告祖考文》，第 344 页）。陈亮 1168 年通过乡试，似乎彼时或者更早夫妇已重归于好。
④ 《陈亮集》卷 22《祭妻叔文》，第 349—350 页。
⑤ 《宋元学案》卷 56《龙川学案》，第 1851 页。虽然吴深本人似乎并未仕宦，但他的两个儿子（陈亮外孙）担任低级官职。孙子（陈亮曾外孙）能够通过荫补入仕，在宋代官居下层，但拒绝仕元。他成为名师，并与知名婺州道学家来往（《宋元学案》卷 56《龙川学案》，第 1856 页）。

州社会完全不同的阶层。陈氏与其姻亲属于立足地方的家族，但与他们多数婺州乡党不同——陈氏家族在永康范围以外几乎无人知晓。[①]当然，陈氏、黄氏和周氏家族一些支自视为永康当地社会上层，这也得到周围之人的认可。每个家族内一些支占有大量田地，衣食无忧，并且大多数也能在族人的教育上出钱出力。至少黄氏家族有充分财力和声望积极参加当地军事防御。但直到陈亮科举成功，这些家族中尚无人能将其地方声望转变为更大范围的身份地位认可。虽然一些族人为官，一两位族人担任低级差遣，但并无一人科举中第，并且肯定并无与高官偶尔联姻的任何迹象——而这在我们研究过的其他许多姻亲网中出现过。

陈亮与何家的婚姻进一步揭示，其家的社会关系网与本书所研究的其他家庭的社会网络存在差异。与其父祖的婚姻模式相比，在许多方面，陈亮的婚姻体现了一种背离，上了一个新台阶。这桩婚姻使陈氏家族陈亮一支在永康以外拥有姻亲；这个姻亲，至少在陈亮结婚时，显然比陈亮家庭更富有并且拥有条件更好的关系网。但这个何家，当他们作为金华王氏王师愈一支的间接姻亲出现时[②]，只是姻亲网中平淡无奇的成员。

最后，陈亮女儿的婚姻反映了陈亮的学术兴趣（因为女婿被认为有才华），以及陈氏家族缺乏身份地位（因为陈亮似乎不能吸引进士做女婿）。吴深诸子仕途上略有起色，说明他们可能受益于其外祖父最终的功名。

正如胡氏、王氏和郑氏家族的经历揭示了宋代官宦社会内的不同阶层，陈亮与其族人的生活也展示了地方社会次官宦内的阶层。陈亮的故事也揭示了地方社会不同层次之间如何连接。一方面陈亮与周

---

①除陈亮记载以外，现存史料中均未见任何黄氏或周氏家族成员。显然，随着陈亮本人成为进士，陈氏家族的地位改变了。

②见第五章和第 254 页注释①。

家有姻亲关系，周家一些族人甚至不具有士的资格；另一方面，他是何家的女婿，何家几代人为低级文官，并且近期产生了一位进士。与此同时，何氏姻亲关系既包括前途未卜的陈亮，也有更显赫背景下的家庭，相应地，这些家庭与差距甚至更大的其他家庭联姻。从这一点来看，地方社会再一次与官僚社会十分相似，某一层次之人的联姻对象不论高低贵贱均有可能。

陈亮的故事特别重要，因为它指出地方社会上层甚至包含非士之人，并且因为他定义士并非仕宦之人，或者那些追求仕途之人——而是读书人。正如高级官员时常与低级官员联姻，低级官员时常与布衣士人联姻，布衣士人则与富有但社会地位不被视作士人之人联姻。这进一步证明了整个社会不仅延伸进入非官僚社会，也进入非士人社会。显然，陈亮视其为一个整体。他承认"读书人"与那些非读书人之间的差异，并且这确实是一个显著的身份地位区别——但并非阶级差别。此外，它是个人间的差异，而非家庭间的差异。

最后，陈亮故事对于我们理解南宋社会沉浮运行有着重要意义。陈亮一支逐渐衰落、他的母亲黄氏骤然成为孤儿，周若讷一支的绝嗣，都揭示了在地方社会中试图立足并保持不坠的宋代家庭不得不抗拒强大的日趋没落的压力。反之，陈亮以个人能力改变了他这一支的命运，证明了即便在南宋，向上流动的可能性也一直是存在的。无论可能性如何微乎其微，它强烈地刺激了宋代个体对"起家"的憧憬，激发着诸如陈亮祖母之人继续对这种不可能的事情满怀希望。

结　语

本书一开篇，我便提出要重新审视宋代社会地位、政权与亲属关系之间的互动，在书中我们有何收获？

让我们首先思考地方精英的发展，特别是他们与政权的关系。在关于宰相的史料中，我们看到（亦如在胡则个案研究中所见），11世纪初，那些在朝廷上位极人臣之人，他们中大多数人出身乡村富庶的地主之家。一些高级官员——尤其是传世史料中浓墨重彩记载之人——居住在都城。可以说，这些"都城精英"成为一个颇为独特的群体，他们凭借彼此之间广泛通婚、居住在都城以及周边地区，当然还有卓越的政治成就，而显得卓尔不群。11世纪后半叶，朝廷高官往往主要就是这些都城精英家庭的后人。他们大权在握，但从作为整体的北宋官僚精英角度来看，都城精英家庭仅占其中一小部分。而数量更大的家庭则一直产生中下级官员——这些官员入朝为官，然后致仕还乡。其实即便在都城，都城精英自始至终未能占据优势。整个11世纪，宋代选官制度（科举制以及赏识和荐举网络）使一些地方势要家庭子弟在官场步步高升。而同一时期，许多都城精英家庭的后人（如胡则兄弟的后人）离开都城，定居乡间。在当地，他们很快便与其的富有布衣乡党融为一体。

当然更重要的是，即便在都城精英家庭的全盛时期，远在乡间间的富有布衣群体也在快速蓬勃地发展。而且最重要的是，家业兴旺的乡村家庭，没有意识到盘踞在朝廷的都城精英家庭的霸权，态度淡定，往往开始培育他们的子弟（或更确切地说是部分子弟）来应举。11 世纪末，都城精英家庭的霸权无论如何开始受到党争的撼动；并且随着12 世纪初创立三舍法，新贵之人的子弟似乎比较容易取得功名。这可能又反过来激励其他家庭仿效他们。总之，在宋代以后的岁月中，尽管中第几率不断降低，乡村富裕之家仍孜孜不倦地培育他们的子弟求取功名。

随着 1126 年北宋灭亡，标志都城精英家庭社会声望的地理差距（或许也有助于政治上的非凡成功）已经不复存在。昔日的都城精英现在散居乡间，在那里，他们与生活在其周围的地方势要家庭之间的区别变得日渐模糊。但如果说都城精英从未见于南宋，那么仍然有一个类似的"国家"精英：这群高官在他们的乡党中显得鹤立鸡群，不仅因为他们拥有的政治权力，也因为他们倾向于在其他高官家庭中物色姻亲，并且通过他们出众的能力确保后人常常是高官显宦。[①]

从这个角度，宋代"地方精英"的出现看起来是一个持续渐进的过程。而在南宋史料中首次得以广泛表达的处世态度，其实并非南宋的创新：见于北宋史料中官阶较低、立足地方之人，其所想所作与南宋同

---

① 正如周绍明所示，高官家庭与普通士人家庭在他们后人可接受职业的观点上似乎也存在不同。周绍明指出，高级官员倪思认为可能且适合的职业比"地方精英"代言人如袁采所接受的职业数量少得多，并且选择面更狭窄（周绍明：《南宋家庭理财方案》，《亚洲专刊》系列 3，第 4 卷，第 2 部分，第 36－402 页[1991]）。倪思认为只有仕而仰禄、就馆聚徒（只是因为诸子会继承丰富藏书，因而能够"吸引富家子弟"）和放贷是他后人可接受的职业（周绍明：《南宋家庭理财方案》，第 38 页）。相比之下，袁采承认儒是最好的职业，但他容许"如不能为儒，则巫医、僧道、农圃、商贾、技术，凡可以养生而不至于辱先者，皆可为也"（韩明士：《官僚与士绅》，第 118－119 页；亦见伊沛霞《家庭与财富》，第 267 页）。此处我们可以补充名儒陆游，他是一重要政治世家的后人，似乎赞同倪思的观点。他解释婺州一陈姓家庭创建义庄，部分原因在于他们"欲使之为士，而不欲使之流为工商，降为皂隶，去为浮图老子之徒"（《渭南文集》卷 21《东阳陈君义庄记》，124 页；这段话的另一英译，见包弼德《斯文》，第 71 页）。

仁一般无二。他们治田产,参与地方事务,通常着力培育部分子弟,往往与里间之家通婚,而且他们去世后葬于其家附近。那么,至少在这有限的程度,"地方性"行为在北宋时已经存在(我怀疑它甚至有更早的源起)。同时,关于宰相的章节显示,"地方主义"态度即便在南宋时也从未一枝独秀,并排斥其他。虽然有关南宋高级官员的资料相对不足,但现存史料显示,南宋朝廷官员的诸多行为方式与那些北宋同仁如出一辙。更重要的一点是,正如本书所示,两宋高级官员的思维方式与官职低微抑或身为布衣的地方人士的思维方式,其间的差别远小于人们的通常理解。他们看似截然不同的社会行为,体现的并非(起家、守家)策略的不同,而是同一种策略在不同阶层的另类表现形式。

当然,仍有问题尚待解释:从北宋末开始,传世史料记载的重点为何突然从朝廷转向社会较低层次? 让我们返回本书第一章的主题:宋代历史与史学的关系。正如第一章所示,我认为识字人口膨胀在一定程度上影响了宋代史学转型。随着人口膨胀,识字之人的数量同样剧增。他们本人入仕希望渺茫,但觉得记录和阅读那些并无功名之人的日常琐事是有价值的。在南宋以及明清,这一发展与道学的日益流行密切相关,我认为,这同样在很大程度上造就了宋代史学记载的状态。

关于南宋(想必后世亦如此)道学流行的原因,包弼德已经作了详细研究。简单来说,包弼德的论点是,随着士群体的不断扩大,士人不能保证通过仕途获得身份和地位,于是他们寻求别的方式来定义他们的身份地位以及所赋予的责任。以道德修养为主旨的道学正好能够满足他们的这种需求。实际上,道学要求士人教育应当同科举和功名剥离,将学习本身转变为一种美德。鉴于成千上万追求儒术的年轻人中只有极少数有望通过科举入仕,于是道学家提倡的教育是为了不同目的服务的观念,有助于赋予原本岌岌可危的文人教育以新的意义。[1]

简言之,道学使退出功名竞争合理化的同时,重申儒家教育的价

---

[1]衣川强的观点略有不同,他认为因未能取得官方地位,所以儒术变成一种慰藉(第157页)。

值,并对道德自我修养提出新的要求。但在坚持道德自我修养必须成为求学入仕基础的过程中,道学言辞对南宋朝廷那些掌权之人疾言厉色。道学批评家严厉指责南宋朝廷最显赫的官员们道德败坏、尸位素餐,而并未将朝廷与其官长视为道德权威的楷模(北宋范仲淹或司马光模式)。

诚然,无论在朝廷还是地方,道学观点并非无人挑战。在朝廷,道学追随者因自命清高和宗教式狂热而遭到强烈抨击,他们的学说还一度被取缔。[1] 在地方,他们的呼吁经常被置若罔闻:我们看到一些人完全回避儒家教育,偏向把重点放在打理他们的财富并强化其经济基础;其他人持续关注儒家教育,则主要将其视作科举中第和入仕的途径。[2]

但在南宋灭亡前,道学观点(或者至少朱熹的观点)最终赢得朝廷认可。朱熹对儒家经典的注疏成为科举考试科目的一部分[3],道学学习与入仕从而冰释前嫌。我认为,这也是对南宋史学转型另一面的一个合理解释。

无可否认,为何一些人的文集被保存至今,而其他人的文集则散佚,个中原因不详,但这个过程显然并非完全出于偶然。元代(以及明清)士人受到当时钦定的道学学问熏陶,发现他们的南宋英雄并不在朝廷,而是体现在几位特立独行的武官身上[4],特别是在道学家中。道学学问已经被接受为官方正统思想,这意味着官方编修的《宋史》持同样的偏见。在南宋朝廷任官的人群不甚受后人待见,因此他们的文集

①刘子健:《新儒学如何成为官方正统?》,《东西方哲学》第 23 卷,第 499—500 页(1973)。
②1179 年,袁采觉得有必要提醒家长,不应该仅仅因为子弟们在求取功名中失利就让他们放弃学业(伊沛霞:《家庭与财产》,第 191 页)。1208 年,叶适指出,女人鼓励他们的丈夫和诸子求学,希望他们可以科举中第,此举非常普遍;一位妇人激励丈夫不为功名而求学,叶适赞扬她特别贤德(《叶适集》卷 16《庄夫人墓志铭》,第 297 页)。即便在道学家中,也并非每一个人都接受教育应该与功名分离的观念。有人提醒沈焕(吕乔年岳父),如果他营职,道未可行也,他回答道:"道与职有二乎?"(《宋史》卷 410《沈焕传》,第 12338 页)
③刘子健,第 501—502 页。
④因此岳飞甚至郑刚中的军事行动不断受到褒扬。

很少传世。① 相反,关注地方社会而非朝廷的道学家的文集,却流传至今。

我一直认为,见于宋代史料中的史学转型,是两个互相关联过程的结果:人口中识字但非官员部分的膨胀,以及后世类似之人对于宋代记载的选择性保存。前一过程导致关于南宋社会仕宦以外史料的激增,而后一过程则导致关于南宋朝廷的史料存在大量空白。合并后的结果则掩饰了宋代大多数社会变革连续性的特点。

虽然我称宋代社会变革是渐进式的,但我无意贬低其影响的重要性。当然,不断扩大的地方精英的一些非常基本的特点在整个宋代保持不变:有资料表明,大多数精英存在的前提是占有土地,而且这一情况并不随着时间推移而改变。同样的,977 年,宋太宗朝科举制录取名额增多,至少从那时起,接受教育、饱读诗书和参加科举考试被视作获得成功的基本方法,即便是道学家对科举的偏见,也丝毫不能改变这种情况。但即便是精英生活的这些基本条件一成不变,宋代乡村的空前发展——以经济扩张、城市化和人口大量增长为标志的发展——无疑极大地改变了生活的方向。正如韩明士所言,精英之人日益增多,意味着形成群体以及参与群体活动的机会更多:精英之人可以在更近的范围内物色到匹配的姻亲,通过修筑庙宇、济寒赈贫等行为来体现身份地位,也有更广泛的受众。地方生活本身更为人们所珍视,并且地方精英中越来越多的人被实实在在地排除在官场之外,他们与政府的关系也随之改变了。②

但我认为,宋代文化精英膨胀带来的另一个深刻影响是全国的文化整合——识字人口日益增多使整合成为可能,科举制则使整合更加容易,而社会和政治网络相互交织蕴育了这种整合。

---

① 文献资料最丰富的南宋宰相恰恰是那些积极参与道学运动或与道学运动有联系之人。南宋朝廷权要相关记载的传世也可能受到南宋政治激烈的党争氛围的影响。
② 韩明士:《官僚与士绅》,第 136-218 页。

我们已经看到，两宋时，超越社会和政治范围之人通过社会关系网互相紧密地联系在一起。即便在北宋，生活在都城的高级官员的社会网络也几乎总是将他们与生活在别处的族人和乡党（例如，此处可以想到范纯仁与其生活在吴县的族人，或者吕氏家族与其生活在安徽的父系族人）维系在一起。地位普通的北宋官员与地方的联系甚至更紧密。在南宋，当残余的都城文化优势消失殆尽，宰相们致仕后往往返回家乡，国家与地方社会网络的纽带相应增强。

官员们与他们无功名的族人和乡党的关系所代表的一体化，被越来越多参加科举之人所强化。有可能正如几位学者所言，南宋时许多人参加科举考试，更多原因是这种参与已经演变成地方精英身份的一种标识，而不是他们希望得到功名。无论他们的动机如何，参加科举考试使人们在国家及其官员控制范围内，并保证他们所研习的士"文化"由国家创造，并为国家服务，同时由整个国家的举子共同拥有。实际上，科举为地方社会提供了地位标识，这也意味着身份地位等级在国家层面和地方层面前所未有地一体化。

同样，我们看到道学支持者试图重铸士人之学——尤其是对政府界定士人之学权力或能力非常不以为然——但他们的努力对于参加科举考试人数的影响微乎其微。还有更重要的一点，道学运动虽然强调地方行为，但从其目的以及运行方式来看，均远非"地方性"。其知识辩论与教学机构将学者及其弟子广泛的网络聚集在一起。虽然道学领导者坚持儒家知识的价值不在于入仕，但他们的目标仍然是改造政府，并且在南宋灭亡前，他们的学说已经被纳入官方考试范围。

换言之，宋代地方精英的重要性，恰恰在于它并非"地方化"的，或者不仅仅是"地方化"的。当我们讨论宋代地方精英的出现，我们真正的意思是，只有在宋代，那些作为一个群体出现的、权力和名望全然地方化之人，才对国家政策和社会产生影响，反之亦然。换言之，"地方化"精英在宋代变得具有重要历史意义，恰恰是吊诡地因为它不可避免地与超越地方的网络合为一体。

这种地方家族与超越地方的网络之间的整合与宋代社会地位的性质有关。在这个问题上,前面各章已经产生了两个似乎自相矛盾的论点。一方面,我一直认为,在精英内部,非常精细的身份等级塑造了社会生活,人们重要的社会决定(其中最显著的是婚姻)均基于该等级。但同时,我竭力主张,在宋代,社会地位作为一个连续体在运作,阶级差别并没有将高级官员独立于富裕且饱读诗书的普通人之外,也没有将富裕且饱读诗书的普通人与家境一般、目不识丁的乡党分开。

显然在宋代社会内,财富、教育、社会和亲属关系、个人魅力,尤其是功名有效地将人们之间的地位拉开距离。但首先,不同的个体所持的这些特征程度各异,组合不同。因此,任何社会地位的考量均是基于一个复杂的方程式,其构成要素可能根据观察者的不同而存在极大差异。① 其次,更重要的,所有这些特征都是暂时的:许多需要耗费整整一代人辛苦赢得的结果,几乎转瞬即逝。在一个人的一生中,他可能穿梭于诸多社会阶层。因此,虽然一些家庭肯定比其他家庭在社会上享有更高的地位,但二者地位等级之间并无固定的界限。

韩明士的著作中至少已经含蓄地提出社会连续性的概念,尤其是他强调在宋代地方社会,仕宦并不代表任何阶级界限。② 与韩明士相比,我更倾向于对仕宦的社会影响给予更多的重视:即便在地方,人们是否为进士和拥有功名,在我看来,仍非常重要;③当人们身居高官,无论从社会意义还是政治意义上来说,更是事关重大。我完全同意韩明士的观点,即人们之间的差距并不是阶级差距。实际上,我认为社会

---

①因此,王旦认为有潜力的进士是优秀的女婿,但他的族人并不认可。

②韩明士勾勒"地方精英"的特点是"一个一体的社会阶层,包括个人和家庭,无论有无官职,是否是进士,它储备了官宦和进士的大部分候选人"(《官僚与士绅》,第48页)。

③见贾志扬《棘闱》(第12页和第213页[注释51])征引《夷坚志》:一则故事说的是某人如果科举中第,便会洞房花烛,而另一则说的是科举失利导致一桩婚事泡汤。

地位和政治地位之间的紧密连接，伴随着后者的流动，成为导致宋代地方社会与超越地方社会整合的机制之一。

我也试图推进韩明士的论点，并力图表明，在宋代，"地方精英"不能被视作一个以断裂的方式与"非精英"剥离的社会阶层。关于身份地位向上的流动，史料中有充分的证据；实际上，这种流动体现在宋代社会实践的诸多方面。它体现在相对富有或有权势之人愿意选择政治上青涩但前途有望的年轻人做女婿，也体现在官员邀请睿智的年轻人参加他们的幕府（正如当时周葵邀请陈亮）的惯常做法。最后，地方社会亲属关系的灵活性是婺州记载最显著的特征之一。同样的道理，充分的史料证明了向下流动也是宋代生活中的事实。[①] 既然进入精英与脱离精英的社会流动都存在，那么，精英与非精英之间的界限理论上便可以穿越。实际上，我认为完全不可能界定这一界限。我们如何确定通过得到财富"起家"之人何时真正成为精英中的一员，或者一个没落家庭的后人何时脱离精英？在我看来，史料表明，地方层次的身份地位只是逐渐减弱，并且没有明确界限地向日趋没落的社会层次转移。

或许决定个人社会地位最重要的因素是亲属，这个因素也有助于侵蚀不同社会地位人们之间僵化的界限。以上材料表明，虽然韩明士所称的"宗族取向"有确凿的证据[②]，但父系亲属制度在宋代并未得到充分的发展。相反，之前章节关于宋代亲属讨论的主要信息是，整个父系家族范围内的凝聚力和向心力，几乎从未匹敌人们对于直系血脉和家庭存续的重视。

因此，正如宰相和婺州家庭史料所揭示，与和旁系族人的关系相比，血脉往往对个人地位和前途更为重要。对个人的未来而言（尤其

---

① 此类社会流动的极端例子，见宰相史浩七世后人史懋祖的令人深思的故事，他在元代被卖为奴（戴仁柱：《丞相世家》，第166—167页）。

② 见韩明士《婚姻》，第113—114页。婺州家族证实了韩明士的发现成果，即亲近感对于维持任何层次亲属关系互动都非常重要。

鉴于中国社会根深蒂固的父系形象已被广泛接受），母系血统——即外祖父母或其他母系祖先的影响力——往往同他和父系族人的关系一样重要，或许比之更重要。实际上，有大量资料表明，父系血脉（并非父系家族）①在精英内保持自我的能力与他们建构的婚姻网的质量息息相关。

就这一点而言，宋代家庭喜好世婚，几个家庭之间反复通婚的模式便更显得非比寻常。因此，我们与其将这些家庭视为碰巧互相通婚的单个家庭，不如将他们作为一个群体看待。这个群体在许多方面像一个大家族——但这一姻亲群体的子女显然可以互相通婚。② 在这姻亲"家族"内，财产和政治优势可以经由婚姻来回传递，并且仍然保存在家族内，这有助于维持所有涉及其中之人的身份地位。

其他作者通过对宋代家庭的研究，已经考察了宋代姻亲关系的重要性，③但我认为，人们尚未充分认识到这一发现对于全面理解中国亲属和社会身份地位的重要意义。这又带来了一个更宏观的问题，即我们关于宋代社会的发现是否以及如何与明清中国历史有关。当然，我认可明清经济、政治和社会环境在诸多重要方面与宋代情况不同的事

---

①所谓精英家族延续（或者在明清语境中，"精英"或"士绅"宗族），不应该被视作家族中所有成员精英地位的维持。相反，在"士绅宗族"内，通常只有一两支能够维持他们的地位经久不衰。对个人而言，这促使罗威廉提出"精英宗族"概念是否仍然有效的问题。罗威廉总结了几点原因，尤其是宗族中不太富裕的成员仍然受益于它的存在，因此"精英宗族"概念依然有意义。即便我认可罗威廉的观点，我仍然倾向于（正如前述第六章的总结）"士绅宗族"在精英内自我维持经久不衰的观念（在明清学术界非常普遍的观念）是一种误导。关于大族内精英地位沿着单一继嗣系延续的例子，见华如璧对邓氏家族的讨论（《共财》）。贺杰（Hazelton）讨论了类似的例子，第139—144页。

②实际上，从遗传学上讲，这些家族随着时间推移变得越来越像真正的宗族。换言之，虽然夫妇姓氏不同，但他们有着共同的祖先。

③韩明士因此认为抚州婚姻和族群"被精英家庭串联在一起并行使用"（《婚姻》，第95页）；万安玲指出，宁波楼氏家族成员往往更依赖姻亲而非宗亲（《亲属》，第49—69页）；伊沛霞认为宋代女性与她们娘家的关系特别密切（《南宋上层亲属制度中的女性》，《历史反思》第8卷第3期，第113—128页[1981]）。

实。① 但是，宋代和明清精英行为的相似性经常引人注目，表明了研究宋代所得到的真知灼见有时与明清时期也是息息相关的。

关于明清家庭的一些研究已经指出，就女性对家庭命运的影响而言，女性和姻亲网络在权力和身份地位维持上发挥重要作用。邓尔麟（Dennerline）强调女性在义庄创建中的角色，其他女性（如孀妇）会从中受益。他还阐明了一些女性通过过继操纵父系继嗣，这与义庄一道，令家族内某些支受益。邓尔麟指出，女性和姻亲网有助于精英家庭维持他们身份地位。② 同样的，华如璧（Rubie Watson）考察了广东宗族中精英成员的姻亲网络，姻亲网不仅有助于使其与非精英族人区分开，而且也是那些精英可以维持他们地位的策略之一。③ 结合我们对宋代家庭的发现，这些明清的例子表明，母系血统（女性带入其婚姻的大量财产与她父兄的政治或经济资产）和姻亲关系（尤其是姻亲家族之间的反复通婚）对明清家族维持身份地位的影响这一课题可能值得更系统的研究。④

其他相似之处也暗示本书描述的精英行为模式一直持续到明清。一项关于明朝官员家庭的研究显示了婚姻与居住模式如何随着官员地位改变而改变。正如家族中政治显赫的一支从旧家园迁入城市，并且与他们祖先的婚姻相比，其子孙的婚姻更荣耀——地理距离更远。⑤ 社会地位与婚姻距离之间的类似关联见于一个 19 世纪家族的众多成

①显然，元代截然不同的政治环境和明清增长的商业机会，对于在这些时期内精英策略的调整非常重要，虽然这些策略中一个最明显的发展可能是广泛采用各种形式的宗族组织。

②邓尔麟：《婚姻》。

③华如璧：《中国南方的阶级差异和姻亲关系》，《男性》第 16 卷第 4 期，第 593－615 页；亦见《兄弟并不平等》第七章。

④因此第三章中我们看到钱氏家族钱象祖一支的命运如何受他高祖与公主婚姻的影响。邓尔麟的研究也指出，几个不同层次家族组织的祖先通过入赘婚而知名，其中一个例子是，邓尔麟明确称始祖"在 360 亩田地嫁妆（由他的姻亲通过他妻子提供）的帮助下建立家业"（邓尔麟：《婚姻》，第 176 页）。

⑤邓尔麟：《嘉定忠臣》，第 132－145 页。

员中。① 在宋代高度盛行的姑表舅亲,在明清精英中继续流行,亦如小规模家族群之间追求反复通婚。② 总体而言,我们明显发现对明清个人和家庭的描述(例如何炳棣明清"社会流动的选择性个案"中的那些叙述)与本书所描述的宋代家庭情况有诸多相似之处。③ 如同宋代史料,何炳棣概述父母早亡如何危及子女的前途,一个不经意的关系如何可能成为逆转命运的关键,以及来自姻亲的援助在趋利避害或提供重要机遇上如何重要。④

同样的道理,精英家庭在宋代自我立足的过程,与希拉里·贝蒂(Hilary Beattie)和其他人所描述的明清时期起家之人有许多共同点。无疑,唐末五代时人口迁入新地区,为新家庭立足提供了前所未有的机会,至宋末,这些机会已经大大减少了。但伴随宋元征服而来的破坏,至少使国家某些地区重新成为"边疆",并再次为新家庭"起家"提供了机会。⑤ 随着后几个世纪的人口增长,各式"边疆"均被填塞,"起家"机遇无疑越来越少。但地区兴衰荣辱循环以及商业扩张创造的新机遇,保证了至少一些新家庭的立足可以一直延续至明清时期。最起码,我们知道对新家庭可以自我立足的信仰,以及对"起家"可能性的笃信,仍然是整个明清时期中国意识形态的一个核心原则。

但宋代建立的社会运行模式对于明清中国社会有另一个更深刻的影响,此处我们可以最后一次折回本书开篇的婚姻故事。当王旦无视众多更显赫的家庭,而选择韩亿为女婿;当一个多世纪后,何恪力主

---

① 华如璧:《阶级差异》,第604—605页。
② 邓尔麟:《婚姻》,第181—186页;贺杰,第158—160页。只有将两个或更多家族内精英支的相互通婚与这些家族内不太显赫支的互相通婚区别开来,这种互婚对于家族寿命的重要性才可以被理解。可惜的是,谱牒——我们关于大多数明清家庭信息的主要史料——的使用,往往掩盖了这些区别的重要性。
③ 感谢魏斐德(Fred Wakeman)提醒我注意此相似之处。
④ 何炳棣:《明清社会史论》,第267—318页。对于一些被何炳棣称为从非精英向精英流动的例子,我有不同的看法,我认为它们代表精英内向上和向下的流动。这种不同很大程度上取决于我们对精英地位的不同定义(何炳棣视入仕为精英和非精英之间的主要区别)。
⑤ 罗威廉尤其强调明朝的建立为新家庭提供立足机会的重要性(罗威廉,第56页)。

其兄何恢接纳陈亮为婿，这些显示了他们对于一个非常古老理想的笃信：一个人真正的价值，最能体现在他治学成功与仕宦的潜力上，这种潜力又有赖于儒家经典的教育。而王旦族人和何恢的疑虑向我们展示，并非每个人都认同他们的笃信。① 但因为大体上宋代"新起"之家接受此理念，并据此定义自身地位，故而儒家教育和仕宦仍然是整个明清时代社会身份地位的标志。

---

① 在一定程度上，可将道学视为拒绝或至少重新定义这种理想的一种尝试。但即便道学再次强化儒家教育是"士绅"的标记，无论如何，道学学习与入仕的分离也只是暂时的。

附 录

Ⅰ 依据写作时代顺序的唐宋墓志碑刻一览表

时间	墓主	史 料
651	伤氏(汤)	《唐文拾遗》卷 64,2b(821)
664	成氏(梁)	《唐文拾遗》卷 64,9(825)
674a	刘守忠	《唐文拾遗》卷 64,17(829)
674b	王氏	《唐文拾遗》卷 18,3(284)
679	张仁	《唐文拾遗》卷 65,1(831)
681a	禄氏(王)	《唐文拾遗》卷 65,2b(831)
681b	韦氏(杨)	《唐文拾遗》卷 65,4b(832)
682a	兰师	《唐文拾遗》卷 65,8b(834)
682b	李氏	《文苑英华》卷 964,2b(5067)
683	张懿	《唐文拾遗》卷 65,5b(833)
684a	程氏	《全唐文》卷 997,9b
684b	孙义普	《唐文拾遗》卷 65,11b(836)
684c	王氏(宋)	《唐文拾遗》卷 64,18(829)
688	唐氏(梁)	《全唐文》卷 234,10
691a	张氏	《唐文拾遗》卷 65,6b(833)
691b	宇文氏(高)	《陈子昂集》卷 6,134

（续表）

时间	墓主	史　料
691c	张氏(李)	《陈子昂集》卷 6,127
693?	薛氏(郭)	《陈子昂集》卷 6,132
700	袁氏	《唐文拾遗》卷 65,13b(837)
703	长孙氏(王)	《唐文拾遗》卷 18,(283)
708	颜瑶	《唐文拾遗》卷 65,10(835)
709	梁嘉运	《唐文拾遗》卷 65,10b(835)
715	孟氏(冯)	《金石萃编》卷 70,32
716	贺兰(裴)	《金石萃编》卷 71,5b
717	郑氏(崔)	《唐文拾遗》卷 18,10(287)
723a	曹氏(折)	《唐文拾遗》卷 65,20(840)
723b	李氏(阿郍)	《唐文拾遗》卷 66,1(842)
724	唐氏	《唐文拾遗》卷 66,2(842)
726	裴氏(薛)	《唐文拾遗》卷 19,10b(299)
732	智元	《唐文拾遗》卷 66,2b(842)
733a	李仁德	《唐文拾遗》卷 66,3b(843)
733b	张轸	《唐文拾遗》卷 19,19b(304)
743a	令狐氏(张)	《唐文拾遗》卷 66,11b(847)
743b	独孤氏(崔)	《唐文拾遗》卷 19,21b(305)
744a	卢氏(杜)	《全唐文》卷 360,18
744b	宇文琬	《唐文拾遗》卷 21,3(324)
746?	雷询	《唐文拾遗》卷 21,17(331)
750?	卢氏(王)	《全唐文》卷 327,12b
754	刘氏(黄)	《唐文拾遗》卷 21,16(330)
755a	韦琼	《唐文拾遗》卷 21,4b(324)
755b	张氏	《唐文拾遗》卷 66,11(847)
765	姜氏	《全唐文》卷 391,8
768?	郑氏(卢)	《全唐文》卷 346,13
769	郑氏(元)	《全唐文》卷 440,7b

时间	墓主	史　料
775	韦氏(独孤)	《全唐文》卷391,4b
783	宋俨	《唐文拾遗》卷24,2(361)
787	田伖	《唐文拾遗》卷23,13(355)
792a	王氏(张)	《唐文拾遗》卷23,16b(356)
792b	冯氏(王)	《唐文拾遗》卷23,15b(356)
795	冀氏(田)	《唐文拾遗》卷23,17b(357)
796	陆氏(柳)	《柳河东集》卷13,103
800a	张氏(贾)	《唐文拾遗》卷23,14b(355)
800b	王氏(韦)	《唐文拾遗》卷23,2b(349)
805a	祈氏(许)	《古刻丛钞》p46
805b	樊氏(张)	《金石萃编》卷105,1
807	李氏(柳)	《柳河东集》卷13,100
813a	何氏(李)	《韩昌黎集》卷28,27
813b	马氏	《古刻丛钞》p56
818	周氏(臧)	《古刻丛钞》p57
824?	崔氏(卢)	《金石萃编》卷106,31
825	武氏(赵)	《唐文拾遗》卷28,1(409)
832	杜氏(李)	《古刻丛钞》p67
833	朱氏(胡)	《古刻丛钞》p71
838	姜氏(刘)	《古刻丛钞》p78
840	蒋氏(陈)	《唐文拾遗》卷29,23(433)
843	张氏(包)	《金石萃编》卷113,59
844	朱氏(尹)	《金石萃编》卷113,65
845	陆氏(何)	《古刻丛钞》p84
850a	樊氏(朱)	《古刻丛钞》p86
850b	孙氏(陆)	《金石萃编》卷113,72
855	刘氏(陆)	《古刻丛钞》p88
856	霍氏(刘)	《金石萃编》卷114,39b

（续表）

时间	墓主	史　料
858	金氏(冯)	《古刻丛钞》p90
873	杨氏(李)	《唐文拾遗》卷 32,2b(460)
876	王氏	《全唐文》卷 996,16
881	杨氏(祖)	《唐文拾遗》卷 32,23b(471)
883	敬延祚	《唐文拾遗》卷 32,22(470)
886	来佐与其妻(常氏、郭氏)	《全唐文》卷 996,15
889	石氏	《全唐文》卷 810,18
892?	张氏	《全唐文》卷 819,18
943?	王氏(钟)	《全唐文》卷 887,5b
956	徐氏	《全唐文》卷 860,14b
958?	刘氏	《全唐文》卷 887,6b
968	王氏	《全唐文》卷 887,8b
976	周氏(徐)	《徐骑省集》卷 30,292
992?	臧愚	《小畜集》卷 28,397
993a	梁文献	《宋代蜀文辑存》卷 1,2(44)
993b	翟守素	《小畜集》卷 29,405
996	穆氏(柳)	《河东先生集》卷 14,6
1002	范贻孙	《武夷新集》卷 9,2b
1004	李沆	《武夷新集》卷 10,1
1018	赵普	《名臣碑传琬琰集》卷 1,1(21)
1020?	向敏中	《龙学文集》卷 15,2
1027	王氏(韩)	《苏舜钦集》卷 15,191
1035	郑氏(苏)	《苏舜钦集》卷 15,178
1042	卫景山	《河南集》卷 13,6b
1042	陈光现	《端明集》卷 38,5
1046a	郑氏(虞)	《文恭集》卷 38,458
1046b	高氏(赵)	《苏舜钦集》卷 15,197
1047	陈氏(李)	《李觏集》卷 31,360

时间	墓主	史　料
1051	郑氏（李）	《李觏集》卷 31,359
1052	盛氏（李）	《王文公文集》卷 100,1017
1054?	丁宗臣	《文恭集》卷 37,446
1060a	王氏（孙）	《王文公文集》卷 99,1011
1060b	江休复	《欧阳修全集》卷 33,236
1063	陈氏（程）	《王文公文集》卷 98,1000
1076	钱氏（刘）	《曾巩集》卷 45,607
1078	华直温	《苏魏公文集》卷 56,21
1087?	尹氏	《范太史集》卷 39,3
1088	张氏	《张右史集》卷 60,10
1092	孙安	《道乡集》卷 34,3
1097	苏氏	《金石萃编》卷 141,20b
1102	邹氏（华）	《道乡集》卷 37,7
1107	李氏（赵）	《摛文堂集》卷 14,12b
1110	李氏	《西台集》卷 14,228
1113	侍其氏	《摛文堂集》卷 15,7b
1119	孙氏（韩）	《竹隐畸士集》卷 19,12b
1128	曹辅	《龟山集》卷 37,4
1134?	王氏	《卢溪集》卷 43,6
1137	杜缜	《庄简集》卷 18,6
1141	魏宪	《丹阳集》卷 12,1
1144	谭章	《浮溪集》卷 28,352
1145	胡峄	《唯室集》卷 3,11
1152	尚氏（周）	《文忠集》卷 36,2
1153	王浚明	《双溪集》卷 15,209
1160?	刘廷直	《诚斋集》卷 122,11
1164	樊光远	《文定集》卷 22,271
1172a	费氏（张）	《渭南文集》卷 32,200

时间	墓主	史　料
1172b	陈良翰	《朱文公文集》卷 97,37
1176	胡夫人吕氏	《陈亮集》卷 29,429
1179	汪夫人曹氏	《陈亮集》卷 30,433
1183	谭氏	《渭南文集》卷 33,204
1187	杜氏（何）	《陈亮集》卷 30,436
1190	何氏（凌）	《陈亮集》卷 30,439
1191	张氏	《叶适集》卷 14,249
1193?	孙氏（苏）	《渭南文集》卷 35,216
1201	叶氏（莫）	《烛湖集》卷 12,18b
1202?	刘庭老	《诚斋集》卷 132,24
1213	曹氏	《昌谷集》卷 18,16b
1220	薛扬祖	《絜斋集》卷 18,299
1221a	宣氏（何）	《絜斋集》卷 21,349
1221b	韩甲	《鹤山集》卷 72,7b
1231	钟俊卿	《平斋集》卷 31,9
1234	甘氏（徐）	《蒙斋集》卷 17,250
1244	赵孺人	《后村集》卷 150,17b
1253	郑清之	《后村集》卷 170,1
1274	吴直	《本堂集》卷 91,1
1275	罗氏	《文山集》卷 16,21b

Ⅱ宰相家族世系的墓志史料①

宰相（辅政时间）	祖先世代 -3	-2	-1	宰相	后人世代 1	2	3	4	5	6	7	总数	旁系族人

北宋

宰相（辅政时间）	-3	-2	-1	宰相	1	2	3	4	5	6	7	总数	旁系族人
范质（960—964）					1	1	1					3	
魏仁浦（960—964）					1							1	
王溥（960—964）												0	
赵普（964—973，981—983，988—990）			1		1							2	
薛居正（973—981）												0	
沈伦（973—982）							3					3	
卢多逊（976—982）					1							1	
宋琪（983—985）												0	
李昉（983—988，991—993）			1	1	1				1	1		5	
＊吕蒙正（988—991，993—995，1001—1003）			1		1							2	＊
张齐贤（991—993）					1	1						2	
吕端（995—998）					1							1	
李沆（998—1004）		1	1									2	
向敏中（1001—1002）			1		1	1	1	1	3	4		11	
毕士安（1004—1005）			1			2	3					6	
寇准（1004—1006，1019）			1									1	
王旦（1006—1017）			1		3							4	5
王钦若（1017—1019，1023—1025）			1									1	
丁谓（1020—1022）												0	

①世系数基于宰相，从－3（曾祖父）到7（七世孙）。星号标记的宰相是其他宰相的宗亲，＊韩与＊＊韩用于区分韩姓两个不同群体。

（续表）

宰相（辅政时间）	祖先世代			宰相	后人世代							总数	旁系族人
	-3	-2	-1		1	2	3	4	5	6	7		
李迪（1020,1033—1035）				1				1	1			3	1
冯拯（1020—1023）												0	
王曾（1022—1029,1035—1037）				1								1	
张知白（1025—1028）						1						1	
张士逊（1028—1029,1032—1033,1038—1040）				1	1							2	
*吕夷简（1029—1037,1040—1043）				1	2	1*						4	1*
陈尧佐（1037—1038）				1		3	1					5	4
王随（1037—1038）												0	
章得象（1038—1045）			1	1								2	
晏殊（1042—1044）				1				1				2	
杜衍（1044—1045）				1	1							2	
贾昌朝（1045—1047）			1	1	1							3	2
陈执中（1045—1049,1053—1055）				1								1	3
文彦博（1048—1051,1055—1058）												0	1
宋庠（1049—1051）			1	1			1					3	2
庞籍（1051—1053）				1	1		1					3	
梁适（1053—1054）				1	4							5	1
刘沆（1054—1056）												0	
富弼（1055—1061,1069）				1	1							2	
**韩琦（1058—1067）			1	1	1		*					3	10
*曾公亮（1061—1070）				1				1	1			3	
陈升之（1069—1070）												0	3

（续表）

宰相 （辅政时间）	祖先 世代			宰相	后人 世代							总数	旁系族人
	−3	−2	−1		1	2	3	4	5	6	7		
＊韩绛(1070—1071, 1074—1075)			＊	1	1							2	＊
王安石(1070—1074, 1075—1076)			1			1						2	3
吴充(1076—1080)				1								1	1
王珪(1076—1085)				1			1					2	
蔡确(1082—1086)												0	
＊韩缜(1085—1086)			1		1	1						3	4
司马光(1086)				1	1							2	6
＊吕大防(1088—1094)	＊			＊		1		1				2	
吕公著(1086—1089)												0	1
范纯仁(1088—1089, 1093—1094)			1	1	3							5	7
刘挚(1091)			1									1	
苏颂(1092—1093)				1	1	1	1					4	1
章惇(1094—1100)												0	
＊＊韩忠彦(1100—1102)	＊	＊	1				1					2	
曾布(1100—1102)	1	1		1								3	8
蔡京(1102—1106, 1107—1109)						1						1	
赵挺之(1105—1107)												0	
何执中(1109—1116)			1		1	2						4	
张商英(1110—1111)			1									1	1
郑居中(1116—1117)												0	
刘正夫(1116)												0	
余深(1117—1120)												0	
王黼(1119—1124)												0	
白时中(1124—1126)												0	

（续表）

宰相（辅政时间）	祖先 世代			宰相	后人 世代							总数	旁系族人
	-3	-2	-1		1	2	3	4	5	6	7		
李邦彦(1124—1126)												0	
吴敏(1126)												0	
徐处仁(1126)												0	
唐恪(1126)												0	
何栗(1126)	1											1	
南宋													
李纲(1127)				1	1							2	
黄潜善(1127—1129)						1						1	
汪伯彦(1128)												0	
朱胜非(1129, 1132—1134)												0	
吕颐浩(1129—1130, 1131—1133)								1				1	
杜充(1129—1130)												0	
范宗尹(1130—1131)												0	
秦桧(1131—1132, 1138—1155)												0	
赵鼎(1134—1136, 1137—1138)								1				1	
张浚(1135—1137, 1163—1164)			1	1	1							3	3
沈该(1156—1159)												0	
万俟卨(1156)					1							1	
汤思退(1157—1160, 1163—1164)						1						1	
陈康伯(1159—1163, 1164—1165)					1	1	1					3	
朱倬(1161—1162)					1							1	
＊史浩(1163,1178)			1	1	＊	1						3	5

（续表）

宰相 （辅政时间）	祖先 世代			宰相	后人 世代							总数	旁系族人
	-3	-2	-1		1	2	3	4	5	6	7		
洪适（1165—1166）		1		1	2							4	2
叶颙（1165—1166）	1			1								2	
魏杞（1166—1167）				1								1	
蒋芾（1168）		1										1	3
陈俊卿（1168—1170）				1	4	3						8	1
虞允文（1169—1172）				1		1	1					3	
梁克家（1172—1173， 1182—1186）					1							1	
*曾怀（1173—1174）	*											0	
叶衡（1174—1175）												0	
赵雄（1178—1181）												0	
王淮（1181—1188）		1		1				1				3	4
周必大（1187—1189）		1		1								2	2
留正（1189—1194）												0	
葛邲（1193—1194）	1	1	1									0	
赵汝愚（1194—1195）		1		1	2							4	
余端礼（1195—1196）				1	1							2	
京镗（1196—1200）				1								1	
谢深甫（1200—1203）				1								1	
陈自强（1203—1207）												0	
**韩侂胄（1205—1207）*	*											0	
钱象祖（1207—1208）		1				1						2	
*史弥远（1208—1233）					1	1						2	
郑清之（1233—1236）				1								1	
乔行简（1235—1236）			1									1	
崔与之（1236—1239）												0	
李宗勉（1239—1240）												0	

（续表）

宰相（辅政时间）	祖先 世代			宰相	后人 世代							总数	旁系族人
	-3	-2	-1		1	2	3	4	5	6	7		
*史嵩之(1239—1246)												0	*
杜范(1244—1245)				1								1	
范钟(1244—1246)												0	
游似(1245—1247)												0	
赵葵(1249—1250)			1		1							2	
谢方叔(1251—1255)												0	
吴潜(1251—1252，1259—1260)			1									1	
董槐(1255—1256)												0	
程元凤(1256—1258，1267)												1	1
丁大全(1258—1259)												0	
贾似道(1259—1275)												0	
叶梦鼎(1267—1269)												0	
江万里(1269—1270)		1										1	
马廷鸾(1269—1272)												0	
王爚(1274—1275)												0	
章鉴(1274—1275)												0	
陈宜中(1275—1276)												0	
留梦炎(1275)												0	
吴坚(1276)												0	
文天祥(1276)			1	1								2	1

Ⅲ 依据写作时代顺序的婺州墓志

时间	县	传主	史料出处
1038	永康	陈氏(胡)	《范文正公集》卷 12,11b
1039	永康	胡则	《范文正公集》卷 12,8b
1056	金华/东阳	方氏(陈)	《西溪集》卷 10,16
1063	永康	陈贶	《钱塘集》卷 16,25
1094	义乌	叶桐	《宗泽集》卷 3,52
1098	兰溪	范惇	《考古》1985,2,155—157 页
1105	金华/东阳	单照	《摘文堂集》卷 15,6
1116	义乌	陈裕	《宗泽集》卷 3,55
1120	金华	侯氏(郑)	《北山集》(文渊阁本)卷 7,5
1121	金华	郑柏	《北山集》(文渊阁本)卷 7,1
1121	义乌	吴圭	《敬乡录》卷 3,5
1121	义乌	宗武	《宗泽集》卷 3,51
1122	义乌	陈允昌	《宗泽集》卷 3,53
1124	金华	郑洙	《北山集》(文渊阁本)卷 7,6b
1126	金华	王登	《丹阳集》卷 13,15
1127	金华	郑氏(杨)	《北山集》(文渊阁本)卷 7,4
1130	金华	陈楫	《永乐大典》卷 3149,1b
1132	浦江	蒋寔	《北山集》(文渊阁本)卷 7,2
1134	义乌	余信	《北山集》(文渊阁本)卷 15,1
1135	兰溪	范溶	《香溪集》卷 22,213
1138	兰溪	江惇提	《北山集》(文渊阁本)卷 15,3b
1143	金华?	谢/何氏(史)	《北山集》(文渊阁本)卷 15,11b
1143	义乌	王永年	《茗溪集》卷 50,1
1144	义乌	何先	《北山集》(文渊阁本)卷 15,8b
1145	金华	曹宏	《北山集》(文渊阁本)卷 15,12b
1145	兰溪	章氏(范)	《香溪集》卷 22,210
1147	兰溪	高廉	《香溪集》卷 22,205
1148	金华	吴珪	《香溪集》卷 22,209

时间	县	传主	史料出处
1149	兰溪	胡氏(江)	《香溪集》卷 22,207
1153	兰溪	王浚明	《双溪集》卷 15,9b
1155	永康	章著	《陈亮集》卷 27,399
1156	浦江	钱赞	《陈亮集》卷 27,402
1158	义乌/浦江	龚氏	《横浦集》卷 20,21b
1163	义乌	周(纯臣)	《梅溪先生后集》卷 29,1
1164	金华	潘氏(汤)	《吕太史文集》卷 10,1
1165	东阳	陈宗誉	《渭南文集》卷 32,199
1166	义乌	傅氏(王)	《吕太史文集》外集卷 5,4
1166	永康	黄氏(陈)	《陈亮集》卷 29,426
1167	金华	毛公亮	《东莱集》卷 10,2b
1167	永康	陈益	《陈亮集》卷 27,395
1168	义乌	徐文献	《东莱集》卷 10,9
1168	永康	陈廷俊	《陈亮集》卷 28,411
1168	永康	黄氏	《陈亮集》卷 29,426
1169	金华	王师心	《文定集》卷 23,277
1169	东阳	张谦	《古志石华》卷 29,11b
1170	金华	潘好古	《东莱集》卷 10,5
1170	武义	郭氏(刘)	《东莱集》卷 10,12
1171	义乌	楼蕴	《东莱集》卷 10,14
1171	兰溪	叶臻	《东莱集》卷 10,11
1172	义乌	朱氏(陈)	《东莱集》卷 11,9
1172	兰溪	叶邵彭	《鲁斋王文宪公文集》卷 13,12b
1173	金华	汪藻	《东莱集》卷 11,11b
1173	金华	王氏(汪)	《东莱集》卷 11,5b
1173	金华	张颙	《东莱集》卷 11,3b
1173	义乌	陈氏(商)	《陈亮集》卷 29,427
1173	义乌	楼氏(黄)	《陈亮集》卷 30,442

时间	县	传主	史料出处
1173	东阳	乔拱	《东莱集》卷 11,7
1173	东阳	蔡弥邵	《陈亮集》卷 27,396
1173	武义	刘邦光	《东莱集》卷 11,13b
1173	永康	章服	《陈亮集》卷 26,388
1174	金华	时汝翼	《东莱集》卷 12,10b
1174	金华	周氏（戚）	《东莱集》卷 11,1
1174	义乌？	徐宗盛	《吕太史集》外集卷 5,7b
1174	永康	王恬	《东莱集》卷 12,9
1175	金华	方氏（吕）	《东莱集》卷 5,6b
1175	金华	曹佃	《东莱集》卷 12,7b
1175	金华	曹晔	《东莱集》卷 11,15b
1175	金华	时汝功	《东莱集》卷 13,2b
1175	东阳	厉君	《叶适集》卷 13,242
1175	武义	刘墉	《东莱集》卷 12,4
1175	永康	林崧	《陈亮集》卷 27,398
1175	永康	吕氏（胡）	《陈亮集》卷 29,429
1175	永康	赵氏（徐）	《陈亮集》卷 29,431
1175	永康	陈持	《东莱集》卷 12,6
1175	永康	田氏（姜）	《陈亮集》卷 29,430
1175	永康	孙贯	《陈亮集》卷 27,399
1176	义乌	宗武	《陈亮集》卷 27,397
1176	永康	胡氏（姜）	《陈亮集》卷 29,428
1177	金华	宋有	《东莱集》卷 13,4b
1177	金华	曹氏（汪）	《陈亮集》卷 30,433
1178	东阳	胡航	《陈亮集》卷 27,404
1178	永康	陈氏	《止斋集》卷 47,4
1178	永康	郎耆	《陈亮集》卷 27,403
1179	金华	朱氏（潘）	《东莱集》卷 13,6b

(续表)

时间	县	传主	史料出处
1179	浦江	方彦老	《陈亮集》卷 27,405
1179	东阳	郭澄	《东莱集》卷 13,7b
1179	武义	徐端卿	《鹤山集》卷 77,8b
1179	永康	黄氏(周)	《陈亮集》卷 30,434
1179	永康	周若讷	《陈亮集》卷 27,407
1180	金华	陈氏(时)	《东莱集》卷 13,17b
1180	金华	陈氏(游)	《东莱集》卷 13,16
1180	义乌?	王氏(虞)	《陈亮集》卷 29,431
1181	金华	郑刚中	《北山集》(丛书集成本)卷末,388
1181	金华/武义	吕祖谦	《吕太史集》附录,1,9
1181	东阳	何松	《止斋集》卷 48,3
1181	永康	孙亶	《陈亮集》卷 27,406
1182	金华	陈氏(金/刘)	《陈亮集》卷 30,435
1183	金华	邵氏(时)	《朱文公文集》卷 90,12
1183	义乌	何恢	《陈亮集》卷 28,409
1183	浦江	钱扩	《陈亮集》卷 28,420
1183	永康	陈良能	《陈亮集》卷 27,400
1186	东阳	杜氏(何)	《陈亮集》卷 30,436
1187	义乌	何氏(刘)	《陈亮集》卷 30,437
1187	永康	陈昭甫	《陈亮集》卷 28,414
1188	金华	陈材	《永乐大典》卷 3155,13b
1188	永康	沈氏(姚)	《陈亮集》卷 30,438
1189	金华	金/刘	《陈亮集》卷 28,417
1189	金华	潘畤	《朱义公义集》卷 94,1
1189	金华	王淮	《攻媿集》卷 87,1
1189	永康	陈端中	《陈亮集》卷 28,418
1190	金华	王师愈	《朱文公文集》卷 89,21
1190	金华	王氏(潘)	《朱文公文集》卷 92,29b

时间	县	传主	史料出处
1190	金华	潘景宪	《朱文公文集》卷 93,11b
1190	金华?	何氏（曹）	《灵岩集》卷 7,26a
1190	义乌	何大猷	《陈亮集》卷 28,423
1190	浦江	何氏（凌）	《陈亮集》卷 30,439
1190	东阳	郭良显	《叶适集》卷 13,247
1190	东阳	胡济	《止斋集》卷 48,5
1191	义乌	喻师	《陈亮集》卷 28,419
1191	东阳	郭良臣	《叶适集》卷 13,245
1192	金华	何松	《灵岩集》卷 7,28b
1192	永康	夏氏（吕）	《陈亮集》卷 30,440
1192	永康	姚汝贤	《陈亮集》卷 28,422
1193	金华	刘大声	《陈亮集》卷 28,424
1193	兰溪	邵骥	《鹤山集》卷 75,1
1193	武义	杨氏（巩）（2）	《渭南文集》卷 34,32
1194	东阳	虞氏（乔）	《攻媿集》卷 104,1449
1194	永康	陈亮	《陈亮集》附录,446
1194	永康	吕师愈	《叶适集》卷 14,18
1195	东阳	郭氏（王）	《括苍金石志》卷 6,11
1196	金华	宋茂叔	《西山文集》卷 42,22
1196	义乌	姚献可	《叶适集》卷 14,269
1198	东阳	陈氏（吕）	《渭南文集》卷 36,222
1201	东阳	曹氏（郭）	《江湖长翁集》卷 35,8
1203	东阳	宋佖	《文忠集》卷 775,18b
1203	金华	何逮	《渭南文集》卷 39,245
1205	永康	林氏（应）	《叶适集》卷 16,309
1208	金华	庄氏（王）	《叶适集》卷 16,297
1208	永康	林大中	《攻媿集》卷 98,1363
1212	东阳	厉仲方	《叶适集》卷 22,421

(续表)

时间	县	传主	史料出处
1213	浦江	石范	《絜斋集》卷 18,309
1214	金华	王介	《西山文集》卷 46,32b
1217	东阳	郭江	《叶适集》卷 23,46
1217	东阳	吴葵	《叶适集》卷 25,497
1217	武义	巩丰	《叶适集》卷 22,436
1219	武义	阮元向	《絜斋集》卷 20,332
1221	东阳	李诚之	《西山文集》卷 42,2
1222	金华	时澜	《复斋集》卷 22,1
1224	东阳	李大有	《鹤山集》卷 75,5
1225	金华	陈氏(吴)	《慢堂集》卷 31,10b
1227	金华	胡潜	《鹤山集》卷 80,21
1227	武义	巩嵘	《平斋集》卷 31,1
1234	义乌	朱适之	《蒙斋集》卷 18,253
1235	东阳	郑良朋	《蒙斋集》卷 18,254
1238	东阳	郭氏(关)	《蒙斋集》卷 18,262
1241	东阳	楼奎旧	《鲁斋集》卷 20,9b
1246	金华	徐顺	《鲁斋集》卷 20,9
1250	义乌	宗氏(王)	《后村集》卷 161,5b
1253	金华	杨元定	《鲁斋王文宪公文集》卷 20,11
1257	兰溪	金弥高	《仁山文集》卷 3,13
1268	金华	何基	《何北山遗集》附录,26
1274	金华	王柏	《鲁斋集》附录,189

引用书目

林光朝:《艾轩集》,文渊阁四库全书本。

丁爱博(Albert E. Dien)ed, *State and Society in Early Medieval China*(《中国中古时期的国家与社会》). Stanford:Stanford University Press,1990.

韩琦:《安阳集》,文渊阁四库全书本。

青山定雄:《士大夫起家与生活伦理:以北宋为中心》,《东洋学报》第 57 卷,第 35－63 页(1976)。

　　　　《宋代华北官僚的婚姻关系》,《中央大学八十周年纪念论文集》第 4 卷,第 361－388 页(1965)。

　　　　《宋代江西出身高官的婚姻关系》,《圣心女子大学论丛》第 29 卷,第 17－33 页(1967)。

　　　　《宋代四川的官僚体制》,《和田博士古稀纪念东洋史论丛》,第 37－48 页 (东京:讲谈社,1960)。

　　　　《宋代华北的官僚体制》,《圣心女子大学论丛》第 21 卷,第 19－49 页 (1963)。

　　　　《宋代华北的官僚体制二》,《圣心女子大学论丛》第 25 卷,第 19－49 页 (1965)。

　　　　《宋代华北的官僚体制三》,《中央大学学部纪要》第 45 卷(史学科 12),第 67－110 页(1967)。

　　　　《宋代华南的官僚体制——以扬子江为中心》,《中央大学学部纪要》第 72 卷(史学科 19),第 51－76 页(1974)。

爱宕元:《五代宋初新兴官僚》,《史林》第 57 卷第 4 号,第 57－96 页(1974)。

Beattie, Hilary. *Land and Lineage in China:A Study of T'ung-ch'eng County ,An-hwui , in the Ming and Ch'ing Dynasties*(《中国的土地与宗族:明清两代安徽省桐城

县的研究》），Cambridge：Cambridge University Press，1979.

柏清韵（Birge，Bettine）. "Chu Hsi and Women's Education"（《朱熹与女性教育》），in Wm. Theodore de Bary and John W. Chaffee eds. *Neo-Confucian Education*：*The Formative Stage*，Berkeley：University of California Press，1989.

包弼德（Bol，Peter K）. "The Sung Examination System and the *Shih*"（《宋代科举制和士》），*Asia Major*，series 3，vol. 3，part 2，149—171（1990）.
　　"*This Culture of Ours*"：*Intellectual Transitions in T'ang and Sung China*（《斯文：唐宋思想的转型》）. Stanford：Stanford University Press，1992.

柏文莉（Bossler，Beverly）. "Powerful Relations and Relations of Power"（《权势和权力关系》），Ph. D. dissertation，University of California，Berkeley，1991.

卜正民（Brook，Timothy）. "Family Continuity and Cultural Hegemony：The Gentry of Ningbo，1368—1911"（《家庭传承与文化霸权：宁波士绅，1368—1911》），in Esherick and Rankin，eds，*Chinese Local Elites and Patterns of Dominance*.
　　"Funerary Ritual and the Building of Lineages in Late Imperial China"（《明清中国的葬仪与宗族建立》），*Harvard Journal of Asiatic Studies*，vol. 49，no. 2，465—499（1989）.
　　Praying For Power：*Buddhism and the Formation of Gentry Society in Late-Ming China*（《为权力祈祷：佛教与晚明中国士绅社会的形成》）. Cambridge：Harvard University，Council on East Asian Studies，1993.

贾志扬（Chaffee，John W）. "Civil-izing the Emperor's Family：Marriage and the Sung Imperial Clan"（《皇室的开化：婚姻与宋代皇族》），paper presented at the annual meeting of the Association for Asian Studies，March 26，1994.
　　The Thorny Gates of Learning in Sung China（《棘闱》）. Cambridge：Cambridge University Press，1985.

张耒：《张右史集》，四部丛刊本。

曹彦约：《昌谷集》，文渊阁四库全书本。

陈亮：《陈亮集》，北京：中华书局，1974。

陈子昂：《陈子昂集》，北京：中华书局，1960。

杨万里：《诚斋集》，四部丛刊本。

晁补之：《鸡肋集》，四部丛刊本。

林景熙：《霁山集》，丛书集成本。

陈造：《江湖长翁集》，四库全书珍本。

韦骧：《钱塘韦先生文集》（简称"钱塘集"），武林往哲遗著本。

周淙：《乾道临安志》，收入《南宋临安两志》（"杭州掌故丛书"），杭州：浙江人民出版社，1983。

陈傅良：《止斋集》，四部丛刊本。

慕容彦逢：《摛文堂集》，台北：汉华文化出版，1970。

竺沙雅章：《北宋士大夫的徙居与起居——以苏东坡尺牍资料为中心》，《史林》第54

卷第 2 号,第 28—52 页(1971)。

《宋代官僚的起居》,《东洋史研究》第 41 卷第 1 号,第 28—57 页(1982,6)。

王懋德:《(万历)金华府志》,台北:中国方志丛书,1965。

邓钟玉:《金华县志》,台北:中国方志丛书,1970。

应廷育:《金华先民传》,续金华丛书本。

郑柏:《金华贤达传》,续金华丛书本。

金履祥:《仁山文集》,文渊阁四库全书本。

王昶:《金石萃编》,嘉庆十年(1805)刻本。

孙应时:《琴川志》,宋元方志丛刊本。

吴师道:《敬乡录》,续金华丛书本。

宋祁:《景文集》,丛书集成本。

袁桷:《清容居士集》,文渊阁四库全书本。

孙应时:《烛湖集》,四库全书珍本。

朱熹:《晦庵先生朱文公集》(简称"朱文公文集"),四部丛刊本。

赵鼎臣:《竹隐畸士集》,文渊阁四库全书本。

曾肇:《曲阜集》,文渊阁四库全书本。

董诰:《全唐文》,文渊阁四库全书本。

李光:《庄简集》,文渊阁四库全书本。

赵鼎:《忠正德文集》,文渊阁四库全书本。

刘挚:《忠肃集》,丛书集成本。

《中文大辞典》,台北:中国文化大学,1985。

柯胡(Clark, Hugh R). "Patrilines and Affines in Eleventh Century China: A Regional Perspective"(《11 世纪中国的血亲和姻亲:一个地域角度》),paper presented at the annual meeting of the Association for Asian Studies, March 26, 1994.

孔迈隆(Cohen, Myron L). "Lineage Organization in North China"(《中国北方的宗族组织》),*Journal of Asian Studies*, vol. 49, no. 3, 509—534(1990).

顾尤勤(Cooper, Eugene). "Cousin Marriage in Rural China: More and Less than Generalized Exchange"(《中国农村的姑表婚:广义交换的多与少》),*American Ethnologist*, vol. 20, no. 4, 758—780(1993).

窦德士(Dardess, John W). "The Cheng Communal Family: Social Organization and Neo-Confucianism in Yuan and Early Ming China"(《郑氏共居家族:元代和明初中国的社会组织和新儒学》),*Harvard Journal of Asiatic Studies*, vol. 34, no. 1, 7—52(1974).

戴仁柱(Davis, Richard L). *Court and Family in Sung China*, 960—1279(《丞相世家:南宋四明史氏家族研究》). Durham, N. C. : Duke University Press, 1986.

"Political Success and the Growth of Descent Groups: The Shih of Ming-chou during the Sung"(《政治成功与家族发展:宋代明州史氏》),in Ebrey and Watson, eds, *Kinship Organization in Late Imperial China*.

邓尔麟(Dennerline, Jerry). *The Chia-ting Loyalists*(《嘉定忠臣》). New Haven: Yale

University Press,1981.

"Marriage,Adoption,and Charity in the Development of Lineages in Wu-hsi from Sung to Ch'ing"(《从宋至清无锡宗族发展中的婚姻、收养与慈善》),in Ebrey and Watson,eds,*Kinship Organization in Late Imperial China.*

伊沛霞(Ebrey,Patricia Buckley)。"Conceptions of the Family in the Sung Dynasty"(《宋代"家"的概念》),*Journal of Asian Studies*,vol. 43,no. 2,129－245(1990,5).

"The Dynamics of Elite Domination in Sung China"(《宋代精英统治动态》),*Harvard Journal of Asiatic Studies*,vol. 48,no. 2,493－519(1988).

"Early Stages of Descent Group Organization"(《家族组织的早期阶段》),in Ebrey and Watson,eds,*Kinship Organization in Late Imperial China.*

Family and Property in Sung China:Yuan Ts'ai's Precepts for Social Life(《宋代中国的家庭与财产:袁采的〈袁氏世范〉》). Princeton:Princeton University Press,1984.

The Inner Quarters(《内闱》). Berkeley: University of California Press,1993.

"Women in the Kinship System of the Southern Sung Upper Class"(《南宋上层亲属制度中的女性》),*Historical Reflections/Reflections Historiques*,vol. 8,no. 3,113－128(1981).

伊沛霞(Ebrey,Patricia Buckley)、华琛(James L. Watson),eds. *Kinship Organization in Late Imperial China*(《明清中国的宗族组织》). Berkeley:University of California Press,1986.

朱爱岚(Ellen R. Judd). "Chinese Women and Their Natal Families"(《中国妇女和她们的生育家庭》),*Journal of Asian Studies*,vol. 48,no. 4,525－544(1989).

周锡瑞(Esherick,Joseph W)、冉枚烁(Mary Backus Rankin)eds. *Chinese Local Elites and Patterns of Dominance*(《中国地方精英与统治模式》). Berkeley:University of California Press,1990.

范纯仁:《范忠宣集》,文渊阁四库全书本。

范祖禹:《范太史集》,文渊阁四库全书本。

范仲淹:《范文正公集》,四部丛刊本。

李石:《方舟集》,文渊阁四库全书本。

方秀洁(Fong,Grace S). "Engendering the Lyric:Her Image and Voice in Song"(《性别抒情:宋代女性的想象与声音》),in 余宝琳(Pauline Yu),ed. *Voices of the Song Lyric in China*(《宋词之声》). Berkeley:University of California Press,1994.

陈宓:《复斋先生龙图陈公文集》(简称"复斋集"),静嘉堂文库本。

汪藻:《浮溪集》,丛书集成本。

周麟之:《海陵集》,文渊阁四库全书本。

韩愈:《韩昌黎集》,国学基本丛书本。

王之望:《汉滨集》,文渊阁四库全书本。

韩森(Hansen, Valerie). "Inscriptions: Historical Sources for the Song"(《石刻:关于宋代的史料》), *Bulletin of Sung-Yuan Studies*, vol. 19, 17—25(1987).

郝若贝(Hartwell, Robert M). "Demographic, Political and Social Transformation of China, 750—1550"(《750—1550 年间中国的人口、政治及社会转型》), *Harvard Journal of Asiatic Studies*, vol. 42, no. 2, 365—442(1982).

贺杰(Hazleton, Keith). "Patrilines and the Development of Localized Lineages: The Wu of Hsiu-ning City, Hui-chou, to 1528"(《父系与地方化宗族的发展:徽州休宁吴氏》), in Ebrey and Watson, eds, *Kinship Organization in Late Imperial China*.

张九成:《横浦集》,文渊阁四库全书本。

吴德明(Hervouet, Yves), ed. *A Sung Bibliography* (*Bibliographie des Sung*)(《宋代书录》). Hong Kong: Chinese University Press, 1978.

何基:《何北山先生遗集》,丛书集成本。

何炳棣(Ho Ping-ti). "An Estimate of the Total Population of Sung-Chin China"(《宋金总人口估算》), in Francoise Aubin, ed. *Etudes Sung*, series 1. Paris: Mouton&Co., 1970.

　　The Ladder of Success in Imperial China: Aspects of Social Mobility, 1368—1911(《明清社会史论》). 1962; reprint, New York: Columbia University Press, 1967.

尹洙:《河南先生文集》(简称"河南集"),四部丛刊本。

魏了翁:《鹤山集》,文渊阁四库全书本。

柳开:《河东先生集》,四部丛刊本。

本田治:《宋代婺州的水利开发》,《社会经济史学》第 41 卷第 3 号,第 211—234 页(1975)。

卫泾:《后乐集》,文渊阁四库全书本。

陈师道:《后山居士文集》,上海:上海古籍出版社,1984。

刘克庄:《后村先生大全集》(简称"后村集"),四部丛刊本。

沈遘:《西溪集》,收入《沈氏三先生文集》,四部丛刊本。

真德秀:《西山文集》,文渊阁四库全书本。

毕仲游:《西台集》,丛书集成本。

谢逸:《溪堂集》,文渊阁四库全书本。

范浚:《香溪集》,丛书集成本。

王禹偁:《小畜集》,国学基本丛书本。

袁燮:《絜斋集》,丛书集成本。

潜说有:《咸淳临安志》,宋元地方志三十七种,台北:台湾商务印书馆,1980。

谢公应:《咸淳玉峰续志》,宋元方志丛刊本。

赵与泌:《仙溪志》,宋元方志丛刊本。

徐铉:《徐骑省集》,国学基本丛书本。

王珪:《华阳集》,丛书集成本。

黄仁宇(Huang,Ray). *1587：A Year of No Significance*(《万历十五年》). New Haven：Yale University Press,1981.

黄溍：《黄文献公集》，丛书集成本。

贺凯(Hucker,Charles O.). *A Dictionary of Official Titles in Late Imperial China* (《中国古代官名辞典》). Stanford：Stanford University Press,1985.

王明清：《挥麈录》，北京：中华书局,1962。

孙觌：《鸿庆居士集》，文渊阁四库全书本。

洪焕椿：《浙江方志考》，杭州：浙江人民出版社,1984。

韩明士（Hymes,Robert P). "Marriage,Descent Groups,and the Localist Strategy in Sung and Yuan Fu-chou"(《宋元抚州婚姻、宗族组织与地方主义策略》),in Ebrey and Watson,eds,*Kinship Organization in Late Imperial China. Statesmen and Gentlemen：The Elite of Fu-chou, Chiang-hsi, in Northern and Southern Sung*(《官僚与士绅：两宋江西抚州精英研究》). Cambridge：Cambridge University Press,1986.

洪迈：《夷坚志》，北京：中华书局,1981。

诸自谷：《义乌县志》，台北：中国方志丛书,1970。

伊原弘：《宋代婺州的官户婚姻关系》,《中央大学大学院论究"文学研究科编"》第6卷第1号，第33—43页(1974)。

浦爱德(Ida Pruitt). *Daughter of Han*(《汉家女》). Stanford：Stanford University Press,1967.

姜士彬(Johnson,David G.). "The Last Years of a Great Clan：The Li Family of Chao Chun in Late T'ang and Early Sung"(《世家大族的没落：唐末宋初的赵郡李氏》), *Harvard Journal of Asiatic Studies*,vol. 37,no. 1,5—102(1977). *The Medieval Chinese Oligarchy*(《中世纪中国的寡头政治》). Boulder,Colo. ：Westview Press,1977.

衣川强：《宋代名族——河南吕氏》,《神户商科大学人文论集》第9卷第1、2号，第134—166页(1973)。

柯睿格(Kracke,E. A.). *Civil Service in Early Sung China, 960—1067*(《宋初文官制度》). Cambridetg：Harvard University Press,1953. "Family versus Merit in Chinese Civil Service Examinations under the Empire"(《帝制时代中国的家庭与功名》), *Harvard Journal of Asiatic Studies*, vol. 10,no. 2,105—123(1947).

黄本骥：《古志石华》，知敬学斋,1847。

陶宗仪：《古刻丛钞》，丛书集成本。

李遇孙：《括苍金石志(续志)》，清光绪三年刻本。

施宿：《嘉泰会稽志》，宋元方志丛刊本。

关履权：《两宋史论》，郑州：中州古籍出版社,1983。

杨时：《龟山集》，文渊阁四库全书本。

楼钥:《攻媿集》,丛书集成本。

刘敞:《公是集》,文渊阁四库全书本。

张方平:《乐全集》,文渊阁四库全书本。

李觏:《李觏集》,北京:中华书局,1981。

李纲:《梁溪集》,文渊阁四库全书本。

唐士耻:《灵岩集》,文渊阁四库全书本。

刘子健(Liu, James T. C.). "How Did a Neo-Confucian School Become the State Orthodoxy?"(《新儒学如何成为官方正统》), *Philosophy East and West*, vol. 23,483－505(1973).

刘安上:《刘给事集》,文渊阁四库全书本。

柳宗元:《柳河东集》,国学基本丛书本。

罗文(Lo, Winston W.). *An Introduction to the Civil Service of Sung China*(《宋代文官制度介绍》), Honolulu: University of Hawaii Press,1987.

王柏:《鲁斋集》,丛书集成本。

  《鲁斋王文宪公文集》,续金华丛书本,台北:台湾学生书局,1970。

王庭珪:《卢溪文集》,文渊阁四库全书本。

卢茂村:《福建福州郊区清理南宋朱熹墓》,《考古》1987 年第 9 期。

吕祖谦:《东莱吕太史文集》,续金华丛书。

  《东莱集》,四库全书珍本。

龙潜庵:《宋元语言词典》,上海:上海辞书出版社,1985。

祖无择:《龙学文集》,文渊阁四库全书本。

刘宰:《漫塘集》,文渊阁四库全书本。

周绍明(McDermott, Joseph P.). "Equality and Inequality in Sung Family Organiz-tions"(《宋代宗族组织的平等和不平等》),《柳田节子先生古稀纪念——中国传统社会与家族》,东京:同朋社,1993。

  "Family Financial Plans of the Southern Sung"(《南宋家庭理财方案》), *Asia Major*, series 3, vol. 4, part 2,15－52(1991).

王十朋:《梅溪王先生文集》,四部丛刊本。

袁甫:《蒙斋集》,丛书集成本。

Meskill, Johanna M. *A Chinese Family: The Lins of Wu-feng, Taiwan, 1729－1895*(《雾峰林家:台湾拓荒之家,1729－1895》). Princeton: Princeton University Press,1979.

  "The Chinese Genealogy as a Research Source"(《作为研究史料的中国谱牒》), in Maurice Freedman, ed. *Family and Kinship in Chinese Society*. Stanford: Stanford University Press,1970.

杜大珪:《名臣碑传琬琰集》,台北:文海出版社,1969。

程珌:《洺水集》,文渊阁四库全书本。

韩元吉:《南涧甲乙稿》,丛书集成本。

张栻：《张南轩先生文集》，国学基本丛书本。

韩维：《南阳集》，文渊阁四库全书本。

韩书瑞（Naquin, Susan）. "Two Descent Groups in North China: The Wangs of Yung-p'ing Prefecture, 1500—1800"（《中国北方两个家族：永平府王氏，1500—1800》）, in Ebrey and Watson, eds, *Kinship Organization in Late Imperial China*.

宁爱莲（Neskar, Ellen）. "Imperial Sacrifices and Political Factionalism: The Case of Wang An-shih"（《皇家献祭与党争：以王安石为例》）, paper presented at the annual meeting of the Association for Asian Studies, March 25, 1994.

欧阳修：《欧阳修全集》，北京：中国书店，1986。

洪适：《盘洲文集》，四部丛刊本。

郑刚中：《北山集》，文渊阁四库全书本。

　　　《北山文集》，丛书集成本。

程俱：《北山集》，文渊阁四库全书本。

陈著：《本堂集》，文渊阁四库全书本。

刘攽：《彭城集》，丛书集成本。

洪咨夔：《平斋集》，文渊阁四库全书本。

方勺：《泊宅编》，唐宋史料笔记丛刊本，北京：中华书局，1983。

宋濂：《濮阳人物记》，丛书集成本。

罗友枝（Rawski, Evelyn S.）. "The Ma Landlords of Yang-chia-kou in Late Ch'ing and Republican China"（《晚清和中国的杨家沟马地主》）, In Ebrey and Watson, eds, *Kinship Organization in Late Imperial China*.

罗威廉（Rowe, William T.）. "Success Stories: Lineage and Elite Status in Hanyang County, Hubei, c. 1368—1949"（《成功故事：湖北汉阳市的宗族与精英地位》）, in Esherick and Rankin, eds, *Chinese Local Elites and Patterns of Dominance*.

司马光：《涑水记闻》，丛书集成本。

司马光：《司马文正公传家集》，台北：台湾商务印书馆，1965。

　　　《温国文正司马公文集》，四部丛刊本。

苏籀：《双溪集》，丛书集成本。

史乐民（Smith, Paul J.）. "Do We Know as Much as We Need to about the Song Economy? Observations on the Economic Crisis of the Twelfth and Thirteenth Centuries"（《关于宋代经济我们需要知道多少？12 至 13 世纪经济危机考察》）, *Journal of Sung-Yuan Studies*, vol. 24, 327—333(1994).

顾栋高著，刘光胜点校：《司马温公年谱》，郑州：中州古籍出版社，1987。

王应麟：《四明文献集》，文渊阁四库全书本。

Stockard Janice. *Daughters of the Canton Delta: Marriage patterns and economic strategies in South China, 1860—1930*（《广东珠江三角洲之女：1860—1930 年中国南方的婚姻模式与经济策略》）. Stanford: Stanford University Press, 1985.

苏舜钦：《苏舜钦集》，上海：上海古籍出版社，1981。

苏颂:《苏魏公文集》,文渊阁四库全书本。

周藤吉之:《宋代官僚制与大土地所有》,东京:日本评论社,1950。

宋濂:《宋学士全集》,丛书集成本。

徐松:《宋会要辑稿》,台北:新文丰,1976。

昌彼得、王德毅:《宋人传记资料索引》,台北:鼎文书局,1980－1986。

李国玲:《宋人传记资料索引补编》,成都:四川大学出版社,1994。

丁传靖:《宋人轶事汇编》,北京:中华书局,1981。

晁公遡:《嵩山集》,文渊阁四库全书本。

脱脱:《宋史》,北京:中华书局,1977。

傅增湘:《宋代蜀文辑存》,香港:龙门书局,1971。

《宋元方志丛刊》,北京:中华书局,1990。

黄宗羲:《宋元学案》,北京:中华书局,1986。

王梓材:《宋元学案补遗》,四明丛书本。

高桥芳郎:《关于宋代的士人身份》,《史林》第 69 卷第 3 号,第 39－70 页(1986)。

葛胜仲:《丹阳集》,文渊阁四库全书本。

陆心源:《唐文拾遗》,台北:文海出版社,1962。

邹浩:《道乡集》,文渊阁四库全书本。

陆佃:《陶山集》,丛书集成本。

刘一止:《苕溪集》,文渊阁四库全书本。

田浩(Tillman, Hoyt Cleveland). *Confucian Discourse and Chu Hsi's Ascendancy*(《儒家论述与朱熹之执学术牛耳》). Honolulu: University of Hawaii Press, 1992.

Utilitarian Confucianism: Ch'en Liang's Challenge to Chu Hsi(《功利主义儒家:陈亮对朱熹的挑战》). Cambridge: Council on East Asian Studies, Harvard University, 1982.

曾巩:《曾巩集》,北京:中华书局,1984。

宗泽:《宗泽集》,杭州:浙江古籍出版社,1984。

蔡襄:《端明集》,文渊阁四库全书本。

谢敏行:《东山志》,明万历四年(1576)刻本。

王恩注:《东阳县志》,台北:东阳同乡会,1914。

杜希德(Twitchett, Denis). "The Compositon of the T'ang Ruling Class: New Evidence from Tunhuang"(《唐代统治阶层的构成:来自敦煌的新史料》), in Arthur E. Wright and Denis Twitchett, eds, *Perspectives on the T'ang*(《唐代研究面面观》). New Haven: Yale University Press, 1973.

"The Fan Clan's Charitable Estate, 1050－1760"(《范氏义庄》), in David S. Nivison and Arthur F. Wright, eds, *Confucianism in Action*. Stanford: Stanford University Press, 1959.

"Introduction." In Denis Twichett, ed, *The Cambridge History of China*(《剑桥中国史》), Volume 3, *Sui and T'ang China*, 589－906, Part I. Cambridge:

Cambridge University Press,1979.

杨简：《慈湖遗书》,文渊阁四库全书本。

王安(Waltner,Ann). *Getting an Heir：Adoption and the Construction of Kinship in Late Imperial China*（《烟火接续：明清的收继与亲族关系》）. Honolulu：University of Hawaii Press,1993.

万安玲(Walton,Linda). "Charitable Estates as an Aspect of Statecraft in Southern Sung China"（《义庄：南宋的一个治国之道》）,in Robert P. Hymes and Conrad Schirokauer,eds, *Ordering the World：Approaches to State and Society in Sung Dynasty China*（《经世：宋代的国家与社会》）. Berkeley：University of California Press,1993.

"Kinship,Marriage,and Status in Song China：A Study of the Lou Lineage of Ningbo,c. 1050－1250"（《宋代中国的亲属、婚姻和地位：宁波楼氏个案研究》）,*Journal of Asian History*,vol. 18,no. 1,35－77(1984).

王祎：《王忠文公集》,丛书集成本。

王安石：《王文公文集》,上海：上海人民出版社,1974。

华如璧(Watson,Rubie S.). "Class Differences and Affinal Relations in South China"（《中国南方的阶级差异和姻亲关系》）,*Man*,vol. 16,no. 4,593－615(1981).

"Corporate Property and Local Leadership in the Pearl River Delta, 1898－1941"（《珠江三角洲的共财与地方领导》）,in Esherick and Rankin,eds,*Chinese Local Elites and Patterns of Dominance*.

Inequality among Brothers（《兄弟并不平等》）. Cambridge：Cambridge University Press,1985.

魏颂唐：《增订宋丞相魏文节公事略》,杭州：杭州古旧书店,1982。

陆游：《陆放翁全集》,香港：香港广智书局,1970。

陈长方：《唯室集》,文渊阁四库全书本。

夏竦：《文庄集》,文渊阁四库全书本。

周必大：《文忠集》,文渊阁四库全书本。

胡宿：《文恭集》,丛书集成本。

文天祥：《文山集》,文渊阁四库全书本。

汪应辰：《文定集》,丛书集成本。

李昉：《文苑英华》,北京：中华书局,1966。

卢蕙馨(Wolf,Margery). *Women and the Family in Rural Taiwan*（《台湾农村的妇女和家庭》）. Stanford：Stanford University Press,1972.

王章伟：《宋代士族婚姻研究——以河南吕氏家族为例》,《新史学》第 4 卷第 3 号,第 19－58 页(1993)。

芮沃寿(Wright,Arthur). "The Cosmology of the Chinese City"（《中国城市的宇宙论》）,in G. William Skinner,ed,*The City in Late Imperial China*（《中华帝国晚期城市》）. Stanford：Stanford University Press,1977.

范成大:《吴郡志》,南京:江苏古籍出版社,1986。

徐献忠:《吴兴掌故集》,北京:文物出版社,1986。

周家驹:《(嘉庆)武义县志》,清宣统二年(1910)石印本。

杨仪:《武夷新集》,文渊阁四库全书本。

柳田节子:《南宋时期家产分割中的女子继承部分》,《刘子健教授颂寿纪念宋史研究论集》,京都:同朋舍,1989。

杨远:《北宋宰辅人物的地理分布》,《香港中文大学中国文化研究所学报》第 13 卷,第147－213 页(1982)。

叶适:《叶适集》,北京:中华书局,1961。

张孝祥:《于湖居士文集》,上海:上海古籍出版社,1980。

王存:《元丰九域志》,北京:中华书局,1984。

沈辽:《云巢编》,文渊阁四库全书本。

赵如腾:《庸斋集》,文渊阁四库全书本。

李汝为:《永康县志》,台北:中国方志丛书,1970。

《永乐大典》,北京:中华书局,1986。

译后记

　　终于到了交稿的时刻，多年的辛苦总算有了一个交代。断断续续花了四年多时间才将译文交稿，心中早已经没有了初始翻译时的兴奋，更多的是难以名状的感慨。

　　年轻就是任性，我做学术没啥宏大目标，不过率性而为之，如此既可以让科研不那么枯燥，同时也让自己乐在其中。翻译本书便是兴趣使然，虽然这次耗费的时间稍长，但也从中体会到海外学者与国人不同的宋史研究思路与视角。

　　感谢本书作者柏文莉教授对我的高度信任。虽然我们之前从未谋面，甫一接洽，柏文莉教授便慨允我翻译其大作。翻译过程中，柏文莉教授既给我充分的自由和空间，又对我遇到的问题细致地加以解答。特别感谢刘东先生。我与刘东先生素昧平生，当我冒昧地向他发邮件表达本书中文版的出版意愿后，没想到刘东先生很爽快地回复，并慨允将拙译收入盛名已久的"海外中国研究丛书"，让我顿感受宠若惊。在我以后的漫长翻译过程中，刘东先生以宽厚的长者之风，不仅时时关心翻译进展，还以极大的耐心容忍我的一再拖沓，并最终愿意接受这份姗姗来迟的译稿。最后要感谢江苏人民出版社王保顶老师，认真负责地将译稿带到出版环节。

关于本书翻译,有几点需要向读者说明:

第一,原书注释为尾注,根据国人阅读习惯,统一改为页下注。

第二,原书注释所引古籍仅列卷数、页码,为了便于读者核对史料,特补充注释所引古籍的篇章名;本书征引了大量墓志铭,涉及众多人物,而且很多人物均不常见,译者在核对史料过程中,将一些人名用"译者注"的形式标出,便于读者查找(当然,如此一来会增加阅读的断裂感,读者自可选择性阅读)。

第三,本书广征博引,史料丰富,但存在一些问题,如作者所引书名、卷书、页码以及古籍版本、附录中部分文字等偶有错误,此类情况,译者核对后径行改正,不另出注;正文注释中出现的一些著述,原书参考文献中未列,译者将其补入参考文献。

第四,商艳艳参与鸣谢、前言初稿的翻译。译作第一章"唐宋墓志辞令"一节部分参考了许曼教授译文(载《宋史研究通讯》2002年第1期[总第39期],感谢柏文莉教授提供此信息)。

翻译过程中,北京大学邓小南教授、赵冬梅教授对本人热情鼓励,赵冬梅教授还耐心为我讲解了汉学翻译中一些技术处理问题。河北大学宋史研究中心资料室丰富的藏书免去了译者四处查阅、核对材料之苦。

著名翻译家许渊冲先生曾说:翻译是两种语言之间的竞赛。产生于不同文化背景下的中英语,完全一一对应是不可能的。翻译过程中,译者努力保证译文严谨,并尽量使行文符合国人阅读习惯,同时最大可能地进行文化还原。初稿完成后,我又对译稿反复进行修改。柏文莉教授认真审阅了全部译稿,并直接用中文进行修改,提高了译稿的质量,但译稿中存在的问题,概由译者负责(限于译者的学养,本书必然存在不少值得商榷斟酌之处,欢迎广大读者对译文不吝批评、指正,以便于将来再版时修订改进:liuyunjun1978@126.com)。

翻译之初,内子刚怀孕不久;当译稿完成,女儿已经牙牙学语;待到译作出版,女儿已经背着书包上幼儿园了。可以说,这部译稿的完成过程伴随着女儿的成长。因此,这部译稿也是一个不善表达的父亲献给爱女的一份小礼物。

刘云军

甲午年十二月于河北大学宋史研究中心

重印后记

　　《权力关系》是我翻译的第一本海外汉学著作,由于经验和学养不足,译文中留下了若干遗憾。借这次重印的机会,我重读译文,作了一些修改,主要是改正了一些字词上的问题。感谢胡耀飞、钟强、李书豪等学友,他们在拙译出版后,通过不同方式,将发现的译文中的问题反馈给我,这次修改,吸收了他们的宝贵意见。特此感谢!

刘云军

2018 年 9 月于河北大学宋史研究中心

再版后记

  《权力关系》初版于 2015 年，2018 年重印时改正了若干疏失之处。2023 年再版，借机对全书从头到尾梳理一遍，对文字又作了一些修订。感谢为《权力关系》初版和再版重印付出大量心血的江苏人民出版社"海外中国研究丛书"的诸位编辑老师们，他们的不辞辛劳，使本书能够更加完美地呈现在读者面前。最后，一如既往地欢迎读者朋友们对拙译不吝批评指正。

刘云军

2023 年 2 月于河北大学第一生活区

"海外中国研究丛书"书目

孙彬 译